2021年重庆市教育委员会人文社会科学研究基地项目
"刑事诉讼的中国问题与地方经验"最终成果
（项目编号：21SKJD016）

CHINA'S ISSUES AND LOCAL EXPERIENCES
IN CRIMINAL PROCEDURE

# 刑事诉讼的
## 中国问题与地方经验

王彪 著

北京大学出版社
PEKING UNIVERSITY PRESS

## 图书在版编目(CIP)数据

刑事诉讼的中国问题与地方经验 / 王彪著. —北京：北京大学出版社，2022.2

ISBN 978-7-301-32848-4

I. ①刑… Ⅱ. ①王… Ⅲ. ①刑事诉讼—研究—中国 Ⅳ. ①D925.210.4

中国版本图书馆 CIP 数据核字(2022)第 020826 号

| | |
|---|---|
| 书　　　名 | 刑事诉讼的中国问题与地方经验<br>XINGSHISUSONG DE ZHONGGUO WENTI YU DIFANG JINGYAN |
| 著作责任者 | 王　彪　著 |
| 责任编辑 | 陈　康 |
| 标准书号 | ISBN 978-7-301-32848-4 |
| 出版发行 | 北京大学出版社 |
| 地　　　址 | 北京市海淀区成府路 205 号　100871 |
| 网　　　址 | http://www.pup.cn　http://www.yandayuanzhao.com |
| 电子信箱 | yandayuanzhao@163.com |
| 新浪微博 | @北京大学出版社　@北大出版社燕大元照法律图书 |
| 电　　　话 | 邮购部 010-62752015　发行部 010-62750672　编辑部 010-62117788 |
| 印　刷　者 | 三河市北燕印装有限公司 |
| 经　销　者 | 新华书店 |
| | 960 毫米×1300 毫米　16 开本　21 印张　344 千字<br>2022 年 2 月第 1 版　2022 年 2 月第 1 次印刷 |
| 定　　　价 | 68.00 元 |

未经许可，不得以任何方式复制或抄袭本书之部分或全部内容。

**版权所有，侵权必究**

举报电话：010-62752024　电子信箱：fd@pup.pku.edu.cn

图书如有印装质量问题，请与出版部联系，电话：010-62756370

# 目 录

引 言 /001

**第一编 刑事检察权的运行情况**
  第一章 刑事诉讼中的"逮捕中心主义"现象评析 /007
  第二章 刑事诉讼中的"过度起诉"现象评析 /034

**第二编 刑事审判权的运行机制**
  第三章 基层法院院庭长讨论案件机制研究 /068
  第四章 法院内部控制刑事裁判权的方法与反思 /092

**第三编 刑事诉讼中的审辩关系**
  第五章 刑事诉讼中的"审辩交易"现象研究 /122
  第六章 刑事诉讼中的"辩审冲突"现象研究 /156

**第四编 非法证据排除制度的深层次问题**
  第七章 非法证据对法官心证的影响与消除 /189
  第八章 非法口供排除规则威慑效果实证分析 /215

**第五编 刑事案件处理模式的二元化**
  第九章 认罪认罚从宽制度争议问题研究 /237
  第十章 基层法院疑罪处理的双重视角与内在逻辑 /279

参考文献 /309

索 引 /323

后 记 /327

# 引　言

　　书本上的法与实践中的法存在差异是一种常见的现象，这种现象在中国刑事诉讼领域更是经常发生。我国自1979年制定《刑事诉讼法》以来，已经对《刑事诉讼法》进行了三次修正，从立法上来说，国外法治国家的一些规定，在我国《刑事诉讼法》中也有规定。然而，对我国刑事司法实践稍有了解的人就会发现，《刑事诉讼法》的一些规定在实践中并没有完全发生效力，一些规定被规避，一些规定甚至发生了异化。[1] 正如法社会学家科特威尔所言："论及法律的作用，可能根本就与其当初得以颁布的原始目的不相一致。"[2] 黄宗智的说法更为形象："在中国，法律是一回事，实践是一回事，两者结合又是另一回事。"[3] 对于《刑事诉讼法》在实践中的实施情况，已有一些学者进行了大量的研究，例如，四川大学左卫民教授带领的研究团队对中国刑事诉讼运行机制所进行的实证研究，其中，郭松博士对审查逮捕制度

---

[1] 有学者将这种立法者所确立的法定程序在刑事司法活动中被规避和搁置的情况称为"刑事程序的失灵"。参见陈瑞华：《刑事程序失灵问题的初步研究》，载《中国法学》2007年第6期，第141页。

[2]〔英〕罗杰·科特威尔：《法律社会学导论》，潘大松等译，华夏出版社1989年版，第79—80页。

[3]〔美〕黄宗智：《过去和现在：中国民事法律实践的探索》，法律出版社2009年版，第1页。

进行了实证研究[4];王昕博士对公诉运行机制进行了实证研究[5];肖仕卫博士以 S 省 C 区法院为中心[6]、兰荣杰博士以三个基层法院为样本[7],分别对刑事判决的形成过程进行了实证研究;等等。

笔者于 2008 年 7 月底进入重庆市渝中区人民法院刑庭工作,从书记员工作做起,开始接触刑事司法实践。此后,笔者在工作时对刑事司法实践进行观察,下班后阅读大量与刑事审判、司法制度相关的书籍,包括前述左卫民教授等人的著作。笔者发现,刑事司法实践中的很多做法与立法规定并不相符,与笔者此前所阅读的国外刑事诉讼制度的情况更是不同。对此,笔者没有武断地将这些现象归结为司法的落后或者部分司法人员素质的低下。相反,在与基层司法工作人员交谈的过程中,在参与实践的过程中,笔者发现,一些看起来不太合理的做法,在司法实践中自有其道理;而一些看起来合理的做法,在司法实践中可能根本不具有可行性。

带着"同情式理解"的心理,笔者试图对中国刑事司法实践中的一些现象进行归纳并解释。带着实践感悟,在作为一名刑事司法实践参与者的同时,对实践进行观察,并对一些感兴趣的问题进行研究,最终形成了数篇论文,这些论文便是本书的主体。笔者曾在法院系统工作近七年,以"承办人"身份办理了近 400 件各种类型的刑事案件,在办理案件、参与讨论案件的过程中,对司法实践中法官如何"处理"案件,有着非常深刻的体会。需要说明的是,笔者在此期间撰写的论文与前述郭松、肖仕卫、兰荣杰等人的成果不同,笔者是以"参与式调查"的方式进行研究,且集中于个案研究,即解剖麻雀式研究。

笔者在此期间写作的论文,主要是对刑事司法实践中的一些现象进行解读,这些现象要么属于立法规定在实践中的异化,例如"逮捕中心主义"

---

[4] 参见郭松:《中国刑事诉讼运行机制实证研究(四)——审查逮捕制度实证研究》,法律出版社 2011 年版,第 26—210 页。

[5] 参见王昕:《公诉运行机制实证研究——以 C 市 30 年公诉工作为例》,中国检察出版社 2010 年版,第 27—275 页。

[6] 参见肖仕卫:《刑事判决是如何形成的——以 S 省 C 区法院实践为中心的考察》,中国检察出版社 2009 年版,第 28—152 页。

[7] 参见兰荣杰:《刑事判决是如何形成的?——基于三个基层法院的实证研究》,北京大学出版社 2013 年版,第 26—201 页。

现象、"审辩交易"现象,要么属于立法没有规定但实践中确实存在的问题,例如被排除的非法证据对法官心证的影响。2010年以来,我国出台了大量与刑事司法有关的立法规定、司法解释和规范性文件,然而,在这些新规出台的同时,笔者发现上述现象在司法实践中仍然不同程度地存在。这些现象,要么一直存在,例如"逮捕中心主义"现象;要么随着新规的出台而出现,并且在可预期的将来仍会存在,例如被排除的非法证据对法官心证的影响;要么随着刑事司法改革的推进可能会加剧,例如"过度起诉"现象和"审辩交易"现象。因此,这些现象值得关注,仍有进一步研究的必要。

由于学术兴趣的原因,本书主要讨论五个方面的问题,这些问题基本上属于具有中国特色的问题,而对这些问题的研究,主要依据的是笔者的地方性经验。具体内容如下:一是刑事检察权的运行情况,具体来说,即检察官的客观义务在司法实践中的实现情况,主要通过对"逮捕中心主义"和"过度起诉"两种现象的描述,来说明检察官客观义务的局限性。二是刑事审判权的运行机制,根据立法规定,法定裁判主体是独任庭、合议庭和审判委员会,而实践中的情况则较为复杂,法院系统内部有一套控制刑事裁判权的方法,由此造成立法与司法的脱节。三是刑事诉讼中的审辩关系,主要是对"审辩交易"和"辩审冲突"两种现象进行实证考察。四是非法证据排除制度的深层次问题,主要讨论两个立法没有规定的问题,即被排除的非法证据对法官心证的影响和非法口供排除规则的威慑效果问题。五是刑事案件处理模式的二元化,区分认罪案件和不认罪案件,对于认罪案件,可以通过认罪认罚从宽制度进行处理,而认罪认罚从宽制度如何确立和完善则面临一定的争议;对于不认罪案件,法律规定的处理方式有三种,即有罪、无罪和证据不足的无罪,司法实践中,对于事实疑罪的处理,实体和程序两个方面均有规律可循。

针对上述五个方面的问题,笔者曾经撰写了10篇文章,且均已在《现代法学》《中国刑事法杂志》《刑事法评论》《证据科学》《法治研究》等刊物发表过,其中有6篇被《人大复印报刊资料·诉讼法学、司法制度》全文转载。以上10篇论文的写作时间跨度大,最早的写于2011年,最晚的写于2017年,对于论文涉及的主题和内容,有些在立法上已经修改,但问题仍然存在,甚至在某种意义上说,这些问题变得更加隐蔽,有些则尚未引起关注。因此,在对上述文章进行整理出版时,考虑到时效性,主要从两个方面进行了修改:一是及时补充相关的资料或者文献,对于已经修改的内容予以删除或者在注释中予以注明;二是每章的结尾增加"回顾与展望","回顾"是对之前论文的总结,"展望"是对相关问题的后续情况以及将来发展予以描述和预测。

# 第一编　刑事检察权的运行情况

根据我国《宪法》第134条的规定,检察院是国家的法律监督机关。此外,主流学者认为中国检察权具有司法性质,属于司法权。因此,检察权的法律定位是法律监督权和司法权。[1] 据此,学界普遍认为,中国检察制度建设的方向是强化客观义务,确立检察官客观义务这一概念,并作出相应的制度安排。[2] 然而,笔者通过对刑事司法实践的观察发现,在我国的刑事司法实践中,存在"逮捕中心主义"和"过度起诉"现象。对此,应当予以关注。

一方面,"逮捕中心主义"是我国刑事诉讼中特有的一种现象,对逮捕措施的高度依赖、逮捕证据标准的高要求以及逮捕对公检法三机关的重大影响是其具体表现形式。制度环境的有形压力和具体制度的无形诱导是逮捕中心主义现象产生的两大主要原因。"逮捕中心主义"现象的存在有利有弊,但弊大于利,走出"逮捕中心主义"误区需优化现有的制度环境,对一些诱导"逮捕中心主义"产生的具体制度

---

[1] 参见龙宗智:《检察制度教程》,法律出版社2002年版,第83页。
[2] 参见龙宗智:《中国法语境中的检察官客观义务论》,载《法学研究》2009年第4期,第145—146页。

进行合理重构。"逮捕中心主义"是在不成熟的制度背景下,公检法三机关面对种种压力作出的一致选择的结果,其对于未来的刑事司法改革有一定的启示意义。

另一方面,司法实践中,存在公诉机关在一些案件的事实认定、法律适用等方面"就高不就低"提起公诉的现象,即"过度起诉"现象。具体表现为对部分犯罪数额或者罪名明显无法认定的情形提起公诉,在一罪与数罪、轻罪与重罪之间选择数罪或者重罪起诉,以及对情节显著轻微明显不应按照犯罪处理的犯罪嫌疑人提起公诉。造成这种现象的主要原因是,部分检察官观念上有过于强烈的追诉倾向或者能力不足且责任心不强,以及在现实中面临巨大压力或者受不当的绩效考评机制的指引。"过度起诉"现象的存在有一定的合理性,但也有诸多无法克服的弊端。避免"过度起诉"现象的出现,需要更新诉讼观念、调整考评指标。为从根本上避免这种现象的发生,应确立最低限度的检察官客观义务。

"逮捕中心主义"和"过度起诉"两种现象曾经长期存在,虽然自2010年以来,刑事司法领域进行了大量的改革,但以上两种现象仍在一定程度上存在。近年来,刑事司法领域最大的变革之一是认罪认罚从宽制度的"入法",在这一背景下,"逮捕中心主义"现象和"过度起诉"现象是否有加剧的可能呢?例如,如果检察院在审查逮捕时过于看重认罪认罚的影响,可能会进一步加剧逮捕的中心地位;又如,在国外的协商性司法中存在检察官通过"过度起诉"来换取协商空间的现象,这种情况在我国认罪认罚从宽制度的运行过程中会不会出现呢?因此,"逮捕中心主义"和"过度起诉"两种现象在现阶段仍有研究的必要。

# 第一章
# 刑事诉讼中的"逮捕中心主义"现象评析

刑事诉讼的一个重要任务是确定被追诉人的行为是否构成犯罪,为了在追诉犯罪的同时保护被追诉人的权利,各法治国家均规定未经审判,任何人不得被认为是罪犯,更不得被迫承受罪犯的待遇,亦即所谓的"审判中心主义"。[1] 然而,通过对我国刑事诉讼实践的观察,发现我国刑事诉讼在纵向上可以说具有一种"流水作业"的诉讼构造。[2] 学界普遍认为,在"流水作业"的诉讼构造中,在侦查阶段制作的案卷笔录基本没有任何阻力地进入法官的视野并成为法官决策的重要依据,事实上侦查程序成为决定被告人罪责的核心,此即所谓的"侦查中心主义"。[3] 在学界普遍认识到的"侦查中心主义"的背后,我们能否进一步分析侦查阶段的哪一环节是决定被追诉人命运的重要环节呢?对此,有学者认为,"侦查中心主义"并没有揭示侦查程序中的哪个环节才是影响被追诉人实体处理结果的关键环节。从我国刑事司法的实践来看,侦查阶段的逮捕活动才是整个侦查乃至刑事诉讼的核心,即所谓的"逮捕中心主义"。[4] 那么,"逮捕中心主义"这一概念能否成立呢?

---

[1] 参见孙长永:《审判中心主义及其对刑事程序的影响》,载《现代法学》1999年第4期,第93页。

[2] 参见陈瑞华:《刑事诉讼的前沿问题》,中国人民大学出版社2000年版,第231页。

[3] 参见孙长永:《侦查程序与人权——比较法考察》,中国方正出版社2000年版,序,第5页;陈瑞华:《刑事诉讼的前沿问题》(第三版),中国人民大学出版社2011年版,第267页。

[4] 参见李昌盛:《走出"逮捕中心主义"》,载《检察日报》2010年9月23日,第3版。

从法理上来说，刑事诉讼审前阶段的重要任务之一是对被追诉人的人身进行保全，刑事诉讼审判阶段的重要任务之一是对被追诉人的定罪量刑问题进行判断。而司法实践表明，逮捕对审前阶段的人身保全和审判阶段的定罪量刑均有重要影响，如司法实践中存在对逮捕措施的高度依赖，逮捕与定罪之间存在明显的线型关系，逮捕在一定程度上决定了具体的量刑结果以及刑罚的具体执行方式。因此，"逮捕中心主义"这一概念是能够成立的。本章试图对"逮捕中心主义"的具体表现形式进行实证考察，在分析其形成原因和利弊后，对于如何走出"逮捕中心主义"提出有针对性的建议，最后，探究"逮捕中心主义"现象的实质，并分析其对我国未来的刑事司法改革的可能启示。本章研究的时间段为1996年《刑事诉讼法》实施期间，研究目的是从一个侧面对1996年《刑事诉讼法》实施期间我国刑事司法的总体特征作出判断。对于在2012年修正的《刑事诉讼法》实施之后是否存在"逮捕中心主义"现象的问题，笔者将在后文予以论述。

## 一、"逮捕中心主义"的具体表现

事实上，"逮捕中心主义"并非法律概念，在刑事诉讼法中并不存在"逮捕中心主义"这一术语，"逮捕中心主义"作为我国刑事诉讼中特有的一种现象，是学者在总结刑事司法实践中一系列具体实践经验的基础上对我国刑事司法总体特征作出的一种判断，是学者对司法实践中一系列现象进行概括总结后所提炼出的抽象概念，用以描述一种独特的司法现象。根据笔者的观察，"逮捕中心主义"有三种具体的表现形式。

（一）对逮捕措施的高度依赖

我国1996年《刑事诉讼法》在第六章专门规定了拘传、取保候审、监视居住、拘留和逮捕五种刑事强制措施，但在长期的司法实践中，已经形成了非常明显的"一叶独大、逮捕中心"的格局，在整个强制措施体系中，逮捕成为中心和支柱，其他措施都处于辅助性或边缘化地位，即所谓的"逮捕中心化"。[5]"逮捕中心化"也就意味着对逮捕措施的高度依赖，其主要体现在

---

[5] 参见梁玉霞：《逮捕中心化的危机与解困出路——对我国刑事强制措施制度的整体检讨》，载《法学评论》2011年第4期，第142页。

两个方面:

一方面是司法实践中的高逮捕率。依照无罪推定原则,被追诉人在未经法定程序认定有罪之前,在法律上是一个无罪的公民,理应享有包括人身自由在内的各项基本权利。与此同时,为了维护基本的社会秩序,公民有容忍司法机关对其实施的为了保全犯罪行为人和犯罪事实的限制、剥夺人身自由等基本权益的刑事强制措施的诉讼义务。[6] 即便如此,"犯罪嫌疑人以人身自由不受干预或较少干预的状态接受调查则是原则"[7]。我国 1996 年《刑事诉讼法》第 60 条明确规定了逮捕的适用条件,根据该条第 1 款的规定,只有在犯罪嫌疑人、被告人"采取取保候审、监视居住等方法,尚不足以防止发生社会危险性,而有逮捕必要的",才能依法逮捕。根据该条规定,拟对犯罪嫌疑人、被告人进行逮捕的,需要先对逮捕的必要性进行审查。然而,在司法实践中,以无逮捕必要性为由作出的不捕决定极为罕见。如有在实务部门工作的同志经过实证考察后认为,"近年来,北京市检察机关对少数犯罪嫌疑人(3%~5%)适用了'无逮捕必要'不批捕"[8];"据统计,某基层检察院 2004 年共办理公安机关提请批捕案件 322 件 587 人,经审查批捕 286 件 510 人,不捕 36 件 77 人,其中以'无逮捕必要'不捕的共 6 件 13 人,仅占批捕总人数的 2.2%"[9]。由于批捕实践中对逮捕必要性要件的考虑较少,导致批捕实践中的高逮捕率现象的存在。有学者对四川省某市检察院的批捕情况进行实证研究后发现,该市检察院 2004 年至 2006 年的平均逮捕率为 95.33%。[10] 另外,有学者对 1996 年《刑事诉讼法》实施以来的全国批捕率进行考察后发现,1998 年至 2010 年我国的批捕率平均达到 90.21%。[11] 综上,司法实践中确实存在高逮捕率现象。

---

[6] 参见杨雄:《刑事强制措施的正当性基础》,中国人民公安大学出版社 2009 年版,第 26 页。

[7] 孙长永等:《犯罪嫌疑人的权利保障研究》,法律出版社 2011 年版,第 89 页。

[8] 方工:《"无逮捕必要"不捕案件的审查与监督探析》,载《人民检察》2006 年第 10X 期,第 22 页。

[9] 郑艳红:《把握"无逮捕必要"关键看社会危险性》,载《检察日报》2005 年 7 月 27 日,第 3 版。

[10] 参见马静:《羁押率研究》,载《今日信息报》2007 年 4 月 20 日,第 3 版。

[11] 参见李昌林:《审查逮捕程序改革的进路——以提高逮捕案件质量为核心》,载《现代法学》2011 年第 1 期,第 115 页。

另一方面是被追诉人普遍被长期羁押。在西方国家,逮捕与羁押在适用程序方面是明显分离的,即实行"捕押分离"原则。逮捕只是以强制方式使被追诉人到案的一种措施,它一般只会带来较短时间的人身羁押。在逮捕的法定羁押期限届满后,司法警察或检察官必须毫不迟延地将被追诉人送交司法官员,并由后者对被追诉人是否应当被继续羁押进行全面的审查。[12] 一般而言,"审判前的羁押只是万不得已的情况下才采取的例外措施,并且主要的目的是为了保证嫌疑人或被告人于审判时到庭受审"[13]。但在我国,逮捕不仅具有强制到案的作用,且具有持续剥夺被追诉人人身自由的功效。由于在整个刑事诉讼过程中,适用未决羁押并不需要专门的、独立的"羁押理由",因此,审查起诉、一审以及二审阶段也就不存在针对羁押合法性的连续不断的审查,更不存在针对羁押合法性的"司法审查"。[14] 因此,一旦被追诉人被逮捕后,面对的必然是长期的被羁押[15],被追诉人及其辩护人提起的变更强制措施的申请很少能够成功。有学者研究发现,"1997—2006年间,全国检察机关逮捕的人数和起诉的人数大体相当,其中有三个年度逮捕人数甚至还要高于起诉人数,可见犯罪嫌疑人'羁押候审'乃是一种常态"[16]。还有学者对逮捕人数与法院判决人数对比后发现,2002年至2009年的8年间,全国检察机关批准、决定逮捕7024200人,全国法院审理刑事案件判决生效的被告人有6896571人,逮捕人数超过判决人数,二者之比为101.85%。[17] 另外,逮捕期限在审查起诉和审判阶段依附于办案期限,而司法实践中存在的"隐形超期羁押"则使得被追诉人的未决羁押期限变得更长。所谓"隐形超期羁押"是指执法机关在法定期间没有结案,但是寻求各种没有事实根据的理由,按照法律程序办理了对犯罪嫌疑人或被告人延长羁押的手续,并继续关押。在审查起

---

[12] 参见陈瑞华:《审前羁押的法律控制——比较法角度的分析》,载《政法论坛》2001年第4期,第99页。

[13] 孙长永:《侦查程序与人权——比较法考察》,中国方正出版社2000年版,第193页。

[14] 参见陈瑞华:《刑事诉讼中的问题与主义》,中国人民大学出版社2011年版,第176页。

[15] 据调研,50%以上的案件在被追诉人被逮捕后5个月左右才移送审查起诉。See Mike McConville, *Criminal Justice in China: An Empirical Inquiry*, Edward Elgar, 2011, p. 51.

[16] 孙长永主编:《侦查程序与人权保障——中国侦查程序的改革和完善》,中国法制出版社2009年版,第36页。

[17] 参见刘计划:《逮捕审查制度的中国模式及其改革》,载《法学研究》2012年第2期,第124页。

诉阶段,主要是通过退回补充侦查的方式来延长审查起诉期限[18],而在审判阶段,则主要靠控辩双方出具延期审理函或延期审理申请的方式延长审限[19]。由此可见,"隐形超期羁押"现象的存在,进一步延长了羁押的时间。

通过以上分析可以看出,刑事司法实践中不但逮捕的适用率非常高,且被追诉人在审前普遍被长期羁押,逮捕在对被追诉人的人身进行保全的强制措施体系中处于核心地位,取保候审、监视居住等逮捕替代措施的适用空间很小。

(二)逮捕证据标准的高要求

我国1996年《刑事诉讼法》第60条明确规定了逮捕的适用条件,该条第1款对逮捕的罪疑要件(或称证据要件)进行了规定,即"有证据证明有犯罪事实"。对此,1998年1月19日最高人民法院、最高人民检察院、公安部、国家安全部、司法部和全国人大常委会法制工作委员会联合发布的《关于刑事诉讼法实施中若干问题的规定》(已失效)第26条将其理解为:"同时具备下列情形:(一)有证据证明发生了犯罪事实;(二)有证据证明犯罪事实是犯罪嫌疑人实施的;(三)证明犯罪嫌疑人实施犯罪行为的证据已有查证属实的。"由此可知,我国逮捕的罪疑要件将"特定犯罪嫌疑人实施的犯罪事实"作为证明的对象,并要求有"查证属实"的证据来证明这一"犯罪嫌疑人实施犯罪行为"的犯罪事实的存在。根据1999年《人民检察院刑事诉讼规则》(已失效)第86条的规定,"犯罪事实"既可以是单一犯罪行为的事实,也可以是数个犯罪行为中任何一个犯罪行为的事实。同1979年《刑事诉讼法》相比,1996年《刑事诉讼法》在逮捕制度上的重大变化就是将事实要件从"主要犯罪事实已经查清"修改为"有证据证明有犯罪事实",法律界普遍认为这降低了逮捕的证明要求,即由"主要犯罪事实"变为"一个犯罪事实",而对于该犯罪事实的证明程度则没有变化,即以"查

---

[18] 事实上,由于退回补充侦查缺乏必要的监督和制约,由此导致的滥用是必然的。参见左卫民等:《中国刑事诉讼运行机制实证研究》,法律出版社2007年版,第227页。

[19] 参见马永平:《延期审理滥用形态之检视与厘正》,载陈光中主编:《刑事司法论坛》(第4辑),中国人民公安大学出版社2011年版,第152—153页;臧德胜、崔光同:《刑事一审案件"隐性"超审限问题及规制》,载宋英辉、甄贞主编:《京师刑事诉讼法论丛》(第2卷),北京师范大学出版社2012年版,第196页。

证属实"为证明程度。也就是说,要达到逮捕的法定证据要求,必须有证据证明特定犯罪嫌疑人实施了犯罪事实,且至少其中的一部分犯罪事实有确凿的证据证明到"属实"的程度。这种证明标准不仅有证据能力的要求,还有证明力的要求,要比法治国家的罪疑要件严格得多。[20] 在域外法治国家,证明程度一般是一种"犯罪嫌疑"。

司法实践中,对于"有证据证明有犯罪事实"的证据标准有不同的认识,如有人认为逮捕的证明标准为"有基本确实、充分的证据"[21];有人认为逮捕的证明标准为"证据确实、充足"[22];有人认为逮捕的证明标准为"确系犯罪嫌疑人所为"[23];有人认为逮捕的证明标准为"基本犯罪事实清楚,基本犯罪证据确实,基本犯罪指向明确,相信犯罪系犯罪嫌疑人所为"[24]。这四种观点之间,虽有分歧,但同为实务部门人士提出,且均倾向于对证据标准的严格掌握,由此也可看出逮捕在实践中的高标准。[25] 另外,由于错案责任追究、国家赔偿、绩效考核等因素的存在,司法实践中批捕人员对逮捕的证明标准一般都会从严把握,通常都是以犯罪嫌疑人的行为是否真正"构成犯罪"作为批捕的标准。[26] 也就是说,在通常情况下,逮捕意味着检察机关已经有足够的证据证明犯罪嫌疑人的行为已经构成犯罪。

对逮捕证据标准的高要求,固然有利于避免被追诉人受到不当追究,但也给侦查机关带来了巨大的取证压力,可能会使一些"应当批捕的案件未能批捕,从而影响了对提请批捕时定罪证据尚有欠缺但确有逮捕必要的某些案件的深入侦查",与此同时,"有少数证据尚不确实、充分的案件,在有关方面的要求或协调下,也作出了逮捕决定"。为此,最高人民检

---

〔20〕 例如,英国的表述为"有相当理由相信",美国的表述为"有可能的原因相信",德国的表述为"有重要理由足以怀疑",意大利的表述为"有重要理由怀疑",日本的表述则为"有相当理由足以怀疑",这些证明标准均指向一种"犯罪嫌疑"。参见王彪、张超:《逮捕的实质要件研究》,载孙谦主编:《检察论丛》(第16卷),法律出版社2011年版,第301页。
〔21〕 朱孝清:《关于逮捕的几个问题》,载《法学研究》1998年第2期,第113页。
〔22〕 孙谦:《论逮捕的证明要求》,载《人民检察》2000年第5期,第16页。
〔23〕 毛晓玲:《逮捕证明标准研究》,载《人民检察》2003年第7期,第29页。
〔24〕 贺恒扬:《审查逮捕的证明标准》,载《中国刑事法杂志》2006年第2期,第92页。
〔25〕 这种高标准的实务案例,参见蔡宇宏:《从杨某故意伤害案看审查逮捕阶段证据的认定》,载《中国检察官》2006年第4期,第60页。
〔26〕 参见陈卫东主编:《刑事诉讼法实施问题调研报告》,中国方正出版社2001年版,第21页;陈刚、卢新华:《审查逮捕适用标准刍议》,载《人民检察》2006年第05X期,第40页。

察院在总结经验的基础上,在2005年召开的全国第二次侦查监督工作会议上,提出了附条件逮捕这一制度,尔后又将其内容纳入2006年出台的《人民检察院审查逮捕质量标准(试行)》中。[27] 根据2010年《人民检察院审查逮捕质量标准》第13条的规定,检察机关批准逮捕的事实要件原则上要求"证据所证明的事实已经基本构成犯罪",只有在重大案件中,才能在"基本构成犯罪""经过进一步侦查能够收集到定罪所必需的证据"以及"确有逮捕必要"的情况下,经检察长或检察委员会决定批准逮捕。据时任最高人民检察院副检察长朱孝清的介绍,所谓的"基本构成犯罪",就是"八九不离十",另外,要适用附条件逮捕,还要"根据当时的事实、证据分析,案件在批捕后经过进一步侦查,能够取得定罪所必需的证据",且"必须是有逮捕必要的重大影响案件"。[28] 根据实务工作者的实证研究,司法实践中,附条件逮捕后被逮捕人绝大多数被定罪量刑,以撤案或撤销逮捕终结的案件一般在10%以内。[29] 这也从反面证实了司法实践中对逮捕证据标准的高要求。

通过上文的分析可以发现,对于逮捕的证据标准在法律上规定了对证明程度要求较高的罪疑要件,在司法实践中,由于错案责任追究、国家赔偿、绩效考核等因素的影响,批捕人员对逮捕的罪疑要件一般都会从严把握,要求经过逮捕的案件都能起诉、判刑,即使在放松了证据要求的附条件逮捕中,证据方面的要求也要达到"八九不离十",且要有进一步取证的可能性。

(三)逮捕对公检法三机关的重大影响

对逮捕措施的高度依赖和逮捕证据标准的高要求只是从一个侧面说明了逮捕对于刑事诉讼的重要意义以及司法实践中对逮捕的重视程度,"逮捕中心主义"更多地表现在逮捕对公检法三机关的重大影响方面。

首先,对于公安机关而言,逮捕与否往往成为判断其是否圆满侦破案件的关键。一般而言,刑事案件发生后,公安机关都会面临或大或小的破案压力,在重大刑事案件中更是如此。为了激励公安干警努力工作,司法

---

[27] 参见朱孝清:《论附条件逮捕》,载《中国刑事法杂志》2010年第9期,第4页。
[28] 参见伦朝平、甄贞主编:《附条件逮捕制度研究》,法律出版社2008年版,序,第2页。
[29] 参见王欢:《北京市朝阳区人民检察院附条件逮捕实证研究报告》,载《国家检察官学院学报》2008年第6期,第10页;宋毅、余浩:《北京市人民检察院第二分院附条件逮捕案件分析》,载《国家检察官学院学报》2008年第6期,第5页。

实践中逐渐形成了分别针对公安机关和干警个人的"量化考核机制",其中的一个重要指标就是破案率。[30] 通过对某基层公安机关的调研发现,逮捕是案件是否侦破的重要标志,在公安机关提请检察机关逮捕犯罪嫌疑人后,如果检察机关批捕则意味着案件已经侦查终结、公安机关圆满完成了任务,如果检察机关不批准逮捕,则案件必须经过起诉才意味着公安机关的侦查任务圆满完成。[31] 这种情况正如陈瑞华教授所言,"在绝大多数刑事案件的侦查中,逮捕嫌疑人的决定往往意味着案件侦查活动的基本结束"[32]。左卫民教授的实证研究也印证了这一情况的存在,即"逮捕阶段少量查证除了补充身份证明外,主要就是对证据矛盾的核实性调查"[33]。因此,逮捕对于公安机关而言有着重要的意义,为了达到批捕的目的,公安机关会在刑拘阶段加大查证力度,争取搜集到足够的符合逮捕罪疑要件的证据。

其次,对于检察机关而言,逮捕一方面意味着其对案件质量的认可,另一方面则意味着其有"义务"将案件提起公诉,而在提起公诉后则必须判决有罪。在我国检察机关内部有严格的绩效考评制度,其中设定了一系列的考核指标,如批捕率、不起诉率以及无罪判决率等。对于检察机关批准逮捕的案件而言,"批捕后被作法定不起诉、存疑不起诉、退处、被判无罪,侦查监督部门负有责任的,要对负责审查批捕的检察官'记一类差错,减6分'"[34]。与此同时,检察机关在整个检察系统的绩效考核中也将面临不利后果,即关于批捕准确与否的指标无法优化。因此,对于被批准逮捕的案件来说,是否起诉、是否判决有罪对于检察机关的影响更大,此时,基于检察机关整体利益的考虑,公诉部门一般会将案件提起公诉,有学者的实证研究也证实了这一点,即"被拘留的犯罪嫌疑人的起诉率为30%,被逮捕

---

[30] 参见马明亮:《司法绩效考评机制研究——以刑事警察为范例的分析》,载《中国司法》2009年第7期,第19页。

[31] 2001年公安部出台《公安机关执法质量考核评议规定》(2016年已修订),各地公安机关对此进行了不同程度的细化,涉及的考核指标多则200多种,少则几十种,其中最重要的指标是"批准逮捕数"和"起诉数"。参见重庆市南岸区人民检察院课题组:《公安机关办理刑事案件指标执法之检察监督》,载《国家检察官学院学报》2016年第3期,第39—40页。

[32] 陈瑞华:《程序性裁判理论》(第二版),中国法制出版社2010年版,第51页。

[33] 左卫民、马静华:《侦查羁押制度:问题与出路——从查证保障功能角度分析》,载《清华法学》2007年第2期,第78页。

[34] 陈瑞华:《刑事诉讼的中国模式》(第二版),法律出版社2010年版,第313页。

的犯罪嫌疑人的起诉率为78%"[35]。而一旦案件被起诉,由于存在对无罪判决率与撤诉率的考核,被告人"必须"被判决有罪。[36] 对于证据不那么扎实的案件,为了获得有罪判决,检察院与法院之间会频繁地协调[37],检察官则与法官不停地沟通,即"检察院对不起诉率、撤诉率和无罪判决率的控制,也使得检察官倾向于和法官频繁联系,无论是用软化还是强硬手法;而法官也基本对检察官体谅、通融"[38]。由于检法两家是一种长期的博弈关系,法院判决无罪可能会导致公安、检察机关在工作方面的不配合[39],同时,由于检察机关拥有对法官职务犯罪的追诉权力[40],法院往往不会贸然判决无罪,而是采取"疑罪从有""疑罪从轻"等方式终结案件[41]。检察院争取判决有罪与法院不敢判决无罪两种情况相结合,表明逮捕往往意味着有罪。

最后,对于法院而言,逮捕除前文提及的对定罪问题有较大影响外,还对量刑问题有重大影响。逮捕对量刑问题的影响主要表现在两个方面:一是逮捕对刑期长短的影响;二是逮捕对刑罚执行方式的影响。

根据刑法的一般原理,法官对被告人的量刑活动应本着罪责刑相适应原则进行,即刑罚的轻重应当与犯罪分子所犯罪行和承担的刑事责任相适应。此外,还要考虑被告人的人身危险性。前者主要着眼于过去,即被告

---

[35] 陈瑞华主编:《未决羁押制度的实证研究》,北京大学出版社2004年版,第172页。

[36] 关于无罪案件对检察院绩效考核的影响,参见夏伟、王周瑜:《存异难:检察权与审判权关系之忧——以近十年判决无罪人数走势为视角》,载万鄂湘主编:《审判权运行与行政法适用问题研究——全国法院第二十二届学术讨论会论文集》(上),人民法院出版社2011年版,第69页。

[37] 参见孙长永、黄维智、赖早兴:《刑事证明责任制度研究》,中国法制出版社2009年版,第207页。

[38] 朱桐辉:《绩效考核与刑事司法环境之辩——G省X县检察院、司法局归来所思》,载陈兴良主编:《刑事法评论》(第21卷),北京大学出版社2007年版,第269页。

[39] 关于判决无罪后公安、检察机关的可能反应,参见朱桐辉:《案外因素与案内裁量:疑罪难从无之谜》,载《当代法学》2011年第5期,第29页。

[40] 这种"追诉"可能性在一些案件中可能会变成现实,据悉,浙江章国锡案中,法院排除非法证据后对于检察机关指控的绝大部分受贿事实没有认定,宣判后,检察机关立即对一审法院执行局的某位执行法官展开侦查,最终逮捕该执行法官。参见王彪:《法官为什么不排除非法证据》,载陈兴良主编:《刑事法评论》(第36卷),北京大学出版社2015年版,第608页。

[41] 相关论述,参见谢进杰:《"疑罪从无"在实践中的艰难展开》,载《犯罪研究》2005年第6期,第45—46页;葛玲:《疑罪从无原则在我国司法实践中的异化及其分析》,载《法律适用》2008年第8期,第62页。

人过去的行为以及该行为所造成的危害,后者则主要着眼于将来,即被告人将来再次犯罪的可能性。然而,在中国的刑事司法实践中却存在这样一种现象,即量刑活动并没有依照罪责刑相适应原则,而是比照被告人的审前羁押期限来量刑。一般而言,这种情况出现在两种场合:一是疑罪从轻的场合,即法官在面临疑罪时,不是疑罪从无,而是选择从轻处罚被告人,一般是对被告人定罪后放人[42];二是审前羁押期限超过应判刑期的场合,这种情况一般被称为"量刑迁就"或者"实报实销"[43],即法官在量刑时并不依据被告人的犯罪事实、情节以及法定、酌定的量刑情节,而是根据被告人实际被关押的时间来决定适用的刑期[44]。这里的第二种情况就是逮捕对刑期长短的影响的表现,由于审前羁押的普遍性以及诉讼拖延的客观存在,这种情况经常发生。

逮捕不仅对刑期长短有影响,其对刑罚的具体执行方式也有一定的影响。司法实践中,被逮捕的被告人更容易被判处监禁刑,相对而言,被取保候审、监视居住的被告人则更可能被判处非监禁刑。有学者通过实证研究后认为,"取保候审成为了办案机关作出轻缓处理决定的前奏,成为了案件实体判决的预演"[45]。在某种程度上也可以说,逮捕也是案件实体判决的预演。笔者曾对西部某市辖区法院的判决情况进行考察,通过随机抽查的方式发现,在案件情况基本相同的情况下,与审前未被羁押的被告人相比,审前被羁押的被告人更容易被判处监禁刑。

通过上文的分析可以看出,在对被追诉人的人身进行保全方面,对逮捕措施的高度依赖,说明逮捕在整个强制措施体系中处于核心地位,对逮捕证据标准的高要求,在一定程度上说明了案件定罪标准的前移,逮捕对公检法三机关的重要影响,则又说明逮捕对公检法三机关诉讼行为具有重要的导向作用。

---

[42] 相关的实证研究,参见孙长永、王彪:《刑事诉讼中的"审辩交易"现象研究》,载《现代法学》2013年第1期,第129页。当然,对于罪行较重的案件,疑罪从轻还意味着"留有余地",不判处死刑。参见谢进杰等:《无罪的程序治理:无罪命题在中国的艰难展开》,广西师范大学出版社2016年版,第58—60页。

[43] 也有学者将其称为刑罚的"实报实销",参见吴丹红:《刑罚的"实报实销"》,载《人民检察》2009年第13期,第37页。

[44] 类似的发现,参见王维志、詹新红:《逮捕强制措施普遍化的实证分析》,载《中国检察官》2006年第9期,第21—23页。

[45] 褚福民:《取保候审的实体化》,载《政法论坛》2008年第2期,第128页。

## 二、"逮捕中心主义"的形成原因

在分析了"逮捕中心主义"的具体表现后,还有必要考察"逮捕中心主义"的形成原因。"逮捕中心主义"是一种客观存在的现象,这种现象是如何形成的?毫无疑问,"逮捕中心主义"现象与立法规定不符。正如任何法律现象的形成既有制度环境的影响也有制度本身的因素一样,"逮捕中心主义"现象的形成原因也可从制度环境和具体制度两个方面来寻找。

### (一)制度环境的无形强迫

"逮捕中心主义"现象是公检法三机关在一定制度背景下趋同的理性选择的结果,因此,要想准确理解为何公检法三机关的行为共同导致"逮捕中心主义"现象的产生,必须对现行刑事诉讼运行的制度环境进行考察。根据笔者的观察,主要有以下几点制度环境因素对"逮捕中心主义"现象的形成有重要影响。

一是治理压力与社会控制系统的软弱无力。刑事案件发生后,公安机关承担一定的破案压力是很自然的事情,如果是重大恶性案件,就更是如此。但在我国,公安、司法机关在承担破案压力的同时还要承担一定的社会治理职能,如维护社会秩序、预防犯罪以及为中心工作服务等。[46] 与此同时,我国目前正处在社会转型期,先前以单位为基础的社会控制系统逐渐瓦解,而以电子信息化为特征的现代化的社会控制系统还没有建成,整个社会的社会控制系统不发达。[47] 在这种强调公安、司法机关承担打击犯罪、维护社会秩序等各种治理压力的前提下,在中国目前的社会控制能力下,一旦犯罪嫌疑人被取保候审、监视居住后逃脱,将其抓住的机会很小,即使稍微努力就能抓住也要花费巨大成本。此外,承办案件的公安、检察人员可能还要承担

---

[46] 相关论述,参见吴良志:《政策导向型司法:"为大局服务"的历史与实证——中央政府工作报告与最高法院工作报告之比较(1980—2011)》,载万鄂湘主编:《探索社会主义司法规律与完善民商事法律制度研究——全国法院第23届学术讨论会获奖论文集》(上),人民法院出版社2011年版,第44—55页。

[47] 参见左卫民、周洪波:《从合法到非法:刑讯逼供的语境分析》,载《法学》2002年第10期,第39页。当然,这是之前的判断,社会控制系统不发达的情况目前已经发生了较大的变化,例如,2020年新冠肺炎疫情发生后,中国政府通过信息化技术对疫情进行了有效的控制。

一定的不利后果。两种因素的结合导致逮捕成了司法实践中公安、司法人员首选的强制措施,正如有学者所言,"由于追诉机关往往还同时担负着其他的国家职能,刑事强制措施的实施机关自觉不自觉地就会带入其他的目的,诸如社会治理、预防犯罪,等等。由于这些目的的渗入,刑事强制措施的实施机关往往就会以积极的、能动的方式来运用强制措施"[48]。换句话说,在上述压力之下,适用逮捕措施是一种最为理性的选择。

二是独特的被害人反应机制和公众舆论导向。在我国,由于涉诉信访的大量存在,在刑事案件的处理过程中往往要特别注意被害人一方的可能反应。被害人及其家属对整个刑事诉讼程序的运行可能会产生重要影响,如一些案件在被害人一方的"督促"下逮捕并起诉了被追诉人,最终法院面临被害人一方的巨大压力也不得不作出有罪判决,这种情况轻则影响逮捕强制措施的运用及案件的定罪量刑活动,重则可能导致冤错案件的发生,如杜培武、佘祥林案所显示的情况。[49] 公众舆论对"逮捕中心主义"的影响主要体现在两个方面:首先,公众舆论可能会影响逮捕强制措施的运用及案件的定罪量刑活动;其次,公众舆论对错案的关注导致司法实践中对逮捕的罪疑要件的把握更加严格。现阶段不断见诸媒体的冤错案件一再刺激着人们的神经,审查批捕作为刑事诉讼中事实把关的第一道重要关口,在其适用过程中对证据的审查越来越严格,证据没有达到法定的标准而批准逮捕的情况在现实中越来越少。更为复杂的是,在一些案件中被害人反应与公众舆论相结合,其对刑事司法的影响会更加巨大。[50] 被害人的反应通过公众舆论得以放大,而公众舆论的关注又刺激着被害人的反应,两者相结合对司法机关将产生巨大的影响。

三是公检法三机关内部绩效考评机制的引导。我国公检法三机关内部均有严格的绩效考评机制,这些内部绩效考评制度的存在,"使得在刑事司法程序运转过程中,后一机关对案件的实体处理结果直接决定前一机关是否办了'错案',并因此影响前一机关的业绩考评结果。这种以后一机关的实体处理为标准的业绩考评制度,造成公检法人员将追求某种有利的考

---

[48] 杨雄:《刑事强制措施的正当性基础》,中国人民公安大学出版社 2009 年版,第 81 页。
[49] 参见冀祥德:《民愤的正读——杜培武、佘祥林等错案的司法性反思》,载《现代法学》2006 年第 1 期,第 155 页。
[50] 如李昌奎案,参见王启梁:《法律世界紊乱时代的司法、民意和政治——以李昌奎案为中心》,载《法学家》2012 年第 3 期,第 5 页。

评结果作为诉讼活动的目标"[51]。绩效考评机制对逮捕中心主义现象的形成有两大影响：首先，将被追诉人是否有罪的认定从审判阶段提前到了批捕阶段，即批捕部门由于担心自己批捕的案件达不到起诉的标准，从而被侦查机关(部门)撤案、被起诉部门作不起诉处理或被法院判决无罪[52]，往往会对逮捕的罪疑要件进行严格审查，一般要达到定罪的证据标准。如有学者经过实证研究后认为，检察机关在批准逮捕时存在"构罪才捕"和"构罪即捕"的倾向。[53] 其次，批捕环节成为决定被追诉人最终命运的关键性环节，检察机关一旦批准逮捕，就有"义务"将案件起诉至法院并获得有罪判决，否则其将面临不利的考核后果。如有学者认为，"在错案追究制的魔咒下，检、警机关因与案件处理结果存在切身利害关系而不得不想方设法促使乃至迫使法官作出与起诉相一致的裁判"[54]。在中国目前的司法体制下，法院无力抗拒检察机关的这种影响。有司法实务人员经过统计发现，自2002年最高人民检察院试点考核考评制度以来，全国无罪判决率比前十年下降了近15个百分点。[55] 办案质量的提高是一个循序渐进的过程，短期内很难有大幅提升的可能性。所以，无罪判决率的大幅下降从一个侧面反映了检察机关内部的绩效考评机制对刑事法官定罪活动的影响。

四是公检法三机关内部控权机制的影响。为了防止公安、司法人员在工作中滥用职权，公检法三机关内部均有一套严格的控权机制。总的来说，这些内部控权机制有一个共同特点，即对于可能的放纵犯罪极为警惕。如对公安机关而言，"我国采取羁押措施无需通过繁琐的司法审查程序，操作上甚至比适用取保候审或者监视居住更为简单"[56]。有学者通过实证研究得出类似结论，在取保候审的审批方面，层级较多，权力控制体系相当

---

[51] 陈瑞华：《刑事程序失灵问题的初步研究》，载《中国法学》2007年第6期，第156页。
[52] 判处无罪的案件，不仅在考核时要扣分，还要"一案一报告"，接受"重点审查"。参见谢鹏程、邓思清主编：《检察官办案业绩考核机制研究》，中国检察出版社2018年版，第354页。
[53] 参见郭松：《中国刑事诉讼运行机制实证研究(四)——审查逮捕制度实证研究》，法律出版社2011年版，第167—175页。
[54] 周长军：《语境与困境：侦查程序完善的未竟课题》，载《政法论坛》2012年第5期，第37页。
[55] 参见张清：《检察机关考核考评制度的构建》，载《国家检察官学院学报》2012年第2期，第61页。
[56] 陈卫东主编：《刑事审前程序与人权保障》，中国法制出版社2008年版，第216页。

复杂[57];也就是说,公安机关内部存在的严格的行政控制技术,其目的是尽量减少取保候审在侦查程序中的适用,使之仅限于作为公安机关无法获得对犯罪嫌疑人羁押批准,或无法继续对犯罪嫌疑人羁押时的一种替代,一种无可奈何的替代,直至异化为一种疑难案件的实体处理技术。[58]对检察机关而言,起诉比不起诉容易,对不起诉的控制较为严格,有实务工作者通过实证研究后认为,检察机关对案件不起诉的控制趋严。[59] 也有学者认为,我国检察机关对不起诉严格控制,无论是理论上还是实践中都将制约不起诉视为制约公诉权的主要目标。[60] 对法院而言,对于拟改变强制措施、判处缓刑的案件必须提交院庭长讨论[61],院庭长对于变更逮捕措施以及缓刑的适用控制得非常严格,以防止承办法官徇私枉法,而对于被追诉人被羁押的案件,如果判处监禁刑,一般不需要经过内部讨论。

(二)具体制度的有形诱导

制度环境的有形压力最终要通过具体制度来促使"逮捕中心主义"现象的产生,或者说,现行的具体制度为"逮捕中心主义"现象的产生提供了一定的便利。根据笔者的观察,促使"逮捕中心主义"形成的制度诱因有以下几项。

一是逮捕必要性要件的模糊和羁押替代措施的不完善。犯罪嫌疑人的社会危险性是羁押必要性要件的核心内容,但我国法律对社会危险性没有规定具体细化的客观标准,也没有详细的司法解释。在司法实践中,社会危险性的大小主要依靠案件承办人的主观分析、判断,这种分析、判断的结果,与承办人的素质、能力、水平、执法理念等密切相关,带有一定的不确定性。在逮捕的替代措施上,我国目前只有取保候审和监视居住。但这两种强制措施

---

[57] 参见刘方权:《取保候审批决定程序实证研究》,载《甘肃政法学院学报》2008年第3期,第115页。
[58] 参见左卫民等:《中国刑事诉讼运行机制实证研究(二)——以审前程序为中心》,法律出版社2009年版,第89页。
[59] 参见王昕:《公诉运行机制实证研究——以C市30年公诉工作为例》,中国检察出版社2010年版,第232页。
[60] 参见谢小剑:《公诉权制约制度研究》,法律出版社2009年版,第292页。
[61] 参见王彪:《基层法院院庭长讨论案件机制研究》,载《中国刑事法杂志》2011年第10期,第68页;对于我国法院内部控制刑事裁判权的具体方法,亦可参见王彪:《法院内部控制刑事裁判权的方法与反思》,载《中国刑事法杂志》2013年第2期,第69—70页。

都存在适用条件模糊、内部审批程序烦琐以及实际执行乏力等弊端。[62] 司法实践中,取保候审和监视居住除在特定的案件中承担保障诉讼顺利进行的功能之外,还有在案件证据不足时消化案件的功能[63],取保候审甚至还成为一些办案单位创收的手段。[64] 另外,取保候审和监视居住的有效实施需要一定的配套保障措施,而配套保障措施的缺乏,往往导致侦查机关为减少办案开支和今后追逃的麻烦,很少适用取保候审和监视居住,直接采取拘留报捕的方法,而检察人员在受案后,也常常在保证诉讼与保障人权之间艰难选择,过多考虑到若发生了犯罪嫌疑人外逃、串供、自杀或再次危害社会等情况,风险压力大,最终不得不为保证刑事诉讼的顺利进行而突破法律界线,导致大量罪不该捕的犯罪嫌疑人被批准逮捕。结果是,公安、检察机关普遍感到取保候审、监视居住"不好用",因而不愿用、不敢用,索性不用,还是把嫌疑人、被告人关起来"保险"![65] 法院自然也乐意坐享被告人在押而给审判带来的"便利"。在逮捕必要性条件模糊、羁押替代措施不完善的情况下,基于便利、安全等因素的考虑,公安、司法机关毫无疑问更倾向于优先适用逮捕措施。

二是审前程序中司法权的缺席与被追诉人权利救济机制的匮乏。在一些国家,法律对审前羁押设置了三方面的约束机制,即羁押理由的法定性、羁押程序的司法性以及羁押决定的可救济性。[66] 反观我国,除对羁押理由有较为模糊的规定外,司法权在审前程序中是缺席的[67],被告人的权利救济机制更是匮乏。我国法律明确规定,在审前程序中由检察院批准或

---

[62] 参见宋英辉主编:《取保候审适用中的问题与对策研究》,中国人民公安大学出版社2007年版,第1—9页。

[63] 参见左卫民:《侦查中的取保候审——基于实证的功能分析》,载《中外法学》2007年第3期,第345页。

[64] 参见李昌林:《侦查阶段的取保候审与监视居住》,载陈兴良主编:《刑事法评论》(第25卷),北京大学出版社2009年版,第177页。随着涉案财物管理的规范化,这种现象目前已经逐渐消失。但不可否认的是,这种现象曾经较为普遍地存在过。

[65] 参见孙长永:《探索正当程序——比较刑事诉讼法专论》,中国法制出版社2005年版,第155页。

[66] 参见易延友:《刑事强制措施体系及其完善》,载《法学研究》2012年第3期,第150页。

[67] 审前程序由检察机关批捕,而检察机关不是完整意义上的司法机关,关于检察权性质的争论,参见龙宗智:《论检察权的性质与检察机关的改革》,载《法学》1999年第10期,第2—5页。

决定逮捕。与西方国家相比,我国的审前羁押程序存在两大特点:一方面逮捕措施的适用不需要法院的审查,另一方面羁押过程中法院无权对羁押必要性进行审查。由此导致的后果是,作为控诉机关的检察院很难客观地对被追诉人的羁押必要性进行认真审查,而被追诉人一旦被羁押,由于没有对羁押必要性进行审查的机制,逮捕措施很难改变。虽然被追诉人在刑事诉讼中也享有一定的权利,如对于强制措施适用不当的,可以进行申诉、控告,但在行政性救济模式中[68],加之逮捕条件的模糊性,被追诉人的权利很难得到有效保障。批捕过程中以书面证据材料为主的审查方式以及逮捕必要性条件的模糊性,使得被追诉人及其辩护人很难对羁押决定施加实质性的影响。

三是"流水作业"式的诉讼构造与独特的司法权运行机制。中国刑事诉讼的纵向结构是"流水作业"式的诉讼结构,公检法三机关相当于诉讼流水线上的三个主要的"操作员",共同致力于完成刑事诉讼的任务。独特的司法权运行机制则使得这种倾向(法院在定罪量刑时照顾检察院的绩效考核)变得可能。我国法院的司法权在运行过程中虽然要受到一系列的内部控制,但却很少受到外部的有效制约,特别是被告方很难对司法权的行使形成真正的制约。在这种情况下,疑罪从有、疑罪从轻以及量刑迁就等现象才得以频频发生。

综上,我国刑事诉讼中一系列具体制度的缺陷在一定程度上直接导致"逮捕中心主义"现象的产生,而制度环境的不完善则为"逮捕中心主义"现象的产生提供了"适宜"的土壤,甚至加剧了这种现象的产生。

## 三、如何看待"逮捕中心主义"现象

既然"逮捕中心主义"是我国刑事诉讼中客观存在的一种现象,且其产生系一系列制度与制度外因素综合所致。那么,该如何看待该现象呢?作为一种实践现象,"逮捕中心主义"的存在有一定的实践合理性,但从理论上来说,"逮捕中心主义"现象存在诸多危害。因此,应当对"逮捕中心主

---

[68] 有学者认为,刑事侦查中的救济分为行政性救济和司法性救济,我国采用的是行政性救济模式。参见孟军:《犯罪嫌疑人权利救济研究——以刑事侦查为中心》,中国人民公安大学出版社2008年版,第147页。

义"现象进行客观评判。

（一）"逮捕中心主义"的利弊分析

"逮捕中心主义"现象的存在有利有弊。在现有的制度背景下，"逮捕中心主义"现象的存在有一定的合理性，主要表现在三个方面：一是保障了刑事诉讼的顺利进行。我国社会控制能力的不足以及羁押替代措施的不完善使得大量案件需要通过逮捕措施来保障诉讼的顺利进行，司法实践中，逮捕不仅保障诉讼的顺利进行，还便利了公安司法机关的工作，在案多人少的地区，逮捕的这种便利公安司法机关工作的功能更加明显。二是将防止错案发生的关口前移，在一定程度上有利于准确打击犯罪。我国的逮捕不仅仅是一种强制到案措施，而且伴随着较长时间的羁押，甚至还会带来开除党籍、停止公职等不利后果，因此，司法实践中对逮捕的罪疑要件严格把握有一定的道理。逮捕证据标准的高要求使得批捕事实上起到了一定的防止错案发生的作用，司法实践中也确实存在一些案件因为不符合逮捕的证据要求而由公安机关撤销案件的情况。三是体现了区别对待的精神，有利于被追诉人早日认罪悔罪。司法实践中，对于自首以及认罪并赔偿被害人损失的被追诉人适用取保候审、监视居住的可能性更大。在贯彻宽严相济刑事政策、倡导刑事和解的语境下，自首、和解在很多时候是侦查机关与被追诉人协商的结果，即自首、和解后将对被追诉人采用取保候审或监视居住的强制措施。[69]这在一定程度上体现了区别对待的精神，有利于案件的高效、公正解决。

然而，"逮捕中心主义"现象也存在一系列弊端，主要包括以下几个方面：一是增加了拘留阶段的取证压力，由此产生了两种可能的倾向。一方面是拘留期限的最大化，有学者经过实证研究后认为，由于实践中对逮捕的事实要件要求过高，公安机关在拘留犯罪嫌疑人后的短时间内无法收集到足以获准逮捕的证据，以至于往往不加区分地将提请逮捕前的拘留期限一律延长到30日，导致犯罪嫌疑人在拘留后遭受非法的、任意的羁押。[70]另一方面是诱发各种非法取证行为的发生。由于逮捕证据标准的高要求，在拘留期间很可能发生无法收集到满足批捕要求的证据的情况，此

---

[69] 关于刑事和解对审前羁押的影响，参见宋英辉主编：《刑事和解实证研究》，北京大学出版社2010年版，第21页。

[70] 参见石均正、胡宝珍、曹文安等：《关于拘留转为逮捕证明要求的调查报告及分析》，载《政法学刊》2000年第4期，第9页。

时,迫于侦破案件的压力,侦查机关有可能会采取各种非法取证行为来获取证据。[71] 二是不利于刑事诉讼中的人权保障。"逮捕中心主义"现象的存在使得被追诉人过早地"享受"犯罪所带来的"待遇"。同时,由于被追诉人在审前被羁押且其辩护人的会见权无法得到有效保障[72],被追诉人在审判阶段无法有效行使辩护权。另外,疑罪从轻与量刑迁就现象的存在使得被告人无法得到公正的处理。三是增加了政府的财政开支。大量的被追诉人在审前被羁押,政府必然要投入大量的人力和物力。大量的轻缓判决则说明,有很大一部分案件的被追诉人没有审前羁押的必要,这种"不必要"的审前羁押大大增加了政府的财政开支。四是不利于被追诉人的改造。一方面,审前羁押存在与短期自由刑一样的弊端,即被追诉人之间交叉感染,从而使得很大一部分被羁押的被追诉人将来可能会采用更加新颖的犯罪手法,犯罪行为也会更加隐蔽;另一方面,由于被追诉人在实体和程序上均没有得到公正的对待,在一定程度上强化了被追诉人的逆反心理,不利于被追诉人的彻底改造与再社会化。

那么,该如何从整体上评判"逮捕中心主义"现象呢?事实上,"逮捕中心主义"所具有的合理之处通过其他途径也可以达到,如保障刑事诉讼顺利进行的功能可以通过合理的羁押替代措施来实现,防止错案发生的功能则可以通过强化辩方权利以及增强法院的独立审判能力来实现,区别对待更是可以通过宽严相济的刑事政策等实现,但"逮捕中心主义"的弊端却是实实在在存在且无法消除的。因此,从总体上说,"逮捕中心主义"现象的存在是弊大于利的。

(二)走出"逮捕中心主义"的具体路径

既然"逮捕中心主义"现象的存在总体上弊大于利,那么该如何走出"逮捕中心主义"这一实践误区呢?要改变"逮捕中心主义"这一不合理的诉讼现象,需要从其产生的原因入手,即一方面要对现有的制度环境进行优化,另一方面要对具体的制度进行合理化改造。

---

[71] 参见吴纪奎:《口供供需失衡与刑讯逼供》,载《政法论坛》2010年第4期,第113页。
[72] 辩护律师"会见难"是我国刑事司法实践中长期存在的现象,在很长一段时间内,辩护律师"会见难"是辩护难的首要表现。参见樊崇义主编:《刑事诉讼法实施问题与对策研究》,中国人民公安大学出版社2001年版,第95—96页。随着立法的完善,辩护律师"会见难"问题逐渐得以解决,但至今在一些敏感复杂案件中仍存在。

制度环境的优化主要包括以下几个方面：

一是增强国家的社会控制能力。改革开放以前，社员依附于公社、单位人依附于单位，辅之以严格的户籍管理，国家实现了对社会的严密控制。[73] 此后，国家在一些领域的放权带来的一个结果是国家对社会的控制力减弱。随着市场经济的发展，市场逻辑进一步冲击了社会中存在的各种非正式控制机制，国家对整个社会的控制力进一步减弱。[74] 未来，需要进一步加强正式社会控制机制的建设，并引导非正式社会控制机制的发展和完善。如进一步加强各种实名制建设，加大对流动人口的控制力度，从而使得被追诉人不愿也不敢轻易脱保，进而可以提高取保候审的适用率；又如司法、治安、教育和治疗机构相互衔接，形成一个精细、连续的权力网络[75]，从而提高国家的社会治理能力。

二是对被害人反应及公众舆论的适度关注与合理引导。被害人（包括被害人的亲属）是犯罪危害的直接承担者，刑事诉讼中对被害人的要求给予适当的关注是必要的；公众舆论对司法的监督有利于公正司法，有利于提高司法的社会可接受度。然而，由于所处立场以及信息不对称等原因，被害人及公众舆论的反应有非理性、情绪化的一面。[76] 因此，对于被害人和公众舆论的关注并非意味着公安、司法机关被动地接受意见或者监督，公安、司法机关在听取合理意见的基础上要注意适当引导并分流被害人和公众舆论的反应，如及时通报相关情况，加大审判公开的力度，在案件遇到问题时及时作出合理解释，改变案件管辖以及加强判决书说理等。

三是改革不合理的绩效考评机制，完善相应的考核指标。有实务工作者认为，现存的司法绩效考评制度就是这么一个"怪胎"，我们明知道它发育不良，且试图用利益去影响公正，但又不得不依靠它的存在去实现公

---

[73] 参见何永军：《断裂与延续：人民法院建设（1978—2005）》，中国社会科学出版社2008年版，第21—25页。

[74] 社会学的实证研究，参见黄海：《灰地——红镇"混混"研究（1981—2007）》，生活·读书·新知三联书店2010年版，第231—236页；陈柏峰：《乡村江湖——两湖平原"混混"研究》，中国政法大学出版社2011年版，第269—273页。

[75] 参见周洪波：《沉默权问题：超越两种理路之新说》，载《法律科学（西北政法大学学报）》2003年第5期，第111页。

[76] 参见董坤：《侦查行为视角下的刑事冤案研究》，中国人民公安大学出版社2012年版，第196页。

正。[77]公检法三机关现行的绩效考评机制存在的主要问题有两个方面:一方面是公检法三机关的绩效考评机制趋于一致,如均注重对各种数字、指标的追求[78];另一方面是公检法三机关的绩效考评机制均注重对结果的考核而忽视了对案件处理过程的考察。由此导致的结果是,后一机关所作的决定成为判断前一机关诉讼行为正确与否的判断标准,而公检法三机关"相互配合"的法律定位以及出于自身利益的考量,后一机关往往不得不屈从于前一机关的处理结果。从总体上来说,法院作为司法机关的特殊性也没有得到充分的关注。未来,应对一些考核指标进行调整,要过程与结果并重,甚至在一定程度上更多地注重过程的正当性,对法院考核指标的调整则要充分注意法院作为司法裁判机关的特殊性。

四是公检法三机关内部程序的合理引导。公检法三机关内部均有一套处理案件的程序规定,这些程序规定的效力在一定程度上比现行法律还要高,因为在法律明文规定的程序被大量规避的情况下,鲜有公检法工作人员突破内部操作程序的情况发生。由于内部操作程序的普遍有效性,其本身的合理性也就显得非常重要。为了提高取保候审、监视居住、不起诉以及缓刑的适用率,对取保候审等有利于被追诉人的内部操作程序应当适度简化,并考虑通过物质或精神激励的方式激发公检法工作人员公正适用取保候审、不起诉以及缓刑等有利于被追诉人的处理措施的积极性。

就具体制度而言,需要从以下几个方面着手:

一是逮捕必要性要件的进一步明确。2012年修正的《刑事诉讼法》第79条第1款对逮捕的必要性作了明确规定,同时列举了社会危险性的五种情形。该法第93条规定,被追诉人被逮捕后,人民检察院仍应当对羁押的必要性进行审查,这无疑是法制的巨大进步。2018年《刑事诉讼法》对该条文的内容没有修改。在立法对社会危险性进行明确规定的情况下,如何客观公正地评估被追诉人的社会危险性就是一个重要问题。对此,各地公安、司法机关可以进行实践探索,要切实改变过去那种以抽象的危险性替代具体、客观的危险性的做法,并及时总结经验教训。

---

[77] 参见余国利、金涛:《部门博弈与司法公正——以检察机关绩效考核为中心》,载《西南政法大学学报》2010年第3期,第69页。

[78] 参见朱桐辉:《刑事诉讼中的计件考核》,载苏力主编:《法律和社会科学》(第4卷),法律出版社2009年版,第265—290页。

二是羁押替代措施的进一步完善。司法实践中,证据不足、检察院不批准逮捕、犯罪嫌疑人罪行轻微是公安机关决定对犯罪嫌疑人适用取保措施的主要情形。[79] 将来,要降低审前羁押率必须进一步完善现有的羁押替代措施,如考虑增加取保候审的方式,扩大取保候审的适用方式和范围,增加取保候审的可操作性,对监视居住措施进行合理化改造,使之具有可适用性。2012年修正的《刑事诉讼法》新增了指定场所的监视居住,一定程度上增加了羁押替代措施,实践中要注意防止将其变成变相的羁押措施[80],防止其被异化成比羁押措施"威力"还要大的措施。

三是审前阶段司法救济的加强。审前阶段的司法救济可以从两个层面考虑:一方面是司法权的有效介入,也就是说,对于那些强烈干预人身自由的强制措施的运用需要司法权进行一定的合理性审查,当然,前提是司法权本身是中立客观的;另一方面是救济程序的司法性,如有学者认为,取保候审、监视居住有权力中心主义的特征,将来应适度提高其权利特征,可以考虑建立检察机关作为决定主体的抗辩式审查程序。[81] 在此需要说明的是,即使由于司法体制等种种原因,现阶段很难实现法院对审前程序的审查和介入,但至少要保证对被追诉人的权利救济具有一定的司法性。

四是审判权的独立运行与有效制约。审判独立是民主国家的一个核心要素,一般公认其由两项原理组成,即法官独立和司法部门的独立。[82] 在法院外部,要保证法院作为一个整体的独立。在此,首先需要考虑的是党的领导与司法机关依法独立行使职权的关系,事实上,自党的十一届三中全会以来,一直将保障司法机关依法独立行使职权作为一项党的方针政策,目前,党对司法工作的领导主要是一种政治领导。[83] 在法院内部,则要保证法官能够依法独立行使裁判权。为此,需要改变目前法院内

---

[79] 参见刘方权:《取保候审保证方式实证研究》,载《法制与社会发展》2008年第2期,第30页。

[80] 事实上,在《刑事诉讼法修正案(草案)》征求意见期间,有学者就已提出这一问题。参见卞建林:《我国刑事强制措施的功能回归与制度完善》,载《中国法学》2011年第6期,第31页。

[81] 参见刘方权:《侦查程序实证研究》,中国检察出版社2010年版,第190页。

[82] 参见李昌林:《从制度上保证审判独立:以刑事裁判权的归属为视角》,法律出版社2006年版,第5—38页;[以]巴拉克:《民主国家的法官》,毕洪海译,法律出版社2011年版,第76—77页。

[83] 参见封丽霞:《政党、国家与法治——改革开放30年中国法治发展透视》,人民出版社2008年版,第369页。

部的行政化管理模式,对法院工作人员进行序列化改造,对法官和审判辅助人员适用不同的管理模式,对法官在物质方面、精神方面提供职业保障,确保法官有独立判决的能力和勇气。目前,法官员额制改革已经推行,但仍存在不足之处。权力需要制约,司法权也不例外。目前,可以考虑加强诉权对裁判权的制约,所谓"诉权制约",是指由那些与案件结果存在利害关系的当事人,对法官的庭前准备、法庭审理以及司法裁判进行全程参与,并对各项诉讼决定的作出施加积极有效的影响。[84] 另外,还可以考虑进一步加强司法公开,从而为媒体有效监督司法提供基础。

"逮捕中心主义"现象有利有弊,但总体上弊大于利。为此,一定要走出"逮捕中心主义"这一实践误区。由于"逮捕中心主义"现象的形成是具体制度与制度环境的有机结合所致,为此,具体的改革措施需要从制度环境的优化和具体制度的合理化改造两个方面考虑。

## 四、回顾与展望

"逮捕中心主义"作为中国刑事司法实践中存在的一种独特现象,其形成有一定的历史背景和制度环境,上文的考察主要是以1996年《刑事诉讼法》的实施情况为基础进行的。在法律急剧变革的今天,"逮捕中心主义"现象是否已经消除?据笔者考察,"逮捕中心主义"现象有所缓解但仍未彻底消除。另外,"逮捕中心主义"对于将来的制度变革还具有一定的启示意义。

### (一)回顾

在现代各国刑事诉讼中,都存在限制人身自由和剥夺人身自由两种强制措施。然而,单就等候审讯或审判的强制措施而言,剥夺人身自由只是一种例外,即使是已经被逮捕的犯罪嫌疑人,也往往能够附条件地被释放,在基本自由的状态下等候审判和准备辩护。[85] 因此,逮捕措施的合理使用需要从两个方面把握:一是在逮捕之前对逮捕必要性的审查;二是在

---

[84] 参见陈瑞华:《刑事诉讼中的问题与主义》,中国人民大学出版社2011年版,第82页。

[85] 参见孙长永:《比较法视野中的刑事强制措施》,载《法学研究》2005年第1期,第114页。

逮捕之后对继续羁押必要性的持续审查。只有如此,才能够保证逮捕这一强烈干预人身自由的强制措施能够合理地适用于特定的少数案件中,才能够回归逮捕措施的本来面目。如前所述,2012年修正的《刑事诉讼法》第79条和第93条以及2018年《刑事诉讼法》第81条和第95条已分别对上述两点作了规定,那么,该法实施后,"逮捕中心主义"现象是否会继续存在呢?为此,需要进一步思考"逮捕中心主义"的实质。在笔者看来,"逮捕中心主义"是在不成熟的制度背景下,公检法三机关面对种种压力时作出一致选择的结果。也就是说,只要影响"逮捕中心主义"现象存在的制度及制度外因素仍然存在,"逮捕中心主义"就一定会存在,即使立法对逮捕的必要性要件以及对必要性要件的持续审查作了规定,但要彻底消除"逮捕中心主义"现象,仍需要其他配套措施的完善。因此,由于立法语言的模糊性和司法人员的"理性"考虑,很难杜绝"以抽象的危险性代替具体的、客观的危险性"这一审查批捕中的现象。为此,在考虑具体的改革措施时,需要考虑改革的整体性和协调性。

那么,"逮捕中心主义"现象的存在对于将来的刑事司法改革有哪些启示呢?在笔者看来,主要包括以下几点:一是刑事司法改革需要考虑公检法三机关及其工作人员自身的利益。公检法三机关本身作为有其组织利益的单位,其工作人员作为理性的人,在面对利益选择时一般会考虑到自身利益的最大化,为此,在刑事立法、制定公检法内部的操作程序以及绩效考评机制时,需要考虑制度与人性的弱点,从而制定出符合制度理性和人性规律的规则。二是要慎重对待公检法三机关内部的绩效考评机制。有学者认为,中国刑事司法存在一种惯性,即在惩罚性追诉意识驱动下,刑事司法程序一旦启动就很难停止。[86] 事实上,这种刑事司法惯性的存在,很大程度上可以归因于绩效考评机制的影响。三是要谨慎考虑批捕权的归属问题。关于批捕权的归属问题,学界主要存在两种观点:一种观点是主张废除检察机关的批捕权,改由法院行使[87];另一种观点是主张保留检察机关的批捕权[88]。然而,如果批捕权改由法院行使,法院将面临自我纠错的问题,即审判法官对批捕法官的不当逮捕行为进行纠正的问题,在目前

---

[86] 参见黄海波、黄学昌:《刑事司法的惯性》,载《当代法学》2012年第4期,第78页。
[87] 参见郝银钟:《论批捕权的优化配置》,载《法学》1998年第6期,第47页。
[88] 参见高峰:《对检察机关批捕权废除论的质疑——兼论检察机关行使批捕权的正当性》,载《中国刑事法杂志》2006年第5期,第87页。

法院的独立性和中立性都不够的情况下,审判法官很难中立客观地审判被羁押的被追诉人,被逮捕的被追诉人将可能处于更加不利的境地。[89] 所以,在目前的诉讼体制下,至少在司法体制发生大的变动之前,应保留检察机关的批捕权,与此同时,对检察机关的办案方式进行适度司法化改革,包括强化检察机关逮捕审查程序的司法属性。四是刑事司法改革的渐进性问题。"逮捕中心主义"现象的形成既有具体制度的诱因,也有制度环境的影响,而制度环境的改变不是一朝一夕的事,单纯的制度变革很难彻底改变这种现象。所以刑事司法改革必将是一项长期工程,为此,必须协调好长期改革目标与短期制度目的之间的关系。

(二)展望

2012 年以来,逮捕问题发生了一定的变化。

首先,2012 年修正的《刑事诉讼法》确立了羁押必要性审查制度。为解决刑事司法实践中长期存在的"一押到底,实报实销"等现象,2012 年修正的《刑事诉讼法》第 93 条首次确立了逮捕后的羁押必要性审查制度。根据立法规定,羁押必要性审查由检察院负责,但没有明确由检察院的哪一部门负责。最终,根据 2012 年《人民检察院刑事诉讼规则(试行)》(已失效)第 617 条的规定,采取的是分段审查的模式,即"侦查阶段的羁押必要性审查由侦查监督部门负责;审判阶段的羁押必要性审查由公诉部门负责。监所检察部门在监所检察工作中发现不需要继续羁押的,可以提出释放犯罪嫌疑人、被告人或者变更强制措施的建议"。事实上,这是最高人民检察院在平衡各种利益后作出的选择,与之前的实践做法并无实质性差异。[90] 学者的实证研究也证实了这一判断,即羁押必要性审查存在审查的案件数量少、案件范围十分狭窄等问题。[91] 2018 年修正的《刑事诉讼法》对羁押必要性审查问题没有修改,但由于检察机关进行"捕诉合一"改

---

[89] 有学者认为,如果不实现实质意义上的审判独立,法官不能蜕变成真正的中立裁决者,不改变司法实践中侦查机关的强势地位,即使《刑事诉讼法》确立了司法审查程序,这种司法审查只是使刑事诉讼徒添一个程序,多耗费一份宝贵的司法资源而已。参见汪海燕:《我国刑事诉讼模式的选择》,北京大学出版社 2008 年版,第 7 页。

[90] 参见林喜芬:《分段审查抑或归口审查:羁押必要性审查的改革逻辑》,载《法学研究》2015 年第 5 期,第 167 页。

[91] 参见陈卫东:《羁押必要性审查制度试点研究报告》,载《法学研究》2018 年第 2 期,第 175 页。

革,2019年《人民检察院刑事诉讼规则》第575条对羁押必要性审查的负责部门进行了改革,即由负责捕诉的部门对侦查和审判阶段的羁押必要性进行审查,在审查起诉阶段,负责捕诉的部门可以直接决定是否采取以及采取何种强制措施。然而,存在疑问的是,负责捕诉的部门由于与案件结果之间存在较大的利害关系,其是否有足够的积极性进行羁押必要性审查,值得怀疑。此外,根据立法规定,检察院在进行羁押必要性审查后,对于不需要继续羁押的,其仅可以"建议"有关机关释放犯罪嫌疑人、被告人或者变更强制措施。因此,羁押必要性审查对逮捕适用的影响问题值得进一步关注。

其次,对逮捕社会危险性条件的强调,可能会降低羁押率。最高人民检察院、公安部于2015年10月联合出台的《关于逮捕社会危险性条件若干问题的规定(试行)》要求,公安机关提请逮捕犯罪嫌疑人时,应当同时移送证明犯罪嫌疑人具有社会危险性的证据,对于证明犯罪事实的证据不能证明犯罪嫌疑人具有社会危险性的,应当收集、固定犯罪嫌疑人具有社会危险性条件的证据,并在提请逮捕时随卷移送。检察官在审查认定犯罪嫌疑人是否具有社会危险性时,应当以公安机关移送的证明犯罪嫌疑人具有社会危险性的相关证据为基础,并结合案件的具体情况予以认定。必要时,检察官可以通过讯问犯罪嫌疑人等方式核实相关证据。对于依据在案证据不能认定犯罪嫌疑人符合逮捕社会危险性条件的情形,人民检察院可以要求公安机关补充相关证据,公安机关没有补充移送的,应当作出不批准逮捕的决定。这一规定如果能够得到有效实施,将对逮捕适用产生影响。[92]对上述规定的实施效果,应当继续进行相应的实证研究。

最后,"捕后轻刑率"纳入检察院的考核系统。有学者调研发现,2012年修正的《刑事诉讼法》实施后,逮捕数、逮捕率下降趋势均较为明显。其中,轻罪逮捕数量急剧下降,这是导致逮捕数和逮捕率变化的关键性因素,而轻罪逮捕数下降的根由是检察机关对轻罪逮捕的考核控制的增强。[93]所谓的考核机制,即将"捕后轻刑率"纳入检察院的考核系统。

---

[92] 据学者考察,这种对逮捕必要性的综合性审查评估对逮捕数和逮捕率有较大影响。参见马静华:《逮捕率变化的影响因素研究——以新〈刑事诉讼法〉的实施为背景》,载《现代法学》2015年第3期,第129页。

[93] 参见马静华:《逮捕率变化的影响因素研究——以新〈刑事诉讼法〉的实施为背景》,载《现代法学》2015年第3期,第126—127页。

2006年8月通过的《人民检察院审查逮捕质量标准（试行）》（已失效）将轻罪逮捕案件归类为逮捕瑕疵案件，在该学者调研的省份，自2011年开始启动了对逮捕瑕疵案件的考核管理，将逮捕瑕疵率纳入目标考核范围，要求每一个检察院逮捕瑕疵案件不能超过一定的比例，这是该学者调研发现的影响逮捕数和逮捕率的最大因素。对于逮捕率变化的原因，有学者调研发现，司法实务人员普遍认为逮捕率之所以下降，主要是由于上级检察机关的有力把控与相关考核指标的变化。[94] 由此可见，考核指标的变化对逮捕数和逮捕率进而对"逮捕中心主义"现象有较大的影响。

2018年修正的《刑事诉讼法》对"逮捕中心主义"现象有一定的影响。一方面，检察机关自侦案件的范围大幅度缩小，意味着检察机关对法院的制约能力可能会有所下降。2018年修正的《刑事诉讼法》限缩了检察院自侦案件的范围，根据《监察法》的规定，职务犯罪的调查由监察机关负责。在这种情况下，检察院通过自侦权、法律监督权等向法院施压，进而影响定罪量刑的现象可能会有所改变。"逮捕中心主义"现象中的一些情形，例如，逮捕对定罪量刑的影响，可能会有所改变。对此，需要进一步通过实证研究予以考察。另一方面，认罪认罚从宽制度的确立对逮捕的适用也有影响。在总结试点经验的基础上，2018年修正《刑事诉讼法》时正式规定了认罪认罚从宽制度。其中，与逮捕相关的是在2018年修正的《刑事诉讼法》第81条增加了第2款内容，即"批准或者决定逮捕，应当将犯罪嫌疑人、被告人涉嫌犯罪的性质、情节、认罪认罚等情况，作为是否可能发生社会危险性的考虑因素"。据全国人大常委会法工委参与立法人士的解释，之所以如此规定，是借鉴2016年最高人民法院、最高人民检察院、公安部、国家安全部和司法部联合发布的《关于在部分地区开展刑事案件认罪认罚从宽制度试点工作的办法》第6条的内容[95]，即"人民法院、人民检察院、公安机关应当将犯罪嫌疑人、被告人认罪认罚作为其是否具有社会危害性的重要考虑因素，对于没有社会危险性的犯罪嫌疑人、被告人，应当取保候审、监视居住"。2019年最高人民法院、最高人民检察院、公安部、国家

---

[94] 李训虎选取华东、华中、华北六个基层检察院展开实证调研，进行深度访谈、数据分析，受访司法实务人员普遍认同这一判断。参见李训虎：《逮捕制度再改革的法释义学解读》，载《法学研究》2018年第3期，第156页。

[95] 参见李寿伟主编：《中华人民共和国刑事诉讼法解读》，中国法制出版社2018年版，第206页。

安全部、司法部联合发布的《关于适用认罪认罚从宽制度的指导意见》第19条对此予以进一步强调,即"人民法院、人民检察院、公安机关应当将犯罪嫌疑人、被告人认罪认罚作为其是否具有社会危险性的重要考虑因素"。对此规定,一些地方性文件予以强调,例如,重庆市Y区委政法委牵头制定的《认罪认罚从宽制度实施细则》规定:"区检察院在审查逮捕时,应当将犯罪嫌疑人认罪认罚作为其是否具有社会危险性的重要考虑因素。"[96]对于上述规定如何理解非常重要。

如何理解认罪认罚与逮捕的关系,有检察官认为,"对于认罪认罚、没有社会危险性的犯罪嫌疑人、被告人不予逮捕是从宽的重要体现之一"[97]。有学者则认为,应当通过分步审查的方法,尽可能淡化认罪认罚与逮捕的关系。具体而言,检察机关在决定逮捕时,应当首先根据《刑事诉讼法》第81条第1款的规定作出捕与不捕的判断。如果按照传统的司法习惯,原本就不应当逮捕的,应当直接决定不逮捕,无需考虑犯罪嫌疑人是否认罪认罚。如果根据《刑事诉讼法》第81条第1款的规定应当予以逮捕,再进一步考虑犯罪嫌疑人是否具有认罪认罚的情节,并据此认定是否应当降低其社会危险性评价。换句话说,只能将认罪认罚作为证明犯罪嫌疑人社会危险性小的证据,绝对禁止将不认罪认罚作为社会危险性大的证明。[98]笔者赞同后一种观点,对于认罪认罚又没有社会危险性的被追诉人,当然不应逮捕,对于不认罪认罚但没有社会危险性的被追诉人,也不应当逮捕,这是法律的应有之义。实践中容易出现问题的是,被追诉人不认罪认罚,能否以此认定被追诉人具有社会危险性,或者将不认罪认罚作为被追诉人具有社会危险性的考量因素,而这种情形的出现容易绑架认罪认罚与逮捕之间的关系,可能会出现因被追诉人担心不认罪认罚而被采取逮捕强制措施,因而违心地认罪认罚的问题。这一问题是否会出现,取决于司法实务人员对上述规定的理解,取决于相关部门考核指标的设计是否合理。为此,应当进行相应的实证研究。

---

[96] 贺恒扬主编:《检察机关适用认罪认罚从宽制度研究》,中国检察出版社2020年版,第258页。

[97] 苗生明、周颖:《〈关于适用认罪认罚从宽制度的指导意见〉的理解与适用》,载《人民检察》2020年第2期,第54页。

[98] 参见吴宏耀:《认罪认罚从宽制度的体系化解读》,载《当代法学》2020年第4期,第66页。

# 第二章
# 刑事诉讼中的"过度起诉"现象评析

传统上,我国刑事诉讼法学界对公诉制度的研究侧重于公诉权的扩展问题,具体包括不起诉制度和量刑建议制度[1],即增加不起诉制度的类型,扩大检察官的自由裁量权,增加量刑建议制度,增强检察官对法官量刑的制约作用,等等。在这一背景下,学界对公诉权制约问题只有零星的研究。[2] 直至2007年,谢小剑的《公诉权制约制度研究》博士论文才对这一问题进行了系统化的研究。与以往侧重于对公诉权扩展问题的研究不同的是,谢小剑博士对公诉权制约制度的研究侧重于证据不足而提起公诉、重复起诉、选择性起诉、报复性起诉以及对犯罪情节十分轻微的案件提起公诉等不利于犯罪嫌疑人权利保障的现象。[3] 在谢小剑博士之后,陆续有学者从类似视角研究公诉权滥用问题。[4] 在前述学界研究的基础上,笔者发现,除上述现象之外,在中国的刑事司法实践中还存在一种"过度起诉"现象。

所谓"过度起诉"现象,即公诉机关在一些案件的事实认定、法律适用等方面存在明显的无充分证据支撑的"就高不就低"提起公诉的情形。具

---

[1] 参见孙谦主编:《检察理论研究综述(1999—2009)》,中国检察出版社2009年版,第209—232页。
[2] 参见孙长永:《抑制公诉权的东方经验——日本"公诉权滥用论"及其对判例的影响》,载《现代法学》1998年第6期,第122—124页。
[3] 参见谢小剑:《公诉权制约制度研究》,法律出版社2009年版,第15页。
[4] 参见闫召华:《报复性起诉的法律规制——以美国法为借鉴》,载《法学论坛》2010年第2期,第143—147页;周长军:《公诉权滥用论》,载《法学家》2011年第3期,第23—35页。

体来说,主要表现为以下几种情形:第一,事实认定方面,如起诉的部分事实仅有被告人供述无其他证据印证,从而明显违背立法规定的口供补强规则而无法认定起诉的该部分事实,又如起诉的部分事实仅有一份证据证明,从而违背了实践中的孤证不定案规则而无法认定起诉的该部分事实;第二,一罪与数罪、轻罪与重罪的选择方面,如根据法律规定或者在案证据应该认定较轻罪名,但却选择起诉相关的较重罪名,结果造成较重的罪名无法认定;第三,罪与非罪的认定方面,主要表现为打击面过宽,对于情节显著轻微不应按照犯罪处理的情形仍然提起公诉,如对在赌场提供茶水服务、打扫卫生的工作人员均以开设赌场罪起诉。上述现象可以统一称为"过度起诉"现象,笔者拟结合调研收集的司法实践中的典型案例[5],对这一现象进行类型化研究,探究这一现象的形成原因,并在分析这一现象存在的利弊得失后,寻求解决这一问题的方法。

## 一、刑事诉讼中的"过度起诉"现象实证考察

据笔者调研,"过度起诉"现象具体可以分为三种类型,即对部分明显证据不足的案件事实提起公诉、一罪与数罪或者轻罪与重罪存疑时起诉数罪或者重罪以及对于情节显著轻微不应该按照犯罪处理的情形仍然提起公诉。下面结合司法实践中的案例,对这一问题进行实证考察。

(一)证据不足的过度起诉

1996年《刑事诉讼法》第141条规定,人民检察院认为犯罪嫌疑人的犯罪事实已经查清,证据确实、充分,依法应当追究刑事责任的,应当作出起诉决定,2012年修正的《刑事诉讼法》第172条(2018年《刑事诉讼法》第176条)延续了这一规定。根据该条规定,提起公诉的证据标准与刑事诉讼法规定的有罪判决标准是一致的,即均为犯罪事实清楚、证据确实充

---

[5] 以个案为中心的研究方法,所面临的最大质疑是缺乏代表性或者代表性不足,但正如有学者所言,由于实证研究缺乏客观真实的数据,以个案为中心的研究较之于统计性的量化分析,在理解中国社会与政治特性方面可能具有更大的优越性。参见吴毅:《小镇喧嚣——一个乡镇政治运作的演绎与阐释》,生活·读书·新知三联书店2007年版,第631页。

分。[6] 然而，司法实践中确实存在公诉机关在案件事实不清、证据明显不足的情况下提起公诉。具体来说，证据不足的过度起诉又可以分为两种情形，即部分犯罪数额无法认定或者部分罪名明显无法认定仍然提起公诉。

一是部分犯罪数额明显无法认定的情形。这种情形是指，公诉机关指控的绝大部分犯罪事实均能认定，但其中部分犯罪数额因证据不足而明显无法认定。这种情况在司法实践中普遍存在，如有实务工作者研究发现，事实认定诉判差异中犯罪数额认定差异的占56%。[7] 试举一例[8]：

> 某省A市B区人民检察院指控被告人李某某趁一些公司的员工中午外出、办公室房门未锁、室内财物无人看管之机，秘密进入办公室，盗取公司或员工的笔记本电脑、手机、现金等财物。2009年3月至2011年1月，被告人李某某采用上述方法共计盗窃16次。

对于公诉机关指控的事实和罪名，被告人李某某均没有异议，当庭表示认罪并请求法院对其从轻处罚。本案案情简单，且被告人当庭认罪，但法院最终却只认定被告人李某某盗窃15次。B区法院审理后认为：

> 被告人李某某以非法占有为目的，多次秘密窃取他人财物，其行为已经构成盗窃罪，且数额巨大，依法应予惩处。A市B区人民检察院指控被告人的罪名及部分事实成立。公诉机关指控被告人李某某于2009年3月的一天，在A市B区某大厦A座22楼某工程咨询有限公司办公室盗窃一部黑色摩托罗拉E6直板手机、一部黑色仿冒三星杂牌手机，销赃后获得赃款500元的事实，除被告人李某某本人的供述以外，无其他证据予以佐证，本院不予采纳。

从理论上说，一份真实的被告人口供是最为完整的直接证据，但口供

---

[6] 我国检察院提起公诉的证据标准的特点与合理性，参见孙长永：《提起公诉的证据标准及其司法审查比较研究》，载《中国法学》2001年第4期，第134—138页。

[7] 参见曹坚、樊彦敏：《公诉案件诉判差异问题研究——以某检察院五年来公诉判决案件情况为例》，载《中国刑事法杂志》2012年第5期，第106页。

[8] 以下案例如没有特别注明出处，均为笔者于2014年在某省法院系统调研所得。当然，为遵循学术伦理规范，本书对这些案例涉及的地名和人名均进行了处理。关于实证研究的伦理规范，参见郭云忠：《法律实证研究中的伦理问题——以刑事法为视角》，载《法学研究》2010年第6期，第163—165页。

中所包含的信息往往虚假与真实并存〔9〕，口供所包含信息的真实性需要其他证据的印证或者补强。因此，世界上很多国家和地区的刑事诉讼法都确立了口供补强规则。1996年《刑事诉讼法》第46条和2012年修正的《刑事诉讼法》第53条(2018年《刑事诉讼法》第55条)均规定：只有被告人供述，没有其他证据的，不能认定被告人有罪和处以刑罚。根据这一规定，理论界与实务界普遍认为我国已经确立了口供补强规则。〔10〕 客观地说，就本案而言，这一规定是如此明确，检察官应当知道立法有此规定，但其仍对该笔明显不能成立的犯罪事实提起公诉。

司法实践中，部分犯罪数额无法认定的原因是违反了口供补强规则的规定，而部分案件的部分犯罪数额无法认定则是因为违反了"孤证不能定案"的原则。试举一例：

> 某省A市C县人民检察院指控，2012年10月至11月期间，被告人倪某某、杨某某、田某某与同案人刘某(另案处理)、彭某(在逃)先后到达C县，在C县某镇101路、302路公交车内，采取掏包、划包等手段扒窃公交车内乘客的财物，其中，被告人倪某某参与作案7起，涉案金额15420元，被告人杨某某参与作案4起，涉案金额12720元，被告人田某某参与作案3起，涉案金额1100元。

被告人倪某某、杨某某、田某某对起诉书指控的事实和罪名均无异议，均当庭表示认罪并请求法庭从轻处罚。与上一个案件类似，本案案情简单，且被告人均当庭认罪，但法院最终认定的案件事实与起诉书指控的案件事实仍然存在不同，即认定的总的犯罪数额比起诉书指控的犯罪数额少1000元。C县人民法院审理后认为：

> 关于2012年10月26日倪某某、杨某某、刘某扒窃肖某某手包内现金的数额问题，经查，被告人倪某某、杨某某的供述证实刘某扒窃到钱后，拿出来一扎钱，有银行封条，并且当面清点是1万元，倪某某和

---

〔9〕 关于虚假供述的具体类型和形成机理，参见〔美〕理查德·A.利奥：《警察审讯与美国刑事司法》，刘方权、朱奎彬译，中国政法大学出版社2012年版，第169—207页；〔日〕浜田寿男男：《自白的心理学》，片成男译，中国轻工业出版社2006年版，第69—82页；李昌盛：《虚假供述的第二道防线：口供实质补强规则》，载《东方法学》2014年第4期，第106—107页。

〔10〕 参见龙宗智：《相对合理主义》，中国政法大学出版社1999年版，第458页；徐美君：《口供补强法则的基础与构成》，载《中国法学》2003年第6期，第125页。

杨某某均分得3300元,刘某分得3400元;公安机关出具的办案说明材料证实刘某不承认该次犯罪事实。被害人肖某某的取款凭证只能证明取了多少钱而不能证明被告人扒窃的具体数额。被害人肖某某陈述其手包内丢失11000元与被告人的供述相互矛盾,而没有其他直接证据予以印证,不能排除其他合理怀疑。故公诉机关认定倪某某、杨某某、刘某扒窃肖某某11000元的犯罪事实证据不充分,本院不予支持。根据现有证据和存疑有利于被告人的原则,现只能认定倪某某、杨某某等扒窃肖某某现金10000元的犯罪事实。

"孤证不能定案"是司法实践中一直存在的一条重要原则[11],尽管没有被书面化、条文化,即使是根据直接证据定案亦不能违反此一规定。如有法官认为,在判断直接证据的证明力时应遵循以下规则:"孤证"一般不能定案以及直接证据一般应得到间接证据的印证才能作为定案的根据。[12] 据学者介绍,这一司法实践中运用证据的潜规则曾经一度出现在拟议中的最高人民法院《关于审理死刑案件审查判断证据若干问题的意见(试行)》中,即规定"单个证据的一次证明或多次重复证明,没有其他证据加以印证的,不能作为定案的根据"[13]。或许是认为这样的规定过于绝对,没有必要规定在司法解释性文件中,最终在《关于办理死刑案件审查判断证据若干问题的规定》(以下简称《死刑案件证据规定》)中对此没有规定,但《死刑案件证据规定》第32条的规定实际上否定了根据"孤证"可以定案,即对证据的证明力,应当结合案件的具体情况,从各证据与待证事实的关联程度、各证据之间的联系等方面进行审查判断。证据之间具有内在的联系,共同指向同一待证事实,且能合理排除矛盾的,才能作为定案的根据。换句话说,"孤证"由于不存在"证据之间的联系"等问题,所以不能单独作为定案的根据。

从理论上说,孤证不能定案原则有相当的合理性,正如有学者所言,任

---

〔11〕 有学者认为,"孤证不能定案"是我国刑事司法中形成的一项证据潜规则。参见纵博:《"孤证不能定案"规则之反思与重塑》,载《环球法律评论》2019年第1期,第149页。
〔12〕 参见金钟:《证明力判定论——以刑事证据为视角》,中国人民公安大学出版社2010年版,第177页。
〔13〕 参见李训虎:《证明力规则检讨》,载《法学研究》2010年第2期,第160—161页。

何一个证据都不能自己证明自己是真实的。[14] 直接证据亦不例外,因为单个的直接证据仍无法单独证明主要案件事实,关键原因在于其本身的真实性无法证实。就本案来说,被害人陈述与取款凭条均来自被害人,且取款凭条只能证明被害人曾经取款11000元,但无法证实被害人陈述的真实性,即无法证明被害人被盗的金额为11000元。因此,对于盗窃数额的认定,应当依照存疑有利于被告原则认定为10000元,而不是被害人所言的11000元。

二是部分罪名明显无法认定的情形。2012年《人民检察院刑事诉讼规则(试行)》(已失效)第390条第1款规定了检察院提起公诉的证据标准,即认为犯罪嫌疑人的犯罪事实已经查清,证据确实、充分,依法应当追究刑事责任的,应当作出起诉决定。第2款规定,具有下列情形之一的,可以确认犯罪事实已经查清:(1)属于单一罪行的案件,查清的事实足以定罪量刑或者与定罪量刑有关的事实已经查清,不影响定罪量刑的事实无法查清的;(2)属于数个罪行的案件,部分罪行已经查清并符合起诉条件,其他罪行无法查清的……对于符合第(2)项情形的,应当以已经查清的罪行起诉。1998年通过的《人民检察院刑事诉讼规则》(已失效)第279条和2019年《人民检察院刑事诉讼规则》第355条有类似规定。根据上述规定,对于数个罪行的案件,部分罪行无法查清的,应当以已经查清的罪行起诉。然而,司法实践中,公诉机关在提起公诉时并未严格遵守这一规定,对于部分罪名明显无法认定的仍然提起公诉。试举一例:

某省A市B区人民检察院指控:被告人夏某某于2008年3月,在某省A市B区成立A市创造者企业策划有限公司(以下简称"创造者公司")从事非法活动,通过发放固定工资、付报酬等方式,先后纠集了被告人刘某、张某某、颜某、陈某、夏乙某、张某、罗某某和张某兵、曾某、李某某、帅某某、张某江、李某(均另案处理)等人,采用暴力、威胁手段多次从事代人强立债权、强索债务、敲诈勒索、寻衅滋事、非法拘禁他人等有组织的违法犯罪活动,借此非法聚敛财物,并用于组织的犯罪活动,逐步形成了以夏某某为组织、领导者,刘某、张某某、张某兵、颜某、曾某、帅某某

---

[14] 参见汪建成:《直接证据和间接证据的划分标准及其运用》,载《刑事司法指南》(总第1辑),法律出版社2000年版,第116页。

为骨干成员,陈某、夏乙某、张某、罗某某、张某江为参加者的黑社会性质组织。具体的违法犯罪事实包括:虚报注册资本、敲诈勒索、非法拘禁、寻衅滋事以及抢劫等。

针对公诉机关的指控,各被告人均辩称其没有组织或者参加黑社会性质组织,其行为不构成犯罪。B区人民法院审理后认定,上述被告人实施了如下行为:抽逃出资、非法拘禁、敲诈勒索、故意伤害以及寻衅滋事。B区人民法院认为,B区人民检察院指控各被告人犯组织、领导、参加黑社会性质组织罪的罪名均不成立;指控各被告人的其他罪名部分成立。但B区人民法院又认为,被告人的行为属于恶势力犯罪集团犯罪,具体如下:

> 被告人夏某某自2008年3月成立创造者公司后,至同年12月期间,组织、领导被告人刘某、张某某、颜某、陈某等人,多次以创造者公司作为实施敲诈勒索、非法拘禁、故意伤害等行为的场所,形成了以夏某某为首要分子的恶势力犯罪集团,其行为侵害了公民的人身权利和财产权利,造成了恶劣影响。被告人夏某某作为首要分子应对该集团所犯的全部罪行承担责任;被告人刘某、张某某、颜某、陈某、夏乙某、张某、罗某某在该集团所实施的犯罪中起次要作用,应认定为从犯,集团的其他成员,应按其地位和作用,分别对其参与实施的具体犯罪负责。

本案被告人的行为针对特定的对象,且该犯罪集团中相对固定的成员只有两个,现有证据也无法证明被告人夏某某等人在一定的区域或行业形成垄断地位或者造成重大影响。从具体案情来看,很明显无法认定夏某某等人涉嫌组织、领导、参加黑社会性质组织犯罪。从结果来看,法院也没有认定涉黑犯罪成立。但在"打黑除恶"的大背景下,公诉机关对于公安机关移送审查起诉的所有罪名照单全收,仍然选择对明显不成立的黑社会性质组织犯罪提起公诉。

(二)轻罪重罪的过度起诉

司法实践中,一些犯罪涉嫌几个罪名,其中既包括轻罪,也包括重罪[15],但从在案的证据材料来看,涉嫌的重罪明显无法认定。而公诉机关

---

[15] 关于疑罪的类型与处理原则,参见段启俊:《疑罪研究》,中国人民公安大学出版社2008年版,第18页。

基于各种考虑,最终仍然以较重的罪名对犯罪嫌疑人提起公诉。试举一例:

> 某省 A 市 B 区人民检察院指控被告人韩某某、罗某(另案处理)于 2011 年 4 月底的一天,将 2000 元交予毛某某,让毛某某帮两人向被害人张某购买毒品海洛因。被告人韩某某、罗某在明知被害人张某已经完成毒品交易的情况下,仍共谋以张某未支付毒品为由,劫取其财物。2011 年 5 月 2 日 13 时许,由被告人罗某假借向被害人张某购买海洛因,将被害人张某诱骗至 A 市 B 区长江二路某火锅馆附近。被告人韩某某邀约被告人李某,在该处将被害人张某拦获,并强行将其押入韩某某驾驶的雪铁龙牌轿车内,并由李某按照韩某某的指使用韩某某提供的手铐将被害人张某的双手铐住。随后,被告人韩某某驾驶该车辆向本市 D 区方向行驶。在行驶的过程中,被告人韩某某指使李某以搜身等方式强行劫取了被害人张某身上的现金数百元、装在铁盒内的数包海洛因以及房间钥匙。罗某按照韩某某指使,赶到 A 市 E 区某游泳池附近与其会合,后由韩某某将劫取到的数包海洛因交给罗某、李某等人吸食。被告人李某吸食毒品后离开现场。被告人韩某某将抢得的被害人张某房间的钥匙交给罗某,并指使罗某进入张某位于 A 市 B 区的房间将一台价值 1700 元的黑色戴尔笔记本电脑取走,之后罗某再次回到韩某某车上。同日 20 时许,被告人韩某某、罗某才将被害人张某放走。期间被害人张某一直被拘禁于该车内。公诉机关认为,被告人韩某某、李某的行为已构成抢劫罪。

被告人李某对公诉机关指控的罪名没有异议,表示自愿认罪,但辩称其在公安机关所作的口供是非法收集的,其与被告人韩某某没有抢劫共谋,没有对被害人张某搜身,也没有看见韩某某语言威胁和殴打张某[16],是张某自己将四五百元和毒品拿出来的。针对上述指控和辩解,B区人民法院审理后查明:

---

[16] 这种明确认罪但又对部分事实或行为的性质进行辩解的辩护观点看似存在矛盾,却又是客观存在的,也具有一定的合理性,在一些案件中也符合事实真相。另外,此时的认罪主要是表明一种态度,从而获得从轻处罚的机会。关于被告人的认罪态度对量刑的影响,参见陈瑞华:《义务本位主义的刑事诉讼模式——论"坦白从宽、抗拒从严"政策的程序效应》,载《清华法学》2008 年第 1 期,第 38—41 页。

2011年4月底的一天,被告人韩某某、罗某(另案处理)将2000元交予毛某某,让毛某某帮两人向被害人张某购买毒品海洛因。被告人韩某某、罗某在明知被害人张某已经完成毒品交易的情况下,仍共谋以张某未支付毒品为由,劫取其财物。2011年5月2日13时许,被告人韩某某以向张某追债为由邀约被告人李某帮忙,并由罗某假借向被害人张某购买海洛因,将张某诱骗至A市B区长江二路某火锅馆附近。韩某某、李某在该处将患有乙肝肝硬化等疾病的张某拦获,并强行将其押入韩某某驾驶的雪铁龙牌轿车内,并由李某按照韩某某的指使用韩某某提供的手铐将张某双手铐住。随后,韩某某驾驶该车辆向A市D区方向行驶。在车辆行驶的过程中,韩某某指使李某以搜身等方式强行劫取了张某身上的现金四百余元及装在铁盒内的数包海洛因。罗某按照韩某某指使,赶到A市E区某游泳池附近与其会合,韩某某将劫取到的数包海洛因交给罗某、李某等人吸食。被告人李某吸食毒品后离开现场。同日20时许,被告人韩某某、罗某才将被害人张某放走。期间被害人张某一直被拘禁于雪铁龙牌轿车内。2011年6月,被害人张某向公安机关举报了被告人韩某某、李某的上述行为。

本案B区人民法院认定的案件事实与公诉机关指控的事实基本一致,主要差别在于李某的行为是否构成抢劫罪,而李某是否构成抢劫罪的关键在于,其是否"明知"韩某某和罗某对被害人张某进行抢劫而参与犯罪。从现有的证据材料来看,无法排除李某系受韩某某、罗某的欺骗而参与犯罪的可能,其在主观上可能不明知系抢劫罪而参与,故其主观上也没有非法占有的目的。[17] 最终,关于被告人李某行为的定性问题,B区人民法院认为:

> 共同犯罪过程中,因各被告人的犯罪故意不同,应当根据相应的犯罪构成要件确定具体的罪名,行为人只就自己实施的行为及其结果承担相应的刑事责任,以确保罪刑相适应。本案中,现有证据不能证明被告人李某就抢劫张某的财物与韩某某达成共谋,或者知晓韩某某邀约其参与的真实目的,且无证据表明二人在实施犯罪过程中就抢劫

---

[17] 关于明知与非法占有的目的,参见王彪:《犯罪主观要件证明问题研究》,法律出版社2016年版,第80—100页。

形成了犯意联络，被告人李某受被告人韩某某邀约帮忙索要债务，而将被害人予以挟持、捆绑，并强行搜走其随身携带的现金和其他财物的行为，并非出于非法占有他人财物的目的而当场实施暴力的抢劫行为，故应当以非法拘禁罪对被告人李某定罪量刑。

本案发生在"打黑除恶"这一特殊时期，对于公诉机关的过度起诉，法院拒绝"照单全收"并作出认定。除此之外，司法实践中，对于一些容留、介绍卖淫犯罪，公诉机关往往会动辄以组织卖淫罪起诉。试举一例：

某省A市B区人民检察院指控，被告人胡某某、蒋某某系夫妻，自2009年3月以来在A市B区大同路开设"小太阳"美容院，招募、容留多名卖淫小姐在该店内长期从事卖淫活动，并按不同的卖淫活动收取嫖资，按比例提成。2009年7月17日凌晨1时许，被告人蒋某某在该美容院介绍店内卖淫小姐李某、张某与嫖客余某、古某外出嫖宿，并收取嫖资600元。后二被告人在该店内被公安人员抓获，并缴获嫖资600元。公诉机关认为，二被告人组织他人从事卖淫活动，应当以组织卖淫罪追究二被告人的刑事责任。

针对公诉机关的指控，被告人胡某某辩称，其没有参与组织卖淫行为；被告人蒋某某则辩称，主要行为都是卖淫女自己实施的，胡某某只是有时在店内照看一下。针对上述指控和辩解，B区人民法院经审理查明：

自2009年3月起，被告人蒋某某、胡某某夫妻在A市B区大同路共同经营"小太阳"美容院，容留妇女卖淫，胡某某协助蒋某某经营。同年7月17日凌晨1时许，被告人蒋某某直接介绍妇女李某、张某与嫖客余某、古某外出嫖宿，收取嫖资600元。该等人在实施卖淫嫖娼行为时被公安人员查获，随后公安人员在该店内抓获被告人蒋某某、胡某某，并当场收缴嫖资600元。

根据上述案件事实，B区人民法院认为，被告人蒋某某、胡某某的行为构成容留、介绍卖淫罪，不构成组织卖淫罪，具体理由如下：

公诉机关证明被告人蒋某某、胡某某实施组织卖淫行为的主要证据是：(1)证人李某和张某证实，是看见招聘广告后到该店来实施卖淫活动的；(2)证人李某、张某、陈某、陆某及二被告人的供述证实，卖淫女卖淫后，二被告人是按一定的比例提成，并且有部分嫖资没有按时付给卖淫女,对卖淫女实施了控制。但是,没有证据证明二被告人实施了对卖淫女的卖淫行为进行约束和规范的管理行为或设立了管理制度,也没有证据证明二被告人建立了卖淫组织。因此,指控二被告人犯组织卖淫罪的证据不足,不予认定。

事实上,被告人夫妻二人经营的美容院对卖淫女并没有任何身体上的控制,卖淫女的卖淫行为纯属个人自愿,二被告人仅为其提供场所和机会,并收取一定比例的提成而已。因此,二被告人的行为与组织卖淫相差甚远。但不知为何,公诉机关对这类案件往往多以组织卖淫罪提起公诉,笔者调研时发现,这种情形较为普遍,例如,2012 年 B 区人民法院改变罪名的案件共有 12 件,其中有 3 件是将组织卖淫罪改为容留、介绍卖淫罪,案情基本上与本案类似。

(三)情节轻微的过度起诉

1996 年《刑事诉讼法》第 142 条第 2 款、2012 年修正的《刑事诉讼法》第 173 条第 2 款以及 2018 年《刑事诉讼法》第 177 条第 2 款均规定:对于犯罪情节轻微,依照刑法规定不需要判处刑罚或者免除刑罚的,人民检察院可以作出不起诉决定。根据该规定,公诉机关有酌定不起诉的权力。[18] 近年来,随着学界对国内外司法实践的研究逐渐深入,关于公诉权的滥用问题越来越引起学者的关注,对酌定不起诉裁量权的滥用便是其中一个重要问题。酌定不起诉裁量权的不当运用不但达不到该制度所预期的效果,还会产生一系列新的问题,如司法腐败、司法不公等问题。因此,应加强对酌定不起诉的监督。然而,过于烦琐的监督又会产生新的悖论,即与该制度所预期的节约司法成本的立法目的不符[19],如何达到效率与公正的平衡需要进一步探索。

事实上,起诉便宜主义可以分为两种形式:一种是所谓的"微罪不检举",即轻微犯罪不予起诉;另一种则可以称为"更为广泛的起诉斟酌",即不仅实行"微罪不检举",而且可以因"公共利益"需要等对并非轻微的犯

---

[18] 参见全国人大常委会法制工作委员会刑法室编:《〈关于修改《中华人民共和国刑事诉讼法》〉的决定〉条文说明、立法理由及相关规定》,北京大学出版社 2012 年版,第 211 页。
[19] 参见汪海燕:《我国酌定不起诉制度的困境与出路——论赋予犯罪嫌疑人选择审判权的必要性》,载《政治与法律》2004 年第 4 期,第 127 页。

罪作出不起诉决定。[20] 通过分析《刑事诉讼法》的相关规定可以发现,我国刑事诉讼中的酌定不起诉制度是一种"微罪不检举"意义上的起诉裁量制度。然而,从司法实践的情况来看,为了防止检察官滥用不起诉权力,检察机关对不起诉决定的作出进行了多方限制,如建立内部的层层审批手续[21],甚至有些地方还规定下级检察机关拟作出不起诉决定的需要上级检察机关进行审查,绩效考评对"不起诉率"进行控制等[22],从而导致原本就是"微罪不举"意义上的不起诉制度在司法实践中的适用范围进一步变窄,最终导致检察机关的案件承办人员普遍对适用酌定不起诉没有积极性,只有很少一部分案件适用了酌定不起诉。从全国的情况来看,不起诉适用率也是整体偏低。[23] 另外,从每年最高人民检察院的工作报告中可以看出,我国司法实践中作出不起诉决定的案件数量在检察机关审查起诉案件的数量中所占比例是很小的。根据最高人民检察院的工作报告,2004年我国检察机关共提起公诉867186人,其中,决定不起诉21225人,不起诉案件占全部审查起诉案件的比例为2.3%;2006年共提起公诉999086人,其中,决定不起诉7204人,不起诉案件占全部审查起诉案件的比例为0.7%。也有个别年份有较大增长[24],但属于例外情况。

然而,不起诉适用率的整体偏低并不代表司法实践中的酌定不起诉的精准适用,更不意味着酌定不起诉不存在任何问题。事实上,酌定不起诉在实践中也存在滥用的情况,如酌定不起诉的适用范围明显不当,主要表现在对职务犯罪不起诉案件的制约力度明显不足[25];又如司法实践中的

---

[20] 参见龙宗智:《检察制度教程》,中国检察出版社2006年版,第196页。

[21] 我国检察权的内部运行长期以来实行"检察人员承办,办案部门负责人审核,检察长或检察委员会决定"的制度,即所谓的"三级审批制"。参见龙宗智:《检察官办案责任制相关问题研究》,载《中国法学》2015年第1期,第87页。

[22] 参见郭烁:《酌定不起诉制度的再考查》,载《中国法学》2018年第3期,第244页。

[23] 相关的实证研究,参见宋英辉:《酌定不起诉适用中面临的问题与对策——基于未成年人案件的实证研究》,载《现代法学》2007年第1期,第163页;赵鹏:《酌定不起诉之现状考察及完善思考》,载《法学》2011年第9期,第152—153页。

[24] 当然,不同时期的刑事政策对酌定不起诉的适用有很大的影响,如2014年《最高人民检察院工作报告》显示,为"维护社会和谐稳定","注重化解社会矛盾",2013年,对犯罪情节轻微、依照刑法规定不需要判处刑罚的,决定不起诉51393人,比上年上升34.3%。

[25] 参见王昕:《公诉运行机制实证研究——以C市30年公诉工作为例》,中国检察出版社2010年版,第236页。需要注意的是,在《监察法》实施后,情况发生了新的变化,这里探讨的是之前的情况。

一些做法突破了现行法律的规定,表现为降格指控与选择指控[26]。当然,除上述问题外,司法实践中的主要问题还是酌定不起诉的适用率偏低,一些明显不应当起诉的轻微刑事案件被公诉机关提起公诉,导致案件处理的最终效果很差。试举一例:

> 2006年3月10日晚上8时许,小芳骑着一辆自行车,带着母亲从北京通州区某工厂下班回家。由于小芳横穿机动车道时被车撞倒,母亲当场身亡。当得知母亲被撞死时,小芳像傻了一样,愣在那里一动不动。根据现场勘验,交通民警认为,小芳骑自行车横穿机动车道时,未有下车从人行横道上推行的行为,违反了交通安全法,存在过错,是发生交通事故的主要原因;罐车司机应承担事故的次要责任。经过审理,通州区人民法院认定小芳的行为构成交通肇事罪,判处其有期徒刑1年,缓刑1年。[27]

对于这样的判决,《检察日报》发表的一篇文章质疑有罪判决的正当性,认为刑罚不应该成为撒在伤口上的盐。[28] 然而,在质疑法院的同时,是否有必要质疑提起公诉的正当性?在"逮捕中心主义"诉讼模式下[29],在无罪判决难的制度背景下[30],公诉机关一旦提起公诉,法院很难判决无罪。很显然,本案根本就没有提起公诉的必要。而司法实践中,类似的"过度起诉"现象还有很多。如在打击卖淫犯罪的组织团伙时起诉卖淫场所打扫卫生的工人,打击赌博犯罪时起诉赌场中依靠端茶倒水、打扫卫生拿固定工资的服务人员,以及对大量的没有造成任何后果、情节显著轻微的"两虚一逃"案件提起公诉等。

---

[26] 参见郭松:《实践中的公诉裁量——以实证调查材料为基础的经验研究》,载《四川大学学报(哲学社会科学版)》2007年第4期,第135页。
[27] 佚名:《骑车带母亲被撞 母亲身亡女儿获刑》,载《北京青年报》2006年7月16日,第A7版。
[28] 参见李国民:《骑车带母亲被撞 母亲身亡女儿获刑 刑罚,不该成为撒在伤口上的盐》,载《检察日报》2006年7月20日,第4版。
[29] 参见王彪:《刑事诉讼中的"逮捕中心主义"现象评析》,载《中国刑事法杂志》2014年第2期,第76页。
[30] 参见王彪:《论基层法院疑罪处理的双重视角与内在逻辑》,载陈兴良主编:《刑事法评论》(第34卷),北京大学出版社2014年版,第539—542页。

## 二、刑事诉讼中的"过度起诉"现象成因探析

从理论上说,检察官负有客观公正的义务,是"客观的法律守护人"[31]。那么,司法实践中为何会出现"过度起诉"现象呢?有学者认为,检察院组织层面的一些行为在相当程度上受以下两个方面因素的驱动:一是保证检察院的自身绩效;二是检察系统外部的环境压力。[32] 笔者认为,检察官之所以会进行"过度起诉",除了检察官在观念上有过于强烈的追诉倾向,要面临外部压力和内部绩效考评的压力之外,还有部分原因则在于部分检察官的能力不足且责任心不强。具体分析如下:

### (一)检察官在观念上有过于强烈的追诉倾向

从宏观上来说,检察官往往在观念上有非常强烈的追诉倾向。有检察官撰文指出,司法实践中,存在构罪即诉的积极指控理念,具体表现为检察官对公诉证明标准把握过宽,对犯罪构成要件把握过宽,对刑事政策的把握不当,如不起诉裁量权的适用范围过窄。[33] 根据上文的案例,可以发现这一理念在实践中确实存在。一般来说,作为整体的检察院往往强调打击犯罪,特别是对于严重暴力犯罪和一些妨害民生的案件,检察机关每年向人大及其常委会汇报工作时都要通报,并以此作为检察机关的工作业绩,如每年的工作报告中都有依法严惩严重刑事犯罪的论述。在这一理念影响下,作为个体的检察官,包括承办案件的检察官及其领导,往往也会强调对犯罪的打击,实践中考虑最多的往往是如何有效且严厉地打击犯罪。因此,也就不难理解对于明显轻微无起诉必要的刑事案件,为何检察机关仍然要提起公诉了。

另外,受诉讼理念和诉讼角色的影响,检察官潜意识里有一种强烈的追诉倾向,认为对存疑事实不起诉或者以较轻罪名起诉是对犯罪的放纵,特别是在检察官认为存疑事实或者较重罪名能够成立,仅仅因为没有

---

[31] 程雷:《检察官的客观义务比较研究》,载《国家检察官学院学报》2005年第4期,第21页。

[32] 参见王昕:《公诉运行机制实证研究——以C市30年公诉工作为例》,中国检察出版社2010年版,第277页。

[33] 参见李斌:《从积极公诉到降格指控》,载《中国刑事法杂志》2012年第6期,第6页。

收集到足够的证据,在补充侦查或者等待一段时间后,存疑事实或者较重罪名就能够认定的情况下,更是如此。这种情形正如最高人民检察院原副检察长姜伟所言:"检察机关作为公诉机关,思维的惯性可能觉得对被告人判得越重越好。"[34]这种情况,正如有学者在分析公诉人为何要采用公诉策略时指出的:

> 在检察官内心确信被告人即犯罪人的情况下,基于正义感和实现司法正义的使命感,他将会竭力追求胜诉(即成功使被告人被定罪),因为,检察官内心既然已确信被告人即犯罪人,那么,将被告人"绳之以法"(胜诉)就是实现正义的唯一方式。甚至可以说,越是正义感、使命感和责任感强的检察官,在形成有罪确信的情况下,越会竭尽全力追求胜诉,而为胜诉,检察官必定会根据案件情况,设计和采取他认为适当的公诉策略。[35]

综上,检察官过于强烈的追诉倾向是其选择"过度起诉"的重要原因,即检察官要么对公诉证明标准宽泛把握,在证据明显不足的情况下提起公诉,要么对犯罪构成要件把握过宽而轻罪重诉,要么对宽严相济刑事政策把握不当,将明显没有起诉必要的轻微刑事案件提起公诉,要么在追诉意识的影响下,将"过度起诉"作为一种公诉策略。

(二)检察官现实中面临巨大的外部压力

从中观上来说,司法实践中,检察机关在办理案件的过程中面临各种外部压力,如公安机关和当地党委、政府的打击犯罪要求,被害人及其家属的严厉惩罚犯罪的需求。由于检察官不属于严格意义上的司法官,检察权带有一定的行政权的属性,检察机关往往无法抵御各种外在的压力,部分检察官在起诉时不得不违心地"过度起诉",甚至有检察官在巨大压力之下不得不起

---

[34] 张军、姜伟、田文昌:《新控辩审三人谈》,北京大学出版社2014年版,第317页。
[35] 万毅:《公诉策略之运用及其底限》,载《中国刑事法杂志》2010年第11期,第88页。

诉明知是无罪的案件。[36] 由于公安系统内部要对查处大要案数、不起诉率等进行绩效考评，如果公诉机关选择起诉较轻罪名或者对部分情节轻微的刑事案件不提起公诉，则公安机关以及案件承办人员将会承担一定的不利后果。此时，为了获得较好的考评成绩，公安机关往往会对公诉机关施加一定的压力，公诉机关在面临压力时可能会作出让步，即选择起诉较重罪名或者对应当不起诉的案件提起公诉。公诉机关如此选择，其中部分原因是"过于强调配合的检警关系所导致，即检察机关为了形成一种良好的检警关系，以便在某些案件之中通过公安机关来保障自己的利益，一般都会在具体的刑事程序中考虑或者照顾公安机关的利益"[37]。这种选择是一种大的趋势，面对这一趋势，个体检察官根本不具有对抗的可能性。加之检察机关办案遵循"三级审批制"，个体检察官即便敢于"依法"办案，也很可能是有心无力。

另外，司法实践中，承办检察官在是否起诉重罪以及是否提起公诉遇到困难时，往往会求助于领导，甚至将案件提交检察委员会。检察院领导和检察委员会在讨论案件时，一般会从公安机关与检察机关的工作关系出发，考虑起诉轻罪、不起诉对公安机关的影响；在有被害人的案件，还要考虑被害人（或者其近亲属）的态度，特别是部分被害人反应强烈的案件，有时也会以被害人的态度决定是否起诉、如何起诉；对部分社会影响较大的案件，则要考虑社会舆论的可能反应；在特殊时期，如"打黑除恶"期间，还要考虑领导的意愿等因素；对有些规模较大的案件，还需要考虑已被判刑的同案犯的判刑情况，担心起诉罪名不一致或者不起诉可能会面临不利后果。这种情形正如有

---

[36] 2013 年 11 月，安徽退休检察官孟宪君向最高人民检察院举报自己 8 年前因"领导要求"而将一起无罪案件提起公诉。参见佚名：《安徽退休检察官向最高检举报自己办错案》，载新华网广东频道（http://www.gd.xinhuanet.com/newscenter/2013—11/22/c_118249751.htm），最后访问日期：2014 年 11 月 24 日；2013 年 11 月底，安徽省高级人民检察院向外界回应该案，表示将迅速核查相关事实，公正办理。2014 年 4 月 8 日，安徽省高级人民法院下达再审决定书，认为高尚挪用资金一案符合再审条件，经安徽省高级人民法院审判委员会讨论，决定由该院提审。2014 年 11 月 20 日，该案在安徽省高级人民法院公开审理。参见佚名：《安徽退休检察官举报自己办错案 称领导干预案件》，载腾讯网（http://news.qq.com/a/20141121/003212.htm），最后访问日期：2014 年 11 月 24 日。对于该案的具体情况，参见陈兴良编著：《立此存照：高尚挪用资金案侧记》，北京大学出版社 2014 年版，第 7—20 页。本案一审判决被告人无罪，检察院抗诉后，二审判决被告人有期徒刑 3 年，缓刑 5 年，再审维持原判。参见吴贻伙：《安徽淮北高尚挪用资金案再审宣判：罪名成立维持原判》，载《检察日报》2014 年 12 月 31 日，第 2 版。

[37] 李斌：《从积极公诉到降格指控》，载《中国刑事法杂志》2012 年第 6 期，第 6 页。

学者在研究检察机关为何起诉证据不足的案件时所言,对于部分承办检察官认为证据不足的案件,领导审查后也可能会认为证据不足,但其认为为了缓解办案压力,"应当先起诉过去,如果法院判不了就撤回起诉"。笔者调查时发现,接受调查的检察官都表示"时常"会出现证据不足的起诉,大多数案件被判无罪或撤回起诉并不是因为检察官未能发现案件事实不清、证据不足,而往往是因为在审查起诉时受到外部因素的干预,受到压力而不得不起诉。[38] 从目前已经纠正的一些冤错案件的情况来看[39],这种情况确实存在。

综上,在部分罪名明显无法认定、轻罪重罪难以区分以及情节轻微明显不宜起诉的场合,由于检察机关或者检察官个人面临各种压力,不得不起诉部分明显不成立的罪名,或者不得不对不宜起诉的案件提起公诉。由于检察机关的起诉还要面临法官的最后审查,基于这种依赖心理,部分检察官会认为,反正案件事实的认定还有法官来审查,没有必要继续坚持。特别是在"过度起诉"的案件最终不会被判决无罪的情况下,如何起诉已经变得不再重要。

### (三)绩效考评指标对检察官的具体引导

从微观上说,检察官的行为更多的是基于自身利益方面的考虑。司法实践中,检察机关内部的各项考核指标对检察机关及检察官的起诉行为有具体的引导。我国检察机关内部有严格的绩效考评制度,其中设定了一系列的考核指标,如批捕率、不起诉率以及无罪判决率等。一般来说,对于公诉机关而言,判决无罪是对其工作的最大否定。[40] 具体来说,公诉人关心的问题首先是被告人能否被定罪,其次是法院的判决是否会改变指控的罪名,最后关心的才是对于指控的事实能否被全部认定。[41]

---

[38] 参见谢小剑:《公诉权制约制度研究》,法律出版社2009年版,第120页。

[39] 这一情况在赵作海案中有明显的体现,检察官在审查起诉时发现案件有严重问题,但最终由于政法委的介入而提起公诉。参见陈永生:《刑事冤案研究》,北京大学出版社2018年版,第55—56页。

[40] 司法机关的业务考评种类很多,其中对"错"的考评(包括"错案")是一个重要的指标,对"错"的考评一般实行"一票否决制""连带责任制"。参见黄维智:《刑事司法中的潜规则与显规则》,中国检察出版社2007年版,第4页。

[41] 参见孙长永、王彪:《刑事诉讼中的"审辩交易"现象研究》,载《现代法学》2013年第1期,第132页。

除此之外,检察机关的绩效考评指标还包括一些加分项目,如单个案件起诉的人数、单个案件起诉的具体犯罪事实数量以及起诉的犯罪金额的大小等,如一个盗窃案件有十余笔盗窃事实的,检察机关会有更多的加分。这种情况,正如有学者所言,检察机关内部的考绩制度强化了执法偏向。具体来说:

> 我国检察机关虽然属于司法机关,但其内部管理基本采用行政管理方式,包括运用自上而下的行政性考绩制度。无论是检察院,还是检察官,均纳入统一的考绩体系,进行"数目字上的管理"。这种考绩制度的主要特点之一是,肯定和鼓励"积极行为"、否定和限制"消极行为"。即凡是增加侦查立案、起诉、抗诉等办案数字,属于工作业绩的上升,而凡是这些数字减少(相对于自身历史或其他检察院、检察官)则属于业绩的下降。同时严格限制撤案、不起诉、撤诉等"消极"诉讼行为。[42]

有学者有类似观点,认为对检察官实行业绩考核不利于检察官客观义务的落实,现行的业绩考核制度却迫使任何一个检察官都不可避免地与案件的结局发生利害关系,这必然使检察官都有强烈的获得胜诉的欲望。很显然,检察官理论上本应具有的客观义务和中立立场,实际上被检察官的"当事人化"所规避和架空了。[43] 具体来说,在考评指标的引导下,检察官对犯罪的起诉往往就高不就低,即倾向于起诉更多的犯罪笔数,起诉更多、更重的罪名。这种情形正如有学者所言,"以数量为中心的考绩方式很难避免对质量尤其是案件处理的公正性重视不够"[44]。在这一背景下,司法实践中"过度起诉"现象的发生也就不足为奇了。事实上,通过对"过度起诉"案件中公诉事实的考察可以发现,"过度起诉"案件中的公诉事实具有一个共同特征,即具有一定的"保底"事实,案件最终不会出现无罪判决的

---

[42] 龙宗智:《中国法语境中的检察官客观义务》,载《法学研究》2009年第4期,第148页。

[43] 参见陈瑞华:《刑事诉讼的中国模式》,法律出版社2008年版,第292页。虽然最高人民检察院原副检察长朱孝清撰文指出,考核不会"迫使任何一个检察官都不可避免地与案件结局发生关系",并不会必然地强化检察官的追诉倾向。但同时认为,必须对现行的考核机制进行全面清理,加以完善。参见朱孝清:《检察官客观公正义务及其在中国的发展完善》,载《中国法学》2009年第2期,第180页。

[44] 龙宗智:《检察官客观义务论》,法律出版社2014年版,第415页。

结果。也正因如此,检察官才敢于在起诉时就高不就低。

### (四)部分检察官能力不足且责任心不强

在对审判阶段非法证据排除情况进行调研时,笔者曾经认为,法院的公正司法能力有待进一步提高,除表现为法院的中立性不足之外,还表现为法官的法解释能力不足。法解释能力不足表现为对基本概念缺乏正确的理解,对一些稍微复杂的实际问题缺乏必要的分析能力。[45] 事实上,这一结论也可以用在检察官身上,即部分检察官存在能力不足问题。有学者有类似观点,认为检察官客观义务的履行,意味着在证据方面要求这些检察官不仅要具有证据裁判的理念和意识,还要具有科学运用证据、合理审查判断证据的诉讼能力和水平,但现实中个别检察人员的素质无法适应这一基本要求。[46] 对此问题,需要分析其原因。

近年来,受市场浪潮的冲击,一些地方的检察队伍不稳定,特别是公诉队伍,少数公诉检察官在工作几年后选择辞职,部分公诉检察官选择去检察院其他相对清闲的部门,还有一些公诉检察官则选择去政府或者党委等离"核心"权力更近的部门。由此导致公诉队伍普遍年轻化,在很多地方的检察院,公诉部门几乎成了刚毕业的年轻人的培训基地,等到这些年轻人工作几年人生阅历和职业经历稍微丰富了之后,大多数都会选择离开。司法工作需要经验和积累,在缺乏经验、积累不足的情况下,犯一些低级错误也就在所难免。如有些检察官对刑事证明基本原理的理解存在问题,认为直接证据就是指能够单独、直接证明案件主要事实的证据,在有直接证据的情况下,证明得出的结论是必然的。事实上,这种认识混淆了"证据材料"与"推理结论"的关系,它是建立在这样一个错误的概括之上,即"所有直接证据中所蕴含的信息都是真实的"[47]。在这种情况下,对仅有被告人供述或者其他孤证证明的事实提起公诉也就不足为奇了。

当然,部分检察官能力不足只是一方面,大部分"过度起诉"现象的发

---

[45] 参见孙长永、王彪:《审判阶段非法证据排除问题实证考察》,载《现代法学》2014年第1期,第78页。

[46] 参见胡常龙:《证据法学视域中的检察官客观义务》,载《政法论坛》2009年第2期,第145页。

[47] 李昌盛:《司法证明的理据》,载常林、张中主编:《证据理论与科学:第四届国际研讨会论文集(上册:证据法学卷)》,中国政法大学出版社2014年版,第259页。

生,还是因为部分检察官的责任心不强引起的。有学者研究发现,部分法官有"完成任务"心态,该心态有三个特点,即意义丧失、一定程度的目标替代以及结果导向和过程仪式化。[48] 也就是说,"在很多情况下法官处理案件的态度与其说是解决纠纷,还不如说他们更关心的是如何'完成任务'"[49]。与法官相比,检察官的这种心态可能更加严重。在巨大的办案压力下,面对微薄的待遇和不一定明朗的前途,很多检察官认为,只要不犯"大错误"即可,对于"过度起诉"现象来说,由于有"保底"的起诉事实,最终不会判决无罪,且对于指控的犯罪事实的认定还有法官来"把守"最后一道关口,起诉是否准确已经变得不再重要。在这种心态的影响下,部分"过度起诉"现象的发生可能是由于检察官责任心不强所致,在犯罪嫌疑人认罪的情况下,有些检察官可能在匆匆看完诉讼卷宗后,在撰写起诉书时照抄公安机关的移送审查起诉意见书,并匆忙提起公诉,从而"完成"任务。

### 三、刑事诉讼中的"过度起诉"现象利弊分析

客观地说,"过度起诉"现象的存在有一定的合理性,因为案件证据情况随着诉讼程序的推进有可能发生变化,原本证据不充分的情况随着诉讼程序的推进有可能发生变化。但与此同时,"过度起诉"现象的存在也有诸多弊端。具体分析如下:

(一)"过度起诉"现象的相对合理性

通常来说,某一不符合常理或者不符合人们预期的现象的出现,肯定是有原因的,尽管这种原因未必完全合理。就"过度起诉"现象存在的合理性而言,有以下几点:

第一,起诉后仍然可以收集证据,案件的证据情况可能会发生变化从而达到法律的要求。一方面,在案件移送法院后,检察机关仍然可以自己或者让侦查机关补充收集相关的证据材料;另一方面,法官对案卷材料进行审查后,也可能会建议检察机关补充侦查。在上述两种情况下,案件的

---

[48] 参见肖仕卫:《刑事判决是如何形成的——以 S 省 C 区法院实践为中心的考察》,中国检察出版社 2009 年版,第 56 页。
[49] 吴英姿编著:《法官角色与司法行为》,中国大百科全书出版社 2008 年版,第 52 页。

证据情况随时可能发生变化。换句话说,在审查起诉期间,由于诉讼期限的限制而不得不将案件移送法院,在移送法院后经过补充侦查,案件证据情况发生变化,原本证据不足的案件事实,可能经过补充侦查后证据材料较为充分。[50] 在这种情况下,由于案件的证据情况在审判阶段发生了重大的变化,公诉机关通过"过度起诉"这一公诉策略,既有效打击了犯罪,且由于及时起诉,没有因反复的"程序倒流"而使得犯罪嫌疑人面临较长时间的审前羁押,在一定程度上有利于对犯罪嫌疑人权利的保障。

第二,实践中存在重打击犯罪的观念,不放纵犯罪是自然选择。在我国的司法实践中,一直以来都强调对犯罪的严厉打击。根据《刑事诉讼法》的相关规定,中华人民共和国刑事诉讼法的任务,是保证准确、及时地查明犯罪事实,正确应用法律,惩罚犯罪分子,保障无罪的人不受刑事追究,教育公民自觉遵守法律。根据这一规定,刑事诉讼法的具体任务或直接要求是"保证准确、及时地查明犯罪事实,正确应用法律,惩罚犯罪分子"。在确定了犯罪嫌疑人的情况下,刑事诉讼的主要任务就变成了"正确应用法律,惩罚犯罪分子"。此时,往往强调的是如何不放纵犯罪,从严打击往往是自然而然的选择。具体来说,一方面,社会民众有从重从快打击犯罪的需要,公诉机关在起诉时适当考虑民意有其必要性;另一方面,公诉人承担打击犯罪的任务,"过度起诉"在很多情况下符合社会公众对检察官角色的预期。

第三,安抚被害人,通过公诉策略缓解矛盾。刑事案件发生后,被害人及其家属往往会对公安、司法机关施加巨大的压力。有学者研究发现,"现实中,被害人如对判决不满意,往往采用上访、示威甚至抬尸游行等举动给法院施加压力"[51]。另外,在"涉诉信访已经成为法院工作非常重要的内容"的情况下,"全国各级法院都花费极大的精力来解决涉诉信访问题。最高法院如此,地方各级法院更是直接处在访民和上级党委政府的双重压力

---

[50] 正如有学者所言,公安、司法人员对案件事实的认识是一个逐步深化、逐步全面和准确的过程。因此,随着诉讼阶段的不断推进,诉讼的信息来源和诉讼判断渠道也会越来越广。参见胡常龙:《论刑事疑案的二难选择》,中国政法大学出版社 2014 年版,第 10 页。

[51] 朱桐辉:《案外因素与案内裁量:疑罪难从无之谜》,载《当代法学》2011 年第 5 期,第 30 页。

之下,以至于信访数量的多少成为衡量法院工作好坏的一个重要指标"[52]。上述法院面临的压力检察机关同样有,甚至由于检察机关的角色定位与法院不同,检察机关面临的这种压力很可能会更大。检察机关通过"过度起诉"的公诉策略能够缓解矛盾,一方面,由于法院的角色定位与检察机关不同,法院作出的较轻处理可能会遇到更少的质疑;另一方面,由于法院判决距离案发时间较长,被害人和社会公众的反应渐趋理性,法院作出较轻处理面临的压力可能会相对小一些。

第四,避免漏诉以及追诉给被告人带来的不利影响。司法实践中,为了避免司法人员滥用权力或者以权谋私,检察机关内部对其工作人员使用特定的方法进行控制。其中一个重要表现是,检察机关的特定人员会定期对法院已经判决的案件进行复查,查看是否存在无罪判决、变更罪名以及重罪轻诉或者漏诉现象。如果发现有重罪轻诉或者漏诉现象的,需要案件具体承办人员进行说明,在比较严重的场合,可能还要对相关人员进行追责。另外,对不起诉案件还要考评不起诉正确数。[53] 为了避免因为减少事实认定或者不起诉而可能带来的不断的审查甚至追责,很多检察官往往选择对公安机关的移送审查起诉意见照单全收,特别是在案件能够定罪判刑的情况下。检察官的上述选择不仅有利于避免漏诉,在中国的诉讼背景下也同样有利于被告人。在发现漏诉后,检察机关往往会对发现的犯罪事实重新起诉,法院在定罪后与之前的判决进行数罪并罚,而这一做法很可能不利于被告人[54],如盗窃 5000 元,首次起诉 3000 元,后来起诉 2000元,在数罪并罚时最终的刑罚可能会比单次盗窃 5000 元的刑罚量重。

综上,"过度起诉"现象有一定的合理性,诉讼证据的动态变化以及不同主体对证明标准、刑事政策的不同理解,意味着检察官有一定的起诉裁量权,部分"过度起诉"现象不仅有利于准确打击犯罪,也有利于保障被追诉人的诉讼权利,在法院严格把守最后一道关口的前提下,出于安抚被害人的需要进行"过度起诉"则有利于缓解矛盾。

---

[52] 汪庆华:《政治中的司法:中国行政诉讼的法律社会学考察》,清华大学出版社 2011年版,第 104 页。

[53] 参见么宁:《检察业务考评机制研究》,西南政法大学 2014 年博士学位论文,第62—64 页。

[54] 关于漏罪的处理模式以及不同处理模式对被追诉人的影响,参见聂友伦:《论罪行遗漏的处理模式》,载《中国刑事法杂志》2018 年第 5 期,第 102—105 页。

## (二)"过度起诉"现象的弊端与不足

在存在一定合理性的同时,"过度起诉"现象的存在也有一定的弊端与不足,且在中国的诉讼体制下,这种弊端会更加明显。具体如下:

第一,不利于对被告人的权利保障,加重了被告人的诉讼负担。毫无疑问,在部分事实或者部分罪名存疑的情况下,对存疑事实提起公诉或者以较重罪名提起公诉,客观上不利于对被追诉人诉讼权利的保障。根据存疑有利于被告原则,在部分事实或者部分罪名存疑的情况下,如果案件没有进一步补充侦查获取证据的可能,应当对存疑事实不起诉,或者以较轻的罪名提起公诉。另外,起诉存疑事实,或者以较重罪名起诉,也在客观上增加了被告人的负担,被告人不得不对存疑事实或较重罪名进行辩解,由于"过度起诉"的案件一般都有"保底"的事实和罪名,即使存疑事实或者较重罪名无法认定,被告人也不会得到任何补偿。在情节轻微明显不应起诉而被不当提起公诉的场合,被追诉人的权益更是受到了严重侵犯。

第二,不利于审判阶段的诉讼分流,影响诉讼效率。传统观点认为,刑事诉讼应该也能够发现案件的客观真实,也就是说,对于每一个刑事案件来说,其判决都有一个标准答案可供参考,即案件的客观真实。[55] 在这种观念的指引下,立法者要求法官承担"忠于案件事实真相"的责任,在特定条件下,法官甚至负有在法庭以外"调查核实"证据以发现案件真实情况的义务。在这一背景下,法官要对其认定的案件事实负责,即使是轻微的刑事案件,法官也要保证其所认定的案件事实准确无误。因此,不允许以辩诉交易的方式处理案件,即使是简易程序审理的案件,法官也要在判决书中写明认定的案件事实和证据。因此,对于检察机关的起诉,法官要认真审查,担心案件在上诉后被改判,担心被检察机关抗诉。[56] 对于那些案情

---

[55] 关于刑事诉讼真实观,参见王彪:《刑事诉讼真实观导论》,载陈兴良主编:《刑事法评论》(第28卷),北京大学出版社2011年版,第406—436页。

[56] 在某些法检关系较为紧张的地方,法官甚至怀疑"过度起诉"现象是检察机关或者公诉人故意设置的陷阱或者圈套,担心一旦事实认定有误,会面临检察机关的抗诉。因此,部分法官不得不对起诉的案件事实进行认真细致的审查,即使在简易程序中也不例外。此外,据某检察院课题组的考察,实践中存在公安机关"故意"制造漏罪的现象,即对于已经掌握的证据,分两次移送审查起诉,主要目的是完成"批准逮捕数"和"起诉数"。参见重庆市南岸区人民检察院课题组:《公安机关办理刑事案件指标执法之检察监督》,载《国家检察官学院学报》2016年第3期,第39—40页。

简单的盗窃、抢夺等案件,由于"过度起诉"现象的存在,如果最终法官无法对公诉机关的起诉照单全收,其中的部分事实无法认定,也不能适用简易程序,即法官不得不将案件的审理程序从简易程序转化为普通程序。在这种情况下,简易程序没有发挥其应有的诉讼分流功能,诉讼效率无法实现。

第三,不利于公诉质量的提升,有损公诉机关的客观公正形象。由于起诉的部分事实或者较重罪名没有被法院认定,公诉机关的起诉准确性大打折扣。与此同时,也无法确保相应的量刑建议被法院采纳。公诉机关起诉准确性的降低,相应的量刑建议不被法院认可,客观上有损检察机关的客观公正形象,影响检察机关的司法公信力。另外,"过度起诉"现象的存在体现了一种积极指控的理念,背后隐含的问题是在准确判断有困难的情况下对公诉事实的模糊化处理,体现了一种敷衍塞责的心理状态,或者是"完成任务"的心态。最终,检察官不负责任的形象又会在很大程度上影响检察机关的公正形象和公信力。

第四,增加了被追诉人被采取较重强制措施的危险,进而增加被告人遭受较重处罚的危险,造成案件事实认定的部分错误或者罪名认定的不当。公诉事实的严重性与强制措施之间的关系较为密切,案情严重的案件往往会对被追诉人采取羁押性强制措施,而案件事实的模糊性又会导致案件处理的久拖不决,最终可能导致刑罚的"实报实销"问题。此外,起诉本身就意味着定罪的风险。正如美国达马斯卡教授所言,对司法裁判实务参与程度越深,就会变得麻木不仁:有待裁判的事项,在他看来只不过是一般类型中的一个,并逐渐开始了以一种处理日常工作的相对冷漠的方式进行事实认定。[57] 换句话说,如美国的阿马教授所言:"指控将一个人置于危险的道路上。也就是说,指控和起诉迫使一个人走向一条法律之路,即使是无罪的人,他的命运也很难确定。"[58] 用我国学者的话来说,我国刑事司法存在一种惯性,即在惩罚性追诉意识驱动下,刑事司法程序一旦启动就很难停止。[59] 因此,"过度起诉"现象的存在,有可能导致被告人承受不利的强制措施,甚至使其遭受不应当承受的较重刑罚。

---

[57] 参见〔美〕米尔吉安·R.达马斯卡:《比较法视野中的证据制度》,吴宏耀、魏晓娜等译,中国人民公安大学出版社2006年版,第6页。

[58] 〔美〕阿希尔·里德·阿马:《宪法与刑事诉讼:基本原理》,房保国译,中国政法大学出版社2006年版,第199页。

[59] 参见黄海波、黄学昌:《刑事司法的惯性》,载《当代法学》2012年第4期,第78页。

综上,"过度起诉"现象的存在有诸多弊端,不仅不利于对被告人诉讼权利的保障,客观上增加被告人的诉讼负担,还可能导致案件事实或者罪名认定的不当。此外,"过度起诉"现象的存在,也不利于审判阶段的诉讼分流,影响诉讼效率。最终,由于公诉质量不能保证,还会有损公诉机关的客观公正形象,降低检察机关的公信力。

## 四、回顾与展望

由于各种因素的影响,公诉机关在选择起诉时往往会进行"过度起诉"。那么,如何改变这种状况从而尽可能地消除"过度起诉"现象呢?在以审判为中心和认罪认罚从宽制度改革背景下,"过度起诉"现象是否有可能出现新的样态?对此,有必要予以进一步研究。

### (一)回顾

近年来,理论界对公诉权滥用现象进行了一定的研究。然而,在理论界所研究的诸多公诉权滥用现象之外,还有一类现象未进入学界的视野,即"过度起诉"现象。在明确这一现象客观存在之后,需要考虑的第一个问题是如何应对这一现象。如前所述,"过度起诉"现象的存在有利有弊。由于"过度起诉"现象的存在具有一定的现实合理性,可能在很长一段时间内都不会消失,如对于部分案件事实存疑或者罪名轻重存疑的案件,检察机关在综合考虑将来可能的补充侦查(或者调查)取证等情况后,仍然会选择起诉该部分事实或者较重罪名。当然,我们也必须正视"过度起诉"现象存在的弊端,对于明显的违背口供补强规则或"孤证不能定案"规则的情形,应当予以杜绝,对于情节轻微不需要提起公诉的案件,提起公诉时应当慎重,如果没有重要理由最好不要提起公诉。换句话说,对于"过度起诉"现象的治理,要根据不同的类型,选择不同的应对策略。

将"过度起诉"现象进行分类,并根据类型的不同选择相应的应对策略,仅仅是应对"过度起诉"现象的"药方"而已,如何实现"药到病除"的效果才是问题的关键。笔者认为,法官独立公正司法和检察官坚持客观公正义务是解决问题的突破口。法官独立公正司法,意味着对于公诉机关起诉的案件作出客观公正的判决,在全案证据不足的情况下勇敢地判决无罪,在案件部分事实证据不足的情况下,对于证据不足的部分坚决不认定,从而产生一种"倒逼"作用,即通过法官独立公正司法迫使检察机关客观公正地办理案件。然而,由于"过度起诉"现象涉及的案件类型较多,法院判决所能产生的"倒逼"作用有限,如对于部分犯罪情节轻微的案件,法官在审理后最多只能宣告定罪但免予刑事处罚。因此,彻底杜绝"过度起诉"现象还需要检察官坚持最低限度的客观公正义务。事实上,即使在奉行当事人主义的美国,"在作出起诉决定时,根据职业行为示范规则,检察官不能提起'明知没有合理根据支持的'指控"[60]。尽管如此,正如有学者所言,强化检察官客观义务虽然具有十分重要的意义,但是客观义务的实现状况却不尽如人意。[61] 实践中,检察官本身成为多种利益的代表者,这一状况使得检察官承受比其他社会角色更为多元的压力,非常容易形成所谓的"角色超载",在犯罪控制的现实压力下,这种可能的"角色超载"极有可能转化为现实。[62] 在这种情况下,对于检察官客观义务的效果要有清醒的认识。但无论如何,检察官仍然要坚持客观公正,具体可从对检察机关的办案方式进行适度司法化改革[63]、改革检察机关的内部考评机制等方面着手,特别是调整不合理的考核指标。2019 年修订的《检察官法》第 5 条规定:"检察官履行职责,应当以事实为根据,以法律为准绳,秉持客观公正的立场。检察官办理刑事案件,应当严格坚持罪刑法定原则,尊重和保障人权,既要追诉犯罪,也要保障无罪的人不受刑事追究。"有学者认为,这一规定意味着检察官的客观义务已不仅仅是一种理念或者道德义务,更应当属于一项法律义务。[64] 因此,下一步的重点应该是如何通过相应的程序要求或者程序机制确保检察官的客观义务得到有效履行。对此问题,需要进一步研究。

---

[60] 龙宗智:《检察官客观义务论》,法律出版社 2014 年版,第 58 页。

[61] 参见韩旭:《检察官客观义务:从理论预设走向制度实践》,载《社会科学研究》2013 年第 3 期,第 86 页。

[62] 参见郭松:《检察官客观义务:制度本源与实践限度》,载《法制与社会发展》2009 年第 3 期,第 49—50 页。

[63] 参见龙宗智:《检察机关办案方式的适度司法化改革》,载《法学研究》2013 年第 1 期,第 169—191 页。

[64] 参见李奋飞:《以审查起诉为重心:认罪认罚从宽案件的程序格局》,载《环球法律评论》2020 年第 4 期,第 29 页。

## (二)展望

2014年10月,党的十八届四中全会通过的《中共中央关于全面推进依法治国若干重大问题的决定》提出了一系列改革措施。其中,推进以审判为中心的诉讼制度改革和完善刑事诉讼中认罪认罚从宽制度这两项改革与"过度起诉"现象的治理关系密切。

2016年7月20日,最高人民法院、最高人民检察院、公安部、国家安全部、司法部印发《关于推进以审判为中心的刑事诉讼制度改革的意见》(以下简称《审判中心改革意见》),其中既有对现行法律规定的进一步强调,也有对现有程序法制度和相关工作机制的完善要求。2017年2月17日,最高人民法院印发《关于全面推进以审判为中心的刑事诉讼制度改革的实施意见》(以下简称《审判中心实施意见》),对法庭审判环节如何贯彻以审判为中心的刑事诉讼制度改革提出更为细致的意见。《审判中心改革意见》和《审判中心实施意见》均强调证据裁判原则和疑罪从无原则,强调"认定案件事实必须以证据为基础","定罪证据不足的不能认定被告人有罪"。如果这些规定能够得到有效实施,以审判为中心的刑事诉讼制度改革将会消除带有"投机"心理的"过度起诉"现象。对此,有学者认为,在以审判为中心的改革背景下,应改变以往"程序宽容"的做法,实现"程序倒逼",充分发挥庭审的功能。[65] 其中,疑罪从无的"程序倒逼"可以在一定程度上对"过度起诉"现象进行有效的规制。对此,前文已有论述,不再赘述。

在总结试点改革经验的基础上,2018年修正《刑事诉讼法》时确立了认罪认罚从宽制度。2019年最高人民法院、最高人民检察院、公安部、国家安全部、司法部联合发布《关于适用认罪认罚从宽制度的指导意见》,对于认罪认罚从宽制度的实施问题予以规定。根据相关规定,检察机关在认罪认罚案件中占据主导地位,认罪认罚案件将呈现出"以审查起诉为重心"的程序格局。[66] 然而,检察机关主导是否有可能导致认罪认罚案件中检察官为了获得较为理性的案件结果,通过"拔高"指控的方式为控辩协商赢得

---

[65] 参见秦策:《审判中心主义下的"程序倒逼"机制探析》,载《北方法学》2015年第6期,第79—81页。

[66] 参见李奋飞:《以审查起诉为重心:认罪认罚从宽案件的程序格局》,载《环球法律评论》2020年第4期,第24—26页。

空间。这种情况的出现会产生两个问题:一是被追诉人经过"讨价还价"获取的量刑结果与其通过正式审判获得的结果大体上是一样的,被追诉人并未通过认罪认罚获得任何实质性的利益,而这种情况的长期存在,可能会弱化认罪认罚从宽制度的正当性;二是经过"讨价还价"未达成一致意见的案件,检察官的指控特别是量刑建议属于"过度起诉",而由于认罪认罚案件中的事实保障可能存在"两不管"情况[67],最终可能导致案件部分事实认定错误或者量刑过重的情况。事实上,类似的问题在国外早已存在。例如,在美国,有检察官为了获取更多的交易筹码,故意增加指控以换取协商空间。因此,很多辩诉交易的批评者认为,检察官对被告人提出了过度的指控。按照一些观察者的说法,检察官处理指控"就像市场上做买卖","双方的起价都高于他们真正想要的价码"。[68] 检察官一般会把一次犯罪交易分成尽可能多的犯罪,然后全部起诉,或者起诉那些证据严重不足的最高等级的罪行,或者是两种情形并用。[69] 在我国要防止这种情况的出现。

综上,在以审判为中心的刑事诉讼制度改革和认罪认罚从宽制度改革的背景下,既要看到有利于消除"过度起诉"现象的因素,又要看到有可能产生"过度起诉"的新的风险。

---

[67] 参见闫召华:《检察主导:认罪认罚从宽程序模式的构建》,载《现代法学》2020年第4期,第49页。

[68] See Albert W. Alschuler, The Prosecutor's Role in Plea Bargaining, U. Chi. L. Rev., Vol. 36, 1968, p.85.

[69] 参见魏晓娜:《背叛程序正义:协商性刑事司法研究》,法律出版社2014年版,第46页。

# 第二编　刑事审判权的运行机制

众所周知,审判权由法院依法独立行使,而法院是由个体的人组成的,那么,审判权是由法院内部的哪些人行使的呢?法院外部的人对于审判权的运行有无影响?1979年《刑事诉讼法》制定后,中共中央于1979年9月9日发布的《关于坚决保证刑法、刑事诉讼法切实实施的指示》明确提出:"加强党对司法工作的领导,最重要的一条,就是切实保证法律的实施,充分发挥司法机关的作用,切实保证人民检察院独立行使检察权,人民法院独立行使审判权,使之不受其他行政机关、团体和个人的干涉。""党委与司法机关各有专责,不能互相代替,不应互相混淆。为此,中央决定取消各级党委审批案件的制度。对县级以上干部和知名人士等违法犯罪案件,除极少数特殊重大情况必须向上级请示者外,都由所在地的司法机关独立依法审理。"[1]根据1979年《刑事诉讼法》的规定,法定的审判组织是独

---

[1] 武延平等编:《刑事诉讼法学参考资料汇编》(中册),北京大学出版社2005年版,第955页。此规定的背景是,1954年《宪法》规定,法院独立审判,只服从法律。但在1957年12月14日中共中央批转最高人民法院和司法部党组《关于司法工作座谈会和最高人民法院的反右斗争情况的报告》中,批示"全部审判活动都必须坚决服从党委的领导和监督;党委有权过问一切案件",由此彻底否定了宪法赋予法院独立进行审判的权力。参见袁坚:《刑事审判合议制度研究》,法律出版社2014年版,第151页。

任庭、合议庭和审判委员会。然而,虽有上述规定,但司法实践中审判权的运行仍受到一系列法院内外权力主体的干涉。就法院内部来说,院庭长审批案件的做法是自中华人民共和国成立以来就存在的司法惯例,由于1979年《刑事诉讼法》和《人民法院组织法》对法院内部审判组织及其权限有明确的规定,院庭长审批案件的做法曾引起争议,但最终仍在实践中运行。[2] 虽然法院内部审判组织无法独立行使审判权的现象一直存在,但也一直引发关注,并有相应的改革举措。即便是法定的审判组织,对于审判委员会讨论案件也有较大的争议,并引发各方关注,"审者不判、判者不审"是最重要的批评理由。

20世纪末,最高人民法院通过的各种改革文件对于审判权运行问题均有所规定。其中,每隔五年发布一次的法院改革纲要对此问题一直予以强调。1999年10月20日,最高人民法院印发的《人民法院五年改革纲要》明确提出,"审判工作的行政管理模式,不适应审判工作的特点和规律,严重影响人民法院职能作用的充分发挥";"以强化合议庭和法官职责为重点,建立符合审判工作特点和规律的审判管理机制";"在审判长选任制度全面推行的基础上,做到除合议庭依法提请院长提交审判委员会讨论决定的重大、疑难案件外,其他案件一律由合议庭审理并作出裁判,院、庭长不得个人改变合议庭的决定";"审判委员会作为法院内部最高审判组织,在强化合议庭职责,不断提高审理案件质量的基础上,逐步做到只讨论合议庭提请院长提交的少数重大、疑难、复杂案件的法律适用问题"。

2005年10月26日,最高人民法院发布的《人民法院第二个五年改革纲要》明确提出,"改革人民法院审判委员会制度",建立专业委员会,"将审判委员会的活动由会议制改为审理制"。"进一步强化院长、副院长、庭长、副庭长的审判职责,明确其审判管理职责和政务管理职责,探索建立新型管理模式,实现司法政务管理的集中化和专门化。"

---

[2] 参见李红辉:《反思与出路:改革院庭长审批案件制度》,载《求索》2012年第6期,第228页。

"建立法官依法独立判案责任制,强化合议庭和独任法官的审判职责。院长、副院长、庭长、副庭长应当参加合议庭审理案件。逐步实现合议庭、独任法官负责制。"

2009年3月17日,最高人民法院发布的《人民法院第三个五年改革纲要(2009—2013)》明确提出,"完善审判委员会讨论案件的范围和程序,规范审判委员会的职责和管理工作";"完善合议庭制度,加强合议庭和主审法官的职责"。与此同时,还强调了审判管理的作用和队伍建设的重要性,"健全权责明确、相互配合、高效运转的审判管理工作机制","建立健全院长、庭长的'一岗双责'制度,落实院长、庭长一手抓审判、一手抓队伍的双重职责"。

2015年2月4日,最高人民法院发布的《关于全面深化人民法院改革的意见——人民法院第四个五年改革纲要(2014—2018)》(以下简称《四五改革纲要》)明确提出,"健全主审法官、合议庭办案机制","完善院、庭长、审判委员会委员担任审判长参加合议庭审理案件的工作机制。改革完善合议庭工作机制,明确合议庭作为审判组织的职能范围,完善合议庭成员在交叉阅卷、庭审、合议等环节中的共同参与和制约监督机制。改革裁判文书签发机制";"明确院、庭长与其职务相适应的审判监督职责,健全内部制约监督机制。完善主审法官会议、专业法官会议机制。规范院、庭长对重大、疑难、复杂案件的监督机制,建立院、庭长在监督活动中形成的全部文书入卷存档制度"。

2019年2月27日,最高人民法院印发的《关于深化人民法院司法体制综合配套改革的意见——人民法院第五个五年改革纲要(2019—2023)》(以下简称《五五改革纲要》)明确提出,"构建以司法责任制为核心的中国特色社会主义审判权力运行体系","全面贯彻'让审理者裁判,由裁判者负责',强化独任庭、合议庭的法定审判组织地位,依法确定职责权限,确保权责一致"。

此外,对于院庭长能否审批裁判文书的问题,2002年最高人民法院发布的《关于人民法院合议庭工作的若干规定》中明确规定,"院长、庭长可以对合议庭的评议意见和制作的裁判文书进行审核,但是不得改变合议庭的评议结论";"院长、庭长在审核合议庭的评议意见和裁判文书过程中,对评议结论有异议的,可以建议合议庭复议,同时应当对要求复议的问题及理由提出书面意见。合议庭复议后,庭长仍有异议的,可以将案件提请院长审核,院长可以提交审判委员会讨论决定"。

不仅人民法院改革纲要对审判权运行机制问题进行规定,党中央的文件也有涉及。2013 年 11 月 12 日通过的《中共中央关于全面深化改革若干重大问题的决定》强调,"让审理者裁判、由裁判者负责"。2014 年 10 月 23 日通过的《中共中央关于全面推进依法治国若干重大问题的决定》又提出,"完善主审法官、合议庭、主任检察官、主办侦查员办案责任制,落实谁办案谁负责"。

2015 年最高人民法院发布的《关于完善人民法院司法责任制的若干意见》在强调"让审理者裁判、由裁判者负责"的基础上,对实践中长期运行的院庭长审批裁判文书机制进行改革,"独任法官审理案件形成的裁判文书,由独任法官直接签署。合议庭审理案件形成的裁判文书,由承办法官、合议庭其他成员、审判长依次签署;审判长作为承办法官的,由审判长最后签署。审判组织的法官依次签署完毕后,裁判文书即可印发。除审判委员会讨论决定的案件以外,院长、副院长、庭长对其未直接参加审理案件的裁判文书不再进行审核签发"。

通过列举上述改革文件的相关规定可以看出,审判权的运行机制远比立法规定得复杂。笔者在法院工作期间,对此问题有所思考,于 2011 年写作"基层法院院庭长讨论案件机制研究"一文,发现实践中院庭长审批案件之前对于特定类型的案件还要进行内部讨论,这种内部讨论是一种实质性的案件决策机制。笔者发现,在实践中审判委员会讨论案件的数量逐年下降的背景下,院庭长讨论案件成为一种重要的司法决策方式。院庭长讨论案件机制在现阶段有其合理的一面,如刑事审判的诸多特征为院庭长讨论案件机制的存在提供了制度上的可能,院庭长讨论案件机制承载了一定的功能,同时,司法腐败等因素的存在决定了院庭长讨论案件机制的现实必要性。但院庭长讨论案件机制不符合刑事司法的运行规律,且其规制刑事裁判权的功能有限。未来对其的改革可以从长期和短期两个方面考虑。

此外,随着观察和研究的进一步深入,笔者又以个案为基础写作了"法院内部控制刑事裁判权的方法与反思"一文,对实践中的做法予以归纳和反思。笔者发现,我国法院内部对刑事裁判权的控制有着独特的方法与逻辑。从方法上来说,有严格的流程监控和细密的考核指标,即过程控制与结果控制。通过考察可以发现,这种控制刑事裁判权的方法体现了独特的制度逻辑,而制度实践者则基于不同的动因或主动或被动地选择了该方法。法院内部控权模式有利有弊,但总体来说,对刑事裁判权的过程控制在一定程度上消解了结果控制的效果,对刑事裁判权的结果控制又在一定程度上加强了过程控制,如此循环导致对刑事裁判权的控制不但成效不大,且产生了一定的副作用。法院内部控权模式存在双重悖论,未来对刑事裁判权的控制应遵循基本的司法规律。

在上述改革文件发布后,笔者发现,实践中院庭长对案件的处理仍有较大的控制权,各种内部讨论或者请示在一定程度上仍然存在。由此可见,刑事审判权的运行机制问题是一个值得长期关注的问题,我们应当对影响审判权运行的因素进行归纳和总结,以发现诉讼制度变革中的深层次问题。

# 第三章
# 基层法院院庭长讨论案件机制研究

## 引言:从审委会"放权"说起

在审判委员会(以下简称"审委会")讨论案件的问题上,我国法学界与司法实务界存在不同的声音。一些学者赞成废除审委会讨论案件制度,认为审委会讨论案件导致"审者不判,判者不审",既不能保证案件质量[1],又违背了基本的程序正义[2],同时不利于法官能力的提升[3]。据调研,很多法官赞成保留审委会讨论案件制度,认为该制度有弥补法官个人能力不足、在辖区内统一司法、减少司法腐败以及帮助法官抵制外来压力等功能。[4] 最终,审委会讨论案件制度没有被废除,但关于审委会讨论案件机制的争论引起了司法实务界的重视,一些法院针对这一制度中的弊端进行了改革,如针对审委会委员没有亲身经历庭审的弊端而让审委会委

---

[1] 参见张建伟:《刑事司法体制原理》,中国人民公安大学出版社2002年版,第237—243页。
[2] 参见陈瑞华:《刑事诉讼的前沿问题》(第二版),中国人民大学出版社2005年版,第403—406页。
[3] 参见李昌林:《从制度上保证审判独立:以刑事裁判权的归属为视角》,法律出版社2006年版,第305页。
[4] 参见苏力:《送法下乡——中国基层司法制度研究》,中国政法大学出版社2000年版,第106—114页。

员参加庭审〔5〕、根据案件的性质设置审委会的专业委员会、健全审委会委员的遴选机制等〔6〕。而且,最高人民法院在1999年出台的《人民法院五年改革纲要》中提出,要逐步做到审委会只讨论合议庭提请院长提交的少数重大、疑难、复杂案件的法律适用问题。有人认为"最高人民法院的这一举措,实际是要求审判委员会将其扩大了的审判权下放",并称之为"审判委员会的'放权'改革"。〔7〕随着"放权"改革的进行和近年来刑事案件数量的剧增,审委会讨论案件的比例呈直线下降的趋势〔8〕,目前经审委会讨论决定的案件比例非常小〔9〕。笔者于2010年在两个基层法院调研发现,2008—2010年审委会讨论的刑事案件数量一般占所有刑事案件的1%左右。据此可以看出,审委会讨论案件数量确实呈逐年下降的趋势。

那么,除审委会讨论决定的极少量案件外,大量的刑事案件是如何决策的呢? 是法官独立进行司法决策,抑或出现了替代审委会讨论案件的相关机制? 在对两个基层法院进行调研后,结合笔者的司法经验发现,在我国刑事审判中,为了实现对刑事裁判过程和结果的控制,有两种严格的事

---

〔5〕 有学者认为"此项改革的实质就是要将审判委员会的工作方式由会议制改为审理制"。参见韩波:《审判委员会运作机制改革的心理分析》,载《诉讼法学、司法制度》(复印报刊资料)2010年第5期,第60页。

〔6〕 参加王新清、甄贞、李蓉:《刑事诉讼程序研究》,中国人民大学出版社2009年版,第210页。

〔7〕 参见肖仕卫:《基层法院审判委员会"放权"改革的过程研究——以对某法院法官的访谈为素材》,载《法制与社会发展》2007年第2期,第28页。

〔8〕 据苏力教授在1997年左右的调查,有的基层法院有10%~15%的刑事案件由审委会讨论决定。参见苏力:《送法下乡——中国基层司法制度研究》,中国政法大学出版社2000年版,第104页。而强世功和赵晓力的研究指出,有的基层法院刑事案件一般都要由审委会讨论决定。参见梁治平编:《法律解释问题》,法律出版社1998年版,第234页。上海市奉贤县人民法院1997年左右由审委会讨论决定的刑事案件占10%左右。参见陈卫东主编:《刑事诉讼法实施问题调研报告》,中国方正出版社2001年版,第153页。这是1998年左右的情况。到了2004年则降至5%左右,目前的比例更低,详见下文。

〔9〕 有学者认为,审委会讨论的刑事案件占5%左右。参见关升英:《审判委员会工作机制探索及完善》,载《人民司法》2004年第10期,第55页;陈光中主编:《审判公正问题研究》,中国政法大学出版社2004年版,第124页。稍后的研究认为审委会讨论刑事案件的比例更低,如承德市下辖的某基层法院2003年至2006年审委会讨论刑事案件的比例为2%~3%。参见孟昭鹏:《审判委员会制度研究》,中国政法大学2007年硕士学位论文,第13页。

前控制方式[10],即院庭长审批案件制度和院庭长讨论案件机制。大部分刑事案件法官可以依法独立进行判决,院庭长审批案件并不改变判决结果。[11] 但是,一方面,院庭长在审批案件的过程中有保持异议的权力,当院庭长和承办法官对判决存在不一致看法的时候,法官须将案件提交讨论;另一方面,法院明确规定,特定的案件承办法官要提请院庭长讨论决定。也就是说,法院的刑事案件要么以院庭长讨论案件的方式进行决策,要么处于院庭长讨论案件机制的阴影下由法官进行决策。事实上,院庭长讨论案件已经成为一种重要的案件决策机制[12],因此有必要对其进行研究。

## 一、院庭长讨论案件机制的实证研究

对院庭长讨论案件机制的实证研究,主要是通过阅读调研法院的刑事案件讨论笔录、访谈法官进行的。这里存在一个调查的样本是否充足的问

---

[10] 肖仕卫的研究指出,在审委会讨论案件范围明显缩小的情况下,法院判决形成过程是"行政权阴影下的多元化整体作业模式",主要包括审委会讨论决策的民主集中型、院庭长审批决策的行政审批型,庭务会、审判长联席会议以及直接咨询办案能手、阅览专家观点等讨论咨询型。参见肖仕卫:《刑事判决是如何形成的——以S省C区法院实践为中心的考察》,中国检察出版社2009年版,第76—90页。通过比较发现,讨论咨询型实际上是法官在自己理论知识和实践经验不足的情况下"边办案边学习"的过程,不具有强制力,因此,在不同的地区有不同的表现形式,其对法官的影响与带有强制性的民主集中型和行政审批型决策模式不同。

[11] 当然,受整体司法环境的影响,不同时期院庭长审批案件时法官的独立程度是不同的,笔者调研时,一位从20世纪80年代初至今(调研时仍为法官,2015年退休)一直从事刑事审判工作的法官说,"80年代初至90年代初,院庭长审批案件时,需要法官汇报案情,而且法官只汇报认定的事实,当时认为法官的职责就是认定案件事实,至于怎么判决那是领导的事,这是做问答题;90年代中后期则变成法官汇报认定的案件事实以及拟适用的法律,由领导作出决策,这是做选择题;最近几年则是这样,法官写好判决后,领导签字即可,一般情况下领导不会改变判决的结果,这是做判断题"。调研时间:2011年7月。

[12] 司法实践中,院庭长讨论的案件占有较大的比例。笔者随机选择了200个连号刑事案件,发现有53件案件经过院庭长讨论,占所有案件的26.5%。

| 适用程序 | 数量 | 讨论的数量 | 所占比例 |
|---|---|---|---|
| 简易程序 | 119 | 13 | 10.9% |
| 普通程序(认罪) | 68 | 32 | 47.1% |
| 普通程序(不认罪) | 13 | 8 | 61.5% |
| 总数 | 200 | 53 | 26.5% |

题[13],为了验证所研究问题的普遍性,笔者通过电话访谈了一些在不同法院刑庭工作的法官,得出的结论基本一致,即院庭长审批案件和院庭长讨论案件机制是对刑事裁判权进行事前控制的主要手段。同时,正如有学者所说,"多一些样本对于定量的研究结论方面固然能够增加一些说服力,但对于定性的结论方面却未必有效"[14]。考虑到在大体相同的司法体制下,审判权的运行机制不存在实质性差异,笔者选择的这种调研方式所发现的问题应当具有一定的代表性,对审判权运行机制改革具有一定的参考意义。

(一)怎么讨论:院庭长讨论案件的流程

以是否有明确的内部要求为标准,可以将司法实践中的院庭长讨论案件分为两类:一类是法院内部有明确要求的"法定讨论型",这种要求往往是通过内部文件的方式予以规定;另一类是法院内部没有明确要求,承办法官因为觉得"不踏实""规避风险"等原因主动要求讨论的"裁量讨论型"。两种类型的案件讨论机制的具体运作流程如下:

一是"法定讨论型"案件讨论机制的运作流程。在笔者所调研的法院,根据内部规定,以下案件是必须提交院庭长讨论的,即拟决定逮捕或者其他变更强制措施的、判处非监禁刑的、宣告无罪的、增加或减少指控情节的(例如,控方没有认定自首、立功,审理后拟认定的;控方认定自首,审理后认为不当的;等等)、变更罪名的以及"涉黑"等政策性较强的案件。同时,院庭长可以要求承办法官将一些案件提交讨论。其流程如下:案件分到承办法官处[15],承办法官经过庭前阅卷、开庭以及庭后阅卷,如果发现承办的案件属于这几类,将向庭长汇报,由庭长负责联系分管副院长,然后确定讨论案件的时间。讨论案件一般在分管副院长办公室或者部门会议室进行,讨论时首先由承办法官将查明的案件事实以及现有的证据归纳

---

[13] 在经验性的研究中,样本的代表性和普遍性问题容易遭到质疑。参见黄海:《灰地——红镇"混混"研究(1981—2007)》,生活·读书·新知三联书店 2010 年版,第 33 页。

[14] 易延友:《证人出庭与刑事被告人对质权的保障》,载《中国社会科学》2010年第 2 期,第 167 页。

[15] 在笔者调研的基层法院,合议庭名存实亡,基本上都是"承办法官"说了算,当然也是"承办法官"承担相应的责任。学界的研究也证实这一现象的普遍存在。参见宋英辉主编:《刑事诉讼法学研究述评(1978—2008)》,北京师范大学出版社 2009 年版,第 340—341 页。

一下,然后再详细说明本案中需要讨论的问题。在此过程中,分管副院长对一些不清楚的情节或认为比较重要的内容会进一步追问承办法官,待承办法官将案件事实或者证据情况叙述清楚后,分管副院长会征求庭长的看法,然后再发表自己的观点。在给出自己的意见之前,遇到一些需要协调的案件或者需要向上级法院请示的案件,分管副院长一般会和检察院或者上级法院打个电话问问情况。院庭长不能立即给出明确意见的,等其和相关单位协调后再作决定。在分管副院长给出意见后,大部分法官会按照讨论的结果(一般也就是分管副院长的最后意见)去处理案件。当然,所有案件的讨论,"承办法官"都会让书记员把讨论笔录记好。拟判处无罪的公诉案件以及政策性强、可能会引起涉诉上访的案件等,应该提交审委会进一步讨论[16],而在审委会讨论案件时院庭长的意见非常重要,基本能够影响甚至决定案件的最终处理结果。

二是"裁量讨论型"案件讨论机制的运作流程。对于一些案件,内部文件并没有规定必须讨论,只是因为承办法官觉得"不踏实"等原因主动提交院庭长讨论,此时,院庭长一般不会拒绝讨论。承办法官认为需要讨论的其他情形很多,例如,认定的事实与公诉事实有重大出入、案件的定性有重大争议或者其他重大、疑难问题等导致承办法官把握不准。承办法官遇到上述几种情形时,往往会主动请庭长安排讨论的时间,然后和庭长一起去分管副院长办公室或者部门会议室讨论案件,并得出一个较为明确的处理方案。需要与其他部门协调关系的,主管副院长会和其他部门的负责人联系。如果经过讨论觉得问题疑难、重大而应该提交审委会讨论的,便进入审委会讨论程序。在此过程中,书记员会仔细记录案件讨论过程中每个人的观点以及最终的结论。具体流程与"法定讨论型"基本一样。

(二)讨论什么:院庭长讨论案件的类型

院庭长和"承办法官"主要讨论什么呢?通过归纳,发现主要讨论案件在定性和事实认定上出现的疑难问题、是否判处非监禁刑、是否需要"协调"关系等。根据讨论是因为案件本身存在疑难还是因为考虑案外因素的

---

[16] 在肖仕卫调查的法院,审委会主要讨论拟免除刑事处罚、判处无罪的公诉案件,可能导致本院承担国家赔偿责任的案件,政策性强、涉及重大社会稳定的案件,等等。参见肖仕卫:《刑事判决是如何形成的——以S省C区法院实践为中心的考察》,中国检察出版社2009年版,第77页。

影响,可以将讨论分为"基于案件本身的讨论"和"基于案外因素的讨论"。根据讨论的内容,可以将"基于案件本身的讨论"进一步分为"关于事实问题的讨论"和"关于法律问题的讨论"两种类型。笔者在调研的法院,随机选择了连号的 200 个刑事案件,其中 53 件案件经过院庭长讨论,其分类如表 3-1 所示。

表 3-1　基层法院院庭长讨论案件分类表(刑事案件)

| 讨论类型 | | | 数量 | 讨论结果 | | 占讨论总数的比例 |
|---|---|---|---|---|---|---|
| 基于案件本身的讨论 | 关于法律问题的讨论 | 是否判缓刑 | 28 | 同意 | 25 | 52.8% |
| | | | | 不同意 | 3 | |
| | | 是否逮捕 | 1 | 逮捕 | | 1.9% |
| | | 案件定性 | 10 | 请示中院 | 6 | 18.9% |
| | | | | 与检察院沟通 | 1 | |
| | | | | 改变指控 | 2 | |
| | | | | 维持指控 | 1 | |
| | | 法律适用 | 3 | 有利于被告 | 1 | 5.7% |
| | | | | 不利于被告 | 1 | |
| | | | | 请示中院 | 1 | |
| | | 量刑政策 | 2 | 有利于被告 | 1 | 3.8% |
| | | | | 不利于被告 | 1 | |
| | 关于事实问题的讨论 | 事实认定 | 6 | 不利于被告 | 2 | 11.3% |
| | | | | 有利于被告 | 4 | |
| 基于案外因素的讨论 | | 抵御干涉 | 2 | 抵住干涉,依法处理 | | 3.8% |
| | | 协调关系 | 1 | 与公安机关协调后不利于被告 | | 1.9% |

一是基于案件本身的讨论。通过表 3-1 我们发现,大部分案件的讨论都是"基于案件本身的讨论",占讨论案件总数的 94.3%。在"基于案件本身的讨论"中,"关于法律问题的讨论"占讨论案件总数的 83%。其中关于"是否判缓刑"和"是否逮捕"的讨论,属于"法定讨论型",处理结果要么有利于被告人、要么不利于被告人。对于拟判处非监禁刑、拟判处无罪、变更

有利于被告人的强制措施、减少指控、减轻罪名、确认自首、立功等情形，"承办法官"需要向院庭长陈述"判处结果有利于被告人"的理由，在拟判处无罪的情况下，院庭长也认为可能会判处无罪的，还要提交审委会讨论。对于拟逮捕被告人、变更较重罪名、增加指控情形，或者认为自首、立功不成立的，"承办法官"需要向院庭长陈述"判处结果不利于被告人"的理由。而关于"案件定性""法律适用"和"量刑政策"的讨论，其中有一部分属于"裁量讨论型"，主要是判决结果对被告人有利或不利，一部分属于"法定讨论型"，主要是对这些法律问题拿不准的情况。我国《刑事诉讼法》对很多问题的规定较为简单，法官在办案过程中经常遇到一些"不知所措"的问题，比如被告人是艾滋病人并应该予以逮捕，公安机关以没有关押地点为理由不予逮捕的[17]，该怎么办？被告人当庭翻供并拿出一些证据证明自己先前的供述是在公安机关刑讯的情况下作出的，该怎么办？[18] 另外，还有很多涉及实体问题的疑难案件，如贩卖新型毒品的案件如何定罪量刑等。

　　二是基于案外因素的讨论。从表 3-1 的数据可以看出，"基于案外因素的讨论"在司法实践中所占的比例较小，从调研的数据来看，占 5.7% 左右，基本上都属于"法定讨论型"。如"需要协调关系的案件"，一些案件证据不是很充分但判处无罪效果不好，需要公诉机关配合变更起诉较轻罪名并积极举证，"承办法官"向院庭长汇报，院庭长和相关单位负责人进行沟通、协调，以获得相关单位的支持和配合。又如，案件的审理期限将至但立即判决效果不好，"承办法官"向院庭长请示，是严格按照法律规定在审限内判处还是向公诉机关协调"借点"审限以便寻求更妥当的处理方案。

---

　　[17]　关于看守所以被告人身患传染病拒收的问题，已有相应的实证调研。参见张森焱、姚晓滨：《看守所拒收犯罪嫌疑人的监督与防范》，载《检察日报》2011 年 7 月 10 日，第 3 版。关于收监执行难问题的实证考察，参见江苏省人民检察院课题组、徐少飞：《审前未羁押罪犯判实刑后收监执行难问题及对策研究——以 G 市为样本建立"1+4"消化保障体系》，载《中国检察官》2016 年第 5 期，第 57—58 页。

　　[18]　在 2010 年之前，对于刑讯的抗辩，法官一般采取"置之不理"的方式处理，相关个案的分析，参见陈瑞华：《程序性制裁理论》（第二版），中国法制出版社 2010 年版，第 195 页。但在 2010 年发布的《关于办理刑事案件排除非法证据若干问题的规定》出台后，当被告人及其辩护人提出被告人的审前供述是非法取得的，并当庭提供了涉嫌非法取证的人员、时间、地点、方式、内容等线索或者证据后，法官将面临调查与不调查、排除与不排除的两难困境。相关内容，参见王彪：《法官为什么不排除非法证据》，载陈兴良主编：《刑事法评论》（第 36 卷），北京大学出版社 2015 年版，第 601—615 页。

### (三)院庭长讨论案件机制的动因

院庭长讨论案件机制在本质上是一种对案件裁判的过程和结果的双重控制机制,可以称之为刑事裁判的"事前控制机制",即在判决作出之前对裁判的过程和结果进行控制,以此来确保案件审判的质量和效果。但是,院庭长讨论案件机制并非我国刑事诉讼法明确规定的制度,且理论界一直呼吁要还权与合议庭。为何这种非正式制度在实践中运作良好呢?在笔者看来,有两大原因:

第一个原因是制度设计者需要。院庭长讨论案件机制的制度设计者是作为整体的法院,这一机制一般通过法院内部文件的方式予以规定,"裁量讨论型"案件讨论机制则是内部做法的惯性结果。从制度设计者的角度来看,院庭长讨论案件机制主要有两个功能,即预防司法腐败以及确保案件的妥善处理。

为了预防司法腐败,制度设计者希望通过案件讨论挤压"承办法官"权力寻租的空间,特别是最终处理结果有利于被告人的案件。以是否判缓刑为例,调查发现这种案件占所有讨论案件的 52.8%。在刑事司法实践中,无罪辩护基本上很少能够成功[19],审判环节的司法腐败基本上只可能发生在量刑上[20],即通过辩护人或者其他人"走关系"使被告人被判处较轻的刑罚[21]。因此,为了防范法官的权力寻租,在法官作出裁判之前,通过对其判决的事前审查,尽量减少腐败的机会。

"确保案件的妥善处理"具体包括三个方面的内容:一是确保审判权力的谨慎运用,防止案件被改判。基层法院审理的案件,被告人如果对判决结果不满一般会上诉,因此,对于拟判处结果不利于被告人的,需要

---

[19] 根据学者的统计,1997年至2007年11年间,刑事案件平均有罪率达到99.43%。参见陈如超:《刑事法官的证据调查权研究》,中国人民公安大学出版社2011年版,第40页。近年来无罪判决率呈逐年下降的趋势。参见夏伟、王周瑜:《存异难:检察权与审判权关系之忧——以近十年判决无罪人数走势为视角》,载万鄂湘主编:《审判权运行与行政法适用问题研究——全国法院第二十二届学术讨论会论文集》(上),人民法院出版社2011年版,第63—73页。

[20] 因为司法实践中,判处无罪非常难,律师的辩护一般是围绕被告人的量刑展开,有学者将之称为"'说话权'受限的量刑辩护人"。参见李昌盛:《论对抗式刑事审判》,中国人民公安大学出版社2009年版,第255—261页。

[21] 有学者认为,从普遍意义上讲,中国刑事审判的核心问题是量刑问题,而不是定罪问题。参见陈瑞华:《量刑程序中的理论问题》,北京大学出版社2011年版,第49页。

通过讨论审查其必要性,防止案件被上级法院改判。对于一些疑难复杂案件,通过院庭长与上级法院的沟通,尽量使案件不被改判。二是相互配合。法院在办理案件的过程中也经常需要检察院的协助,如一些隐形超期羁押的案件[22],需要检察机关出具延期审理的公函,在年关突击结案率的时候,需要检察机关将拟起诉的案件推迟起诉等。三是保持政治正确,确保社会效果。一些政策性较强的案件,如"涉黑"案件,判决的结果可能会引起公众的关注,因此,需要反复讨论并在必要时向政法委或上级法院请示汇报,如起诉的罪名是"组织、领导、参加黑社会性质组织罪",但审理后发现应该属于"恶势力"团伙犯罪,够不上"涉黑"犯罪,此时的判决需要反复讨论、请示。而法官一旦擅自判决,判决结果可能会引起民众的不满。

第二个原因是制度实践者需要。院庭长讨论案件机制的实践者是院庭长和承办法官,而在目前法院领导者和审判法官都很忙碌的情况下[23],为何大家费时费力地去讨论案件呢?通过研究发现,法院系统的各种绩效考核机制是院庭长讨论案件得以运行的重要因素。

从院庭长的角度来看,我国各级法院都在运作的绩效考核制度,对法院和法官的办案绩效有严格的考核要求,而在"政治责任"方面,"对各级领导干部普遍适用'一岗双责'的双重责任制度"[24],也就是说,各级领导干部既要抓好审判业务,又要带好队伍。如果刑事案件经常被二审改判甚至发回重审,那么就说明领导干部没有抓好业务工作;如果刑事法官出现司法腐败行为,则说明其没有带好队伍。如果一个领导既不能抓好业务工作也不能带好队伍,其领导地位也就岌岌可危。院庭长对下级法官承担连带责任的事实增强了院庭长对法官判案干预的正当性,同时也是院庭长积

---

[22] 隐形超期羁押是指执法机关在法定期间内没有结案,但是寻求各种没有事实根据的理由按照法律程序办理了对犯罪嫌疑人或被告人延长羁押的手续,并继续关押。参见孙长永主编:《侦查程序与人权保障——中国侦查程序的改革和完善》,中国法制出版社 2009 年版,第 29 页。

[23] 法院领导者不但要做好主管工作,还要经常参加地方党政组织的各种活动,而普通法官的审案压力也是客观存在的,在笔者调查的法院,每个刑事法官每年要审理案件 260 件左右,而这里面还有一些属于疑难案件。关于不同刑事法官工作时间的安排以及办案的数量,参见左卫民:《时间都去哪儿了——基层法院刑事法官工作时间实证研究》,载《现代法学》2017 年第 5 期,第 175—182 页。

[24] 艾佳慧:《中国法院绩效考评制度研究——"同构性"和"双轨制"的逻辑及其问题》,载《法制与社会发展》2008 年第 5 期,第 75 页。

极干预法官判案的动力来源。所以,院庭长对一些拟判处非监禁刑的案件要严格控制,严防腐败事件的出现。另外,案件讨论过程中院庭长的权威得到保障,有利于其进一步"规训"法官。

从承办法官的角度来看,其愿意甚至主动请求讨论案件的动机很明显,因为案件事实的不确定性以及法律规则的模糊性[25],判决被上级法院改判本来是很正常的事情,而在我国法院系统严密的绩效考核体系下,判决一旦出错或者被改判,法官将面临没面子、经济利益损失、影响政治前途等一系列不利后果。如果案件经过讨论,案件的处理结果是经过院庭长同意的,甚或院庭长提出的,其责任将会明显减小。而且,在这种情况下,院庭长也会利用手中的权力资源帮助其减轻影响。由此可见,在法院内部管理行政性较强、个体法官独立办案保障机制不足的情况下,承办法官往往是基于化解风险的原因而参与案件讨论。

## 二、院庭长讨论案件机制的利弊

近年来,学界一直在呼吁要还权与"合议庭",但随着审委会的"放权",合议庭并没有拥有独立审判的权力,相反,合议庭的裁判始终处于院庭长讨论案件的控制或阴影之下。"当我们发现一个制度的改革带来的只是表面的、技术性的制度变化,而深层的结构没有被触动的时候"[26],我们就要考虑这一现象背后的深层结构。在现阶段,院庭长讨论案件机制有其存在的合理性;同时,随着刑事诉讼制度向对抗制方向的改革,院庭长讨论案件机制的弊端也逐渐凸显。

(一)院庭长讨论案件机制的合理性

院庭长讨论案件机制得以有效运行,是因为现行的相关制度为其提供了一定的条件;同时,院庭长讨论案件机制本身具有一定的功能;最后,院庭长讨论案件机制在现行的制度条件下有其存在的必要性。

一是刑事审判的相关特征为院庭长讨论案件提供了制度可能性。我

---

[25] 对案件事实确定性和法律规则明确性的解构,参见董玉庭:《疑罪论》,法律出版社2010年版,第10—37页。
[26] 陈瑞华:《论法学研究方法》,北京大学出版社2009年版,第153页。

国刑事审判体现出一种"案卷笔录中心主义"的特征,这种特征贯穿于整个刑事审判程序,包括一审程序、二审程序、死刑复核程序以及再审程序。[27] 在一审阶段,裁判的作出主要依赖对案卷笔录的研读,庭审的意义一般也就是对案卷笔录中的疑点进行核实、观察被告人的态度甚至通过或明或暗的"劝说"迫使被告人认罪。在院庭长讨论案件时,承办法官通过汇报案卷情况以及庭审中被告人的答辩意见,院庭长基本上能够对案件有较为准确的认识。况且在二审中,法官也主要是通过阅读侦查卷宗笔录及一审庭审笔录进行裁判,在现行的庭审方式下,庭审笔录高度简化,随处可见的是"见卷宗中被告人的供述"或者"见卷宗第×页"等,也就是说,二审法官和院庭长的决策依据基本是一样的。此时,院庭长通过听取承办法官的汇报进行决策也就有了可能。另外,我国刑事诉讼中的"印证证明模式"也使院庭长讨论案件成为可能。"印证证明模式"注重证明的"外部性"而不注重"内省性","外部性"是指除一个证据外还要有其他证据印证该证据,而"内省性"是指通过某一证据在事实裁判者心中留下的印象与影响。[28] 这种注重"外部性"的证明模式,重点关注证据间的相互印证,强调证据的数量,强调裁判者对证据的内心确信可以被反复检测,这就为院庭长讨论案件提供了可能性和正当性;同时,社会大众以及二审法官对事实问题的判断主要考虑的也是各种证据相互间的印证。那么,在目前部分法官素质还有待提升的背景下,对案件的讨论实际上是对案件事实认定的重新检测,对于防止因法官个体感受的失误而出现错案有一定的意义。综上,我国刑事诉讼的"案卷笔录中心主义"特征以及"印证证明模式"为院庭长讨论案件的正常运作提供了制度性的支撑。

二是院庭长讨论案件机制弥补了合议庭"名合实独"以及裁判说理不足的缺陷。院庭长讨论案件时,承办法官在汇报案情后,主持讨论的分管副院长会让承办法官和庭长依次给出自己的意见和理由,并对有争议的细节进行反复讨论。在此过程中,院庭长讨论案件机制实现了两个功能:

---

[27] 案卷笔录中心主义是指"刑事法官普遍通过阅读检察机关移送的案卷笔录来展开庭前准备活动,对于证人证言、被害人陈述、被告人供述等言词证据,普遍通过宣读案卷笔录的方式进行法庭调查,法院在判决书中甚至普遍援引侦查人员所制作的案卷笔录,并将其作为判决的基础"。参见陈瑞华:《刑事诉讼的中国模式》(第二版),法律出版社2010年版,第161页。

[28] 参见龙宗智等:《证据法的理念、制度与方法》,法律出版社2008年版,第199页。

一个是合议庭讨论案件的功能。在上文已经提到,在基层法院"合议庭"名存实亡[29],99%以上的普通刑事案件都是由一名承办法官和两名人民陪审员组成合议庭进行办理,而由于人民陪审员"陪而不审"的现象普遍存在[30],实际上绝大多数案件都变成了事实上的独任审判。在法官审理的案件中,必然会出现一些疑难、复杂的情况,此时,院庭长讨论案件机制可以发挥合议庭的讨论功能。在院庭长讨论案件时,对案情以及法律问题的讨论是相当深入和详细的,有时甚至要经过数次反复的讨论。另一个是裁判说理的功能。对于我国刑事判决书不说理的现象,理论和实务界多有批评,如陈瑞华教授将其称为刑事司法的潜规则之十六,即"法官宁肯将'审结报告'写得非常详细,也不愿提供详细的裁判理由"[31]。实际上,需要撰写"审结报告"的案件是很少的,大部分案件的内部说理是通过院庭长讨论案件的方式进行的。在院庭长讨论案件的过程中,承办法官和主管副院长、庭长之间是互相说服的关系,作为承办法官,其承担着主要的说服义务。

三是院庭长讨论案件在现阶段有其现实必要性。

第一,有利于加强对刑事裁判权的内部制约,减少司法腐败。刑事司法中,司法裁量权的存在导致司法工作具有低特定性,即难以监督性。有学者研究指出:"特定性越低的工作,人才的选拔或者'选对人'就越重要,而事后的激励和管理由于功效不佳因而越不重要。"[32]反观我国刑事司法,没有严

---

[29] 陈瑞华教授将其称为"刑事司法的潜规则之十五",即"绝大多数案件都是由一名'承办'法官进行裁判的"。参见陈瑞华:《程序性制裁理论》(第二版),中国法制出版社2010年版,第57页。

[30] 陪审员的功能发生了变异,成了缓解法院办案人手不足的手段。参见刘晴辉:《中国陪审制度研究》,四川大学出版社2009年版,第216页;彭小龙:《人民陪审员制度的复苏与实践:1998—2010》,载《法学研究》2011年第1期,第20页。在笔者曾经工作的法院,陪审员忙于"串台"的现象普遍存在,笔者在主持一次刑事庭审时,竟发生庭审还没有结束陪审员跑到隔壁法庭去"坐台"的情况。

[31] 陈瑞华:《程序性制裁理论》(第二版),中国法制出版社2010年版,第57页。

[32] 艾佳慧:《社会变迁中的法院人事管理——一种信息和知识的视角》,北京大学2008年博士学位论文,第117页。

格的法官遴选程序,法官没有高薪待遇和稳定的职位保障[33],法官和社会对法官职业都没有高度的角色认同感[34],在这样的背景下,民众对司法不信任并进而断言司法腐败广泛存在。[35] 而现实中存在的腐败更是加剧了民众对司法公正性的怀疑,刑事司法面临公信力危机。在此背景下,为了有效控制司法腐败,加强对刑事裁判权的控制也就成为必要。目前,对刑事裁判权的制约主要是通过内部控权的方法,外部的监督多是通过政法委、人大以及媒体的监督,但由于司法裁量权的存在以及司法公开不足所导致的事后信息的不对称,这种监督的效果有限,而对案情有较多了解的当事人,由于其受到各种各样的限制,特别是被害人,由于无法有效参与刑事诉讼,无法对刑事审判产生有效的制约。内部控权的方式有院庭长审批案件、审委会讨论案件等,其中,院庭长审批案件由于其典型的行政化特征遭到批判[36];由于案件数量激增等原因,审委会讨论案件的数量越来越少。在这种情况下,院庭长讨论案件就成了唯一较好的控权方式。

第二,有利于充分考虑案件内外的各种因素,确保裁判结果收到良好的法律效果和社会效果,进而有利于法院生存环境的优化。在目前的司法环境下,法院承担的社会治理功能也意味着院庭长讨论案件的正当性[37],因为相对于普通法官而言,院庭长对党的大政方针的理解可能会更

---

[33] 在省级统管以前,法官工资由地方财政支付,其待遇与其行政级别挂钩,没有体现司法机关的特殊性。而我国法院内部频繁的行政性调动使法官与法院内部行政人员的身份经常互换,相关的研究,参见艾佳慧:《司法知识与法官流动———一种基于实证的分析》,载《法制与社会发展》2006年第4期,第97—103页。近年来进行的员额制改革试图提高法官的待遇,但目前来看,效果仍有待观察。关于法官收入的最新实证研究表明,法官收入整体较低,法官对收入普遍不满意。参见胡昌明:《应然与实然:中国法官薪酬待遇研究——以2660份调查问卷为样本的分析》,载《苏州大学学报(法学版)》2020年第1期,第82—83页。

[34] 参见吴英姿编著:《法官角色与司法行为》,中国大百科全书出版社2008年版,第55页;陆而启:《法官角色论——从社会、组织和诉讼场域的审视》,法律出版社2009年版,第46页。

[35] 有学者用博弈论的方法分析我国司法腐败的原因,认为"中国现实的司法环境都促使司法腐败博弈各参与人的效用函数向有利于达成贿赂交易的一边倾斜"。具体分析,参见何远琼:《站在天平的两端——司法腐败的博弈分析》,载《中外法学》2007年第5期,第583页。

[36] 这种批评自20世纪80年代初就存在,参见刘春茂:《对法院院长、庭长审批案件制度的探讨》,载《法学杂志》1980年第2期,第34—36页;参见李昌林:《从制度上保证审判独立:以刑事裁判权的归属为视角》,法律出版社2006年版,第315页。

[37] 在我国,"人民司法"有着社会治理的传统,司法不仅仅是解决纠纷,也是中国共产党进行社会治理以实现政治正义观的途径。参见何青洲:《"人民司法"在中国的实践路线——政治正义的司法实现》,中国政法大学出版社2016年版,第196页。

加深刻[38],经过院庭长讨论的案件在作出判决时,可能会考虑判决的法律效果和社会效果的统一,而这对于法院自身争取较为有利的司法环境很重要。单个法官在作出司法决策时,由于受自身因素的影响,可能会存在某种认识不足,如对法律问题的考虑不深入,对判决作出后的社会影响没有充分的认识等。此时,大量的案件可能会面临被改判的结果。如果改判的案件过多,不利于法院司法权威的树立。

第三,有利于在法院内部统一司法政策,最大限度地化解司法业绩考评机制带来的负面影响。比如对公诉机关起诉的一系列关于"用欺骗的方法盗窃"的行为如何定性,在笔者调研的法院就出现了两种判决:一种是将其定性为诈骗罪;另一种是将其定性为盗窃罪。最终,在经过院庭长讨论后,将这类行为统一定性为盗窃。[39] 在我国法院系统目前的绩效考评制度下,刑事法官面临案件被改判、发回重审的压力。而在我国目前审判(特别是个体法官)独立性不足的现实语境下,刑事法官在裁判时可能会面临外界各种力量的干扰。院庭长讨论案件一方面可以帮助法官分担责任,另一方面可以成为法官抵御外界干扰的"挡箭牌"。

(二)院庭长讨论案件机制的弊端

虽然在院庭长讨论案件时,有内部的较为详细的说理与讨论,但由于司法工作的特殊性,院庭长讨论案件机制的控权效果有限,难以真正杜绝司法腐败;同时,审判权力运行的"行政化"不符合程序公正的要求;从长远来看,不利于培养素质精良、权责统一的职业法官。

首先,院庭长讨论案件机制的控权效果有限,难以真正杜绝司法腐败。一方面是司法工作的特殊性决定了监督效果有限。司法工作的特殊性主要体现在裁量权的客观存在,由于裁量权的存在,对枉法裁判与依法判决的分辨在理论上是清晰的,在实践中却是艰难的。通过行政化的方式对司法进行监督,有可能是费力而不讨好。在院庭长讨论案件机制中,法官对案件的看

---

[38] 有学者有类似的认识,因为法院的院、庭长因其所处位置及获得相关信息的渠道不同,可能对司法的外部性问题的判断具有某些有利的条件,所谓"司法的外部性问题"就包括政策等因素。参见龙宗智:《论建立以一审庭审为中心的事实认定机制》,载《中国法学》2010年第2期,第148页。

[39] 参见王彪:《骗取机会窃取钱财构成盗窃罪》,载《人民司法》2011年第14期,第46—47页

法影响其汇报案情时对事实问题的重构。院庭长对案件的最终看法在很大程度上取决于法官汇报案情时的态度,在此过程中,法官可以通过种种"汇报技巧"实现自己想要的判决结果。如果法官存有枉法裁判的想法,这种通过汇报案情提供案件信息供院庭长决策的方法便可以被利用。另一方面是谁来监督监督者的问题。院庭长讨论案件机制在本质上是一种法院内部对法官的监督方式,其不可避免地会出现"谁来监督监督者的问题",司法实践中发生的大量高级法官腐败更加证明了这种怀疑不是空穴来风。[40] 在院庭长讨论案件的过程中,院庭长经常会面临以下两种情况:一是院庭长本身有私心,如为了金钱、人情等枉法裁判,这一点已为现实所证明;二是院庭长讨论案件机制为其他权力干扰裁判提供了制度性的渠道。如果没有院庭长讨论案件机制,权力(无论是基于公心还是基于私利)对裁判的干涉必然要与不同的法官打交道,在此过程中,由于双方的不信任以及部分法官的公正清廉,腐败要耗费大量的成本或者不可能。最终,院庭长讨论案件机制在制度功能上有时会出现悖反,即预期有预防司法腐败的机制在实践中却为司法腐败提供了便利通道。

其次,导致审判业务权力的运行被"行政化",不符合程序公正的要求。院庭长讨论案件机制在本质上是一种行政化的控权方式,其导致的结果是审判业务权力的运行被"行政化"。刑事审判程序公正有很多标准,如法官的中立以及当事人的有效参与等。[41] 在院庭长讨论案件的过程中,法官避免判决无罪本身就违背了中立原则,法官为避免判决无罪采取的"诱导、逼迫"被告人认罪、变更罪名等措施更是违背了中立原则;程序参与原则是刑事审判程序公正的重要标准之一,"其核心思想是,那些权益可能会受到刑事裁判或诉讼结局直接影响的主体应当有充分的机会富有意义地参与刑事裁判的制作过程,并对裁判结果的形成发挥其有效的影响和作用"[42]。院庭长讨论案件机制是一种重要的裁判决策方式,在此过程中控辩双方的利益牵涉其中,如是否判处缓刑、是否改变罪名等,但控辩双方(尤其是辩方)却很难参与到讨论之中,更无法有效影响讨论结果。也就是说,院庭长讨论案件过程中虽然也存在说理,但这种说理是以内部说理的

---

[40] 关于高级法官腐败的情况,参见何永军:《断裂与延续:人民法院建设(1978—2005)》,中国社会科学出版社2008年版,第262—264页。
[41] 参见陈瑞华:《刑事审判原理论》,北京大学出版社1997年版,第54—60页。
[42] 陈瑞华:《刑事审判原理论》(第二版),北京大学出版社2003年版,第54页。

方式运行的,控辩双方,特别是辩方无法有效参与并影响案件讨论结果。缺乏控辩双方有效参与的案件讨论,产生了两大不利后果:一是不利于裁判结果的正当性,这种缺乏有效参与的程序,不仅当事人无法感受到自己受到了公正对待,社会大众对这种通过神秘的方式产生的判决结果也很难产生认同感[43];二是不利于被告人的改造。因为程序的不公正,被告人不能心平气和地接受不利于自己的裁判,由于对裁判过程和结果的双重不认同,可能会导致被告人很难真正地接受改造,在刑满释放后也很可能难以正确的心态融入社会。

最后,导致审判法官沦为审判法庭的"表演者",不利于培养素质精良、权责统一的职业法官。院庭长讨论案件机制的存在,在一定程度上导致审判法官沦为审判法庭的"表演者",因为很多案件(特别是有争议的、因而能够体现法官权力的案件)的判决并不是由审判法官独立自主地作出的,甚至一些案件的判决是在违背法官意愿的情况下作出的,如在某故意伤害案中[44],承办法官的意见是证据不足、判决无罪,但经过院庭长讨论后认为判决无罪会严重影响检察机关的利益,最终判决有罪、免予刑事处罚。从长远来看,这不利于法官荣誉感和责任心的培养。由于司法工作中裁量权的普遍存在,对法官的德行、能力等都有较高的要求,而在院庭长讨论案件机制普遍存在的背景下,一方面法官的能力较难得到提高,甚至可以说法官的能力问题已经变得不那么重要了,因为法官所作的判决还由院庭长来把关,长此以往,不利于形成重视法官能力培养的氛围;另一方面由于院庭长讨论案件机制的存在,法官不是自己审理案件的最终决策人,加之其待遇不高、职业保障不足的现实,很难让法官产生职业荣誉感,法官可能会因此放松对自己言行和能力等方面的要求。也就是说,在这种氛围下,很难培养出品行高尚、能力超群的法官。没有素质精良、权责统一的职业法官,很多改革措施将无法有效实施,现有的以防止"素质不高"的法官作出不当判决的一系列"行政化"的控权机制也将有继续存在的理由。

---

〔43〕 司法裁判必须具有权威性,这种权威性应当来源于其可接受性,而非简单地依靠武力或强制力。参见易延友:《证据法学的理论基础——以裁判事实的可接受性为中心》,载《法学研究》2004年第1期,第100页。

〔44〕 本案是笔者在某基层法院调研期间一位法官向笔者提起的。调研时间:2011年7月。

## 三、院庭长讨论案件机制的改革思路

通过以上分析,我们发现院庭长讨论案件机制有其自身的运行逻辑,从实践的效果来看,院庭长讨论案件机制也是有利有弊,那么,我们该如何看待这种机制呢?如何对其进行合理化改造呢?笔者认为,由于影响院庭长讨论案件机制存在的相关因素仍然有顽强的生命力,院庭长讨论案件机制在未来一段时间内将继续存在。短期来看,我们可以对院庭长讨论案件机制进行改造,尽量去除其本身存在的问题。同时,在改革的过程中,逐渐积累符合司法运行规律的因素,在条件成熟时,将院庭长讨论案件机制废除。

### (一)影响院庭长讨论案件机制的相关因素及其发展趋势

一是法官独立审判及法官素质问题。目前,我国宪法规定的审判独立是指法院整体上的独立[45],且这种独立是"从属于服务大局和党的领导的第二层次的法治理念"[46]。也就是说,法官个体独立意义上的审判独立在我国很难确立。在目前的体制下,法官的待遇仍然是按照公务员级别来定的,如副科级法官和政府部门的副科级干部待遇基本一样。在这种背景下,一方面很难招录到优秀的法官,甚至好不容易培养的人才也会向社会或者其他党政部门流出。[47]法官在刑事审判中有较大的裁量权,而控辩双方特别是被告人对法官的裁决很难监督制约,在这种情况下,对法官裁判权的内部监督就很有必要。

---

[45] 我国"司法机关独立行使职权"是指人民法院、人民检察院依法独立行使审判权和检察权,是人民法院和人民检察院整体依法独立行使职权,而不是指法官、检察官个人独立行使职权。沈德咏主编:《中国特色社会主义司法制度论纲》,人民法院出版社2009年版,第475页。

[46] 谢鹏程:《论社会主义法治理念》,载《中国社会科学》2007年第1期,第87页。

[47] 笔者在参加最高人民法院的一个重点课题时曾去过浙江、广东、辽宁等地法院调研,发现经济发达地区的法院经常有法官向社会流出。苏力的研究结论与此类似。参见苏力:《道路通向城市:转型中国的法治》,法律出版社2004年版,第7章。实证研究得出的类似结论,参见井振福、吕慧敏:《扩编背景下基层法院青年干警职业认同感的缺失与建构》,载万鄂湘主编:《审判权运行与行政法适用问题研究——全国法院第二十二届学术讨论会论文集》(上),人民法院出版社2011年版,第356页;关于法官离职原因的较为全面且特别的分析,参见刘忠:《中国法院改革的内部治理转向——基于法官辞职原因的再评析》,载《法商研究》2019年第6期,第76—84页。

二是绩效考评制度与行政化管理。我国刑事司法有一个重要的特点，即对各种数字与指标的注重与追求，如对各种数量、比率的要求。[48] 20世纪90年代中后期，一些法院率先对审理流程管理进行有益探索，开启了审判管理改革的先河。[49] 随着科学技术的发展，各地加强了对审判管理的探索，各种管理软件的开发为审判管理的精细化提供了可能，审判管理的精细化导致对各种数字的考核更加成为可能。一些地方的法院结合当地的特点制定了自己的目标考核办法，其中对上诉率、发改率等都有明确的考核指标，且考核结果对于领导干部的选拔、晋升等有重要的参考价值。加之前文所说的领导干部承担的"一岗双责"，领导干部更加有动力也有理由去监督控制承办法官的裁判过程和结果。另外，上级法院对下级法院进行目标考核，下级法院也要对自己内部的各部门、甚至每一个法官进行考核。法官为了自己审理的案件不被改判或者在改判时有人共同承担责任，主动找院庭长讨论案件也就是必然的了。纵观近年来的司法改革，我们发现，随着科技的发展，权力的触角进一步深入审判实践，各种考核指标以及与此相关的行政化管理反而有进一步加强的趋势。

三是"案卷笔录中心主义"与"印证证明模式"的制度特征。如上文所言，案卷笔录中心主义与印证证明模式是院庭长讨论案件得以可能的制度性保障。那么，我们能否摆脱"案卷笔录中心主义"的裁判模式，按照大陆法的直接言词原则或者英美法的传闻法则对刑事审判程序进行改造呢？从目前来看，这种可能性不大，一方面是因为证人不出庭的现实，另一方面是因为对法官裁判权的控制导致审判法官不可能当庭形成裁判。同时，我国刑事法官对实体真实发现的责任，刑事诉讼中"案件事实清楚、证据确实、充分"的证明标准，决定了法官必然要依赖案卷、通过各种证据的印证得出结论。[50] 我国刑事诉讼对真实的追求还体现在证据规则主要是针对证据的证明力进行规定的，"司法实践对证据的证明力表现出异乎寻常的

---

[48] 参见黄维智：《刑事司法中的潜规则与显规则》，中国检察出版社2007年版，第3页；朱桐辉：《刑事诉讼中的计件考核》，载苏力主编：《法律和社会科学》（第4卷），法律出版社2009年版，第264—290页。

[49] 参见胡夏冰：《审判管理制度改革：回顾与展望》，载《法律适用》2008年第10期，第7页。

[50] 印证证明最初作为一种证明方法，在学者和个别法官对印证进行一定的理论讨论后，逐渐引起关注，并最终从证明方法上升到证明规则。参见孔令勇：《刑事印证规范解读：从证明方法到证明规则》，载《环球法律评论》2020年第6期，第142—143页。

关注"[51]。在缺乏对证据能力进行规范的证据规则的情况下[52],法官判决主要追求事实的准确,"案卷笔录中心主义"与"印证证明模式"必然会继续存在。

(二)院庭长讨论案件机制的两种改革思路

如上文所述,我国刑事司法中影响院庭长讨论案件机制的相关因素很多,如法官素质问题、行政化管理问题、绩效考核问题、案卷笔录中心主义以及印证证明模式等。从目前的情况来看,这些因素在短期内很难发生较大的改变,在这种情况下,院庭长讨论案件机制很难自动退出历史舞台,即使我们强行将其废弃,也很可能会有新的替代性的机制出现。从短期来看,我们所能做的是对其进行合理化改造,尽量消除其弊端,彰显其合理性的一面。从长期来看,这种本质上与司法权运行规律相悖的制度必然会被历史淘汰。

短期内院庭长讨论案件机制还会继续存在,也就是说院庭长讨论案件机制还有存在的土壤,但这并不代表我们就只能无所作为。笔者认为,可以从两个方面进行考虑,一方面是尽量减少院庭长讨论案件的数量;另一方面是尽量消除院庭长讨论案件的弊端。在减少院庭长讨论案件的数量方面,第一,落实最高人民法院的相关规定,进一步强化合议庭的集体裁判功能;第二,完善业绩考评机制,减少审判法官主动要求讨论或院庭长主动干预的动因,如淡化改判和发回重审对一审法院和法官的影响;第三,逐步限制院庭长参与讨论的案件范围,如在事实认定方面的讨论可以考虑废除;第四,健全程序规则和证据规则,充实第一审法庭审理程序,使案件的裁判结果尽可能产生于法庭之上,如区分认罪案件和不认罪案件,以便对不认罪案件投入更多的资源,考虑建立直接言词原则等;第五,健全院庭长直接参与合议庭审判案件的机制,目前,院庭长直接参与合议庭审判案件在一定程度上只是一种形式,可以考虑健全这一机制,利用院庭长丰富的实践经验处理一些疑难案件。

如上文分析,院庭长讨论案件机制存在监督效果有限、谁来监督监督者、不利于培养高素质的法官、缺乏当事人的有效参与等弊端。在目前的

---

[51] 李训虎:《证明力规则检讨》,载《法学研究》2010年第2期,第156页。
[52] 我国刑事证据规则有限,且往往证据能力与证明力不分,证据准入与证明力评估混合。参见吴洪淇:《证据法的理论面孔》,法律出版社2018年版,第60—61页。

情况下,我们可以通过对院庭长讨论案件机制进行改造,尽量消除该制度的弊端。第一,我们可以加强院庭长讨论案件机制中的对抗性。首先,承办法官在汇报案件时要对案情进行准确的汇报,并对需要讨论的问题进行准确的归纳;其次,当院庭长与承办法官意见不一致的时候,要展开有效的辩论,尽量通过说理说服对方,实在不能说服的,可以将院庭长和法官视为一个合议庭,对案件的结果进行投票表决,然后按照多数票进行裁决;最后,要对讨论的过程进行详细的记录,确保在出现问题时进行有效的责任追究。[53] 第二,对讨论的案件进行精确分类,一类是案件事实清楚、法律适用明确的案件,此类案件讨论的问题较为明确,如是否判处缓刑等,其讨论的主要目的是防止法官进行权力寻租,同时也要考虑在法院内部保持法律适用的一致性,此类案件的讨论应直奔主题,法官给出意见及理由,经过讨论后得出结论。另一类是疑难案件,又可以分为两种类型,一种是案件事实不清、证据不足的疑案,另一种是案件事实清楚,证据确实、充分,只是法律适用上存在疑难的复杂案件。[54] 对这两类不同的疑难案件采取不同的策略,对于(事实问题)疑案,要充分尊重承办法官的意见,对事实认定问题,亲历庭审并全面阅卷的法官有更多的优势。随着法官职业化的发展,一般而言,院庭长的办案水平较高,对法律和相关政策的理解更为透彻,在(法律问题)复杂案件中有更多的发言权。综上,在疑案中要充分尊重承办法官的意见,在将来条件允许时,对疑案可以不进行讨论。实际上,从表3.1中可以看出,对疑案的讨论所占比例较小,取消应该问题不大。第三,针对当事人不能有效参与院庭长讨论案件的弊端,笔者认为,在任何刑事审判中,当事人都不能知晓案件评议的过程。但是,如果院庭长在讨论案件的过程中考虑到案外的相关因素或者一方当事人不知晓的案件情况,此时需要让当事人知道这些内容,可以考虑重新开庭由法官释明或者加强判决书说理。

---

[53] 笔者通过电话访谈了一些法院的法官,发现各地院庭长讨论案件机制的规范程度不一样,有的地方记录得很详细,有的地方居然没有记录。在没有记录的情况下,出现问题时追究责任就比较麻烦。将讨论案件的过程和结果进行准确记录是院庭长讨论案件机制向制度化方向发展的体现。对此,《四五改革纲要》明确提出,"依托现代信息化手段,建立主审法官、合议庭行使审判权与院、庭长行使监督权的全程留痕、相互监督、相互制约机制,确保监督不缺位、监督不越位、监督必留痕、失职必担责"。

[54] 对疑案和复杂案件的分类借鉴了学界已有的研究成果。参见段启俊:《疑罪研究》,中国人民公安大学出版社2008年版,第17页。

院庭长讨论案件机制毕竟在本质上有违刑事司法的运行规律,从长期来看,这一制度必然会退出历史舞台。要实现这一结果需要哪些条件呢?笔者认为,以下几个因素是需要考虑的。第一,法官独立审判制度的确立,也就是说法官可以本着事实和法律,运用基本的逻辑和经验,在不违背自己良心的情况下独立自主地认定案件事实,并基于自身对法律的理解来适用法律,法官在判案时不用考虑自己负责的案件被改判或者自己违背了领导的指示而导致职位不保。第二,法庭审理的实质化,即通过庭审能够产生判决,不需要法官考虑案卷等因素的影响,其前提条件是直接言词原则或者传闻证据规则的确立[55],也就是说庭审能够产生足够的决策信息。第三,对刑事司法的有效监督,如果司法不受监督,那么放权可能导致灾难性的结果,因此需要加强对刑事司法的监督。加强对刑事司法的监督有两种思路:一种是分权运行,即将一部分权力分给控辩双方,通过陪审制将一部分权力分给民众;另一种是在加强法官素质、尊重一审法官独立裁判权的基础上,通过二审、再审等制度化的方式进行内部监督。为了使刑事司法能够按照自身规律运行,需要在完善现有机制的基础上,积累符合司法运行规律的经验。如提高法官素质,目前有的地方已经实行法官员额制[56],即一个法院的法官职位是固定的,在法官员额满了以后,只有因法官退休、辞职等原因产生空缺时再选拔新的法官,如果这种方法合理运行的话是能够产生精英法官的,在精英法官量少、辅助人员较多的情况下,可以考虑提高精英法官的待遇并增强其职业荣誉感,这在目前的条件下是可以做到的;加强证人出庭,特别是关键证人的出庭,加强判决书说理,等等。当这些要素积累到一定的程度后,院庭长讨论案件机制就可以废除了。

## 四、回顾与展望

法院内部通过讨论决策案件的机制有较为长久的历史,院庭长讨论案件机制亦不例外,这一机制是在各种因素影响下形成的,有其存在的相对

---

[55] 庭审实质化问题非常复杂,涉及理念、制度和技术三个层面的问题。参见孙长永、王彪:《论刑事庭审实质化的理念、制度和技术》,载《现代法学》2017年第2期,第123—145页。

[56] 这是调研时的情况,调研时间:2011年7月。目前,法官员额制改革已经基本完成。参见陈瑞华:《司法体制改革导论》,法律出版社2018年版,第261—285页。

合理性,但也存在诸多问题。在司法改革的背景下,院庭长讨论机制的命运如何,值得关注。

(一)回顾

在审委会"放权"的背景下,院庭长讨论案件机制日益成为一种重要的司法决策方式。从制度设计者的角度来看,院庭长讨论案件机制的本质就是为了预防司法腐败和确保案件的妥善处理而采取的事前控制。如果说刑事司法改革的长期目标是司法按照自身的规律运行,实现司法公正,而要实现司法公正,在短期内的目标就是必须治愈司法腐败、应对司法的合法性危机,但是治愈司法腐败的措施可能会损害刑事司法改革的长期目标,如通过行政化的方式管理法官、通过内部控制的方式监督法官的判决等。那么,如何实现长期目标与短期目标的协调呢?笔者的建议是短期的改革逻辑要与刑事司法的长期目标相协调。不能只顾解决眼前的问题,而忽略了长期的目标。要在实现短期目标的同时注意长远目标的实现,如在加强对法官监督的同时,形成激励法官注重知识和经验积累的机制,并且逐步提高法官的待遇等。具体到本章所讨论的院庭长讨论案件机制,我们需要一方面看到其存在的相对合理性,另一方面也要看到其与司法规律相悖的事实。在此基础上,我们考察了哪些因素导致目前的院庭长讨论案件机制的存在,同时考察这些因素在将来的发展趋势,进而得出结论,即影响院庭长讨论案件机制存在的因素在短时期内很难改变,院庭长讨论案件机制由于有其相对合理的一面,在目前必然会继续存在,也还有存在的价值,我们目前能做的是对其进行一定程度的改造,尽量去除其弊端,彰显其合理性的一面。与此同时,我们应该积累符合司法运行规律的因素,在条件成熟时废除院庭长讨论案件机制。

(二)展望

党的十八大以来,我国司法体制领域进行了一系列改革,具体包括四大方面:一是司法管理体制改革,包括设置最高人民法院巡回法庭和跨行政区划法院、检察院,设立知识产权法院,完善司法人员分类制度改革,推进实施法官、检察官员额制,推动省级以下法院、检察院人财物统一管理,以及完善人为干预司法的预防和打击机制。二是司法权运行机制改革,包括完善司法责任制,推进司法公开,完善陪审制,以及探索建立人民检察院开展公益诉讼制度。三是人权保障机制改革,包括错案预防和问责以及保障律师执业权利两个方面的内容。四是司法利民便民改革,包括立案登记制、法律援助制度和司法救助制度等。[57] 2017年8月29日,中央全面深化改革领导小组审议通过了《关于上海市开展司法体制综合配套改革试点框架意见》,目的是立足于基础司法体制改革已取得的成果,进一步解决司法体制改革中的机制性和保障性难题,具有"综合配套"的性质,故可称之为"司法体制综合配套改革"。[58] 上述改革措施有很多与院庭长讨论案件机制有关,例如,法官员额制改革、司法责任制改革、省级以下法院人财物统一管理等。除了上述司法体制改革和司法体制综合配套改革外,还有一系列改革与院庭长讨论案件机制有关,例如,以审判为中心的刑事诉讼制度改革。

此外,《四五改革纲要》明确提出,健全院、庭长审判监督机制,"明确院、庭长与其职务相适应的审判监督职责,健全内部制约监督机制。完善主审法官会议、专业法官会议机制。规范院、庭长对重大、疑难、复杂案件的监督机制,建立院、庭长在监督活动中形成的全部文书入卷存档制度。依托现代信息化手段,建立主审法官、合议庭行使审判权与院、庭长行使监督权的全程留痕、相互监督、相互制约机制,确保监督不缺位、监督不越位、监督必留痕、失职必担责"。"废止违反司法规律的考评指标和措施,取消任何形式的排名排序做法。"《五五改革纲要》明确提出,"全面落实司法责任制","全面贯彻'让审理者裁判,由裁判者负责',强化独任庭、合议庭的法定审判组织地位,依法确定职责权限,确保权责一致"。"健全院长、庭长办案常态化机制。坚持法官入额必须办案原则,合理确定院长、庭长办案工作量,推动减少其非审判事务负担。""研究制定科学合理、简便易行的审判绩效考核办法。进一步规范督查检查考核工作,清理取消不合理、不必要的考评指标,切实为基层减负、为干警减压。"上述改革举措,与院庭长讨论案件机制有密切关系。

对于上述改革措施的实施效果,这些改革措施对院庭长讨论案件机制的影响,需要进行相应的实证研究。从总体上说,这些改革措施在以

---

[57] 参见郭志远:《司法体制综合配套改革:回顾、反思与完善》,载《法学杂志》2020年第2期,第106—107页。

[58] 参见杨力:《从基础司改到综配司改:"内卷化"效应纾解》,载《中国法学》2020年第4期,第147—148页。

下几个方面对院庭长讨论案件机制有影响：一是精英法官的培育，减小甚至消除了通过讨论案件对法官进行内部控制的必要性；二是以审判为中心的刑事诉讼制度改革减轻了公安机关和检察院等部门对法官办案的压力；三是预防和打击人为干预司法的机制减轻了外部压力对法官办案的影响；四是考核指标的完善、考核排名的取消减轻了法官办案的压力。然而，这些规定是否达到了预期的效果，值得进一步研究。笔者近期对之前调研的法官进行了回访，发现之前调研的基层法院法官独立办案的空间有所拓展，但对于一些疑难、复杂或者有影响力的案件，在法院内部仍遵循与之前一样的讨论模式，与之前不同的是，院庭长不再签批裁判文书。因此，实践中的院庭长讨论案件实际上变得更加隐蔽，这一情况值得关注和思考。

# 第四章
# 法院内部控制刑事裁判权的方法与反思

有权力的地方就存在权力滥用的可能性,因此,权力需要制约。与公民的财产、自由甚至生命密切相关的刑事裁判权亦不例外。在西方国家,从事前的法官遴选,到裁判过程中的种种制约机制以及裁判之后的广泛救济途径,为刑事裁判权的公正运行提供了保障。[1] 我国的情况则有点特殊,主要表现为对刑事裁判权有着广泛的、严格的监督机制和手段,根据监督主体的不同,可以分为外部监督与内部监督,外部监督如执政党及其职能部门的监督、各级人大及其常委会的个案监督、检察机关的法律监督以及新闻媒体的舆论监督等。[2] 然而,由于司法活动的特殊性,外部监督存在成本高、效果差的特点。那么,法院内部控制刑事裁判权的方法及其效果如何呢?事实上,对于这一问题,我国学界已有一定的研究,如有学者认为,我国法院具有行政化的特征[3];也有学者认为,我国法院的司法判决决策机制是一种行政审批模式[4];还有学者认为,从人民法院的定案

---

[1] 关于域外法官惩戒制度,参见全亮:《法官惩戒制度比较研究》,法律出版社2011年版,第39—165页;关于域外国家对刑事司法的监督以及对刑事司法不当的惩戒,参见赵开年:《刑事司法行为研究——以刑事司法行为正当化为中心》,中国政法大学出版社2012年版,第173—191页。

[2] 参见代志鹏:《司法判决是如何生产出来的——基层法官角色的理想图景与现实选择》,人民出版社2011年版,第167页。

[3] 参见张卫平:《论我国法院体制的非行政化——法院体制改革的一种基本思路》,载《法商研究》2000年第3期,第4页。

[4] 参见陈瑞华:《司法裁判的行政决策模式——对中国法院"司法行政化"现象的重新考察》,载《吉林大学社会科学学报》2008年第4期,第135—138页。

## 第四章 法院内部控制刑事裁判权的方法与反思

方式来看,各法院都有一个共同特征,即多主体、层级化、复合式[5];等等。既有的研究成果大都从宏观角度出发,对法院内部控制刑事裁判权的方法持一种批判态度。为数不多的实证研究也没有深入到裁判形成的过程,导致的后果是,研究得出的结论虽然大体上正确,但不够细致,在细微处还与实际情况有所出入,甚至有的研究结论还稍显武断。

为了克服宏观研究的不足,同时也为了深入研究法院内部控制刑事裁判权的实际情况,本章通过考察司法实践中的个案,来探究法院内部是如何对法官的司法决策进行控制进而实现对刑事裁判权的控制的,其背后体现了什么逻辑,其实际效果如何。为此,笔者调研了西部地区某市辖区基层法院(以下简称 C 法院),主要的研究方法是访谈、阅读卷宗以及对个案的"参与式"观察。当然,这种研究有其局限性,因为个案研究存在调查样本是否充足的问题[6],但正如有学者所言,"多一些样本对于定量的研究结论方面固然能够增加一些说服力,但对于定性的结论方面却未必有效"[7]。另外,通过个案研究可以大致展示一个地区的情况,进而进行不同的区域比较[8],从而得出整体上我国法院内部控制刑事裁判权的情况。因此,本章以实际发生的个案为基础[9],通过对个案的"深描"来揭示法院内部控制刑事裁判权的真实图景。

---

[5] 参见顾培东:《人民法院内部审判运行机制的构建》,载《法学研究》2011 年第 4 期,第 5 页。

[6] 在经验性的研究中,调查样本的代表性和普遍性问题容易遭到质疑。参见黄海:《灰地——红镇"混混"研究(1981—2007)》,生活·读书·新知三联书店 2010 年版,第 33 页。

[7] 易延友:《证人出庭与刑事被告人对质权的保障》,载《中国社会科学》2010 年第 2 期,第 167 页。

[8] 社会学界已经运用这种方法对中国农村社会的治理状况进行实证研究,即"个案研究上升到区域,再到区域比较"。参见陈柏峰:《乡村江湖——两湖平原"混混"研究》,中国政法大学出版社 2011 年版,第 23 页。

[9] 以个案为中心的细致研究,在社会学上称为"深描"研究方法,由于各种因素的影响,对有些问题的实证研究缺乏数据或者缺乏客观真实的数据,"以局部性田野经验为基础的'深描'较之于统计性的量化分析,在理解中国社会与政治特性方面可能具有更大的优越性"。参见吴毅:《小镇喧嚣——一个乡镇政治运作的演绎与阐释》,生活·读书·新知三联书店 2007 年版,第 631 页。

## 一、刑事裁判形成的实证考察

为了对我国法院内部控制刑事裁判权的实际情况和方法有切身的体会,笔者在 C 法院调研期间,选择了一个较为典型的案件并以一个观察者的身份对其裁判过程全程参与,通过对这一案件裁判形成过程的考察,能够对我国基层法院刑事裁判是如何形成的以及法院内部控制刑事裁判权的方法等问题有一个较为清晰的认识。下面详细介绍该案的裁判形成过程。

(一)一审裁判的形成

某市 C 检察院指控,被告人林某某于 2007 年 7 月至 9 月期间,冒充厦门市国家安全局工作人员,以帮忙借款 500 万元及须先付 50 万元作为前期利息和手续费为由,在 C 区 S 酒店茶楼内骗取被害人朱某现金人民币 50 万元后逃跑。2008 年 1 月 18 日被害人朱某将被告人林某某扭送至公安机关。公诉机关认为,被告人林某某的行为已构成诈骗罪。

被告人林某某对 C 检察院指控其犯诈骗罪予以否认,辩称其与朱某是 2007 年 9 月上旬才认识,并未向朱某出示证件说明自己是厦门市国家安全局的工作人员,因与朱某洽谈的合作项目未成,朱某要其支付码头费、交通费以及公关费等 50 万元,其和朱某认识后并没有逃跑,而是一直保持电话联系。2007 年 9 月下旬自己一直在厦门,没有到过 C 区。自己在公安机关受到了刑讯逼供因而作出了不实供述,被迫承认自己骗了朱某的钱。

林某某的辩护人厦门某律师事务所的刘某某认为公诉机关指控被告人林某某犯诈骗罪的罪名不能成立。其理由如下:

1. 辩护人举示的林某某移动电话通话清单和证人陈某某的证言,能够证实林某某在 2007 年 9 月下旬没有到过 C 区,不可能在 C 区 S 酒店骗取被害人 50 万元。

2. 被告人林某某的供述前后矛盾,其在预审阶段的辩解已推翻以前的有罪供述,与其庭审中的无罪辩解基本一致,结合辩护人举示的移动电话通话清单等其他证据,不应采信被告人林某某的有罪供述;被害人朱某的陈述、证人韦某、刘某的证言等主要证据亦存在诸多前后不一、相互矛盾之处,亦不能作为认定事实的依据。

在第一次开庭以后,承办法官便觉得本案案情复杂,证据之间有诸多矛盾之处,主要存在以下两个问题:(1)借条是被告人林某某于案发当时出具的,被害人朱某将50万元现金交给被告人林某某的当天没有索要借条,从案卷材料来看,被告人和被害人在2007年9月份刚刚认识不久,被害人将50万元现金交给被告人而没有索取收条不合常情;(2)证人陈某某的证言证明被告人没有作案时间。为慎重起见,承办法官决定再次开庭,在第二次开庭之前,辩护人刘某某申请证人陈某某出庭,同时申请法官调取证据,即被告人林某某在公安机关所作的检察机关未随案移送的辩解笔录,被告人林某某在Y市C区、厦门、福州等地的乘机记录以及被告人林某某、被害人朱某在2007年7、8月份的手机通话清单。对于辩护人调取证据的申请,承办法官让公诉人补充侦查,但一段时间后公诉人称查不到,此后,承办法官没有再提此事。第二次开庭时,证人陈某某出庭,并用非常肯定的语气证明所谓的案发当日被告人在厦门和家人、朋友一起吃饭,根本没有作案的时间。证人陈某某作证后,随即离开C区返回厦门。此后,案件的审理陷入僵局,被告人拒不认罪,承办法官迟迟不能作出判决,案件以公诉机关需要补充侦查为由一再拖延。[10] 最终,在被告人家属不断催促判决的情况下,承办法官将案件提交院庭长讨论。[11] 部分讨论笔录如下:

  D法官:介绍案情(略),本案存在截然不同的证据。
  G副院长:针对诈骗50万元的起诉事实,你认为缺乏充分的证据?被告人不在场的证据有哪些?
  D法官:林某某的手机通话清单,证人陈某某的证言。
  G副院长:控方是如何答辩的?

---

〔10〕 这实际上就是"隐形超期羁押","隐形超期羁押是指执法机关在法定期间内没有结案,但是寻求各种没有事实根据的理由按照法律程序办理了对犯罪嫌疑人或被告人延长羁押的手续,并继续关押"。参见孙长永主编:《侦查程序与人权保障——中国侦查程序的改革和完善》,中国法制出版社2009年版,第29页。当然,从本案来看,通过"隐形超期羁押"来延长审限的做法有其合理性,我国刑事审限制度确实存在问题,"一刀切"的审限规定没有考虑到案件之间的差别。实践中,大多通过公诉机关出具延期审理函的形式延长审限,对延期审理在司法实践中的滥用,参见马永平:《延期审理滥用形态之检视与厘正》,载陈光中主编:《刑事司法论坛》(第4辑),中国人民公安大学出版社2011年版,第147—149页。

〔11〕 院庭长讨论案件机制是司法实践中存在的一种重要的案件决策方式,对该问题的实证考察,参见王彪:《基层法院院庭长讨论案件机制研究》,载《中国刑事法杂志》2011年第10期,第67—70页。

D法官:控方认为通话清单不能证明案发时林某某一定在厦门,证人作证后马上离开重庆,控方对其证言的真实性有疑问。

G副院长:承办人意见?

D法官:通话清单确实证明不了案发当时林某某就一定在厦门,但有证人证言的补充,具有一定的合理性,我的意见是不采信诈骗50万元的事实,以招摇撞骗罪定罪处罚。定诈骗50万元疑点过多,存在很多矛盾。

G副院长:两方的证据存在矛盾,需要比较哪方的证明力大些。

M庭长:此案不着急定结论,需细细斟酌。

G副院长:应支持检方指控,证据已能形成锁链,有被告人供述、证人证言及受害人陈述、案外人的证词与其他证据相印证。辩方只举示一个人的证言,系孤证,通话清单根本不能证明被告人案发时在何处。另外,控方出具的证人证言系侦查机关依法获得的,具有较大的可信性,辩方的证人因与被告人系朋友关系,其证言的真实性不是很高。

M庭长:倾向采信控方证据。可以让公诉机关补充证据,若证据补充不到位,则将根据现有证据判处。

G副院长:罪名成立,刑期就按诈骗50万元判处有期徒刑11年,罚金10万元。

M庭长:同意。

D法官:同意。

经过院庭长讨论后,承办法官在院庭长讨论所定基调的基础上拟写了判决书,并将判决书稿交庭长审批,庭长审批后,承办法官将其作出的以下判决发出:

C法院经审理查明:被告人林某某于2007年7月结识被害人朱某后,冒充厦门市国家安全局工作人员,谎称可以为被害人朱某融资500万元。同年9月下旬,被告人林某某向被害人朱某虚构已同康某某订立借款协议并已代为垫付前期利息、手续费,首笔250万元将在一周内到账,余款将于1个月内到账等事实,在C区S酒店茶楼,骗得被害人朱某支付的50万元。被害人朱某发现被骗后,于2008年1月18日将被告人林某某扭送公安机关。

C法院认为:被告人林某某以非法占有为目的,采取冒充国家机关工作人员,并虚构事实的手段,骗取他人钱财,数额达50万元,其行为已构成诈骗罪,且数额特别巨大,判决被告人林某某犯诈骗罪,判处有期徒刑11年,并处罚金10万元;被告人林某某应于判决发生法律效力之日起10日内,向被害人朱某退赔违法所得款50万元。

### (二)二审发回重审

一审判决后,被告人林某某提出上诉,Y市中级人民法院在开庭审理的基础上,认为原审判决认定林某某诈骗朱某人民币50万元的事实不清、证据不足,遂将案件发回C法院重新审判。[12] 但鉴于发回重审对C法院的考核会产生一定的影响,因此,为慎重起见,在二审发回重审之前,中级人民法院相关人员专门听取了C法院院庭长及承办法官的意见,记录如下:

中院H庭长:林某某案,邀请各位来交换意见。经审查案卷,并列席研究,发现本案证据间存在重大矛盾,合议庭一致认为事实不清,证据不确实充分,在二审判决前,邀请各位来交换意见。

中院Q法官:本案存在十几处疑点,如被害人朱某的陈述前后有明显矛盾,50万元的借款没有借条等。

M庭长:本案研究时,被害人陈述、证人证言以及被告人供述能形成锁链,可疑之处经补充证据无法核实,证人出庭后不愿再次出庭,基于以上情况,没有采信辩方证据。

中院H庭长:本案连被告人有无作案时间都不清楚,被害人朱某的多次陈述间有矛盾且无合理解释,均能让人产生合理怀疑。

G副院长:本案我们回去再研究,与公诉机关、公安机关沟通意见,必要时对相关证据进行核实,尽量客观收集再行汇报,如何?

中院H庭长:可以。

但C法院后来没有也无法对相关证据进行核实,最终二审法院将该案发回重审,在发回重审的同时还附了一个函,认为:(1)原判认定上诉人林

---

[12] 司法实践中,二审法官在遇到证据不足的疑罪案件时,一般不会径直改判,而是发回重审。学界的研究,参见王超:《虚置的程序——对刑事二审功能的实践分析》,载《中外法学》2007年第2期,第199页;汪海燕:《论刑事程序倒流》,载《法学研究》2008年第5期,第136页。

某某诈骗朱某人民币50万元的证据不足;(2)原审查明被告人林某某冒充国家机关工作人员,于2007年11月6日,骗取朱某人民币868元;同年11月15日,骗取朱某人民币888元的犯罪事实,是否成立,请认真审查。

(三)重审裁判的形成

在重审过程中,法院与检察院进行了沟通[13],并将中院的意见转达给检察院。于是,检察院又增加了新的指控:

> 我院于2008年6月24日向你院提起公诉的被告人林某某诈骗一案,经我院进一步审查发现,被告人林某某有遗漏犯罪事实,现补充如下:被告人林某某于2007年11月6日和同月15日,冒充厦门市国家安全局工作人员,以可以帮助被害人朱某融资为由,以融资人康某某的朋友陈某病危和去世为名,骗得被害人朱某1756元。

在重审过程中,辩护人提出了新的辩护意见:公诉机关指控被告人林某某诈骗50万元的事实不清,证据不足,对指控的诈骗1756元没有异议,但认为数额达不到"较大"标准,因此,被告人的行为不构成犯罪,同时,被告人的行为也不构成招摇撞骗罪,因为被告人诈骗1756元与被告人冒充厦门市国家安全局工作人员关系不大。

为了吸取上次发回重审的教训,在重审判决作出前,C法院多次向Y市中级人民法院刑二庭请示汇报。汇报记录如下:

> E法官(重审承办法官):本案一审定诈骗罪,二审以事实不清、证据不足为由发回重审,并建议定招摇撞骗罪。辩护人提出被告人的行为是一般的诈骗,其骗取被害人朱某1756元与冒充国家机关工作人员关系不大,如果是一般的诈骗行为,诈骗金额又没有达到较大标

---

[13] 检法两家的沟通是中国刑事司法实践中的独特现象,在本案中,法院之所以与检察院进行沟通,是因为本案很可能判决无罪,而实践中判决无罪对检察院的考核指标有较大的影响,而检法两家是长期的博弈关系,法院判决无罪会导致公安、检察部门在工作方面的不配合,因此,法院一般不会贸然判决无罪,在拟改变罪名、判决无罪的情况下,一般会事先与检察院沟通。关于无罪案件对检察院绩效考核的影响,参见夏伟、王周瑜:《存异难:检察权与审判权关系之忧——以近十年判决无罪人数走势为视角》,载万鄂湘主编:《审判权运行与行政法适用问题研究——全国法院第二十二届学术讨论会论文集》(上),人民法院出版社2011年版,第69页;关于判决无罪后公安、检察部门的可能反应,参见朱桐辉:《案外因素与案内裁量:疑罪难从无之谜》,载《当代法学》2011年第5期,第29页。

准,被告人的行为不构成犯罪。目前我们有两种意见,一是定诈骗罪,金额为 50 万元加上 1756 元,二是定招摇撞骗罪。

中院 H 庭长:检察院起诉的罪名是什么?

E 法官:还是诈骗罪,但没有新的证据举示。

中院 H 庭长:仅有原来的证据,证据之间存在诸多矛盾,诈骗 50 万元这一笔不能认定,补充起诉这笔能够认定,被告人的厦门市国家安全局工作人员身份让人轻信,可以定招摇撞骗罪。

G 副院长:金额只有 1756 元,如何量刑?

中院 H 庭长:比到判(按照实际羁押期限判决刑期,在一些地方称为"实报实销"),关多久就判多久。

E 法官:那就判 2 年 3 个月。

结果,C 法院以招摇撞骗罪判处被告人林某某有期徒刑 2 年 3 个月。宣判后,被告人林某某没有上诉,检察院亦没有抗诉,判决已经生效。

(四)事后的责任追究

该案被上级法院发回重审,使得 C 法院在年终绩效考核中被扣了分。为此,C 法院审判管理办公室要求承办法官撰写申辩意见书,即分析该案被发回重审的原因并进行一定程度上的自我辩解,分析自己在案件办理过程中有无不当之处,即使有不当之处,也不是自己的责任,承办法官只是领导意志的执行者。[14] 由于在审理过程中,D 法官曾将该案提交法院内部的院庭长进行讨论,符合法院内部的相关规定。故对承办法官没有采取任何"明显的"惩罚措施。[15]

以上就是该案从进入法院审理到重审判决生效以及后来的责任追究的全部过程,该案较为典型地展示了刑事裁判的形成过程,同时也体现了法院内部控制刑事裁判权的过程,因为控制刑事裁判权的过程与刑事裁判的形成过程是一个问题的两个方面,控制刑事裁判权的过程决定了刑事裁

---

[14] 这种讨论"半带探讨半带命令","很难实现真正平等的磋商"。参见兰荣杰:《刑事判决是如何形成的?——基于三个基层法院的实证研究》,北京大学出版社 2013 年版,第 143 页。

[15] 事实上,法院内部制定的对法官问责的规范标准不一,内容模糊。此外,"法院内部的法官非独立性制度安排所形成的集体负责传统,使得法官个人责任意识淡薄,导致建立在追究个人责任基础上的惩戒制度无处发力"。参见全亮:《法官惩戒制度比较研究》,法律出版社 2011 年版,第 181—209 页。

判是如何形成的,刑事裁判的形成过程则反映了控制刑事裁判权的方式。下文将以该案为例分析法院内部是如何控制刑事裁判权的,并进一步分析其背后体现的逻辑以及控权效果。

## 二、对刑事裁判权的过程控制与结果控制

长期以来,我国法院内部都有一套独特的控制刑事裁判权的方法,即对裁判过程有严格的流程监控以及对裁判结果有细密的考核指标,对裁判过程的流程监控可以称为对刑事裁判权的过程控制,通过细密的考核指标对裁判结果的控制可以称为对刑事裁判权的结果控制。那么,对刑事裁判权的过程控制和结果控制是如何运作的呢?

(一)对刑事裁判权的过程控制

对刑事裁判权的过程控制,主要是通过讨论案件、审批案件等方式实现的。通过讨论案件或者审批案件,对刑事裁判的过程进行监控,基本的方式有两种,即庭长审批案件和讨论决策案件。

庭长审批案件是指对一些常规性的刑事案件,法官在撰写法律文书后将判决书提交庭长审批,庭长通过对法律文书的审查来监控刑事裁判过程。[16] 一般而言,被告人被羁押的案件,在量刑幅度内量刑并判处监禁刑,对公诉机关指控的事实与罪名也没有实质性的改变,由法官直接写出裁判文书,庭长在判决书上签字即可。此时,庭长一般只审查量刑是否存在严重的不均衡,如发现量刑有畸轻畸重的情形,庭长一般会找承办法官了解情况,在没有特殊情形的情况下,庭长就直接在裁判文书上对量刑进行平衡,一般是对刑期进行简单的增加或减少。长期以来,庭长审批案件机制一直受到学界的批评[17],将其视为司法权行政化运行的例证,并认为

---

[16] 审批案件机制在我国刑事司法实践中长期存在,如中华人民共和国成立初期到20世纪80年代初一直存在的党委审批案件。关于党委审批案件的实证考察,参见何永军:《断裂与延续:人民法院建设(1978—2005)》,中国社会科学出版社2008年版,第86页。

[17] 对于庭长审批案件机制,从20世纪80年代至今不断有人对其进行批评。参见刘春茂:《对法院院长、庭长审批案件制度的探讨》,载《法学杂志》1980年第2期,第34—36页;李昌林:《从制度上保证审判独立:以刑事裁判权的归属为视角》,法律出版社2006年版,第315页。

其剥夺了法官的自由裁量权。因此,司法实践中庭长一般不会随意改动裁判的结果,最多对一些错别字进行校对。当然,庭长在签发裁判文书时是否改动裁判文书,与庭长的个性有很大的关系[18],如有的庭长在签署裁判文书时非常仔细,连标点符号都不放过,而有的庭长则只关注主要案件事实的认定以及最终的裁判结论有无明显的不当之处。

讨论决策案件具体又可以细化为两种类型,一种是法律有明确规定的审委会讨论案件机制,另一种是法律没有明确规定但却在司法实践中广泛存在的院庭长讨论案件机制。就基层法院审委会讨论案件机制而言,由于法院审理案件数量的增多,如 C 法院 2010 年前后每年审理的案件数量都在 1 万件以上,也由于法院承担功能的增多,如法院不仅要办理好诉讼案件,还要通过各种方式参与社会管理创新,同时,由于对审委会功能认识的深入,实践中审委会讨论的案件数量呈逐年下降的趋势,目前已固定在一个非常低的比例上,有学者将这种现象称为审委会放权改革。[19] 在审委会讨论的数量不多的案件中,在提交审委会讨论之前基本上都经历过院庭长讨论并已定下处理问题的基调,此时,审委会讨论案件就仅具有"象征"意义,甚至成了"分担风险"、对判决结果"合法化包装"的手段。[20] 因此,院庭长讨论案件机制就成了主要的案件集体决策机制。

事实上,司法实践中存在的大量疑难、复杂案件是通过院庭长讨论案件机制解决的。院庭长讨论案件机制又可以具体化为两种类型:一是法院内部的院庭长讨论案件机制;二是上下级法院之间的院庭长讨论案件机制。一般而言,在遇到需要讨论的案件时,在基层法院内部会先进行由分管副院长、庭长和承办法官等人参与的讨论。在 C 法院,对拟决定逮捕或者变更强制措施的、判处非监禁刑的、宣告无罪的、增加或减少指控情节的

---

[18] 有学者实证调研发现,有两种类型的院庭长和审判长审批:一种是文书审阅型,只审查判决书的形式妥当性,负责最终签发文书,但是不能改变案件的实体结论;另一种是实体审查型,需要听取承办人的案情汇报,还要拿出个人的判决意见,而且可以凌驾于承办人意见之上。参见兰荣杰:《刑事判决是如何形成的?——基于三个基层法院的实证研究》,北京大学出版社 2013 年版,第 152 页。

[19] 关于审委会放权及其过程的研究,参见肖仕卫:《基层法院审判委员会"放权"改革的过程研究——以某法院法官的访谈为素材》,载《法制与社会发展》2007 年第 2 期,第 28 页。司法实践中,审委会讨论的案件越来越少,以笔者调研的 C 法院为例,调研前后几年审委会讨论的刑事案件比例很小,一般在 1% 以下。

[20] 类似的讨论,参见吴英姿编著:《法官角色与司法行为》,中国大百科全书出版社 2008 年版,第 182—189 页。

(例如,控方没有认定自首、立功,审理后拟认定的;控方认定自首、立功,审理后认为不应认定的;等等)、变更罪名的以及"涉黑"、专项整治活动等政策性较强的案件,要求承办法官必须提交院庭长讨论,承办法官也可以基于案情复杂等原因将案件提交院庭长讨论,在院庭长讨论案件时,承办法官首先汇报案情,然后提出需要讨论的问题并给出自己的初步意见。一般情况下,院庭长会追问承办法官一些具体问题,然后庭长给出建议,最后分管副院长提出自己的看法,一般也就是承办法官应该遵循的结论。[21] 在遇到较为复杂的案件时,为了避免改判或者发回重审对基层法院的考核造成不利影响,院庭长会联系上级法院的对口庭室,然后与承办法官一起去上级法院汇报讨论案件,程序与法院内部的院庭长讨论案件机制基本一致,首先由承办法官汇报案情,并提出需要讨论的问题,然后院庭长会征求上级法院的庭长以及负责审理 C 法院上诉案件的法官的意见,在此基础上,对需要讨论的问题进行总结、归纳、提炼,并最终形成案件该如何处理的结论。当然,所有经过讨论的案件在作出书面判决前,庭长也需要对裁判文书进行签发,此时,主要审查的是裁判结果是否与讨论结果一致。

(二)对刑事裁判权的结果控制

通过对刑事裁判形成过程的控制,可以在一定程度上防止权力滥用、预防司法腐败,但由于刑事裁判过程中必然会存在自由裁量权[22],仅仅对刑事裁判形成过程进行控制还不足以杜绝权力的滥用与司法腐败。同时,我国刑事诉讼对实质真实的强烈追求、民众对实体正义的迫切需要以及独特的被害人反应机制,使得我们必须对刑事裁判的结果进行控制。

对刑事裁判的结果控制可以分为两个阶段。20 世纪 90 年代初,为了加强对法官的监督,确保办案质量,最高人民法院在 1992 年 2 月召开的全国法院纪检监察工作座谈会上提出要实行错案追究制,一些法院响应此号召进行试点。1998 年 8 月,最高人民法院制定了《人民法院审判人员违法

---

[21] 参见王彪:《基层法院院庭长讨论案件机制研究》,载《中国刑事法杂志》2011 年第 10 期,第 68 页。

[22] 法官的自由裁量权可以分为规则自由裁量权和事实自由裁量权。参见艾佳慧:《社会变迁中的法院人事管理——一种信息和知识的视角》,北京大学 2008 年博士学位论文,第 165 页;关于定罪与量刑中存在的裁量权,参见周长军等:《刑事裁量权规制的实证研究》,中国法制出版社 2011 年版,第 122—261 页。

审判责任追究办法(试行)》,将错案追究制作为一项正式制度确立下来。然而,由于错案概念本身的模糊性以及错案追究的不合理性,"错案追究制"受到众多学者的批评[23],随后在司法实践中逐渐被淡化[24]。在处理该案时(2011年),对刑事裁判的结果控制主要通过上诉率、发改率(发回重审和改判的案件数除以全部案件数)、刑事附带民事诉讼的调撤率(附带民事部分通过调解和撤诉结案的案件数除以所有刑事附带民事案件数)等细密的考核指标来实现,即通过各种考核指标实现对裁判结果的控制[25],其中最主要的考核指标是发改率,因为在制度设计者看来,案件被改判或者发回重审就意味着原判在事实认定和法律适用方面存在重大瑕疵。

根据控制对象的不同,对刑事裁判权的结果控制具体分为两种,即上级法院对辖区基层法院的考核和基层法院对其内部法官的考核。上级法院对辖区基层法院进行考核后对考核对象给予一定的奖惩,如对辖区基层法院的审判质效(审判的质量和效率)进行排序[26],对名列前茅者给予一定的奖励,如评选优秀基层法院;对排名在后者给予一定的惩罚,如通报批评、领导谈话等。上级法院下达的考核指标最终需要基层法院的一线法官来完成,因此,基层法院对其法官也进行一定的指标考核,考核的内容与上级法院对基层法院的考核大同小异。基层法院在对法官进行指标考核后,对本院法官也给予一定的奖惩,如年终奖金、评先评优、升迁或者岗位调整等。

---

[23] 对错案追究制的批评,参见王晨光:《法律运行中的不确定性与"错案追究制"的误区》,载《法学》1997年第3期,第4—10页;李建明:《错案追究中的形而上学错误》,载《法学研究》2003年第3期,第88—94页。

[24] 有学者认为,当司法本身的专业性不强时,错案责任追究机制在一定程度上可以发挥规训司法任意并加强其公信力的效果。参见周赟:《错案责任追究机制之反思——兼议我国司法责任制度的完善进路》,载《法商研究》2017年第3期,第11页。据此,错案责任追究机制更多地承担一种象征性功能。

[25] 我国刑事司法一贯重视对各种数字和指标的追求,从20世纪末开始逐渐兴起的审判管理则将这种传统制度化。参见胡夏冰:《审判管理制度改革:回顾与展望》,载《法律适用》2008年第10期,第11—16页;2010年以来,审判管理有逐渐升温的趋势,对审判管理的发展历程及其利弊的考察,参见龙宗智:《审判管理:功效、局限及界限把握》,载《法学研究》2011年第4期,第21—23页。

[26] 《四五改革纲要》明确提出,"废止违反司法规律的考评指标和措施,取消任何形式的排名排序做法"。由此可见,排名排序的做法不仅在实践中存在,且已经引起中央司法机关的关注。

以上就是法院内部控制刑事裁判权的基本方法,具体到本章所引用的案例,D法官在审理过程中发现该案存在诸多疑点,于是将案件提交讨论,经过法院内部的讨论后形成了裁判结论,在被告人上诉后,该案被Y市中级人民法院以"事实不清"为由发回重审。在重审过程中,C法院又将该案提交Y市中级人民法院刑二庭讨论,最后以招摇撞骗罪对被告人判处与其羁押期限基本等同的"实报实销"刑期。该案在一审宣判后,二审法院将该案发回重审,使得C法院在年终考核时"发改率"一项被扣了分,为此,需要有人承担责任,问题在于承办法官D的意见与二审法院的意见一致,故无法对其惩罚,由于G副院长的不当意见,该案才以诈骗罪定罪,但G副院长作为法院绩效考核领导小组成员之一,其本身属于考核主体而非考核对象,故也无法对其进行惩罚。但C法院的院长在年底对来年工作进行安排时,对G副院长的工作分工进行了调整,其不再主管刑庭的工作。

## 三、法院内部控权模式的制度逻辑与实践动因

按照西方的法治理论,审判独立包括法院的整体独立和法官的个体独立,司法活动的独特性决定了亲历性是司法权的基本特征之一。所谓"司法权的亲历性就是要求法官在取舍证据、认定案件事实并适用法律作出裁决之前,必须亲自经历庭审的全过程"[27]。如果按照西方的理论,我们便无法理解法院内部为控制刑事裁判权所采取的上述方法。事实上,法院内部控制刑事裁判权的方法既没有维护个体法官的独立性,也没有确保法官的亲历性。那么,我们在宏观背景与具体制度语境下应该怎样去理解法院内部控权模式呢?法院内部控权模式的产生有其现实必要性吗?制度参与者的实践动因又是什么?

(一)法院内部控权模式的制度逻辑

事实上,法院内部控制刑事裁判权的方法之所以能够长期运行,是因为刑事审判的宏观背景和具体制度为这种内部控权模式的运行提供了可能,而司法腐败等因素的存在,则说明这种内部控权模式有其存在的现实必要性。

---

[27] 张泽涛:《司法权专业化研究》,法律出版社2009年版,第33页。

在宏观背景上,需要对我国司法的功能、审判独立的定位、司法管理的特征以及诉讼真实观等作一番考察。首先是司法的功能,在我国,司法是参与社会治理的工具之一,有学者将法律的治理化称为中国法律的新传统[28],司法机关不能就案办案,刑事审判必须为"中心工作"服务[29],要求司法判决达到法律效果与社会效果的统一,为此必须对裁判过程进行控制,以确保刑事司法参与社会治理功能的实现,也必须对裁判结果进行控制,以确保司法判决双重效果的实现。其次是审判独立的定位,关于审判独立的讨论,自中华人民共和国成立以来就一直断断续续地进行着[30],然而,在中国,"司法是深深嵌在整个党政的运作机制之中的"[31]。审判独立在中国只能是司法机关作为整体依法独立行使职权,且"是在接受党的领导和国家权力机关监督下的相对独立"[32]。另外,司法机关除接受党委的领导和人大的监督外,还要接受上级"业务部门的指导和监督"[33]。所以,在这种"司法行为单位化"的语境下[34],法官在办理案件过程中向分管副院长和上级法院汇报案情并讨论相关问题的做法便不存在任何问题,也

---

[28] 参见强世功:《法制与治理——国家转型中的法律》,中国政法大学出版社 2003 年版,第 83 页。在陕甘宁边区时期,司法便被赋予"通过司法活动换得民众的满意,夺取政权"的使命。参见侯欣一:《从司法为民到人民司法——陕甘宁边区大众化司法制度研究》,中国政法大学出版社 2007 年版,第 229 页。

[29] 有学者将这种司法定义为"政策导向型司法"。参见吴良志:《政策导向型司法:"为大局服务"的历史与实证——中央政府工作报告与最高法院工作报告之比较(1980—2011)》,载万鄂湘主编:《探索社会主义司法规律与完善民商事法律制度研究——全国法院第 23 届学术讨论会获奖论文集》(上),人民法院出版社 2011 年版,第 44—45 页。

[30] 相关争论的理由及发展历程,参见卞建林主编:《共和国六十年法学论争实录(诉讼法卷)》,厦门大学出版社 2009 年版,第 2—54 页;张恒山主编:《共和国六十年法学论争实录(法理学卷)》,厦门大学出版社 2009 年版,第 158—192 页。

[31] 汪庆华:《政治中的司法:中国行政诉讼的法律社会学考察》,清华大学出版社 2011 年版,第 16 页。

[32] 陈光中等:《中国司法制度的基础理论问题研究》,经济科学出版社 2010 年版,第 54 页。

[33] 侯猛:《政法传统中的民主集中制》,载《法商研究》2011 年第 1 期,第 124 页。

[34] "司法行为单位化"是指在特定情况下,法官(合议庭)的审判权上交给法院集体行使,如提交审委会讨论案件、请示汇报案件以及院长出面协调案件。参见吴英姿编著:《法官角色与司法行为》,中国大百科全书出版社 2008 年版,第 181 页。

没有人认为这是个问题[35]。再次是司法管理的特征,我国司法管理呈现官僚化的特征,即"普通法官要接受庭长副庭长的领导,庭长副庭长要接受院长副院长的领导",与此相关联的是"上下级法院关系的行政化"[36]。"法律所规定的审判制度在实际审判过程中发生了重大变形,形成了中国法院审判的实际的非正式制度",具体表现为"审判制度和行政管理制度混同了;审判制度成了法院行政制度的附属;在一个法院内部也出现了事实上的审级制度,特别是在一些疑难、复杂和重大案件的审理上"[37]。因此,法院领导和上级法院可以通过法院内部组织结构的层级化、法官职位的等级化以及司法决策的集体化和集权化实现对司法裁判过程的控制。最后是我国独特的刑事诉讼真实观[38],传统观点认为,刑事诉讼应该也能够发现案件的客观真实,换句话说,对于每一个刑事案件来说,其判决都有一个"标准答案"可供参考,即案件的客观真实。因此,事后对案件的结果进行审查从而实现对刑事裁判权的结果控制也就有了可能。

在具体制度语境上,刑事诉讼制度的相关特征为这种内部控权模式提供了可能。首先是案卷笔录中心主义的裁判模式,案卷笔录中心主义是指"刑事法官普遍通过阅读检察机关移送的案卷笔录来展开庭前准备活动,对于证人证言、被害人陈述、被告人供述等言词证据,普遍通过宣读案卷笔录的方式进行法庭调查,法院在判决书中甚至普遍援引侦查人员所制作的案卷笔录,并将其作为判决的基础"[39]。这种裁判模式体现在整个刑事审判程序中,包括一审程序、二审程序、死刑复核程序以及再审程序。在

---

[35] 有学者认为,在司法实务中,对法官司法审判活动独立性的威胁不仅有来自法院外部的干预,而且也有来自法院系统内部的影响和压力。由于我国立法规定的是法院作为整体的独立,这种"内部独立"问题在很长时间都没有得到关注,相反,对法官审判活动的内部干预却有相应的理论根据。参见陈瑞华:《刑事审判原理论》,北京大学出版社1997年版,第173—177页。

[36] 贺卫方:《超越比利牛斯山》,法律出版社2003年版,第129—131页。

[37] 苏力:《法院的审判职能与行政管理》,载信春鹰、李林主编:《依法治国与司法改革》,社会科学文献出版社2008年版,第329页。

[38] 刑事诉讼真实观是一个较为抽象的概念,具体可以从口供的法律意义、笔录或卷宗的证明能力和证明力、正式庭审中法官的真实义务和职权调查权力、非法证据排除规则、上诉审的事实发现功能以及是否允许再审特别是不利于被告人的再审等方面进行考察。参见王彪:《刑事诉讼真实观导论》,载《刑事法评论》(第28卷),北京大学出版社2011年版,第406—436页。

[39] 陈瑞华:《案卷笔录中心主义——对中国刑事审判方式的重新考察》,载《法学研究》2006年第4期,第64页。

刑事诉讼的全部阶段,裁判的作出主要依赖承办法官对案卷笔录的研读。因此,院庭长、上级法院在听取承办法官汇报案情的基础上对案件进行决策也就可以理解了。此时,承办法官的功能主要是客观复述其所研读的案卷笔录。其次是印证证明模式,"印证证明模式"注重证明的"外部性"而不注重"内省性","外部性"是指除一个证据外还要有其他证据印证该证据,而"内省性"是指通过某一证据在事实裁判者心中留下的印象与影响。[40] 这种注重"外部性"的证明模式,重点关注证据间的相互印证,强调证据的数量,强调裁判者对证据的内心确信可以被反复检测。因此,院庭长、上级法院对案件的讨论才有了可能,对案件的结果控制也才有了基础。换句话说,根据印证证明的要求,证据之间的联系是客观的,是可以言说的。最后是司法实践中运行的"承办人"负责制,在 C 法院,对案件的审理实行承办法官负责制[41],承办法官是具体案件的承办人,承办人对自己审理的案件负责。一般来说,对于简单的案件,承办人有能力独立作出判决,但对于一些较为复杂的重大案件,承办人独立办案,不利于案情的交流,不利于从不同角度提出案件在办理过程中需要解决的问题,而在讨论案件时,主持讨论的院庭长一般都是资深的法官[42],能够在较短的时间内抓住案件需要解决的主要问题或者核心难题。

从现实必要性来看,随着法治理论的传播,民众对司法功能的期待越来越高[43],对司法的关注度也越来越高,在一定意义上可以说司法领域已经成为社会关注度较高的领域之一。正因如此,司法领域发生的腐败案件

---

[40] 参见龙宗智:《印证与自由心证——我国刑事诉讼证明模式》,载《法学研究》2004年第2期,第111页。

[41] 所谓的"承办人负责制",即某个案件分给某法官承办后,关于该案的一切事宜均由承办法官处理,承办法官对该案负责。独任审判如此,合议庭审理亦不例外。C 法院的合议庭均由一名承办法官和两名陪审员组成,陪审员陪而不审,学界的研究也证实这一现象的普遍存在。参见宋英辉主编:《刑事诉讼法学研究述评(1978—2008)》,北京师范大学出版社2009年版,第340—341页;刘晴辉:《中国陪审制度研究》,四川大学出版社2009年版,第216页;彭小龙:《非职业法官研究:理念、制度与实践》,北京大学出版社2012年版,第274页。

[42] 关于院庭长的来源及其司法经验,参见左卫民:《省级统管地方法院法官任用改革审思——基于实证考察的分析》,载《法学研究》2015年第4期,第29—31页。

[43] 事实上,由于改革开放以来社会情势的变化,使得以往社会控制中的非正式控制机制逐渐弱化,从而使司法在维持社会秩序中的作用前所未有地凸显。参见何永军:《断裂与延续:人民法院建设(1978—2005)》,中国社会科学出版社2008年版,第197—198页。

也就有了被放大的效果[44],从而,民众对司法不信任进而断言司法腐败广泛存在[45]。在政治体制没有改变的情况下,在部分法官素质还有待进一步提高的前提下,加强对司法的监督也就有了必要性,特别是要加强法院内部对司法的监督。这是法院预防个体法官司法腐败的重要举措,也是法院加强自身合法性和正当性的需要,更是法院领导责任豁免的需要。一方面,因为司法过程中存在自由裁量权,致使其他机关很难对司法活动进行有效的监督;另一方面,法院加强对自身裁判工作的监督也是一种重要的政治表态,是增强自身合法性的必要举措,有利于缓解司法困境,减轻司法压力,从而改善整体司法环境。

(二)法院相关参与人员的实践动因

以上从宏观背景、具体制度语境以及现实必要性上分析了法院内部加强对刑事裁判权的控制的可能性及必要性。那么,在具体的司法实践中,制度实践者是如何看待并践行这一制度的呢?

从院庭长的角度来看,院庭长面临法院绩效考核的压力。"实践中,对各级法院领导普遍适用'一岗双责'的双重责任制度","根据'一岗双责'的要求,不管是院长还是庭长,队伍建设和审判业务工作都应该'齐抓共管',对其工作绩效的考核当然就是全院或全庭的队伍建设质量和审判工作质量"[46]。在这种情况下,院庭长必然要通过对刑事裁判过程和结果的控制来监控个体法官,防止其利用手中的审判权力进行寻租或者懈怠工作导致案件出现质量问题[47],因为个体法官办理的案件质量出了问题,法院的绩效考核指标就会受影响,法院领导要承担相应的责任。

---

[44] 虽然传媒权力被称为"第四种权力",传媒被认为天然具有独立性、中立性和公共性,但商业性更是传媒与生俱来的基本特性。传媒的商业性意味着传媒更愿意"迎合民意"通过新闻吸引公众注意力,商业化的新闻媒体热衷于报道社会的阴暗丑陋等极具负能量的一面。参见陈柏峰:《传媒监督的法治》,法律出版社2018年版,第63页。

[45] 民众对司法的期望与失望,参见王雷:《基于司法公正的司法者管理激励》,法律出版社2010年版,第1—2页。

[46] 艾佳慧:《中国法院绩效考评制度研究——"同构性"和"双轨制"的逻辑及其问题》,载《法制与社会发展》2008年第5期,第75页。

[47] 事实上,对普通法官起作用的只能是各法院内部具体的考核奖惩机制,以及种种非正式的行政性管理制度。参见艾佳慧:《中国法官最大化什么》,载苏力主编:《法律和社会科学》(第3卷),法律出版社2008年版,第120页。

从上级法院的角度来看,上下级法院之间的院庭长案件讨论机制,即基层法院向上级法院汇报案情,并在充分讨论的基础上定下案件处理相关问题的基本方向,从未被正式制度所确立,但却是司法实践中长期运行的"非正式"制度。那么,这种明显会增加上级法院相关人员工作量的"非正式"制度为何能够长期运行呢?根据笔者 2010 年前后进行的调研,主要原因有三:一是上下级法院之间是监督与被监督关系,上级法院对基层法院的工作进行指导、监督。虽然各地法院的绩效考评制度不同,但就刑事审判而言,发改率是一个重要的考核指标,而二审法官对上诉案件的改判或发回重审往往导致一审法院在考核中的不利。二是统一辖区内的法律适用。上级法院不仅要处理基层法院上诉的个别案件,还要在辖区内统一法律适用,如一定时期司法政策的贯彻、领导讲话精神的领会等,通过讨论案件,一方面可以解决具体案件中存在的问题,另一方面也可以传达最新政策精神(至少是领导讲话精神),从而实现在辖区内统一司法的目的。三是上级法院的默许。事实上,在上级法院内部,对于这种"非正式"的案件请示制度基本持认可的态度,甚至个别领导还鼓励这种上下级法院之间的"沟通"。鉴于汇报讨论案件已经成为一种普遍现象,因此,上级法院的部门领导对基层法院请示的案件一般要求下级法院写出"案件讨论报告",同时收集相关材料并做好讨论记录,在年底总结时这些将是部门工作成绩的一部分,即指导下级法院办理案件。

从承办法官的角度来看,如何保证法官遇到问题时将案件提交讨论呢?首先是法院内部的强制性规范的要求。如法院明确规定哪些案件必须经过讨论才能定案,一般来说,法院现行的行政管理模式决定了领导印象等因素对法官晋升的重要性,也决定了法官一般会服从管理。因此,总体上能够保证法院内部的规定得到严格的实施。其次是规避办案风险的策略。在刑事审判中,"事实认定是适用法律的第一个步骤,但由于事实具有不可再现性,因而作为判决依据的裁判事实,只能是被'重构'、而不是被'发现'的"[48]。然而,这种诉诸普通人的感知、一般经验法则和裁判者的内心确信基础上"重构"的事实具有不确定性,从而可能会产生事实疑罪。[49] 法

---

〔48〕 陈林林:《裁判的进路与方法——司法论证理论导论》,中国政法大学出版社 2007 年版,第 74 页。

〔49〕 关于事实认定中的疑罪的产生根据,参见董玉庭:《疑罪论》,法律出版社 2010 年版,第 115—119 页。

官通过有限理性去认识带有不确定性的事实疑罪,必然会存在出错的可能性,而在"有错必究"的诉讼理念下[50],案件随时面临被翻案的可能性,在错案追究与绩效考核的背景下,法官随时可能面临因案件被改判或发回重审带来的不利处境。因此,也就不难理解为什么法官经常主动要求讨论案件,在同样被改判或者发回重审的情况下,案件是否经过讨论,法官的责任是不一样的。再次是对案外因素的考虑,如抵御人情干预,特别是抵御法院内部同行的人情干预。法官在行使裁判权时经常会遇到的一个困惑是,如何抵御人情干预,其中包括如何应对法院内部同行的人情干预。中国是一个人情社会[51],法官在面临各种"说情"时很难断然拒绝,此时,将案件提交讨论是一种表态,即愿意帮忙,但确实无能为力,此时讨论案件有利于法官的自我保护。案外因素还包括对案件"案结事了"要求的影响,在"涉诉信访已经成为法院工作非常重要的内容"的情况下,"全国各级法院都花费极大的精力来解决涉诉信访问题。最高法院如此,地方各级法院更是直接处在访民和上级党委政府的双重压力之下,以至于信访数量的多少成为衡量法院工作好坏的一个重要指标"[52],因此,承办法官在遇到可能会引起信访的案件时,向领导汇报案情寻求帮助也就是一种本能的选择。如上文的实证案例中,被告人的父亲在案件办理过程中经常给法院院长写信,称其儿子系被人冤枉,表示要上访为其儿子申冤,在此背景下,院长督促承办法官尽快结案,承办法官才不再拖延,并将案件提交院庭长讨论。最后是具体制度环境的诱导,即法院内部的制度环境促使法官遵守相应的内部规定。"资源越是集中、组织之间的依赖关系越强、组织的目标越模糊、技术的不确定性越大,组织就越倾向于采取趋同策略。组织不论是接受强制性的要求还是专业规范,或者是模仿其他组织,都是一种有意识的选择,是为了避免违反强制性规范而受到惩罚,为了获得更多的资源,为了降低不确定性带来的风险,或者为了降低经营成本。"[53]具体到法院,法院

---

[50] "有错必究"理念体现于整个刑事程序中,并体现为相应的制度设计。参见黄士元:《刑事再审制度的价值与构造》,中国政法大学出版社 2009 年版,第 50 页。

[51] 关于熟人之间的"情面原则"及其影响,参见翟学伟:《人情、面子与权力的再生产》,北京大学出版社 2005 年版,第 84—87 页。

[52] 汪庆华:《政治中的司法:中国行政诉讼的法律社会学考察》,清华大学出版社 2011 年版,第 104 页。

[53] 翁子明:《司法判决的生产方式:当代中国法官的制度激励与行为逻辑》,北京大学出版社 2009 年版,第 20—21 页。

内部通过行政管理以及各种资源的再分配来实现对法官个人行为的有效控制。因为,"这个群体和自己的利益直接相关,群体有足够的力量来惩罚叛离者或奖励依从者,而在一定限度内,奖赏越多,威胁越大或正当理由越多,依从性就越大,而且一定的群体还创造了自己独特的环境氛围,这种情境的压力会使得一个人即使在没有受到明显的奖赏或威胁的情况下,也会按照群体的意见去做"[54]。在这种内部正式或者非正式制度的或明或暗的激励下,承办法官一方面通过将案件提交讨论的方式表明自己服从领导,另一方面也会想方设法不让自己承办的案件被改判、发回重审,即使发生了这样的事情,也力图通过各种方法来减轻自己的责任。

## 四、法院内部控权模式的效果分析

通过对法院内部控制刑事裁判权的方法的考察可以发现,制度设计者之所以对相关的制度如此设计,其背后体现了这样的逻辑,即通过对刑事裁判过程的控制,可以有效地监控法官的裁判行为,一方面保证其不懈怠、不渎职,另一方面保证其不滥权、不寻租;而通过对刑事裁判结果的控制,可以减少刑事裁判出现错误的可能性。进一步分析可以发现,该制度的更深层次的逻辑是刑事案件的裁判结果有一个"标准答案",即客观事实,这一结果是可以实现的,改判就说明承办法官的能力不行或者工作态度有问题。

然而,事实认定和法律适用问题有"标准答案"吗?关于这个问题,学界已经有较多的讨论,在此不作详述。[55] 简单来说,事实问题并非不言自明,法律问题也存在模糊的空间。即便如此,为了控制刑事裁判权,法院内部"以严格的流程监控和考核指标约束法官,希望通过工厂化的现代管理方式提高司法审判的形式合法性,并压缩法官滥用权力的空间"[56]。那么,法院内部控制刑事裁判权的方法能够保证法官努力工作、为"官"清廉吗?

---

[54] 陈兴良主编:《中国死刑检讨——以"枪下留人案"为视角》,中国检察出版社 2003 年版,第 149 页。

[55] 对事实疑罪与法律疑罪的精彩分析,参见董玉庭:《论疑罪的语境》,载《中国法学》2009 年第 2 期,第 106—117 页。

[56] 兰荣杰:《把法官当"人"看——兼论程序失灵现象及其补救》,载《法制与社会发展》2011 年第 5 期,第 5 页。

客观地说,法院内部控制刑事裁判权的方法有一定的正面效果,主要体现在法律效果与社会效果两个方面。

在法律效果方面:一是弥补合议庭虚置的问题。基层法院合议庭虚置是普遍现象,在绝大部分较为简单的刑事案件中,承办法官能够圆满地完成审判任务,但在一些疑难复杂的案件中,在庭审不充分的情况下[57],负有真实发现义务的法官如何才能发现案件的争点,找出问题的焦点,就是一个问题,在讨论案件过程中,经验丰富的院庭长的若干提示往往能够击中问题的要害,在找准问题的基础上解决问题。二是承担判决说理的功能,防止法官滥用自由裁量权。判决书不说理或说理不充分是一种客观现象[58],一直以来不断受到学者们的批评,但至今仍未有较大的改进。在内部讨论案件过程中,无论持何种意见,都必须要有充分的理由。因此,法院内部控制模式在一定程度上相当于在法院内部进行的说理论证。三是统一法律适用、保持量刑均衡的功能。对于法律问题有不同的理解属于正常现象,但一个辖区的法官如果对同一个问题有不同的看法,从而产生不同的判决[59],轻则影响司法权威,重则导致被告人对判决的不服。因此,一个辖区的司法在法律适用方面有必要适度统一,量刑问题亦是如此。无论是讨论案件还是审批案件,都在一定程度上保证了法律适用的统一和量刑的适度均衡。

在社会效果方面,通过法院内部控制刑事裁判权的方法可以达到贯彻最新的刑事政策,响应民众意见,积极参与社会治理,为"中心工作"服务等效果。例如,在开展食品、药品安全整治过程中,对量刑问题的统一把握,能够使司法判决符合刑事政策的最新要求,在一定程度上加强了法院判决的合法性,从而为法院赢得生存与发展的空间。

当然,法院内部控制刑事裁判权的方法亦存在诸多弊端。

首先,其效果处于不确定状态,在很大程度上受制于领导个人的业务素质。司法实践中,面临同一问题,如果领导与承办法官的意见不一致,最

---

[57] 关于庭审不充分的研究,参见李昌盛:《缺乏对抗的"被告人说话式"审判——对我国"控辩式"刑事审判的实证考察》,载《现代法学》2008年第6期,第169—179页。

[58] 参见胡云腾:《论裁判文书的说理》,载《法律适用》2009年第3期,第49—50页。

[59] 对该问题的实证研究,参见王彪:《论盗窃罪与诈骗罪司法认定中的问题及其克服》,载张军主编:《刑事法律文件解读》(总第81辑),人民法院出版社2012年版,第96—106页。

第四章　法院内部控制刑事裁判权的方法与反思 | 113

终的结果一般都是承办法官服从领导的意志。例如,在上文的实证案例中,D法官在汇报案情后给出了两种处理意见:一种意见是认为不构成诈骗罪但构成招摇撞骗罪;另一种意见是构成诈骗罪,并明确表示自己倾向于定招摇撞骗罪,M庭长也认为此案不应匆忙下结论,应仔细斟酌。然而,主管刑庭的G副院长竟然说"两方的证据存在矛盾,需要比较哪方的证明力大些"。最后认为"控方出具的证人证言系侦查机关依法获得的,具有较大的可信性,辩方的证人因与被告人系朋友关系,其证言的真实性不是很高",且"辩方只举示一个人的证言,系孤证",因此应支持控方的主张。这是一种典型的办理民事案件的思维,根本没有注意到刑事诉讼中对被告人有罪的证明需要由控方提供证据,且这种证明需要达到排除合理怀疑的程度,辩方对其反驳只需要形成"合理疑点"即可。同时,这也是G副院长的司法理念的体现。司法实践中,有些冤案是在司法权正当行使的情况下产生的,有学者将这种情况下产生的冤案称为"正当"的冤案,"宁错勿纵"就是其中的一种。[60]

其次,对刑事裁判权的结果控制与过程控制的互动,消解了法院内部控权模式的整体效果。一方面,对裁判结果的控制强化了对裁判过程的控制,院庭长为了在审判质效(质量和效率)考核中取得较好的成绩,必然会加强对裁判过程的控制,表现为讨论案件时更加细致、审批法律文书时更加慎重,而承办法官为了消解考核结果对其可能产生的不利影响,也会积极配合甚至主动要求对其裁判过程进行控制;另一方面,在加强了对案件裁判过程的控制之后,"法律解释者或司法判决生产者往往不是一个'有面目的法官',而是一个'无面目的法官',是一个机构、一个组织、一群人,如合议庭、审委会、上级法院、政法委,等等",也就是说,"他们每一个都可以成为法律的解释者,但往往哪一个都不是法律解释责任的最终承担者"。[61] 换句话说,集体负责等于无人负责。因此,也就没有人对裁判的最终结果负责。由此可见,对刑事裁判的过程控制的加强消解了结果控制的效果。如在上文的实证案例中,该案被上级法院以"事实不清,证据不足"为由发回重审后,承办法官并没有承担任何责任,因为该案判决是院庭

---

[60] 参见毕竞悦:《政治合法性、整体利益与个案公正》,载高鸿钧、张建伟主编:《清华法治论衡——冤狱是怎样造成的(下)》(第10辑),清华大学出版社2008年版,第117—118页。

[61] 参见强世功、赵晓力:《双重结构化下的法律解释——对8名中国法官的调查》,载梁治平编:《法律解释问题》,法律出版社1998年版,第237页。

长讨论后的结果,更何况在讨论案件的过程中,承办法官提出过"定诈骗50万元疑点过多,存在很多矛盾"的观点,是分管副院长觉得可以定罪,因此,承办法官无需承担任何责任,而分管副院长是法院党组成员,是法院奖惩政策的制定者,无法也不会对自己进行惩罚,当然,此时也不会有人要求对其追责,最坏的结果也就是在下一年的工作调整中其不再分管刑事审判工作。

再次,法院内部控制刑事裁判权的方法不符合司法规律,也剥夺了辩护方的辩护权利。案件讨论的过程就是对案情以及法律适用问题进行研讨的过程,在此过程中,法院内部的领导和承办法官积极参与,上级法院的相关人员偶尔参与,由于检法"沟通"机制的存在,公诉机关的意见也会被较为充分地考虑,唯一缺席的就是辩护一方。

复次,现行法院内部控权模式为相关人员进行权力寻租提供了机会。也就是说,法院内部控权模式预防司法腐败的效果有限,其效果在很大程度上取决于法院领导和承办法官的个人自觉程度。

最后,导致法官产生"做一天和尚撞一天钟"的敷衍心态。有学者通过实证研究发现,在基层法院有很多法官抱有"完成任务"的心态,该心态有三个特点,即意义丧失、一定程度的目标替代以及结果导向和过程仪式化。[62] 也就是说,"在很多情况下法官处理案件的态度与其说是解决纠纷,还不如说他们更关心的是如何'完成任务'"[63]。长此以往,不利于司法知识娴熟、司法经验丰富的精英法官的培养。最终,对法治建设有一定的负面影响。

## 五、回顾与展望

### (一) 回顾

上文先用一个案例形象地说明了法院内部是通过什么方法控制刑事裁判权的,并且对该控权模式进行了详细的理论梳理,分析了其产生及运作的逻辑,对其控权效果也作了一定的考察。通过考察发现,法院内部控权模式存在双重悖论。"我国法院多年来实际上或者基本上是实行的首长

---

[62] 参见肖仕卫:《刑事判决是如何形成的——以S省C区法院实践为中心的考察》,中国检察出版社2009年版,第56页。

[63] 吴英姿编著:《法官角色与司法行为》,中国大百科全书出版社2008年版,第52页。

负责制而不是法官负责制。过去是审判员负责案件事实,领导(从庭长到院长)负责判决(名曰掌握政策)。现在也是审判员审案,领导把关。"[64] 这是一种带有行政性质的内部控权模式,其导致的结果是审判的独立性受损,产生了大量的抱着"完成任务"心态的法官,结果又导致更加严厉的内部监督,而严厉的内部监督又导致前述现象的发生,如此循环,此乃一大悖论。法院内部控权模式分为过程控制和结果控制,结果控制加强了过程控制,而过程控制又削弱了结果控制的效果,如此循环往复,此乃又一大悖论。

既然法院内部控权模式存在双重悖论,那么,未来该如何实现对刑事裁判权的有效控制呢?笔者认为,总的原则应该是在尊重司法规律的基础上对刑事裁判权进行控制,同时应该采取循序渐进的方法。首先,要提高法官的待遇。"在中国目前要想遴选优秀人才出任法官的措施其实很简单,根本的就是一条——提高法官的收入,包括货币的和非货币的,从而有效激励优秀法律人才的合作……由于法官职位变成了一个收入高的职位,法官自然也就会更珍惜这个职位,害怕失去这个职位,因此,他如果想徇私枉法就必须想一想可能付出的代价,并因此一定会减少司法腐败。"[65]也就是说,通过提高法官的待遇,选拔一批优秀的、清廉的法官,对其办案过程和结果进行内部控制的必要性也就大大降低了。其次,要加强判决书说理。判决书说理是现代理性、公正的裁判制度的一个根本特征,是对法官自由裁量权的必要制约,也是实现判决正当化的有效措施。[66]内部制约的减少并不意味着法官应该不受任何控制,加强判决书说理就是法官自我控制的一种方式。最后,通过诉权制约裁判权。在政治哲学上,"制约"具有平等地、交互地进行权力审查的意味,"所谓'诉权制约',是指由那些与案件结局存在利害关系的当事人,对法官的庭前准备、法庭审理以及司法裁判进行全程参与,并对各项诉讼决定的制作施加积极有效的影响"[67]。通过笔者的考察,发现在整个法院内部"研讨型"的裁判模式中,辩方是唯一从始至终缺席的一方,未来可以通过加强辩方的诉

---

[64] 王怀安:《关于法院体制改革的初探》,载信春鹰、李林主编:《依法治国与司法改革》,社会科学文献出版社 2008 年版,第 314—315 页。
[65] 苏力:《道路通向城市:转型中国的法治》,法律出版社 2004 年版,第 276 页。
[66] 参见龙宗智:《刑事庭审制度研究》,中国政法大学出版社 2001 年版,第 422—423 页。
[67] 陈瑞华:《刑事诉讼中的问题与主义》,中国人民大学出版社 2011 年版,第 82 页。

权参与,通过辩方的诉权从外部制约法官的裁判行为。提高法官待遇是对法官公正司法的物质和精神保障,判决书说理是加强法官自身制约的重要举措,而"诉权制约"注重的是通过外部力量对裁判权进行制约,从而实现公正司法。当然,对刑事裁判权的有效控制不可能一蹴而就,必须坚持循序渐进的方法,甚至在短期内采取的不同方法之间还可能存在一定的矛盾,但最重要的是要不断积累符合司法规律的各种经验,最终实现在尊重司法规律的基础上控制刑事裁判权。

### (二)展望

如前所述,党的十八大以来,中央推进了一系列司法改革,其中的很多改革举措与法院内部控制刑事裁判权的方法存在密切关系,例如,员额制改革、司法责任制改革、人财物省级统管改革、审判权力运行机制改革,等等。这些改革举措的总体方向是培养精英法官,这些改革措施在一定程度上实现了遴选精英法官、提升法官待遇等目标。然而,改革的现实效果与理想预期之间仍存在一定的差距,例如,改革带来的法官利益和地位的变化,与法官的期待、法官职业的实际付出仍然不尽相符,与学者们理想中的职业尊荣感的形成更是相距甚远。并且,司法责任制中的责任追究措施也远不能构成对法官行为的有效约束。[68] 在这一现实背景下,如何进一步推进改革,特别是如何看待上述法院内部控制刑事裁判权的方法呢?

近期,笔者对前期调研的法院进行了回访,通过回访发现,上述法院内部控制刑事裁判权的方法仍然存在,各种内部的讨论、请示汇报仍然存在,但变得更加隐蔽。笔者认为,法院内部控制刑事裁判权的方法涉及法官个体独立问题,对此问题的理解,涉及党与政法的关系以及法院内部独立问题。就党与政法的关系而言,中共十八届四中全会所确立的党"领导立法、保证执法、支持司法、带头守法"的十六字原则是现阶段"党管政法"的根本指针,"支持司法"主要是完善确保依法独立公正行使审判权和检察权的制度,坚决禁止任何党政机关和领导干部干预司法活动、插手具体案件的处理。[69] 这就意味着,党对司法机关的领导,不涉及对具体个案的干

---

[68] 参见顾培东:《法官个体本位抑或法院整体本位——我国法院建构与运行的基本模式选择》,载《法学研究》2019年第1期,第14页。

[69] 参见周尚君:《党管政法:党与政法关系的演进》,载《法学研究》2017年第1期,第207页。

预问题;就法院内部独立问题而言,目前的改革措施胶着于遏制司法行政化与加强对法官的管理之间,学界的观点也不尽一致。例如,有学者认为,应当通过重新塑造法院的功能、尽力阻隔行政性要素进入审判以及法院管理的"去行政化"等实现遏制司法行政化的目标。[70] 有学者则认为,法院改革的方向,不应是从法院整体本位转向法官个体本位,而应是从以院庭长为主导的法院整体本位转向以法官为主导的法院整体本位。[71] 笔者认为,从长期来看,法院改革的目标应当是法官依法独立行使裁判权;从短期来看,考虑到各种制约因素的存在,法官个体独立并不意味着对法官管理的松懈或者虚无,目前应当在放权给个体法官、提升法官待遇的同时,通过审判管理对个体法官进行适度的监督。

---

[70] 参见龙宗智、袁坚:《深化改革背景下对司法行政化的遏制》,载《法学研究》2014年第1期,第141—149页。

[71] 参见顾培东:《法官个体本位抑或法院整体本位——我国法院建构与运行的基本模式选择》,载《法学研究》2019年第1期,第7页。

# 第三编　刑事诉讼中的审辩关系

　　法官和辩护律师的关系,是一个容易被忽视却亟须厘清的关系。从法律规范来看,我国有一些关于法官和律师关系的规范,例如,最高人民法院、司法部于2004年联合发布《关于规范法官和律师相互关系维护司法公正的若干规定》,对法官和律师之间的关系从各个方面进行规范。各地法院和司法行政机关也通过地方性规定来规范法官和律师之间的关系,例如,在玉溪澄江"法官铐律师"事件之后,云南省法官协会和云南省律师协会联合发表了关于法官和律师之间关系的《共同宣言》。山东省高级人民法院与山东省司法厅联合发布了《法官与律师在诉讼活动中双向监督的暂行办法》。虽然有上述各种规定,但一些法官和辩护律师之间仍存在一定的对立情绪,彼此不能相互理解、认同和尊重。[1] 此外,还有一些法官和辩护律师之间的关系过于亲密,从而引发司法腐败。

　　在法院工作期间,笔者通过对中国刑事司法实践的观察,发现在我国刑事诉讼的审辩关系中存在一种容易被人忽视的现象,即"审辩交易"现象。这种现

---

　　[1] 参见印波:《法槌下的正义——审判中心视野下两大法系辩审关系探析》,人民法院出版社2018年版,第7—8页。

象不同于法官与辩护律师之间因司法腐败而产生的"交易",这种现象中的交易更类似于域外的辩诉交易,但又与辩诉交易不同,更类似于德国法官与辩护律师之间就个案进行的协商。通过更进一步的调研发现,刑事诉讼中的"审辩交易"是一种客观存在的现象,从法官的视角出发,可以将其分为三种类型,即基于事实疑罪、法律疑罪以及案外因素进行的交易。在刑事诉讼的四方构造中,法官有交易动机和交易筹码,被告方要么主动要求交易,要么在现实的压力下选择交易,公诉方只关心定罪问题而对交易则持漠不关心的态度,而被害方要么被"搞定",要么对交易不知情。不合理的刑事诉讼理念、匮乏的案件分流机制以及不当的绩效考评机制导致法官承担巨大的压力,法官选择进行交易是转移压力的一种方式。在现实情况下,"审辩交易"现象有利有弊。将来应改变这种压力后置型的司法模式,对于刑事司法过程中产生的压力应通过合理的途径进行释放。

2018年修改《刑事诉讼法》时确立了认罪认罚从宽制度,认罪认罚从宽制度的确立,在一定程度上减轻了法官的压力,法官通过"交易"方式结案的现象可能会发生一定的变化。与此同时,认罪认罚从宽制度中法官的角色地位问题凸显出来。最高人民法院、最高人民检察院、公安部、国家安全部、司法部于2020年11月5日发布的《关于规范量刑程序若干问题的意见》第24条对"被告人当庭认罪,愿意接受处罚的"但因为种种原因检察院没有提出量刑建议的案件法院该如何处理作出了规定[2],这一规定是否意味着法官能够积极主动适用认罪认罚从宽制度?是否意味着法官可以和被告人一方就量刑问题进行协商?更进一步说,从改革方向来看,法官能否主动参与甚至主持量刑协商?在我国司法实践中"审辩交易"广泛存在的情况下,这些问题值得思考。

---

〔2〕《关于规范量刑程序若干问题的意见》第24条规定:"有下列情形之一,被告人当庭认罪,愿意接受处罚的,人民法院应当根据审理查明的事实,就定罪和量刑听取控辩双方意见,依法作出裁判:(一)被告人在侦查、审查起诉阶段认罪认罚,但人民检察院没有提出量刑建议的;(二)被告人在侦查、审查起诉阶段没有认罪认罚的;(三)被告人在第一审程序中没有认罪认罚,在第二审程序中认罪认罚的;(四)被告人在庭审过程中不同意量刑建议的。"

就法官和辩护律师的关系而言,在我国更为人们关注的是"辩审冲突"问题,各地发生的"辩审冲突"通过新闻媒体或者自媒体的传播,引发各界的广泛关注。对此问题,也需进行研究。通过对我国刑事司法实践的观察可以发现,"辩审冲突"是司法实践中存在的一种客观现象,根据形成这一现象的具体原因,可以将实践中的"辩审冲突"分为三种类型,即程序问题上的"辩审冲突"、证据问题上的"辩审冲突"以及诉讼行为方式上的"辩审冲突"。"辩审冲突"的产生原因有多种,部分法官和律师的行为不当是引发冲突的直接原因,中国社会背景的变迁、改革话语与审判实践的分裂、法院权威与社会预期存在差距以及相关制度的内在缺陷则是引发冲突的根本原因。"辩审冲突"现象的存在,不仅会损害司法的权威与公信力,影响判决结果的可接受性,还会对刑事诉讼制度变革有一定影响。对"辩审冲突"的治理,需要多措并举。随着相关司法改革的推进,"辩审冲突"将会逐渐消失,未来需要考虑如何确保律师的有效辩护问题。

综上,除典型的司法腐败外,我国刑事诉讼中法官和辩护律师之间,既可能通过"交易"的方式结案,也可能在案件办理过程中出现"冲突"。这种"交易"或者"冲突"是一种偶然现象吗?如果不是,这种"交易"或者"冲突"的产生有无规律可循?经过调研和思考,笔者的初步结论是,法院面临的压力是产生"交易"或者"冲突"的根源,法院面临种种压力导致法院无法中立、客观地办理案件,而法院之所以面临种种压力,与法院的独立性不足有一定的关系。从根本上来说,改善我国审辩关系的方法应当是加强法院特别是个体法官的独立性,确保法官能够中立地办案。

# 第五章
# 刑事诉讼中的"审辩交易"现象研究

  根据国外的经验,刑事司法中的交易一般发生在控辩双方之间,我国学界一度关注的热点也是辩诉交易。然而,在我国的刑事司法实践中,一直以来却存在一种被人漠视的现象,即"审辩交易"现象,其一般表现形式是法官劝导、引诱被告人认罪,承诺如果被告人认罪将对其从轻处罚,在被告人认罪后,法官一般也能够如实履行承诺。如在杜培武案件中,昆明市中级人民法院的法官在提审杜培武时说:"你把枪交出来,我判你死缓。"[1]用合同法的一般原理来分析这句话,这是一个典型的"要约",如果杜培武给出"承诺"的话,一个合同或者通俗地说一桩交易就达成了。根据我们对法治的一般理解,法官角色应该是中立的[2],审判结果与法官的切身利益应该没有任何关联,因此,法官不应该也没有动力与辩方进行任何交易。然而,刑事司法实践中不断发生的"审辩交易"现象却提醒我们事实并非如此。为什么在我国的刑事司法实践中会存在"审辩交易"情形呢?"审辩交易"是如何运行又是如何成为可能的呢?其背后反映了我国刑事司法实践中存在的什么问题?对"审辩交易"现象该持什么态度?为了研究这些问题,笔者对西部某市辖区基层法院进行了调研,主要方法是访谈、阅读卷宗以及对个案的参与式观察。这种研究方法具有一定的局限性,但

---

[1] 关于杜培武案,参见王达人、曾粤兴:《正义的诉求:美国辛普森案和中国杜培武案的比较》,法律出版社2003年版,第207页。

[2] 如有学者认为中立原则是刑事审判程序公正的标准之一。参见陈瑞华:《刑事审判原理论》(第二版),北京大学出版社2003年版,第58—59页。

由于"审辩交易"的隐蔽性,且我们对于这一问题的研究主要是一种定性研究,上述方法基本上能够实现研究目的。

## 一、刑事诉讼中的"审辩交易"现象实证考察

在 C 基层法院调研期间,笔者发现我国刑事司法实践中存在这样一种现象,即承办法官在审理案件时[3],如果发现案件在事实认定、法律适用等方面存在疑难问题,一般会通过对被告人或辩护人"做工作"的方式结案。"做工作"的一般方式是被告人认罪、同意延期审理或者愿意赔偿被害人的损失,以此换取法院的从轻处理。我们可以将此称为"审辩交易"现象。通过对笔者所掌握的材料的观察,可以根据不同的标准对"审辩交易"现象进行分类,如根据交易的内容,可以将其分为"定罪交易""量刑交易",即认罪但认定较轻的罪名以及认罪从而判处较轻的刑罚;还可以根据交易是如何达成的进行分类,有的是被告人不认罪,其家属主动要求以赔偿换取从轻处罚而认罪的;有的是被告人不认罪,法官主动要求律师协助做被告人的工作并承诺从轻处罚的;被告人表面上不认罪,但是愿意通过预缴罚金换取从轻处罚的;被告人认罪,但外来压力要求从轻处罚,以预缴罚金的形式从轻处罚;等等。根据笔者的观察,法官是"审辩交易"的主导者,从法官的视角来看,我国刑事司法实践中的"审辩交易"大体上可以分为以下三种类型:

### (一)基于事实疑罪进行的交易

根据现代刑事诉讼的一般原理,被告人受到无罪推定原则的保护[4],控诉方必须提供证据证明被告人有罪[5],控方提供的证据首先要符合法律的

---

[3] 在 C 基层法院,案件审理实行承办人负责制,即某个案件分给某法官承办后,关于该案的一切事宜均由承办法官处理,承办法官对该案负责。独任审判如此,合议庭审理亦不例外。C 基层法院的合议庭均由一名承办法官和两名陪审员组成,陪审员陪而不审,学界的研究也证实这一现象的普遍存在。参见宋英辉主编:《刑事诉讼法学研究述评(1978—2008)》,北京师范大学出版社 2009 年版,第 340 页。

[4] 无罪推定的基本内容至少包括以下几点:第一,控诉方承担证明有罪的责任,被控诉方不承担证明自己无罪的责任;第二,达到法定证明标准;第三,被刑事指控者被证实有罪之前应被"推定无罪";存疑案件的处理应有利于被指控人。参见徐灿:《无罪推定研究》,中国人民公安大学出版社 2019 年版,第 113—114 页。

[5] 关于刑事证明责任分配的比较研究,参见孙长永、黄维智、赖早兴:《刑事证明责任制度研究》,中国法制出版社 2009 年版,第 3—150 页。

基本要求，同时其提供的证据还要达到一定的量，即控方提供的证据数量足够充分，使裁判者的内心觉得"案件事实清楚"或者"排除合理怀疑"。然而由于各种主客观的原因，证据不足的疑案是一种客观存在的现象。[6] 因为证据不足从而对事实认定产生影响的疑罪是事实疑罪，根据证据不足对事实认定的影响程度，可以将事实疑罪进一步区分为罪与非罪之疑罪和情节轻重之疑罪。

罪与非罪之疑罪是指在刑事诉讼中，因事实不清、证据不足而导致对犯罪嫌疑人、被告人是否实施了犯罪行为或者实施的行为是否构成犯罪难以作出正确判断的情形。[7] 对于罪与非罪的疑罪，如果控诉方提供的证据没有达到法定要求，应该根据疑罪从无原则判处无罪。我国刑事诉讼法对此亦有明确规定，即证据不足，不能认定被告人有罪的，应当作出证据不足、指控的犯罪不能成立的无罪判决。但在司法实践中，由于以下两大原因，承办法官一般不愿意作出无罪判决：一是判处无罪会面临重重压力，在法院内部，对于拟判处无罪的案件要经过层层讨论汇报[8]，在法院外部，判决无罪可能会导致被害人方、公安机关和检察机关的强烈不满[9]，被害人方的不满可能会引起涉诉信访，公安、检察机关的不满可能导致其对法院工作的不支持，而涉诉信访早已经成为法院工作非常重要的内容[10]，两者相结合，致使法院面临巨大压力而轻易不敢作出无罪判决，因此，承办法官面临的制度与社会语境"不允许"其作出无罪判决；二是部分法官内心真诚地相信被告人犯了罪而不愿放纵罪犯，这是承办法官的司法理念"不允许"其作出无罪判决。由于上述原因的影响，在面临罪与非罪之疑罪时，承办法官一般会选择以"审辩交易"的方式结案。

**案例1** C检察院指控被告人夏某某于2010年8月16日22时许，在Y市C区H大厦22-21号被害人李某暂住地内，趁李某昏睡不

---

［6］ 关于事实认定中疑罪产生之根据，参见董玉庭：《论疑罪的语境》，载《中国法学》2009年第2期，第108—111页。

［7］ 参见段启俊：《疑罪研究》，中国人民公安大学出版社2008年版，第18页。

［8］ 参见王彪：《基层法院院庭长讨论案件机制研究》，载《中国刑事法杂志》2011年第10期，第68页。

［9］ 参见朱桐辉：《案外因素与案内裁量：疑罪难从无之谜》，载《当代法学》2011年第5期，第29页。

［10］ 参见汪庆华：《政治中的司法：中国行政诉讼的法律社会学考察》，清华大学出版社2011年版，第104页。

能反抗之机,强行与其发生性关系,随后逃离现场。公安机关于同月31日在Y市C区X路38号15-4附近将被告人夏某某抓获归案。

本案被害人在案发十几日后报案,一些重要的物证,如被害人吃过的拌有迷药的阿胶以及沾有精液的内衣等均已经不在,能够证实被告人犯强奸罪的证据只有被害人陈述以及手机短信,但手机短信的内容非常模糊,单独来看没有实质性的证明价值。被告人在公安机关的供述只有一次承认强奸,但稍后又翻供,被告人翻供后从始至终都承认其只是将精液射在被害人大腿上,并没有强奸被害人。此时,承办法官陷入了两难困境。判决无罪将面临巨大的阻力,如检察院可能抗诉以及事后在一些问题上的不配合;判处有罪又担心被告人上诉后被上级法院改判或者发回重审从而影响法院的绩效考核。另外,对于被告人不认罪的案件在证据不充分的情形下认定有罪,如何进行判决说理又是一个巨大的难题。同处理其他疑难案件一样,承办法官在面对这类案件时采取的一般方式是拖[11],拖了几个月,其间对附带民事诉讼作了几次调解,最终被告人认罪并赔偿被害人各种损失21万元,被害人在得到赔偿后出具了一份谅解书。于是,承办法官在判决书中认定:

> 本案审理过程中,被告人夏某某委托其亲属代为向被害人李某赔偿了经济损失并取得被害人的谅解,被告人有悔罪表现等适用缓刑的条件,因此,依法判决被告人夏某某犯强奸罪,判处有期徒刑3年,缓刑4年。

情节轻重之疑罪是指犯罪嫌疑人、被告人构成犯罪的情况下,因某一方面的事实不清、证据不足而导致是适用基本罪条款还是适用从重、加

---

[11] 拖的方法是想让检察院出具补充侦查延期审理函,这是一种典型的隐形超期羁押,"隐形超期羁押是指执法机关在法定期间内没有结案,但是寻求各种没有事实根据的理由按照法律程序办理了对犯罪嫌疑人或被告人延长羁押的手续,并继续关押"。参见孙长永主编:《侦查程序与人权保障——中国侦查程序的改革和完善》,中国法制出版社2009年版,第29页。有学者经过实证考察后认为,导致延期审理的因素主要有六个,即公诉机关起诉证据未能到位、一起案件多次鉴定、被告人脱逃、刑事附带民事调解、向上级法院请示以及出于维稳需要与党委、政府沟通。参见马永平:《延期审理滥用形态之检视与厘正》,载陈光中主编:《刑事司法论坛》(第4辑),中国人民公安大学出版社2011年版,第153页。事实上,对于一些被告人不认罪的案件,一些承办法官也通过"延期"审理的方式对其进行"惩罚",进而迫使其认罪。

重处罚条款或者从轻、减轻、免除处罚条款,难以作出正确判断的情况。[12]在情节轻重之疑罪的情况下,定罪一般没有问题,但如果要查清其中的个别情节,则需花费大量的时间,甚至有些情节根本就无法查清。而根据法律规定,对于影响定罪量刑的案件事实,法院有依职权进行庭外调查或者核实的职责。[13]而在案多人少的基层法院[14],承办法官根本没有时间对每个案件的存疑事实进行庭外调查核实。因此,基于诉讼效率的考虑,承办法官在面临情节轻重之疑罪时仍然会选择以"审辩交易"的方式结案。

**案例2** C检察院指控称被告人王某某于1999年至2002年年初,在Y市C区D电影院处开设赌场,从中获取非法利益,分得赃款数万元。被告人王某某伙同海南人"阿宾"(另案处理)等人,于2002年年初至2007年年底,在Y市C区J花园、S路173号、J村8号、G区K路173号、G区E路106号等地开设赌场,从中获取非法利益,分得赃款数万元。被告人王某某先后伙同高某某、陈某某、薛某某、韩某、罗某某、熊某某(均另案处理)等人,于2006年4月至2009年8月,在Y市C区C路148-1号、M村42号、D电影院、Y路嘉华鑫城、P花园等地开设赌场,并发展犹某某、肖某某、陈某某等人在赌场进行赌博,从中获取非法利益。被告人王某某分得赃款10万余元。被告人王某某于2010年12月6日在Y市C区某小区3单元22-4被公安人员抓获。

本案被告人涉嫌犯罪事实的时间跨度较长,且同案犯均在逃,被告人在共同犯罪中所起的作用以及犯罪所得等事实很难查清,能够证实其犯开设赌场罪的证据,除被告人的供述之外,只有一些证人证言,证人证言虽然提到被告人开设赌场的事实,但又比较模糊,既无法证实本案被告人在共同犯罪中所起的作用,也无法证实其具体的违法所得数额。在正常情况下,本案需要公安机关补充侦查,但从该案的实际情况来看,由于同案犯均

---

[12] 参见段启俊:《疑罪研究》,中国人民公安大学出版社2008年版,第18页。
[13] 对我国法院职权调查的现状分析,参见林铁军:《刑事诉讼中法院职权调查问题研究》,法律出版社2016年版,第132—184页。
[14] 在2012年前后,C基层法院每个刑事法官每年要办结200余件案件,学者的实证研究发现,其他法院法官办理刑事案件数量与此差不多。参见肖仕卫:《刑事判决是如何形成的——以S省C区法院实践为中心的考察》,中国检察出版社2009年版,第48页。

在逃,补充侦查也很难查清相关事实,且补充侦查可能会导致案件审理期限的无限延长,最终不利于法院的绩效考核。当然,法官也可以进行庭外调查,但庭外调查又面临时间紧张、调查手段匮乏等方面的问题[15],本案更不具有庭外调查的条件。于是,承办法官试探性地与辩护律师交流,当承办法官发现被告人有缴纳罚金换取从轻处罚的意愿后,双方很快达成交易,被告人认罪,并预交罚金17万元,法官判决被告人王某某犯开设赌场罪,判处有期徒刑3年,缓刑5年,并处罚金17万元。

需要说明的是,承办法官基于事实疑罪方面的原因与被告人交易的情况不止以上两种,其他的如证据瑕疵、此罪与彼罪以及一罪与数罪存疑等也是法官愿意与辩方进行交易的动因。在刑事司法实践中,由于受时空条件或者取证人员本身素质的限制,公诉机关举示的证据在一些方面存在瑕疵,如取证地点、取证时间等方面的瑕疵[16],或者除被告人供述外,其他证据较为薄弱,等等,在上述情况下,承办法官一般也会选择以"审辩交易"的方式结案。

(二)基于法律疑罪进行的交易

传统观点认为,刑事司法适用法律的过程是典型的三段论演绎推理过程,大前提是法律,小前提是事实,当案件事实清楚,寻找合适的法律得出结论便是自然而然的事情。然而,案件事实并非总是一目了然的;同时,由于法律语言所具有的模糊性,在寻找法律的过程中出现疑问当属正常,这种寻找法律过程中出现的疑罪就是法律疑罪。法律疑罪的本质在于不同解释者个体的价值判断存在差别[17],即事实判断的各方主体主观认识的不同导致了疑罪的产生。从根本上来说,只要事实判断的主体在价值观、

---

[15] 司法实践中,法官很少行使庭外调查权,学者的实证研究,参见李昌盛:《论对抗式刑事审判》,中国人民公安大学出版社2009年版,第233页。

[16] 根据办理死刑案件的检察官的研究结论,在死刑案件中,存在侦查取证不及时、不细致、不全面等情况。在一般的轻微刑事案件中这种情况肯定也会存在,而且其存在的概率要较死刑案件大。关于死刑案件的情况,参见龙宗智、夏黎阳主编:《中国刑事证据规则研究》,中国检察出版社2011年版,第123页。对刑事诉讼中瑕疵证据的实证观察和类型分析,参见胡忠惠、邓陕峡:《刑事瑕疵证据的实证研究与理论阐释》,中国人民公安大学出版社2014年版,第44—54页。

[17] 参见董玉庭:《疑罪论》,法律出版社2010年版,第138页。

法律解释观等方面有所不同,必然会产生法律疑罪[18],因此,出现法律疑罪原本也属正常。但在目前的注重上诉率、发改率(发回重审和改判的案件数除以全部案件数)等数目字的绩效考核机制下[19],法官为了避免案件被上级法院改判或者发回重审的潜在风险,在审理法律疑罪的案件时一般也会选择以"审辩交易"的方式结案。

在我国刑法中,有一部分犯罪是以数额作为犯罪成立条件的,这类犯罪一般被称为数额犯。[20] 我国刑法主要对财产犯罪、经济犯罪有一定的数额要求,法律对数额的规定又分为三种类型:第一种类型是违法所得数额,第二种类型是经营数额,第三种类型是特定的数额。[21] 根据我国传统的刑事诉讼理念和相关法律规定,法院必须忠于案件事实真相,如果法院未能全面调查必要的证据,对判决所依据的事实没有查清就作出判决,将构成对审判职责的违反,上级法院可以将案件发回重审或者依法改判。[22] 所以,法官在审理数额犯等类型的案件时,必须查明相应的犯罪数额,即使公诉机关的指控有误,也不能简单地不予认定,而应在查明真相的基础上认定相应的犯罪数额。然而,由于种种原因,有些犯罪的数额很难查清,甚至还有一些犯罪的数额根本就无法计算。对于难以查清犯罪数额的犯罪该如何处理,对于无法计算犯罪数额的犯罪该适用何种罪名,司法实践中均存在较大的争议。[23] 此时,为"完成任务",法官一般也会通过"审辩交易"的方式结案。

**案例3** C检察院指控被告人曾某、曾某某、杨某于2006年12月至2007年7月,盗取了中国电信股份有限公司Y市分公司(以下简称

---

[18] 对法律疑罪的实证考察,参见王彪:《论盗窃罪与诈骗罪司法认定中的问题及其克服》,载张军主编:《刑事法律文件解读》(总第81辑),人民法院出版社2012年版,第96—106页。

[19] 我国刑事司法一贯重视对各种数字和指标的追求。参见朱桐辉:《刑事诉讼中的计件考核》,载苏力主编:《法律和社会科学》(第4卷),法律出版社2009年版,第264—290页。

[20] 对我国刑法犯罪量化要件的详细研究,参见路军:《中国刑法犯罪量化要件研究》,法律出版社2010年版,第10—12页。

[21] 参见陈兴良:《口授刑法学》,中国人民大学出版社2007年版,第237页。

[22] 参见孙长永:《探索正当程序——比较刑事诉讼法专论》,中国法制出版社2005年版,第250页。

[23] 参见朱闯、夏冰:《互联网带宽和流量不宜作为盗窃罪的犯罪对象》,载《人民司法》2011年第18期,第55—57页。

Y电信公司)机房工作人员的用户名和密码后,秘密进入Y电信公司数据设备,并对数据进行修改,对使用电信公司宽带的用户网络进行非法开通和提速,从而私下为多家网吧进行非法提速,收取提速费后由三被告人进行分赃。其中被告人曾某为37家网吧非法提速,造成Y电信公司共计1234989.77元的提速费未收到账,被告人曾某某参与为25家网吧非法提速,造成Y电信公司共计973234.62元的提速费未收到账,被告人杨某参与为4家网吧非法提速,造成Y电信公司共计137134.12元的提速费未收到账。被告人曾某、曾某某、杨某分别于2007年8月22日、8月27日、9月21日被公安机关抓获归案。

本案属于新型犯罪,在共同犯罪过程中,曾某进行非法操作,曾某某和杨某负责提供需要网络提速的下家信息。本案在审理过程中发现两个问题,首先是对本案被告人曾某的行为构成什么罪有不同的认识。一种意见认为其构成盗窃罪,且数额巨大;另一种意见认为其构成破坏计算机信息系统罪。如果认定被告人曾某犯盗窃罪,存在以下问题:第一,根据公安机关出具的电子证据鉴定意见,可以确认被告人曾某为37家网吧提速的事实,但只有8家网吧老板的证言与鉴定意见一致,犯罪数额需要重新核定。第二,确定犯罪数额缺乏相关依据。公诉机关指控被告人曾某的犯罪数额是基于Y电信公司的定价来确定的,但国家批准允许经营宽带数据业务的单位不仅Y电信公司一家,而市场上宽带提速费的价格各不相同。本案中没有权威机构对宽带提速价格的鉴定[24],经联系公诉机关进行鉴定,公诉机关表示目前尚无鉴定机构能够对宽带提速的市场价格进行鉴定。[25] 其次是对于同案

---

[24] 根据全国人大常委会《关于司法鉴定管理问题的决定》第2条的规定,国家对从事司法鉴定业务的鉴定人和鉴定机构实行登记管理制度。根据该决定第9条的规定,鉴定人和鉴定机构应当在鉴定人和鉴定机构名册注明的业务范围内从事司法鉴定业务。据此,登记管理和业内鉴定是审查鉴定机构和鉴定人资质的两项基本要素。参见刘静坤:《证据审查规则与分析方法:原理·规范·实例》,法律出版社2018年版,第163页。

[25] 事实上,这一问题已经引起关注,且目前已经解决。针对有些专门性问题缺乏鉴定机构的情况,2012年最高人民法院《关于适用〈中华人民共和国刑事诉讼法〉的解释》第87条第1款规定:"对案件中的专门性问题需要鉴定,但没有法定鉴定机构,或者法律、司法解释规定可以进行检validation的,可以指派、聘请有专门知识的人进行检验,检验报告可以作为定罪量刑的参考。"之所以如此规定,最高人民法院法官指出:"目前,鉴定机制的改革仍未落实到位,实践中,不少专门性问题尚无具有资质的鉴定机构、鉴定人进行鉴定,这给有关案件的审查处理带来了很大的困难。鉴于此,专门增加了本条规定。"参见江必新主编:《〈最高人民法院关于适用《中华人民共和国刑事诉讼法》的解释〉理解与适用》,中国法制出版社2013年版,第77页。

人曾某某和杨某的定罪也存在困难,因为只有被告人曾某是故意非法侵入计算机信息系统进行操作,而曾某某是基于错误认识认为曾某是通过在电信公司机房的朋友帮忙操作的,杨某同样陷入和曾某某一样的错误认识中,故曾某某、杨某与曾某在盗窃犯意联络上产生了断节。事实上,本案的核心问题是曾某的行为构成何罪,公诉机关指控的罪名是盗窃罪,但以该罪名来认定存在两个问题:一是具体犯罪数额该如何认定;二是同案人曾某某、杨某的盗窃犯意问题。最终,承办法官通过辩护人"做被告人的工作",与被告人达成了交易[26],被告人认罪并赔偿电信公司部分经济损失,法院判决被告人曾某、曾某某、杨某犯破坏计算机信息系统罪,判处 1 年到 3 年不等的有期徒刑,并适用缓刑。

### (三)基于案外因素进行的交易

事实上,除案件在事实认定、法律适用方面存在的问题导致承办法官选择"审辩交易"的方式结案外,还有一系列的案外因素也促成了"审辩交易"的达成,如权力干涉、预交罚金以及法官为了避免写长篇大论的判决书等。有些案件,犯罪事实清楚,证据确实、充分,但犯罪事实较多,且如果被告人坚持不认罪,则需要按照被告人不认罪的格式来写判决书,判决书一般较长,且需要对每一笔犯罪事实进行仔细的核对,因为一旦被告人上诉,只要其中有一笔犯罪事实与证据能够证实的事实有所出入,案件将会面临被上级法院改判甚至发回重审的危险。相反,如果被告人认罪且承诺不上诉,承办法官既省去了写长篇判决书的麻烦,也不用担心判决会被上级法院改判或者发回重审。实践中,这种类型的"审辩交易"经常发生,只是从轻的幅度较小而已。有学者经过实证研究后得出如下结论,即中国法官效用函数中可能包含的因素有领导印象、避免错案、声誉、休闲、职位升

---

[26] 辩护律师"做工作"的方式主要是分析利弊并对被告人进行劝导,相对于法官而言,被告人更容易听取辩护律师的意见。由于律师与法官之间是一种长期博弈的关系,律师一般愿意配合法官的工作,在拟对被告人判处缓刑的情况下更是如此。在德国刑事诉讼中也存在类似的情况,律师通过与检察官、法官私下协商,在司法人员心目中树立"和谐律师"的形象,这种形象对其以后开展辩护工作较为有利,由于经常接触,"守信用"的律师甚至可以同司法人员进行不同被告人、不同案件的协商,即在一个案件中作出让步从而在另一个案件中得到法院的妥协。参见〔英〕Regina E. Rauxloh:《德国刑事协商的立法规制——新立法能否解决协商困境?》,王彪译,载李昌盛主编:《刑事司法论丛》(第 6 卷),中国检察出版社 2019 年版,第 293 页。

迁、收入等。[27] 如果案件通过"审辩交易"的方式结案,法官既可以避免写长篇大论的判决,也可以避免被告人上诉以及上诉带来的改判或者发回重审,因为上诉率低、案件基本不曾被改判或者发回重审还能带来好的职业声誉,进而给领导留下好的印象,最终为职级晋升奠定坚实的基础。

**案例 4** 被告人樊某某、冉某某伙同"吕某某"、樊某(均另案处理)合谋由"吕某某"和冉某某以虚假身份在 Y 市 C 区 S 时装城租赁 LG 层 1142 号摊位,并以"吕某某"、朱某的名字为掩饰,"吕某某"扮演老板,冉某某使用假名朱某扮演打工者,以先履行小额合同或部分合同的方式,骗取 C 区 S 地多个商场经营户的货物,得手后赃物由樊某某交给樊某销赃。被告人樊某某、冉某某伙同"吕某某"、樊某以上述手段于 2010 年 11 月至 12 月,骗取被害人温某等 9 人共计价值 340074 元的货物。被告人冉某某于 2011 年 2 月 16 日在 Y 市 B 区被公安机关抓获归案,归案后,被告人冉某某协助公安机关于同月 25 日在 Y 市 X 区将被告人樊某某抓获归案。

本案中,两位被告人均在公安机关多次作出有罪供述,且其供述能够与同案人樊某的供述、被害人的陈述以及书证欠款单据等相互印证,但被告人冉某某在庭审中主张自己是被雇用者,只应该对欠款单据中有其签名的犯罪金额负责,且辩称自己不知道樊某某和吕某某在搞诈骗,自己只是按照老板的吩咐去拿货,没有诈骗的主观意图。虽然冉某某的辩解前后矛盾,但考虑到本案犯罪事实有三十多笔,如果被告人不认罪的话,撰写判决书将要耗费大量的时间,所以,承办法官在被告人冉某某最后陈述之前耐心地向其解释共同犯罪的原理,并说如果不认罪将享受不到量刑规范化中规定的坦白将减少 20% 以下刑罚的优惠。最终,冉某某在最后陈述阶段认罪,并明确表示在之前的庭审阶段不认罪是因为对法律不了解。[28] 随后,由于被告人认罪,承办法官按照普通程序简化审的格式简单地撰写了判决书,并遵守"承诺"对被告人从轻处罚。

---

[27] 参见艾佳慧:《中国法官最大化什么》,载苏力主编:《法律和社会科学》(第 3 卷),法律出版社 2008 年版,第 120—124 页。

[28] 翻供的原因有多种,翻供后检察官、法官的反应也不尽相同。参见左卫民等:《中国刑事诉讼运行机制实证研究(五)——以一审程序为侧重点》,法律出版社 2012 年版,第 179—200 页。

在刑事司法实践中,还有一种特殊类型的"审辩交易",即被告人通过预交罚金的方式来换取承办法官对其从轻判处主刑。[29] 司法实践中,预交罚金可以分为两种类型,一类是常规的预交罚金[30],即犯罪事实清楚,证据确实、充分,但被告人及其家属主动要求预交罚金并请求从轻处罚,或者是被告人及其家属在法官的"询问"下被动预交罚金,一般而言,这类案件从轻的幅度不大[31],但还是在一定程度上体现了"从轻"处罚;另一类是以预交罚金换取从轻处罚,真正对被告人从轻处罚的原因是事实疑罪、法律疑罪或者案外因素干涉审判等,这类案件在被告人预交罚金后对其从轻的幅度较大,一般情况下案情不重的被告人会被判处缓刑。下面的两个案例反映了多重因素影响下预交罚金以换取从轻处罚的事实。

**案例 5** 从 2008 年 1 月起,被告人夏某某假冒"盛丽"从浙江省苍南县龙港镇购买未加盖单位印章的非法制造的发票到 Y 市,在 Y 市 C 区 N 路 74 号附 4 号 2-9 号 1 楼的租赁房内加盖伪造的单位印章,制成假发票后在 Y 市 C 区 B 地附近贩卖。在 2007 年 4 月至 2008 年 3 月期间,被告人夏某某在 Y 市 C 区 B 地 2 号地下通道附近,先后 7 次贩卖假发票给邓某某、金某某、李某某,贩卖数额共计 420 余份,获赃款 180 余元。2008 年 7 月 1 日 13 时许,被告人夏某某回到 Y 市 C 区 N 路 74 号附 4 号 2-9 号 1 楼的租赁房内,准备拿发票到 B 地附近贩卖

---

[29] 由于罚金刑执行困难,司法实践中,被告人一般先预交罚金,然后法官对其判处较轻主刑。对预交罚金性质的讨论以及对预交罚金做法的反思,参见周爱军:《预交罚金:从"潜规则"到中国模式》,载万鄂湘主编:《司法体制改革与刑事法律适用研究——全国法院第二十一届学术讨论会论文集》(上),人民法院出版社 2009 年版,第 646—656 页;吴常青:《对"预交罚金"做法的反思》,载《法学》2010 年第 3 期,第 140—147 页。

[30] 事实上,日本也有判决未生效"先交纳"罚金的做法,"法院宣告罚金、罚款或追缴时,认为如果等到判决确定之日就不能执行或者可能难以执行时,根据检察官的请求或者依照职权,可以命令被告人先交纳相当于罚金、罚款或追缴的金额"。但与我国不同的是,这一做法有制度的明确规定,且判决已经宣告。参见〔日〕田口守一:《刑事诉讼法》,张凌、于秀峰译,中国政法大学出版社 2010 年版,第 367 页。

[31] 有法官调研发现,"交罚减刑"是我国司法层面的公认规则,但预交罚金后在自由刑方面到底能获得多大程度的从轻处罚,不同法院、不同法官裁量幅度不一。一般来说,经济欠发达地区法院对预交罚金的被告人在自由刑方面从轻处罚幅度较大,经济发达地区法院对预交罚金的被告人在自由刑方面从轻处罚的幅度相对较小。参见潘伟明:《交纳罚金减轻主刑的法理思辩——论以罚抵刑的正当性及合理限制》,载万鄂湘主编:《司法体制改革与刑事法律适用研究——全国法院第二十一届学术讨论会论文集》(下),人民法院出版社 2009 年版,第 952—954 页。

时,被民警抓获。公安人员从室内查获准备贩卖的各类发票 21 万余份、单位印章 65 枚以及非法所得的赃款若干。经鉴定,查获的各类发票均是非法制造的假发票,各类单位印章均是伪造的印章。

本案犯罪事实清楚,证据确实、充分,被告人贩卖假发票 420 余份,根据有关的司法解释,在其家中搜查到的 21 万余份假发票也应该计入其贩卖的数额中,对被告人应该在 3 年以上 7 年以下有期徒刑的量刑幅度内判处主刑。在法院审理期间,被告人家属通过种种关系向法院表示希望以预交罚金的方式换取缓刑。最终,在被告人家属预先交纳 10 万元罚金后,法院判处被告人夏某某犯出售非法制造的发票罪,判处有期徒刑 3 年,缓刑 5 年,并处罚金 10 万元。

如上文所言,司法实践中,通过预交罚金进行的"审辩交易"往往混杂各种因素,如一些案件证据存在瑕疵,承办法官要求被告人预交罚金并承诺从轻处罚只是一种策略,被告人可能会以为自己预交的罚金换取了较轻的主刑,但实际情况可能是因为存在证据瑕疵导致法官难以下判。下面的一个案例反映了法官基于法律适用困难、证据不足以及避免麻烦等动因,通过要求被告人预交罚金并承诺判处缓刑的方式与辩方达成了"审辩交易"。

**案例 6** 被告人万某某伙同万某、金某某(均另案处理)于 2010 年 6 月至 2010 年 12 月期间,在 Y 市 C 区 D 街道办事处 E 路 39 号、附 18 号、F 小区 6 幢 19-9 号三人家中,采取利用电脑、打印机将票价、时间等信息印到空白交通运输发票上的方式,伪造交通运输发票共计 8000 余张,并将其伪造的交通运输发票共计 4000 余份出售给他人。被告人万某某于 2010 年 12 月 3 日在上述地点被公安人员抓获归案。公安机关在其家中查获其伪造的交通运输发票共计 138 张,空白交通运输发票共计 47430 张,其中用于出售的 Y 市商业统一发票(规格为每本 75 张,一式三联)共计 12 本,用于出售的 Y 市定额发票共计 644 张。经鉴定,以上发票全部系伪造的。

本案被告人万某某与万某系父女关系,与金某某系夫妻关系,本案的关键是被告人曾经将伪造的交通运输发票共计 4000 余份出售给他人,但关于该笔犯罪事实的在案证据只有万某某和万某的供述,没有其他证据印证。对于万某的供述的定性,在理论界与实务界均存在争议,即存在证言与被告人供述两种观点。[32] 如果将其定性为被告人供述,则无法认定被告人万某某曾经出售非法制造的发票 4000 余份给他人,因为我国《刑事诉讼法》明确规定,只有被告人供述没有其他证据的,不能认定犯罪事实。本案的问题是如果不能证实被告人曾经出售 4000 余份假发票给他人,被告人持有大量假发票的事实是否构成犯罪就成了问题。因为此案发生在《刑法修正案(八)》出台之前,案发时刑法还没有规定非法持有假发票罪。本案经过院庭长讨论以后[33],一致认为认定被告人的行为构成出售非法制造的发票罪的证据不足,可以考虑定非法制造发票罪,但被告人在空白发票上打印票价、时间等信息的行为是否属于刑法规定的"制造",院庭长和承办法官心里都没有底。为了避免案件上诉后被上级法院改判或者发回重审,承办法官可以在判决前向上级法院请示汇报,但请示汇报会导致案件审理周期的延长,不仅耗费时间,还会影响绩效考评结果。结果,在辩护人提出预交罚金以换取缓刑的建议后,审辩双方很快达成交易,被告人在预交 10 万元罚金后,法院认定其行为构成非法出售发票罪,对其判处有期徒刑 3 年,缓刑 5 年,并处罚金 10 万元。

以上从达成交易的主要因素的角度对"审辩交易"现象作了一定的分类,事实上,对于"审辩交易"可以从不同的角度作出不同的分类。另外,由于司法实践中问题的复杂性,各种影响交易达成的因素可能交织在一起,从而共同促成了"审辩交易"的达成。但不管"审辩交易"是如何达成的,其实质都是审判方与辩护方在各自让步的基础上就定罪量刑问题达成一致。

## 二、刑事诉讼中的"审辩交易"是如何达成的

通过上文的实证考察可以发现,各种类型的"审辩交易"在司法实践中并非罕见。那么,"审辩交易"是如何达成的呢? 对于"审辩交易"的达成,法官的交易动机是什么? 其有何交易筹码? 被告方在交易中处于什么

---

[32] 参见聂昭伟:《同案被告人口供的证据价值研究》,载《现代法学》2005 年第 6 期,第 111 页。

[33] 院庭长讨论案件是基层法院的一种重要的案件决策机制,对该机制的实证研究,参见王彪:《基层法院院庭长讨论案件机制研究》,载《中国刑事法杂志》2011 年第 10 期,第 66—76 页。

状态?作为国家法律监督机关的检察机关对于"审辩交易"持什么态度?被害人对于"审辩交易"有何看法?

(一)压力驱动与大权在握的法官

按照现代刑事诉讼的一般原理,法官在刑事审判中应遵循中立原则,"法官中立是指法官在三方组合的诉讼结构中,保持客观中立,不偏不倚。除了不能做自己案件的法官外,还包括利益规避原则和角色分离原则,利益规避原则要求防止审判人员因其偏向性处理而获利,即防止审判程序中的'利益驱动'。角色分离原则要求在诉讼角色和审判程序的设置上,要求法官客观中立,防止审判官代行控辩职能而形成'角色冲突'"[34]。然而,刑事司法实践中大量存在的"审辩交易"现象则说明法官在刑事诉讼中并没有秉承审判中立原则。那么,是哪些因素导致法官偏离中立地位,进而与辩方进行交易呢?

事实上,决定法官采取以"审辩交易"的方式结案的因素有很多,如各种正式的或者非正式的制度安排、社会环境、司法体制、司法理念等。正如有学者所言,"中国法院和法官的行动策略,在很大程度上也是制度激励的结果。制度对法院和法官的影响,小部分从观念层面上通过长期的教育和灌输而内化为法官的观念;大部分则是通过激励机制发生,即通过成本、收益、机会甚至直接的奖励或惩罚而对法官产生激励"[35]。也就是说,基于法官的"理性经济人"假设[36],法官在面临选择时总是倾向选择有利于自己的选项。我们可以将此处的制度激励作扩大解释,即所有能够激励法官选择"审辩交易"的因素。

那么,是哪些因素激励法官选择以"审辩交易"的方式结案呢?笔者认为,司法实践中的各种正式的或者非正式的制度安排、司法习惯以及整个刑事司法环境对法官行为的导向等因素促使法官选择"审辩交易"作为结案方式。这些因素综合在一起,给案件的承办法官以巨大的压力,在压力面前,作

---

[34] 龙宗智:《刑事庭审制度研究》,中国政法大学出版社2001年版,第37—38页。
[35] 翁子明:《司法判决的生产方式:当代中国法官的制度激励与行为逻辑》,北京大学出版社2009年版,第21页。
[36] 参见王雷:《基于司法公正的司法者管理激励》,法律出版社2010年版,第215页。

为一个理性的选择者,法官一般会选择将压力转移。[37] 法官面临的压力包括:(1)控辩双方的压力。我国刑事司法系统内各部门都有各种各样的考核指标,对于公诉机关而言,判决无罪是对其工作的最大否定[38],因此,公诉机关总是想方设法阻止无罪判决的出现[39]。而一些证据不足的案件,如径直判决有罪将面临上诉审被改判的风险,改判又意味着上级法院对下级法院工作的否定,要么否定别人,要么自己有被否定的风险,承办法官面临双重压力。(2)上级法院的压力,如在法律适用上存在疑难时,贸然判决则面临案件被改判的风险,一旦案件改判,法官将面临没面子、经济利益损失、影响政治前途等一系列不利后果。(3)各种考核指标的压力,如在刑事附带民事诉讼中,强调通过调解方式结案,对附带民事诉讼的调撤率要进行考核。(4)案件数量的压力,目前,基层法院普遍存在案多人少的矛盾,案件数量

---

[37] 司法实践中,法官需要承受各种压力,但法官承受压力的能力却是有限的,在巨大的压力面前,法官要么垮掉,要么采取某种方式将压力转移。参见康伟:《"错案追究"与"严打"制度设计下的理性与情绪——"枪下留人案"的司法困境与心理倾向分析》,载陈兴良主编:《中国死刑检讨——以"枪下留人案"为视角》,中国检察出版社 2003 年版,第 128—135 页。

[38] 司法机关的业务考评种类很多,其中对"错"的考评(包括"错案")是一个重要的指标,对"错"的考评一般实行"一票否决制""连带责任制"。参见黄维智:《刑事司法中的潜规则与显规则》,中国检察出版社 2007 年版,第 4 页。早在 20 世纪 80 年代末期,一些地方检察机关,如北京市、上海市人民检察院,就开始探索建立绩效考核制度。到 20 世纪 90 年代,一些地方检察机关的绩效考核制度逐渐系统化。例如,北京市人民检察院于 1990 年制定了《北京市人民检察院机关目标管理岗位责任制试行方案》及《北京市人民检察院机关目标管理岗位责任制实施细则》。在吸收各地关于绩效考核经验的基础上,最高人民检察院于 2005 年发布了《检察机关办理公诉案件考评办法(试行)》,最高人民法院于 2008 年发布了《关于开展案件质量评估工作的指导意见(试行)》,2010 年最高人民检察院发布《最高人民检察院考核评价各省、自治区、直辖市检察业务工作实施意见(试行)》及其《最高人民检察院考核评价各省、自治区、直辖市检察业务工作项目及计分细则》,2011 年最高人民检察院发布《关于进一步建立健全检察机关执法办案考评机制的指导意见》,2014 年最高人民检察院发布《关于进一步改进检察业务考评工作的指导意见》。

[39] 正如有学者在实证研究中所观察到的那样,"检察院对不起诉率、撤诉率和无罪判决率的控制,也使得检察官倾向于和法官频繁联系,无论是用软化还是强硬手法;而法官也基本对检察官体谅、通融"。参见朱桐辉:《绩效考核与刑事司法环境之辩——G 省 X 县检察院、司法局归来所思》,载陈兴良主编:《刑事法评论》(第 21 卷),北京大学出版社 2007 年版,第 269 页。从总体上来说,法院、检察机关的一些绩效考评指标将裁判结果与法院(法官)、检察院(检察官)的单位利益或者个人利益相关联,迫使公、检、法三机关之间"重配合、轻制约",固化了法官与检察官之间的"司法同僚"关系。参见姜金良、江厚良:《绩效考评对刑事程序失灵的影响》,载苏力:《法律与社会科学》(第 17 卷第 2 辑),法律出版社 2019 年版,第 201—220 页。

多,法官负荷重[40],加之法院内部复杂的层层审批手续,如果大量的案件被告人不认罪,会导致案卷如山般地堆积在法官的案头,在严格的审限要求下[41],法官只有加班加点完成工作任务。通过"审辩交易"的方式结案,法官面临的前三种压力可以得到化解,第四种压力可以大大减轻。通过"审辩交易"结案的案件,还有其他好处,例如,判决书简单写写就可以了,被告人一般不会上诉,法官也就不会面临案件被改判的风险,最终法官就会在系统内部获得职业荣誉。

以上只是从一个角度解释了法官为什么有动力进行"审辩交易",但如果被告人不愿意交易,法官有什么筹码能够让被告人"选择"以交易的方式结案呢?一般来说,法官的筹码来自法官的自由裁量权,主要体现在两个方面:一是法官在法律规定的审限内对何时宣告判决享有裁量权;二是法官在法定刑幅度内对具体案件的量刑享有裁量权。当法官遇到需要通过交易解决的案件时,这两种裁量权就成了法官对被告方施加压力的重要筹码。面对来自享有巨大裁量权的法官的要约,被告方即使不愿意接受,通常也难以拒绝。

**案例7** C检察院指控被告人谢某某于2008年6月12日14时许,在Y市C区W路71号4单元5-2户,采取撬门入室的手段,盗走被害人庾某某现金12000元和价值1532元的足金耳环1对,戒指、像章各1枚。同年8月27日,被告人谢某某在Y市C区某地月光网吧被公安民警抓获。公诉机关认为,被告人谢某某的行为已构成盗窃罪,且系累犯,要求依照《刑法》第264条、第65条第1款之规定判处。

被告人谢某某对公诉机关指控其犯盗窃罪的罪名无异议,但辩称其只窃得现金2000元和金耳环、戒指、像章等物,且退赃1000元。请求从轻处罚。

因为本案被告人谢某某的同案犯在逃,能够证实被告人谢某某盗窃12000元现金的在案证据不足,承办法官在法庭审理过程中"要求"被告

---

[40] 司法实践中,法官在办理案件之外,还要进行大量的政治学习、专项工作等。参见贺卫方:《超越比利牛斯山》,法律出版社2003年版,第80—87页;姜峰:《法院"案多人少"与国家治道变革——转型时期中国的政治与司法忧思》,载《政法论坛》2015年第2期,第27页。

[41] 实践中,法官往往非常关注审限问题,相关实证研究,参见马静华:《刑事审限:存废之争与适用问题》,载《甘肃政法学院学报》2008年第2期,第90页。

认罪,并明确承诺如其认罪将被判处最低主刑,即有期徒刑 3 年。但被告人始终坚持自己的说法,即盗窃 2000 元以及金耳环等物。最终,法院认定的案件事实如下:

> 被告人谢某某于 2008 年 6 月 12 日 14 时许,在 Y 市 C 区 W 路 71 号 4 单元 5-2 户,趁室内无人之机,采取撬门入室的手段,盗走被害人廖某某 2000 元以及价值 1532 元的足金耳环 1 对,戒指、像章各 1 枚。被告人谢某某于同年 8 月 27 日,在 Y 市 C 区某地月光网吧被民警抓获归案,后退出赃款 1000 元。另查明,被告人谢某某因犯盗窃罪于 1998 年 9 月 23 日被本院判处有期徒刑 12 年,2006 年 5 月 7 日刑满释放;2007 年 5 月 24 日因盗窃行为,被 Y 市人民政府劳动教养管理委员会决定劳动教养 1 年,2008 年 5 月 13 日解除劳动教养。

承办法官在判决书中写道,被告人谢某某辩称其盗窃现金数额为 2000 元的辩解理由成立,本院予以采纳。但在判决时根据《刑法》以及最高人民法院《关于审理盗窃案件具体应用法律若干问题的解释》(已失效)第 6 条第(三)项第 4 目之规定,认定被告人的行为构成情节严重,判决被告人谢某某犯盗窃罪,判处有期徒刑 4 年,并处罚金 6000 元。也就是说,承办法官表面上采纳了被告人的辩护意见,但在量刑上却从重处罚,实际上这是对被告人不愿"合作"的惩罚。[42] 判决宣告后,被告人对一审判决提起上诉,但由于承办法官已经事前与上级法院沟通过[43],上级法院判决维持原判。

### (二)在主动与被动之间的被告方

一般来说,"审辩交易"中的被告方有两种类型:一种是主动要求交易型;另一种是被动进行交易型。那么,这两种类型的被告方分别是基于何

---

[42] 在美国,有法官曾经告诉律师其如何对拒绝接受答辩条件的被告人进行量刑,即"他占用了我的时间,我也要占用他的"。参见魏晓娜:《背叛程序正义:协商性刑事司法研究》,法律出版社 2014 年版,第 39 页。

[43] 在很多情况下,上诉审因法官事前的沟通、请示等流于形式。参见朱立恒:《刑事审级制度研究》,法律出版社 2008 年版,第 229 页;对绩效考评与案件请示做法的批判,参见廖明:《〈关于规范上下级人民法院审判业务关系的若干意见〉评析——以刑事审判业务为视角》,载张军主编:《刑事法律文件解读》(总第 79 辑),人民法院出版社 2012 年版,第 118 页;王超:《刑事审级制度的多维视角》,法律出版社 2016 年版,第 437 页。

种原因与法官进行交易呢？他们在交易中有何筹码保证其能够与法官进行讨价还价？

对于主动要求交易型的被告方，可以根据不同的标准进行分类。根据事实认定和法律适用是否存在问题，可以将其分为两种：一种是事实认定和法律适用均没有问题的情况下被告方主动要求交易；另一种是事实认定或者法律适用存在问题的情况下被告方主动要求交易。根据交易的真实原因，可以将其分为常规交易和权力、金钱因素介入的交易。不管是主动要求交易的被告方，还是被动接受交易的被告方，其参与交易的动机都是一样的，即通过交易获得尽可能轻的处罚。一般来说，被动交易型的被告方面临较轻处罚的诱惑更大，因为法官主动要求被告方进行交易，则说明案件在事实认定、法律适用等方面可能存在一定的问题。此时，法官在被告人认罪后对被告从轻处罚的幅度较大，如判处缓刑、判处与实际羁押时间差不多的刑期（在调研地区，俗称"比到判"）等。具体来说，被告方一般是基于以下几个原因与法官进行交易的。

对被告人来说，在证据较为充分的案件中，通过认罪，被告人可以得到一定的量刑折扣；而在证据不那么扎实的案件中，被告人和其辩护人可以与法官讨价还价，或者可以早日解除被羁押的状态并被判处缓刑，或者获得比其预期低得多的刑罚，而在一般民众的心目中，判处非监禁刑就等于没有判刑[44]，因此，被告人有动力进行"审辩交易"。那么，在一些证据不怎么扎实的案件中，被告人为什么不坚持不认罪呢？主要是因为预期结果的不确定性以及现实条件的诱惑太大，具体原因如下：一是被告人及其辩护律师对于什么样的案件确实属于证据不扎实的案件心里没底，一般而言，不敢冒着被从重处罚的危险与法官对抗。二是即使证据不那么扎实，但如果承办法官要求公诉机关补充侦查、进行庭外调查或者在判决下达前与上级法院沟通过，被告人的不认罪很难获得法官的支持，即使上诉也很难成功。也就是说，不认罪有风险，但通过认罪获得的"优惠"却是实实在在的。三是被告人本身没有什么可以与法官相抗衡的"筹码"，这一点与德国刑事司法实践中的"审辩协商"不同，德国刑事被告人拥有各种程序

---

[44] 有学者认为，"在农村人的意识里，判了缓刑，不进监狱，就如同没有判刑一样"。参见代志鹏：《司法判决是如何生产出来的——基层法官角色的理想图景与现实选择》，人民出版社 2011 年版，第 112 页。其实，在一般民众看来，缓刑确实和没有判刑一样，当然，有固定工作的国家工作人员会因缓刑受到影响的除外。

性权利,其可以通过放弃这些权利的方式与法官达成交易。[45] 四是辩护律师的说服,因为被告人并不知道案件证据如何,法律是如何规定的,更不了解司法实践中是如何操作的,辩护律师一旦提出希望被告人认罪的要求,一般的被告人(职务犯罪除外)通常会接受,就像病人通常会按照医生的要求看病吃药一样。五是有的被告人本来就是抱着侥幸心理拒绝认罪,自以为没有多少证据证明他有罪,但是,在了解拒不认罪可能遭受重判、认罪可以获得轻判的结果之后,通常会选择以认罪换取从轻处罚的处理方式。至于案件证据是否充分,适用法律上有无困难,那是法官关心的事情,被告人关心的仅仅是结果。综上,在对认罪并与法官达成交易以及不认罪的后果进行比较后,大部分理性的被告人会选择"合作",即认罪并与法官达成"交易"以换取较轻的判决。

那么,被告方有何筹码与法官进行交易呢?根据笔者的观察,被告方的筹码主要有三个:一是被告人的认罪,被告人的认罪对法官来说有三个诱惑,即省去写长篇判决书并进行充分说理等麻烦、对于事实认定和法律适用存在疑难的案件则避免案件被改判或者发回重审的风险以及优化法官个人的审判质效指标;二是被告人通过赔偿损失或者缴纳罚金表示认罪、悔罪,要么可以使被害人得到看得见的利益,从而不再纠缠法官或者法院[46],要么可以增加法院的收入;三是在中国目前的人情社会,被告方往往通过一定的社会关系对法院或者法官个人施加影响,导致法官不得不适当考虑被告方的要求。

(三)作为旁观者的公诉方

在中国的刑事法庭上,公诉人往往会说:"我受××检察院指派出庭支持公诉,并对法庭审判依法监督。"那么,作为法庭审判的监督者[47],公诉人对"审辩交易"是一种什么态度呢?为此,笔者访谈了 C 基层检察院的 S

---

[45] 参见李昌盛:《德国刑事协商制度研究》,载《现代法学》2011 年第 6 期,第 158 页;[英]Regina E. Rauxloh:《德国刑事协商的立法规制——新立法能否解决协商困境?》,王彪译,载李昌盛主编:《刑事司法论丛》(第 6 卷),中国检察出版社 2019 年版,第 295 页。

[46] 关于被告人赔偿被害人对法官的影响,参见陈瑞华:《刑事诉讼的私力合作模式——刑事和解在中国的兴起》,载《中国法学》2006 年第 5 期,第 20 页。

[47] 出庭检察官的角色存在争议,关于公诉人角色与法律监督者角色的冲突,参见陈卫东、陆而启:《检察官的角色——从组织法和诉讼法角度分析》,载《法学论坛》2005 年第 4 期,第 37 页;龙宗智:《检察官该不该在庭上监督》,载《法学》1997 年第 7 期,第 47—48 页。

检察官,S检察官给出了以下解释:

> 作为公诉人,我们最关心的是起诉指控的事实和罪名能否被认定,其他的则关注较少。名义上说我们可以对法院的审判工作进行监督,但事实上检、法两家更多的是一种配合关系。基于不同的立场,检、法两家经常就某一案件看法不同,但检察系统内部是以判决结果来考核我们的公诉工作的,因此,我们经常需要法院的配合,如对于法院拟判处无罪的案件可以通过认定较轻罪名或者判处较轻刑罚等方式来解决。"审辩交易"这种现象确实存在,但大部分通过"审辩交易"方式结案的案件,本身存在这样或那样的问题,法院通过交易的方式结案也是没有办法的事情,至于法院为了收取罚金而对被告人从轻判处主刑,这本来就是法官自由裁量权范围内的事情。

可以发现,公诉人最关心的问题是被告人能否被定罪,其次关心的问题是法院判决是否改变指控的罪名[48],最后是对于指控的事实能否全部认定,而对于法官的量刑一般不怎么关心。同样,公诉人作为"理性经济人",其行为模式的选择在很大程度上也是内部考评机制激励的结果。检察机关的内部考评指标中,最重要的指标是无罪判决率,一般来说,判决一个案件无罪,相当于否定了检察机关全年的工作,导致其丧失各种评优评先的机会。与法院一样,检察院为了应付上级检察机关的考核,对其内部工作人员下达了各种考核指标,因此,对于公诉人个人而言,如果其承办的一个案件被判决无罪,其将面临一系列不利后果,如丢面子、领导的责备以及内部的反复审查等,甚至其政治前途都可能受到不利影响。由于事实认定的不确定性[49],公诉人无法保证其承办的每一个案件都不出现问题[50],因此,与法官搞好关系便成了每个公诉人关心的问题。至于法官是如何与辩方进行交易的,法官的量刑是否公正合理,不是其关心的重点。一般而言,对于明显偏轻的判决,公诉人会向承办法官询问,但当听说是因

---

[48] 有学者在某沿海城市的调研结果与此类似,即判决无罪与改变指控罪名对检察机关的影响很大。参见朱桐辉:《刑事诉讼中的计件考核》,载苏力主编:《法律和社会科学》(第4卷),法律出版社2009年版,第268页。

[49] 参见董玉庭:《疑罪论》,法律出版社2010年版,第115—119页。

[50] 有学者认为,司法的可错性是司法的内在属性之一,在司法人员谨慎、尽职、善意审理的前提下,具体案件的事实认定和法律适用等方面依然存在出现错误的可能性。参见陈科:《论司法的可错性》,载《法学》2020年第12期,第80—96页。

为事实认定或法律适用出现疑难以及案外因素的影响等原因而进行的交易时,公诉人一般不会有任何意见。

事实上,"审辩交易"在一定程度上还帮助公诉人解决了难题。在一些事实认定存在问题的案件中,被告人如果拒不认罪,案件就有可能面临无罪判决的危险。在面对这种情况时,公诉人一般会在法庭上大声斥责被告人,并严厉"警告"被告人不认罪将面临的不利后果。[51] 在"警告"无效后,公诉人则将希望寄托在法官身上,即希望法官继续施加压力从而迫使被告人认罪。在这类案件中,"审辩交易"的达成对于公诉人来说是求之不得的。

### (四)被和解或者不知情的被害方

被害人的情况可以分为两种类型来分析,一类是有被害人出庭的案件,另一类是没有被害人出庭的案件。有被害人出庭的案件,绝大多数是刑事附带民事诉讼案件,此时的"审辩交易"往往伴随着被告人对被害人的赔偿以及被害人对被告人的谅解,也就是所谓的刑事和解,因为此时的被害人在经济上得到了补偿,对于法院对被告人的从轻处罚一般不会有什么异议,甚至对被告人从轻处罚本身就是其能够获得足额赔偿的主要原因。[52] 本来,被害人获得经济赔偿是其应有的权利,但被害人在获得经济赔偿时往往被要求出具"谅解书",有了被害人的"谅解书",法院对被告人从轻处理就更加有理有据了。当然,原则上被害人也可以不出具"谅解书",如果被告人不主动履行经济赔偿义务,其可以要求法院判决,并在判决生效后申请法院执行,但能否执行到位则要看被执行人有无财产可供执行,同时,申请执行需要花费大量的时间和精力,成本过高。[53] 以下的一个案例就是法官劝导被告人设法与被害人达成"和解",进而通过"审辩交易"的方式结案的。

**案例 8** 被告人赵某某于 2008 年 6 月 22 日 15 时 42 分许,驾驶小型越野客车由 Y 市 J 区往 H 方向行驶,当车行至 Y 市 C 区 J 隧道路段

---

[51] 对于被告人当庭翻供被公诉人警告的情况,参见左卫民等:《中国刑事诉讼运行机制实证研究(五)——以一审程序为侧重点》,法律出版社 2012 年版,第 192 页。

[52] 关于刑事和解中加害方和被害方利益的契合,参见陈瑞华:《刑事诉讼的中国模式》(第二版),法律出版社 2010 年版,第 10—12 页。

[53] 执行难及其引发的执行权优化配置改革,参见王彪:《论执行权优化配置的三维视角》,载江必新主编:《执行工作指导》(总第 38 辑),人民法院出版社 2011 年版,第 194—202 页。

时，与同向行驶的两轮摩托车尾部相撞，造成摩托车驾驶员杨某某当场死亡。随后，被告人赵某某弃车逃离现场，后于同日20时许到公安机关投案。经公安机关交通管理部门认定，被告人赵某某承担本次事故的主要责任。

在本案审理过程中，被害人家属提起了附带民事诉讼。如果双方对附带民事诉讼不能达成和解，承办法官将要花费大量的时间计算附带民事部分的赔偿金额，而作出的附带民事部分的判决却不一定能够得到执行，被害人家属将面临一无所得的结果。因此，承办法官与被告人达成口头协议，被告人如果能够赔偿被害人家属的经济损失，并与被害方达成和解，将对被告人判处缓刑，同时，对被告人也施加了压力，一旦达不成赔偿协议将会被判处监禁刑。最终，被告人赵某某与被害人杨某某的家属达成协议，赔偿被害人家属437200元，在判决时已支付30万余元。最终，法官对被告人判处缓刑。在该案中，承办法官之所以一再劝导被告人与被害人家属达成和解协议，主要动因有两个：一是法院内部对刑事和解的强调，刑事附带民事诉讼案件的"调撤率"（附带民事部分以调解方式结案和撤诉案件之和除以所有刑事附带民事案件数）是年底考核的重要内容之一；二是刑事附带民事诉讼的判决书难写，法官要对各种赔偿项目进行精确计算得出准确的数额，赔偿数额稍有出错就会面临被二审改判的风险。

在被害人不出庭的案件中，因为被害人没有参与刑事诉讼的具体过程，无法知道案件的审理进展情况[54]，更不可能知道"审辩交易"的相关情况，因而无法有效影响"审辩交易"的进行。另外，即使在被害人出庭的案件中，被害人对于发生在审辩双方之间的交易也是一无所知，其最多知道因为被告人赔偿了一定数额的金钱而获得了法官的从轻处罚。

综上，在"审辩交易"中交易的双方各有所得，一般会很默契地相互配合。法官既面临内部考核的压力和案多人少的压力，又有改变罪名和从轻判刑的裁量权，二者的结合使法官既有动力又有筹码与被告方达成认罪轻判交易；对于被告人而言，其参与交易的动机是获得尽可能轻的判决；公诉人出于成功追诉犯罪的客观需要以及内部考核的现实压力，对能够确保公诉结果为有罪判决的"审辩交易"乐见其成，甚至会协助法官迫使被告人认

---

[54] 我国刑事诉讼中，被害人的知情权经常被漠视。参见房保国：《被害人的刑事程序保护》，法律出版社2007年版，第226页。

罪,至于法官给予被告人的"量刑折扣",只要不明显违反法律规定,公诉人并不关心。有被害人的案件中,被害人要么"被和解",要么对"审辩交易"乃至诉讼进展情况不知情,对"审辩交易"更没有参与权,一般也不会对交易的达成产生实质性影响。

## 三、如何看待刑事诉讼中的"审辩交易"现象

现代刑事诉讼的基本构造是"法官作为第三方居于其中,踞于其上,公正裁判,解决纠纷"的三角结构(或称诉讼结构)[55],法官在刑事审判中应该保持中立地位,因此,法官不应与辩方进行任何交易。那么,到底是什么因素促使法官与辩方进行交易呢?除上文分析的交易动机之外,还有没有什么深层次的原因呢?

### (一)产生"审辩交易"现象的根本原因

正如上文所分析的,"审辩交易"现象之所以能够发生,在很大程度上是因为承办法官承担了巨大的压力所致,法官选择进行"审辩交易"只是其转移压力的一种方式。其实,这种现象不是中国所独有,即使是职权主义国家德国,其刑事诉讼中也存在发生于法官与被告方之间的审辩协商。[56] 德国审辩协商的表面原因是司法机关面对日益增多的刑事案件所作出的迫不得已的选择,其深层次的原因则是德国刑事程序的正当化,一方面刑事案件与日俱增,另一方面被告人被"武装到牙齿",此时的司法机关面临巨大的压力,在压力面前,法官自然也就愿意与辩方进行交易了。[57] 那么,我国法官承担的压力是如何产生的呢?根据笔者的观察,审判权力行政化运作机制、不合理的诉讼真实理念、案件分流机制的匮乏以及不当的绩效考核机制是导致法官承担巨大压力的根源。

首先是审判权力行政化运作机制以及不合理的诉讼真实理念的影响。审判权力行政化运作机制是法官选择交易的体制性原因。审判独立是任

---

[55] 参见陈瑞华:《刑事诉讼的前沿问题》(第三版),中国人民大学出版社 2011 年版,第 59—63 页。

[56] See Regina E. Rauxloh, Formalization of Plea Bargaining in Germany: Will the New Legislation Be Able to Square the Circle?, 34 *Fordham Int'l L. J.* 296(2011), p.304.

[57] 参见李昌盛:《德国刑事协商制度研究》,载《现代法学》2011 年第 6 期,第 158 页。

何民主国家的一个核心要素,一般公认其由两项原理组成,即单个的法官独立和司法部门的独立。[58] 然而,在中国,"司法是深深嵌在整个党政的运作机制之中的"[59]。审判独立在中国只能是司法机关依法独立行使职权,"是在接受党的领导和国家权力机关监督下的相对独立"[60]。另外,司法机关除接受党委的领导和人大的监督外,还要接受上级"业务部门的指导和监督"[61]。由此导致的结果是,在司法行政化的法院系统内,法官的审判行为很容易受到其他权力因素的干扰,法官无法抵抗权力因素对刑事审判的干涉,在一些权力因素的干涉下,法官只有通过"审辩交易"的方式结案才能实现各方利益的最大化;另外,由于没有法官职位保障制度[62],法官的判决必须充分考虑内部考核机制的要求,因此,法官在判决时就不得不对判决产生的后果进行评估,如可能的上诉以及案件被改判或发回重审的风险,为了规避这些风险,法官主动或者被动地进行交易可以说是一种现实的理性选择。

从真实发现的角度来看"审辩交易",真实发现过程中的"绝对化"倾向及现实保障条件的匮乏是法官选择交易的根本原因。真实发现中的绝对化倾向表现在两个方面:一是法官必须"忠于案件事实真相"被理解为必须努力发现案件的客观事实,对案件事实的认定必须建立在确实充分的证据基础之上,而不管被告人是否认罪。二是每个案件的事实认定只有一个标准答案,如果下级法院的事实认定被上级法院否定,例如,发回重审或者改判,则下级法院以及承办该案的法官将在内部考评中承担不利后果,不管上级法院改变原判事实认定是基于认识原因还是其他原因。然而,确保

---

[58] 参见李昌林:《从制度上保证审判独立:以刑事裁判权的归属为视角》,法律出版社2006年版,第5—38页;[以]巴拉克:《民主国家的法官》,毕洪海译,法律出版社2011年版,第76—77页。

[59] 汪庆华:《政治中的司法:中国行政诉讼的法律社会学考察》,清华大学出版社2011年版,第16页。

[60] 陈光中等:《中国司法制度的基础理论问题研究》,经济科学出版社2010年版,第54页。

[61] 侯猛:《政法传统中的民主集中制》,载《法商研究》2011年第1期,第124页。

[62] 我国目前法官工资由地方财政支付,其待遇与其行政级别挂钩,没有体现司法机关的特殊性。而我国法院内部频繁的行政性调动使法官与法院内行政人员的身份经常互换,相关的研究,参见艾佳慧:《司法知识与法官流动———一种基于实证的分析》,载《法制与社会发展》2006年第4期,第97—103页。近年来进行的员额制改革试图提高法官的待遇,但从目前来看,效果仍有待观察。

案件事实真相的发现只能是一种理想,在司法实践中,发现事实真相的保障条件明显不足:第一,公安机关的侦查水平和能力严重不足,一些案件在证据收集方面不够规范,甚至存在违法取证的情形,而检察机关在现有条件下并不可能保证每一件公诉案件都达到证据确实充分的程度;第二,由于检察机关在审查起诉方面把关不严,或者在审判阶段没有尽到证明被告人有罪的举证责任,有的案件中认定被告人有罪的证据明显不足,但往往被告人已经受到审前羁押,法院如果以无罪判决终结诉讼,将面临来自公安、检察机关甚至其他领导部门的巨大压力;第三,"重实体轻程序""重打击轻保护"的观念在整个社会根深蒂固,对于已经由公安机关侦查终结移送起诉、检察机关依法提起公诉并且被逮捕羁押的被告人,如果法院以案件事实不清、证据不足为由作出无罪判决,可能会引发被害人一方乃至社会公众的不满。毕竟绝大部分被告人事实上是有罪的,以"审辩交易"的形式作出有罪判决,可以满足公众对事实真相和打击犯罪的诉求。

其次是缺乏案件分流机制造成的结果。分流是指刑事案件从通常程序中被过滤出来的状态,它原本主要是与追诉决定相对而言的。随着研究的深入以及实践的发展,其内涵逐渐扩大,泛指一整套将案件从通常程序中过滤过来的机制。[63] 现代各国刑事诉讼都有一系列的案件分流机制,在侦查阶段、审查起诉阶段以及审判阶段都可以实现案件的分流,其中最主要的两种方式是审查起诉阶段的酌定不起诉决定和审判阶段的辩诉交易。就酌定不起诉而言,其在司法实践中存在滥用的情况[64],例如,酌定不起诉的适用范围明显不当,主要表现在对职务犯罪不起诉案件的制约力度明显不足[65];又如,司法实践中的一些做法突破了现行法律的规定,表现为降格指控与选择指控。[66] 而公诉权的滥用,直接导致对公诉权的内部制约机制的加强。[67] 在检察机关内部,对于不起诉、减少起诉内容等有利于被告人的决定要在事前经过层层审批,在事后还会受到反复检

---

[63] 参见姜涛:《刑事程序分流研究》,人民法院出版社 2007 年版,第 1—2 页。
[64] 参见谢小剑:《公诉权滥用形态的发展》,载《中国刑事法杂志》2009 年第 11 期,第 76—81 页;周长军:《公诉权滥用论》,载《法学家》2011 年第 3 期,第 23—35 页。
[65] 参见王昕:《公诉运行机制实证研究——以 C 市 30 年公诉工作为例》,中国检察出版社 2010 年版,第 236 页。
[66] 参见郭松:《实践中的公诉裁量——以实证调查材料为基础的经验研究》,载《四川大学学报(哲学社会科学版)》2007 年第 4 期,第 131—135 页。
[67] 参见谢小剑:《公诉权制约制度研究》,法律出版社 2009 年版,第 244—277 页。

查,如果在事后的反复检查中发现有该诉不诉的现象,还会对承办案件的检察官是否有受贿、渎职等职务犯罪行为进行审查。因此,在有保底犯罪事实的情形下,检察官一般在明知案件中的个别犯罪事实存在证据不足的情况下仍将案件整体起诉,甚至对个别整体存在问题的案件也起诉至法院。对于辩诉交易制度能否引入我国,一直以来理论界持不同意见,主要有肯定论、限制论、否定论和缓行论四种观点。[68] 司法实践中,在2002年所谓的"国内辩诉交易第一案"的孟广虎故意伤害案发生后,一些公诉机关曾经效仿该案的做法,并将其作为一些特殊案件的特殊分流形式。[69] 但在该案发生后不久,最高人民检察院明确表示:"辩诉交易"目前不能用于办案。对酌定不起诉的严格限制与对辩诉交易的明确禁止,其直接后果是大量的案件涌入法院,其中包括很多在事实认定、法律适用方面存在问题的案件,而在法院承担真实发现功能的诉讼环境下,法院承担的压力可想而知。而法院的内部考评机制又不允许其判决被改判或者发回重审,检、法的相互配合关系决定了判处无罪将面临超乎想象的压力,在如此巨大的压力下,"审辩交易"对于法官而言是一种最佳选择。

最后是不当的绩效考评机制的导向。在我国检察机关和法院内部均有严格的绩效考评制度,其中设定了一系列的考核指标。在检察机关内部,其主要的考核指标有不起诉率、无罪判决率、撤诉率等,如前所述,对不起诉的严格控制导致大量的案件涌入法院,而对无罪判决率的控制则意味着这些大量涌入法院的案件必须被判决有罪,一般而言,一个无罪判决就意味着否定了检察机关全年的工作成绩。由于检法两家是一种长期的博弈关系,相互配合对双方均有利,而法院判决无罪对检察院的考核指标有很大的影响,进而会导致公安、检察部门在工作方面的不配合,所以法院在遇到证据不足的案件时很难径直宣判无罪,而是与检察院进行反复的沟通[70],最终的结果往往是通过其他方式避免无罪判决的产生。在法院内部,也有一系列的考核指标,其中最重要的是发改率(发回重审案件数与改

---

[68] 参见宋英辉主编:《刑事诉讼法学研究述评(1978—2008)》,北京师范大学出版社2009年版,第500—502页。

[69] 参见黄文艾等:《中国刑事公诉制度的现状与反思》,中国检察出版社2009年版,第319页。

[70] 关于判决无罪后公安、检察部门的可能反应,参见朱桐辉:《案外因素与案内裁量:疑罪难从无之谜》,载《当代法学》2011年第5期,第29页。

判案件数之和除以整个刑事案件数),在案件存在事实认定、法律适用方面的疑难问题时,如果对检察机关指控的事实和罪名均予认定,那么当被告人上诉时,案件将面临被改判或者发回重审的危险。在公诉方和被告人的双重压力下,通过"审辩交易"的方式结案是各方都能接受的选择。刑事附带民事案件的调撤率也是一个重要的考核指标,因此,在刑事附带民事诉讼案件中,法官一般都会设法让被告人与刑事附带民事诉讼原告之间就民事赔偿问题达成一致。所以,刑事附带民事诉讼案件的和解往往伴随着"审辩交易"的进行。

以上从三个方面分析了造成法官承担巨大压力的根本原因,事实上,这些因素与其他因素一起造成了四大矛盾,这些矛盾直接导致"审辩交易"的发生。第一,公正审判的合理期待与程序保障不足的矛盾。我国刑事法官承担真实发现义务,社会公众对法官查明案件事实真相并作出公正的判决有较高期望,但在目前情况下,法官和法院权力制约不足,公开程度不够,独立性不强。第二,证据规则和证明标准日趋严格与侦查取证、举证能力不足之间的矛盾。控方举证能力有限,但在证据不足的情况下法官又不能直接判处被告人无罪,面临此矛盾时法官一般会选择诉讼参与各方都能接受的"审辩交易"。第三,案件数量大大增加、法官人手不足与办案质量要求提高之间的矛盾。现阶段,各种刑事案件发案率较高,而在一定时期内,法官的数量有限,每个法官承办的案件数较多,以笔者调研的C法院为例,在2012年前后,平均每个刑事法官每年要承办200件刑事案件,其中有一些案件还属于疑难复杂案件,更麻烦的是,承办法官承办的很多案件,在处理的过程中还需要在法院内部层层汇报、讨论,进一步加剧了人少案多的矛盾,与此相对的是,法院内部对办案质量的要求却逐年提高并设立了严格的考核指标。第四,被告人、被害人权利保障增强与司法资源条件不足之间的矛盾。在现阶段,被告人、被害人的权利保障逐渐增强,面临不利判决时,被告人可以选择上诉、寻求媒体的帮助等方式来维护自己的权益;被害人在面临权益受到侵害时还可以选择信访等方式维权,而在司法资源不足的现实环境下,对于被告人、被害人的权利诉求很难完全满足。

除前文描述的原因之外,还有一些因素也是"审辩交易"得以发生的催化剂。首先,控方履行证明责任的意识不强,在一些案件中,控方的起诉并没有充分的证据支撑,此时,因为事过境迁等原因,补充侦查的效果不一定很理想,考虑到判决无罪对公诉机关和公诉人的影响,法官一般不到迫不得已的地步不会判决无罪,以交易的方式结案符合控审双方的利益。其次,一定时期内的政策导向,如一定时期对刑事和解的强调,对案结事了的强调,使得法官在有被害人的案件中,要求被告人通过提供赔偿与被害人达成和解,出于对"执行难"的恐惧,被害人一般也愿意接受赔偿并出具谅解书。最后,法院基于自身的利益需求,主要体现在法院有强烈的预收罚金的冲动,在一定时期的法院经费保障机制中[71],自筹占有一定的比重,收取罚金然后通过财政返还就是一项重要的收入。如C法院为了鼓励刑庭收取罚金,在2011年年初对刑庭下达了每年300万元的罚金任务,并规定如果完成任务,将按照5%的比例返还刑庭,作为庭里的活动经费。

(二)"审辩交易"现象的利弊分析

如前所述,"审辩交易"的发生是综合因素作用的结果。根据审判中立原则,法官本不该与辩方进行任何交易。然而,司法实践中并没有遵循该原则,"审辩交易"大量地发生。某一制度实践的反复发生,说明现实对该制度有某种需求。实践需要与法律原则产生了悖反,那么,"审辩交易"在现阶段的中国到底有何利弊呢?

目前,"审辩交易"的存在有其一定的合理性,主要体现在以下几个方面:第一,"审辩交易"有利于对已经起诉的刑事案件作出有效处理,使最终裁判的结果得到控、辩、审各方以及社会公众的接受,符合刑事诉讼的公正和效率两大价值目标。第二,在有被害人的案件中,被害人及其家属的赔偿问题得到解决。在现阶段,执行难问题是司法实践中的普遍现象,民事判决难以执行,刑事附带民事部分的判决更是如此,在被告人因为犯罪被判处监禁刑以后,被害人及其家属基本上得不到任何民事赔偿,于是,可能的涉诉信访就会出现,在"涉诉信访已经成为法院工作非常重要的内容"的情况下,全国各级法院都花费极大的精力来解决涉诉信访问题。最高人民法院如此,地方各级法院更是直接处在访民和上级党委政府的双重压力之

---

[71] 中国基层法院的财政是一种地方型、差异型财政,也是一种吃饭型财政,还是一种带有社会性的财政,所谓带有社会性的财政,即诉讼费、罚没款等是法院财政收入的重要来源。对中国基层法院财政制度的实证研究,参见左卫民:《中国基层法院财政制度的实证研究》,载《中国法学》2015年第1期,第257—265页。

下,以至于信访数量的多少成为衡量法院工作好坏的一个重要指标[72],而通过"审辩交易"的方式,被害人一般都会得到较为丰厚的赔偿,从而消灭了潜在的涉诉信访,在事实上减轻了法院的压力。第三,处理一批疑难案件,弥补正式制度在处理疑难案件方面的缺失,在任何国家的刑事司法实践中,疑难案件都是客观存在的[73],国外可以通过辩诉交易或者认罪交易来处理这些案件,而我国诉讼制度没有为解决疑难案件提供充足的制度资源,唯一的制度资源"疑罪从无"又因为检察系统内部的考核机制以及独特的检、法关系而无法适用。于是,"审辩交易"就成为正式制度之外的解决疑难案件的机制。

当然,"审辩交易"的存在也有其弊端,主要表现在以下几个方面:第一,不利于改善司法环境,提升司法公信力。大量案件通过"审辩交易"方式结案可能会导致法官的责任意识不强,在遇到疑难问题时首先想到的是通过"审辩交易"的方式结案,而不是通过庭外调查或者责令公诉机关补充侦查等方式发现案件的事实真相,更没有判决无罪的担当与勇气,其背后体现了法官的"完成任务"心态。[74] "完成任务"心态有三个特点,即意义丧失、一定程度的目标替代以及结果导向和过程仪式化。[75] 也就是说,法官只考虑将案件摆平即可,至于案件真相是什么、被告人的权利是否得到保障则不是其关心的问题。第二,不利于增强侦查机关侦查取证的能力、公诉机关依法履行证明责任的能力以及法院依法公开、公正审判的能力。大量的证据不足或者证据有瑕疵的案件通过"审辩交易"的方式结案,导致公诉人履行证明责任的意识不强,一些公诉人在法官要求补充侦查的情况下仍不予配合,其典型的心理就是只要能定罪,怎么判刑无所谓。通过"审辩交易"的方式结案最直接的后果是大大减轻了公诉机关的责任,进而导致公诉机关对侦查机关的要求放松,如在批捕阶段、审查起诉阶段放松证

---

[72] 参见汪庆华:《政治中的司法:中国行政诉讼的法律社会学考察》,清华大学出版社2011年版,第104页。

[73] 对疑难案件产生依据的分析,参见董玉庭:《疑罪论》,法律出版社2010年版,第10—37页。

[74] 有学者通过实证研究发现,在基层法院有很多法官抱有"完成任务"心态,"在很多情况下法官处理案件的态度与其说是解决纠纷,还不如说他们更关心的是如何'完成任务'"。参见吴英姿编著:《法官角色与司法行为》,中国大百科全书出版社2008年版,第52页。

[75] 参见肖仕卫:《刑事判决是如何形成的——以S省C区法院实践为中心的考察》,中国检察出版社2009年版,第56页。

据要求,相应的,侦查机关就没有动力增强侦查装备、提升侦查取证能力。由于证据不足或证据瑕疵的客观存在,导致法院无法完全公开、公正地审理一些案件,从长期来看,不利于法院提升审判能力和司法形象。第三,导致适用法律不平等,加剧司法不公,甚至为金钱、权力干预司法提供了便利。"审辩交易"的达成伴随着对被告人从轻判处主刑,这为金钱、权力干预司法提供了机会,被告人可以通过预交罚金、赔偿被害人经济损失等方式换取法院对其从轻判处主刑。第四,被告人的公正审判权受到侵害,一些证据不足的案件还可能出现错判,如上所述,在"审辩交易"中,审辩双方的地位严重不对等,被告人不认罪将面临从重处罚的风险,由此导致被告人面临巨大的诱惑和压力,很难抵挡住法官的要求而不"合作",也就是说,被告人有可能为了得到较轻的处罚而违心地认罪。

## 四、回顾与展望

"审辩交易"现象是笔者在司法实践中发现的一种特有现象,上文对"审辩交易"现象的产生、利弊等问题进行了分析。从法理上来说,"审辩交易"的合理性值得商榷,从现实上来看,"审辩交易"现象的频频出现意味着实践中有此需求。那么,如何尽可能地消除这种现象呢?在认罪认罚从宽制度改革的大背景下,"审辩交易"的命运将会如何?

### (一)回顾

现代刑事诉讼强调人权保障,在美国、德国等西方国家,对被告人权利的保护甚至上升到宪法的高度。[76] 然而,出于维持社会秩序和公众安全的需要,国家必须通过刑事诉讼程序将犯罪的人绳之以法。于是,在人权保障与犯罪控制之间出现了张力。中国亦不例外,正如有学者所言:"中国刑事诉讼制度的发展,一直是围绕着控制犯罪与保障人权的平衡问题来展开的。"[77] 人权保障与犯罪控制之间的张力对公安、司法机关施加了巨大的压力,为了抵消这种压力,各国均允许控辩双方在一定程度上的合作,典

---

[76] 参见周宝峰:《刑事被告人权利宪法化研究》,内蒙古大学出版社 2007 年版,第 123—184 页。

[77] 陈瑞华:《刑事诉讼的前沿问题》(第三版),中国人民大学出版社 2011 年版,第 353 页。

型的如辩诉交易。尽管刑事司法中存在巨大的压力,但在西方国家,这种压力一般都是由公安机关和公诉机关承担,因此,公诉机关有动力与辩方进行交易,以此来化解压力。反观我国,公、检、法三机关相互配合的宪法要求以及现实的制度安排,使得侦查、起诉和审判阶段的诉讼任务基本一致,公、检、法三机关均承担真实发现义务。在注重打击犯罪的司法理念下,出于预防司法腐败的考虑,公安、检察机关对于撤案、不起诉等有利于犯罪嫌疑人、被告人的决定一般要进行严格的审查和限制。因此,公安、检察机关往往在明知一些案件存在问题的情况下仍将案件移送起诉或交付审判。而公安、检察系统的内部考核对于不起诉、无罪判决又有着严格的限制,导致大量有问题的案件涌入法院,但法院却无法完全依照疑罪从无的原则处理案件。因为,"公检法三机关内部业绩考评制度的存在,使得在刑事司法程序运转过程中,后一机关对案件的实体处理结果直接决定前一机关是否办了'错案',并因此影响前一机关的业绩考评结果。这种以后一机关的实体处理为标准的业绩考评制度,造成公检法人员将追求某种有利的考评结果作为诉讼活动的目标"[78]。于是,法院成了承担诉讼压力的主要机关。我们可以将这种司法模式称为压力后置型司法,以此与西方国家的压力前置型司法进行区分。

那么,需要采取什么样的措施促使压力后置型司法的合理转型呢?笔者认为,如果导致"审辩交易"发生的诸多因素没有发生大的改变的话,"审辩交易"必然还会存在,强行将其废除,其也会以其他的方式出现,或者变得更加隐秘。因此,需要对导致"审辩交易"发生的诸多因素进行改革。可以考虑从以下几个方面入手:一是刑事诉讼理念的革新。客观看待审判独立,准确理解审判独立,在此基础上,为法官的独立公正审判提供制度保障,从而使得法官能够按照疑罪从无的原则处理案件,在一定条件下敢于判决无罪。[79] 树立合理的刑事诉讼真实观,明确认识到因为诉讼资源的有限性,不可能在所有的刑事案件中都追求实质真实,在正当程序的保障

---

[78] 陈瑞华:《刑事程序失灵问题的初步研究》,载《中国法学》2007年第6期,第156页。
[79] 当然,疑难案件不一定全部按疑罪从无处理,具体的处理方式应根据案情来决定。参见段启俊:《疑罪研究》,中国人民公安大学出版社2008年版,第18—21页;金钟:《论"疑罪从无"原则之例外——"疑罪从轻"》,载《西南民族大学学报(人文社会科学版)》2011年第12期,第109—115页。

下允许一定范围内的形式真实是不得已的选择[80],可以考虑将量刑折扣明码标价,即允许在一定的范围内,对于被告人认罪的案件,法官在审查被告人认罪的自愿性和明智性之后,直接对被告人定罪并从轻处罚。二是探索多元化的案件分流机制,如扩大酌定不起诉的适用范围、一定范围的辩诉交易等,通过多元化的案件分流机制可以消化掉大部分的简单案件和一部分的疑难复杂案件,从而为审判机关审理疑难复杂案件提供充足的人力、财力和时间。三是调整相关的考核指标,确立合理的绩效考核机制。一些考核指标如无罪率、改判率等直接"导致公检法关系紧密,配合大于制约"[81],因此,对于公安、检察机关而言要确立合理的考核指标,对于法院而言,要取消不合理的考核指标,从而为法官依法判决提供良好的程序环境。四是加强公诉机关履行证明责任的意识,只有公诉机关加强了履行证明责任的意识,并在没有履行证明责任时承担不利后果,法官才能够保证基本的中立性。五是改革法院的经费保障机制,法院在经费得到保障的情况下就不会有收取罚金的冲动。六是建立被害人国家补偿制度,在被害人的经济损失得不到赔偿时由国家提供一定的经济补偿,从而杜绝法官为了被害人获得足额的经济赔偿而不得不与被告人交易的情形。

(二)展望

上述影响"审辩交易"发生的因素,有些已经在悄然改变,例如,与法官依法独立审判相关的审判权运行机制改革,司法责任制改革,干预司法权独立行使的记录、通报、追责制度,与法院经费保障相关的省级以下法院人财物统一管理改革,等等。就绩效考核而言,中央政法委在2015年1月20日召开的中央政法工作会议上,要求中央政法各单位和各地政法机关对各类执法司法考核指标进行全面清理,坚决取消刑事拘留数、批捕率、起诉率、有罪判决率、结案率等不合理的考核项目。[82] 近年来,最高司法机关已经认识到考核指标的设定对司法工作的影响,例如,在2017年9月22日

---

[80] 参见王彪:《刑事诉讼真实观导论》,载陈兴良主编:《刑事法评论》(第28卷),北京大学出版社2011年版,第406—436页。

[81] 朱桐辉:《刑事诉讼中的计件考核》,载苏力主编:《法律和社会科学》(第4卷),法律出版社2009年版,第277页。

[82] 参见陈菲、邹伟:《中央政法委:取消有罪判决率等考核指标》,载《新华每日电讯》2015年1月22日,第2版。

召开的"检察官司法办案及绩效考核机制研讨会"上,实务部门的专家已经认识到司法实践中因不当考核导致的问题不少,如所谓无罪判决率对检察机关的冲击、"入罪容易出罪难"、检察机关"抗轻不抗重"等现象依然存在。这些专家还认为,在以侦查为中心的诉讼模式向以审判为中心的诉讼模式转化时,这些问题应引起检察机关足够的重视,不能为了考核而考核。〔83〕 最高人民法院已经决定取消对全国各高级人民法院考核排名。在上述改革背景下,面对证据不足的案件时,法官依法办案的信心可能会增强,法官也不用再考虑通过预交罚金增加法院的收入,法官也不用过于担心绩效考核问题,法官对待"审辩交易"的态度可能会有一定的变化。

现阶段,对"审辩交易"影响最大的因素可能是认罪认罚从宽制度。认罪认罚从宽制度与"审辩交易"具有一定的相似性,均强调合意,均能体现一定程度的协商。在认罪认罚从宽制度改革的背景下,法官可能因为被告人认罪认罚而减弱"审辩交易"的需求,也可能对"不自愿"的认罪认罚视而不见,协助公诉人对被告人施加压力,还可能直接与被告人进行量刑协商。前者属于认罪认罚自愿性审查的问题,应当通过相应的救济程序等方式解决,后者目前则仍未引起理论界与实务界应有的关注,需要进一步研究。

从制度设计来看,法官在认罪认罚从宽制度中的角色属于"审查者",即审查被告人认罪认罚的自愿性和真实性,审查认罪认罚具结书的合法性和合理性。从立法和相关规定来看,认罪认罚可以在侦查、审查起诉和审判等阶段进行,对于在审前阶段没有认罪认罚而在审判阶段认罪认罚的该如何处理,2019年最高人民法院、最高人民检察院、公安部、国家安全部、司法部发布的《关于适用认罪认罚从宽制度的指导意见》第49条作了规定,即"人民法院应当根据审理查明的事实,就定罪和量刑听取控辩双方意见,依法作出裁判"。对于二审时认罪认罚的,《关于适用认罪认罚从宽制度的指导意见》第50条也作了规定,即"第二审人民法院应当根据其认罪认罚的价值、作用决定是否从宽,并依法作出裁判。确定从宽幅度时应当与第一审程序认罪认罚有所区别"。根据2020年最高人民法院、最高人民检察院、公安部、国家安全部、司法部发布的《关于规范量刑程序若干问

---

〔83〕 参见谢鹏程、邓思清主编:《检察官办案业绩考核机制研究》,中国检察出版社2018年版,第22页。

题的意见》第 24 条的规定,对于因人民检察院没有提出量刑建议、庭前没有认罪认罚等情形,被告人当庭认罪,愿意接受处罚的,人民法院应当根据审理查明的事实,就定罪和量刑听取控辩双方意见,依法作出裁判。从上述规定来看,法院似乎也可以主动适用认罪认罚从宽制度,但法院如何适用认罪认罚从宽制度则不明确。据调研,实践中法官既参与审前具结活动,也参与审判具结活动。法官参与审前具结活动主要是基于两种制度的实施:一是量刑建议征询(沟通)制度,即检察官就指控罪名与量刑建议等问题与法院沟通并征求意见,多数情况下,检察官会听从法官的意见。[84] 二是法官提前介入制度,即检察机关畅通程序让法官提前了解检察机关开展认罪认罚从宽工作的情况,让法官了解和信任检察机关的量刑建议,进而支持检察机关的量刑建议,变控辩双方沟通协商为控辩审三方都可以参与沟通协商。[85] 法官参与审判具结活动,包括庭审前的参与、庭审时的参与和庭审后的参与。[86] 相关用语的模糊性,以及法官有足够的动力参与认罪认罚从宽工作,意味着实践中法官参与认罪认罚从宽工作的普遍性。由此带来的问题是,法官参与认罪认罚从宽工作与其客观中立的角色定位之间有无冲突?法官参与认罪认罚从宽工作是否会给被追诉人带来过大的压力?对于法官参与认罪认罚从宽工作问题,应该持何种态度?在法官参与认罪认罚从宽工作的情况下,如何确保被追诉人获得公正的对待?对这些问题,将来应当加强研究。笔者认为,对于这些问题的解答,最关键的是如何看待认罪认罚从宽制度,对此问题,笔者将另外撰文论述。

---

[84] 参见左卫民:《量刑建议的实践机制:实证研究与理论反思》,载《当代法学》2020 年第 4 期,第 51 页。

[85] 参见胡云腾:《完善认罪认罚从宽制度改革的几个问题》,载《中国法律评论》2020 年第 3 期,第 84 页。

[86] 参见赵恒:《法官参与认罪认罚案件具结活动的模式和法律制度前瞻》,载《政治与法律》2021 年第 1 期,第 41—42 页。

# 第六章
# 刑事诉讼中的"辩审冲突"现象研究

在现代社会,刑事审判是一个通过理性的协商、交涉、论证、争辩和说服等方式解决被告人刑事责任的过程。[1] 理想的状态是,法院、检察院、被告人分别扮演不同的诉讼角色,承担不同的诉讼职责或者享有不同的诉讼权利。按照现代刑事诉讼的一般原理,法官在刑事审判中应遵循中立原则,与控辩双方均应保持一定的距离。然而,现实中的法官与辩方关系却并非如此。随着贵州小河案、江苏常熟"菜刀队"聚众斗殴案等案件中辩护律师与法官之间紧张关系的出现,"辩审冲突"现象逐渐进入学界的视野。有学者甚至以"冲突频起"来形容法官与律师间冲突之频繁。[2] 2014年5月19日,《南方都市报》与中国政法大学公共决策研究中心举办蓟门决策专题论坛,就"回归司法理性——辩审冲突的根源与应对"问题展开了深入的讨论。[3] 北京尚权律师事务所完成的《新刑诉法百日实施状况调研报告》显示,2012年修正的《刑事诉讼法》实施后,律师对会见、阅卷等问题的改善反响积极,但辩审冲突问题意外凸显。[4] 与学界的称呼不同,一些法官将"辩审冲突"称为"闹庭"。如有法官认为,在我国近年来的司法审判

---

[1] 参见陈瑞华:《刑事审判原理论》,北京大学出版社1997年版,第8—16页。
[2] 参见叶竹盛:《法官与律师,错位的冲突》,载《南风窗》2015年第4期,第25页。
[3] 参见李靖云:《辩审冲突的根源与应对》,载《南方都市报》2014年5月18日,第A21版。
[4] 参见刘涌:《新刑诉法"体验"报告  一线律师称"辩审冲突"突出》,载《21世纪经济报道》2013年4月26日,第2版。

实践中,"闹庭"现象愈演愈烈,从刑事审判不断蔓延到行政审判、民事审判。[5] 同时,这些与法官冲突的律师被称为"死磕派律师"。[6] "死磕派律师"的辩护方式被称为"死磕式辩护"[7]、"揭露式辩护"[8]或者"表演性辩护"[9]。

笔者认为,"闹庭""死磕"等词语带有强烈的感情色彩,不宜使用,且一些法官与律师的冲突也不能简单地认为是"死磕派律师"在"闹庭"。另外,"闹庭"指涉的案件范围也要大于"辩审冲突","辩审冲突"现象仅限于刑事案件中,而"闹庭"现象则不仅在刑事案件中存在,在民事或者行政案件中也均有体现。因此,本书用"辩审冲突"来指称刑事诉讼中法官与辩护律师的冲突。毫无疑问,"辩审冲突"现象的频频发生极不正常,亟待关注。本章在收集"辩审冲突"典型案例的基础上,对"辩审冲突"现象予以类型化分析,探究"辩审冲突"的产生原因,剖析"辩审冲突"的危害,对如何减少"辩审冲突"提出有针对性的建议,并对"辩审冲突"的发展趋势予以判断。

## 一、刑事诉讼中"辩审冲突"现象的表现类型

有学者认为,中国律师与法官的典型冲突有四种表现:一是申请回避,二是管辖权异议,三是非法证据排除,四是申请证人、鉴定人、专家辅助人出庭作证。[10] 笔者认为,这一分类过于具体,且不能涵盖实践中所有的"辩审冲突"。但以冲突的内容为依据划分冲突类型的方法值得借鉴。据此,可以将实践中的"辩审冲突"分为三种类型,即程序问题上的"辩审冲突"、证据问题上的"辩审冲突"以及诉讼行为方式上的"辩审冲突"。

---

〔5〕 参见马良骥:《"闹庭"现象与"藐视法庭罪"》,载《人民法院报》2014年5月16日,第7版。
〔6〕 参见叶竹盛:《死磕派律师》,载《南风窗》2013年第18期,第82—84页。值得一提的是,"死磕派律师"的提法得到了"死磕派律师"以及社会公众的认可。
〔7〕 杨学林:《论死磕派律师》,载法邦网(https://lawyer.fabao365.com/21729/article_156634),最后访问日期:2021年10月3日。
〔8〕 梁言:《"磕出"一个法治中国?》,载《检察日报》2013年4月24日,第5版。
〔9〕 李奋飞:《论"表演性辩护"——中国律师法庭辩护功能的异化及其矫正》,载《政法论坛》2015年第2期,第80页。
〔10〕 参见田文昌、蒋惠岭、陈瑞华:《本是同源生,相济匡公正:化解法官与律师冲突,共筑法律职业共同体》,载《中国法律评论》2015年第3期,第8—9页。

### （一）程序问题上的"辩审冲突"

在很大程度上，所有的"辩审冲突"都是审辩双方在程序问题上的冲突，如有学者研究发现，"死磕派律师"的一个典型特征就是"死磕程序"。[11] 原因很简单，不仅因为程序问题有较为明确的规定，还因为程序性规定先于实体性规定得到运用。一般来说，案件的实体性问题主要是有无充足的证据证明被告人犯罪、构成何种犯罪，但这些要等到案件审理结束之后才会有结果，此时辩审双方往往已无发生冲突的机会。具体而言，程序问题上的冲突有广义和狭义两种。从广义上来说，所有的"辩审冲突"都是程序问题上的冲突，而狭义的程序问题上的"辩审冲突"是指辩审双方在回避、管辖等典型程序性问题上发生的冲突。此处所谓的程序问题上的"辩审冲突"，是从狭义上而言的。

司法实践中，辩护律师往往会就管辖、回避等程序问题提出异议，在法官对此置之不理或者不予认可的情况下，有可能会发生"辩审冲突"。关于程序问题上的"辩审冲突"最典型的案件是贵州小河案。[12] 该案庭审刚刚开始，辩护律师就反复申请公诉人和审判长回避，在申请被驳回后，辩方又认为，小河区法院不具有此案的管辖权，在辩方的意见仍未被采纳后，辩方又对非法证据排除的程序问题提出异议。最终，数名律师被驱逐出法庭。江苏常熟"菜刀队"聚众斗殴案是另一个较为典型的案例。[13] 该案庭审过程中，辩护律师提出要求合议庭人员公开住址、婚姻状况、年龄，以及是否通过了司法考试等基本信息，理由是以便于被告方判断是否要求合议庭人员回避。几名律师此时更是以"审判长公然违法"的理由要求审判长回避，而"情绪不稳"的被告人则以"审判长不允许家属旁听""上次判我们的人是你领导"为由，要求审判长回避。当审判长作出"合议庭人员与案件无利害关系，理由不合刑诉法的规定，不采纳"的回答后，在辩护人席上传出

---

[11] 参见王凤涛:《"磕出"中国法治"进步"？——死磕派律师的制度角色与中国司法的策略选择》，载《时代法学》2014年第6期，第5页。

[12] 关于贵州小河案，参见唐宁:《政协委员被控涉黑三年三审——贵州黎庆洪案重审疑云》，载《民主与法制时报》2012年1月16日，第A03版。

[13] 参见丁国锋、王磊磊:《江苏常熟"菜刀队"聚众斗殴案10人律师团"大闹"法庭》，载京师刑事法治网（http://www.criminallawbnu.cn/criminal/Info/showpage.asp?pkID=34481），最后访问日期:2015年11月24日。

的"反对""抗议"声中,律师又提出,审判长是否回避应由院长决定。庭审被迫中止,审判长宣布休庭10分钟。这一是否回避的问题,直到合议庭宣读院长决定后,才得到暂时平息。

一般来说,管辖和回避问题是互相关联的。被告人一方如果认为案件在当地引起过度关注甚至"政治干预",当地的法官、检察官已经无法依法独立办案的,在对法官、检察官逐个申请回避失败后,会提出管辖权异议,或者是管辖权异议被驳回后,再对承办法官、检察官提出回避申请。较早出现此类冲突的案件如2009年李庄案,在管辖权异议被驳回后,辩方又逐个申请法官、检察官回避。在笔者收集的44个涉及"辩审冲突"的案件中,有19个案件涉及管辖、回避问题。其中,比较典型的是2012年贵阳黎庆洪"涉黑"案[14],2011年江苏常熟曾勇、何强等聚众斗殴案[15],等等。前者涉及发回重审后能否降级管辖的问题,后者除涉及回避问题外还涉及理论与实践中均存在较大争议的正当防卫问题。备受关注的2018年吉林辽源王成忠枉法裁判案、2020年内蒙古包头王永明"涉黑"案也涉及管辖、回避问题,王成忠案涉及法院民庭庭长能否在本院受审的问题[16],王永明案涉及公诉人被当场举报涉嫌受贿该不该回避的问题[17],但与其他案件不同的是,这两个案件的管辖权异议不仅引起广泛关注,且有相应的法理基础,最终得到法院的支持,作出了改变管辖的决定。

除管辖、回避等常见事由外,就收集的案例看,被告人一方还可能在共同犯罪案件是否应分案审理、公开审理案件是否应当限制旁听、被告人是否应当取保候审、案件是否应当延期审理、第二轮辩护意见的发表、更换辩护人、阅卷范围、超期羁押以及合议庭组成方式等问题上与法庭发生冲突。

(二)证据问题上的"辩审冲突"

被告人一方除提出管辖权异议、回避申请外,还经常就证据排除、证人出

---

〔14〕 参见唐宁:《政协委员被控涉黑三年三审——贵州黎庆洪案重审疑云》,载《民主与法制时报》2012年1月16日,第A03版。

〔15〕 参见《4·2江苏常熟聚众斗殴案》,载百度百科(https://baike.baidu.com/item4 2江苏常熟聚众斗殴案/9600328?fr=aladdin),最后访问日期:2020年7月25日。

〔16〕 参见《王成忠枉法裁判案庭审实录》,载东方法眼(http://www.dffyw.com/sifashijian/ziliao/201811/45031.html),最后访问日期:2020年7月25日。

〔17〕 参见《包头王永明案:一场令人忧心的庭审百态纪实》,载https://baijiahao.baidu.com/s?id=1672219474805538602&wfr=spider&for=pc,最后访问日期:2020年7月25日。

庭、证据调取等提出申请,对公诉人的举证方式提出异议。在申请或者异议被驳回的情况下,一些辩护律师会反复提出申请,进而引发冲突。在笔者收集的44件涉及"辩审冲突"的案件中,有20件涉及证人出庭、非法证据排除问题。较早的有2008年陕西周正龙诈骗、非法持有弹药案[18],因申请证人出庭引发冲突;2011年广西北海裴金德等人故意伤害案中[19],因证人出庭、非法证据排除问题引发争议;2020年海南海口王绍章"涉黑"案[20],因辩护律师不同意公诉人的举证方式而引发冲突。此外,2014年江西南昌周文斌案[21],因某一新出现的证据是否法律意义上的"新证据"、是否应休庭让律师查阅该证据而发生冲突。

证据问题上的"辩审冲突"一般集中在证据的合法性、证人是否出庭作证等问题上,如法官决定不启动证据合法性调查程序后,辩护律师反复申请排除非法证据,又如辩护律师辩称被告人在纪委调查阶段遭到刑讯逼供,在侦查阶段的重复供述是受之前刑讯行为的影响作出的,因而需要排除。理论界一般认为应当排除这种类型的重复供述[22],但法院一般认为这种情形不属于法院评价的对象。在辩护律师反复申请排除与纪委调查程序有关的重复供述,而法官对此置之不理的情况下,"辩审冲突"一触即发。另外,司法实践中,部分辩护律师将瑕疵证据误认为非法证据,法官在这种情况下一般不会启动非法证据调查程序,此时,若辩护律师坚持申请启动证据合法性调查程序,也会引起"辩审冲突"。

此外,实践中由于部分法官的表述不当,也可能引起"辩审冲突"。笔者调研发现,在某法院审理的江某受贿案中,辩护律师以被告人受到刑讯逼供为由要求排除某份口供,在公诉机关提供了同步录音录像和入所体检表以后,法院认定没有刑讯逼供行为,但又认为:"被告人及辩护人没有提

---

[18] 参见《最新消息:周老虎二审宣判,缓刑三年》,载新浪博客(http://blog.sina.com.cn/s/blog_4ef9035a0100bg7i.html),最后访问日期:2020年8月5日。

[19] 参见曹勇、黄秀丽:《中国律师界杠上北海公安》,载南方周末(http://www.infzm.com/content/61719),最后访问日期:2020年8月5日。

[20] 参见《海口中院就"审判长疑似爆粗口并驱赶律师事件"致歉:工作作风粗糙,对律师不尊重》,载红星新闻(https://baijiahao.baidu.com/s?id=1669940936452766551&wfr=spider&for=pc),最后访问日期:2020年8月5日。

[21] 参见朱明勇:《我为何四次被赶出周文斌案一审法庭?》,载搜狐网(https://www.sohu.com/a/330510380_671251),最后访问日期:2020年8月5日。

[22] 参见王彪:《审前重复供述的排除问题研究》,载《证据科学》2013年第5期,第601页。

供江某受到刑讯逼供的充分证据,故该辩护意见本院不予支持。"从此表述看,似乎被告方应当承担刑讯逼供事实成立的举证责任,且要达到"充分"的程度,这与2012年修正的《刑事诉讼法》第57条(2018年《刑事诉讼法》第59条)的立法精神明显不符。在这种情况下,"辩审冲突"很可能发生。

1996年《刑事诉讼法》确立了"控辩式"审判方式,但学者调研发现,证人出庭作证问题是新的庭审制度在推行中最突出、最难以解决的问题。[23]在证人普遍不出庭的情况下,案卷笔录成为法官决策的重要依据。在案卷笔录中心主义的诉讼模式下,被告人根本无法与证人、被害人当面对质,辩护律师也无法对证人、被害人实施交叉询问。为了有效进行法庭质证,辩护律师常常会向法庭申请证人出庭。然而,出于种种考虑,法庭可能并不愿意证人出庭作证。[24] 为了改变证人不出庭的状况,2012年修正的《刑事诉讼法》对证人出庭作证的条件以及相关保障措施均作了规定,2018年《刑事诉讼法》关于该问题的规定没有变化。然而,对于辩护律师提出的证人出庭作证的申请,在大多数情况下法官仍然不予支持。例如,有学者实证调研发现,2012年修正的《刑事诉讼法》在证人出庭作证问题上虽然作出了规定,但这种规定在实践中已经落空,证人出庭作证率低的现状仍未得到改变。律师普遍反映,申请法院通知证人出庭作证往往得不到支持。[25] 在辩护律师坚持申请证人出庭作证而法官不予准许的情况下,也很容易发生"辩审冲突"。

(三)诉讼行为方式上的"辩审冲突"

在法庭上,控辩审三方都要进行一定的诉讼行为以完成刑事审判。法律和相关司法解释虽然对当事人的权利和义务以及国家公权力机关的职责有所规定,但也不可能事无巨细地规定诉讼各方的具体行为,在这种情况下,刑事审判的有效运行,需要诉讼各方善意地理解法律,需要一个中立、客观的法庭维护庭审秩序。如果辩方有不当行为,或者法官不够中

---

[23] 参见陈光中主编:《刑事诉讼法实施问题研究》,中国法制出版社2000年版,第210页。

[24] 参见左卫民、马静华:《刑事证人出庭率:一种基于实证研究的理论阐述》,载《中国法学》2005年第6期,第171—175页。

[25] 参见韩旭:《新〈刑事诉讼法〉实施以来律师辩护难问题实证研究——以S省为例的分析》,载《法学论坛》2015年第3期,第136页。

立,都可能引起对方的不满,引发诉讼行为方式上的"辩审冲突"。该类"辩审冲突"主要包括辩护律师辩护行为引发的"辩审冲突"和法官审判行为引发的"辩审冲突"。

1. 辩护行为引发的"辩审冲突"

由辩护行为引发的"辩审冲突"形式多样,如在某些案件中法官认为辩护律师的辩护方式较为激烈,对此进行干预时就可能引发"辩审冲突"。在广西北海律师伪证案中,庭审的"火药味"较为浓烈。法庭上的"反对"声,在21天的审判中高达上百次,法官的法槌声也此起彼伏。由于辩护律师不满公诉人的发言,杨金柱律师两次大拍桌子提出抗议,被法官认定为妨碍法庭秩序而在庭审最后一天上午被逐出法庭。[26] 在有些情况下,如果辩护律师不服从法官的庭审指挥,也会引发"辩审冲突"。据广东某法官所言,在其亲历的一个"涉黑"案件的庭审中,辩护律师多次未经审判长许可擅自发言,或者在审判长制止后不予理会继续发言,随意打断审判长和公诉人的发言,甚至对公诉人援引法条时念漏一个"的"字也要"义正词严"地评论一番,并将公诉人和审判长的从业经历等个人信息公之于众,并当庭质疑其业务水平。另外,还不时蹦出"反对公诉人的反对""审判长的决定无效"等雷人之语,诸如此类不一而足,致使庭审进展"举步维艰"。[27] 在南昌大学原校长周文斌受贿案的审理过程中,被告人引用曼德拉典故劝公诉人放弃指控,审判长打断了周文斌的辩护,称"不要讲南非的事情,法律不一样"。辩护律师朱明勇接话称,"这是被告人的辩护方法",审判长则表示,未经法庭允许不得发言,下令法警将朱明勇强行带出法庭。[28] 在法庭审判过程中,法官如果认为辩护律师向被告人提出的问题与案件无关进而制止发问时也可能引发冲突,如某学者被委托担任辩护律师,在为某毒品犯罪案件的被告人进行二审辩护时,仅仅向被告人发问了几句,审判长就说"你问的问题和本案无关"。该学者说:"审判长,关于问题的相关性是辩护人的判断权,而不是你的判断权。

---

〔26〕 参见佚名:《广西北海律师伪证案最新报道》,载天涯论坛(http://bbs.tianya.cn/post-79-564579-1.shtml),最后访问日期:2014年12月5日。

〔27〕 参见邹世发:《从对抗走向和谐:律师"死磕"法官现象的审视与应对》,载广州市法学会编:《法治论坛》(第37辑),中国法制出版社2015年版,第243页。

〔28〕 参见杨璐:《南昌大学原校长自辩两天 自制案件证据评价表》,载澎湃新闻(https://www.thepaper.cn/newsDetail_forward_1306635),最后访问日期:2015年10月8日。

是我在进行辩护,不是你。"[29] 在这种情况下,矛盾很可能升级为冲突。

此外,如果法官认为辩护律师的辩护过于重复、啰唆,陈述时间过长,催促其抓紧时间或者直接让其停止辩护并在庭后提交书面辩护意见,而辩护律师不听"劝告"的,"辩审冲突"也极有可能发生。例如,笔者调研期间曾旁听了一次法庭审判,辩护律师认为被告人到案后如实供述犯罪事实,要求法庭对其减轻处罚。法官当庭指出,仅仅坦白不可能对被告人减轻处罚,并用带有讥讽的口吻问道:你所引用的是哪部法律?怎么和我的不一样?辩护律师立即回答:这是我的辩护观点,然后继续辩护。当法官要求其不要再继续重复时,辩护律师则答道:我有权当庭发表辩护意见。

在庭审过程中,如果辩护律师的诉讼行为存在问题且不服从法官的庭审指挥,或者法官的行为方式与其中立客观的预期角色不符,也会引发"辩审冲突",主要表现在辩护律师反复提出管辖、回避、证人出庭以及非法证据排除等程序性申请且不服从审判长的指挥,陕西周正龙案、江西周文斌受贿案等就属于这一类型。因辩护意见不被采纳,辩护律师退庭也是一种较为典型的"辩审冲突",例如,2012 年江西桂松单位行贿、抽逃出资、逃避追缴欠税、逃税案[30],2012 年辽宁营口袁诚家等人"涉黑"案[31],2013 年云南禄丰刘晓萍利用邪教组织破坏法律实施案[32],2014 年广东惠州黄萍等人"涉黑"案[33],2017 年浙江杭州莫焕晶纵火案[34],等等。与此相对,一些案件庭审过程中,辩护律师情绪激动,有反复纠缠某一问题、未经允许擅自发言甚至拍打桌子等行为,导致辩护律师被法官逐出法庭,例

---

[29] 佚名:《蓟门决策:"辩审冲突"的根源与应对》(蓟门决策第 40 期),载新浪新闻(http://news.sina.com.cn/pl/2014-05-19/161230168811.shtml),最后访问日期:2015 年 10 月 7 日。

[30] 参见《桂松案庭审纪实》,载中国网(http://finance.china.com.cn/roll/20121203/1165875.shtml),最后访问日期:2020 年 8 月 5 日。

[31] 参见李金星、张磊、王甫:《就袁诚家案致辽宁省高级人民法院院长缪蒂生的第一封公开信——开庭之后被告人有权更换辩护人》,载新浪博客(http://blog.sina.com.cn/s/blog_6671848301019K46.html),最后访问日期:2020 年 8 月 25 日。

[32] 参见《四律师依法迫使云南禄丰县公检法向法律投降》,载凯迪社区(http://club.kdnet.net/dispbbs.asp?id=9215204&boardid=25),最后访问日期:2020 年 8 月 5 日。

[33] 参见张燕生:《汕尾黑社会案,我们为什么选择集体退庭》,载张燕生的博客(http://zhangyansheng.blog.caixin.com/archives/80881),最后访问日期:2020 年 8 月 25 日。

[34] 参见《保姆纵火案,悲情的党琳山律师将付出沉重的代价》,载凯迪社区(http://m.kdnet.net/share-12557583.html),最后访问日期:2020 年 8 月 25 日。

如,2007年四川江油敬克文滥用职权案[35],2012年贵阳黎庆洪案,2012年吉林船营王刚等人"涉黑"案[36],江西周文斌案,等等。在2013年江苏靖江朱亚年利用会道门破坏法律实施案中[37],辩护律师用手机云录音对庭审进行录音录像,直播庭审,手机被扣押后拒不提供密码,最终律师被拘留。少数案件中,还存在辩方谩骂法官的情况,2019年福建宁化王某交通肇事案[38]庭审中,律师不服从法庭指挥,怒吼侮辱法官,2015年沈阳市沈河区法院审理的一起刑事案件庭审中[39],律师王宇当庭辱骂包括审判长、法警在内的法院工作人员。此外,在2019年深圳福田某聋哑人盗窃案庭审中[40],法律援助律师在法庭上大声喧闹,随意走动,致使庭审无法进行,在被法警强行带出法庭后,又冲回法庭,辱骂法院和法官。

2. 审判行为引发的"辩审冲突"

从收集的案例看,如果法官的行为不符合中立公正的角色期待也会引发冲突。如果辩护律师认为法官的行为方式背离了客观公正的立场,可能会采取一定的对抗行为从而引发"辩审冲突"。例如,广西来宾某案庭审中,因控辩双方冲突激烈而陷入僵局,一位审判员主动走到控方区域递纸条"献策",被辩护人当场举报,经律师要求,涉事审判员"手持纸条五小时"以保证纸条不离开公众视线,在庭审后纸条内容方被公开。纸条上的大致内容是,法官对庭审中控方的被动状况满是忧虑,从程序上给公诉人提建议。[41] 最终,由于该案法官的不当行为引发社会的广泛关注。2015

---

[35] 参见陈俊杰:《北京律师赴四川出庭三次被逐》,载新浪新闻中心(http://news.sina.com.cn/s/l/2007-08-17/014113680318.shtml),最后访问日期:2020年8月25日。

[36] 参见张磊:《松江怒吼——吉林王刚案辩护纪实(十二)》,载新浪博客(http://blog.sina.com.cn/s/blog_638695670101b6mv.html),最后访问日期:2020年8月25日。

[37] 参见朱晓颖:《江苏对律师王全璋被拘留一事展开调查》,载中国新闻网(http://www.chinanews.com/gn/2013/04-05/4704738.shtml),最后访问日期:2020年8月25日。

[38] 参见《关注!女律师当庭怒吼男法官:听得懂就听,听不懂就不是讲人话!》,载搜狐网(https://www.sohu.com/a/319910658_120056656),最后访问日期:2020年8月25日。

[39] 参见黄庆畅、邹伟:《闹庭"围观"只为"有罪判无罪"》,载搜狐网(https://www.sohu.com/a/23326344_115696),最后访问日期:2020年8月25日。

[40] 参见吴欣、谢婷、宋文凯:《律师当庭辱骂法官被拘7日》,载赢了网(http://s.yingle.com/w/jj/129529.html),最后访问日期:2020年8月25日。

[41] 参见南都社论:《法官当庭递条:谁在干预司法公正》,载《南方都市报》2015年9月26日,第A02版。

年安徽淮南徐沛喜受贿案庭审中[42],证人正要作证时,法警受旁听副院长的指挥将一本书递给法官,法官宣布休庭,辩护人抗议,家属围堵旁听的副院长。此后,庭审视频在网上传播。2019年安徽芜湖谢留卿等63人诈骗案庭审中[43],法官称"举手的律师,都警告一次!"随后,袭祥栋、黄佳德律师举手示意发言,两位辩护人还未来得及阐释发言内容,法官便授意法警将两位律师带出法庭。2019年海南王绍章"涉黑"案庭审中,辩护律师对质证方式有疑问,审判长说,"不接受法庭质证方式的(辩护律师)统统都出去。把他(辩护律师)话筒拿掉"。

## 二、刑事诉讼中"辩审冲突"产生的原因

一般认为,刑事诉讼中的对抗与冲突主要发生在控辩双方之间,在法官与辩护律师之间很少发生。因此,"辩审冲突"的频频发生是极不正常的。欲改变这种状况,需要分析"辩审冲突"产生的原因。根据笔者的观察,"辩审冲突"的产生,既有法官的原因,也有辩护律师的原因,还有诸多更为根本的原因。

### (一)引发冲突的直接原因

所谓"冲突",往往意味着双方对冲突结果的发生均负有一定的责任,"辩审冲突"亦不例外。通过对"辩审冲突"的实证考察可以发现,法官与律师的某些不当行为都可能直接引发冲突。

1. 部分法官的行为存在不当之处

司法实践中,绝大多数法官都能做到客观、中立,至少不会表现出非常明显的不公,在这种情况下,庭审能够顺利进行,"辩审冲突"一般也不会发生。然而,在某些律师看来,"辩审冲突"的引起不能说律师没有责任,但"主要还是法官的问题,他们剥夺或者限制律师的辩护权,不让律师发

---

[42] 参见黄新伟:《谈副院长遥控庭审遭围堵》,载王亚林刑事辩护网(http://www.ahxb.cn/c/1/2016-05-12/2927.html),最后访问日期:2020年9月5日。
[43] 参见《站立门:安徽芜湖谢留卿案二审,不只"律师站起来"》,载搜狐网(https://www.sohu.com/a/364843842_792143),最后访问日期:2020年9月5日。

言,或者随意打断律师的发言,这都是不合情理也是不合法律规定的"[44]。客观地说,由于司法理念存在问题,或是由于承受不当的压力,或是由于司法能力上的不足,部分法官对"辩审冲突"的发生难辞其咎。具体而言:

其一,部分法官的司法理念存在问题。申言之,部分法官带有较强的追诉意识,认为辩护律师在法庭上搅局,影响了案件事实的认定;有的法官则认为,传统的案件事实审理才是庭审的中心,辩护律师在法庭上纠缠于程序上的细枝末节,使得庭审偏离了中心。对此,有律师总结道,刑事司法实践中,有不少法官能够维护客观、中立的职业形象,但也有不少法官则是另外一副模样:"在讯问被告人阶段,无论是公诉人在正常的发问之外对被告人施加压力、进行胁迫,还是与被告人进行争辩,法官都无动于衷,而当辩护人的询问不符合其心理预期时,则毫不犹豫地予以打断;在举证质证阶段,无论公诉人的举证如何冗长,法官都毫无异议,而当辩护人就证据中有利于被告人的部分展开说明时,法官会毫不掩饰地表露其内心的不快,并毫不客气地予以警告、制止;进入法庭辩论环节后,法官可以任由公诉人充分全面地发表公诉意见、进行大段的'法制教育',而当辩护人发表辩护意见时,要么以辩护意见与法庭调查的发言有重复,要么以辩护人的最后陈词与案件无关为由,极不耐烦地打断。这样的法官,俨然是一副官老爷训斥刁民的态度对待辩护人,把自己当作对犯罪进行追诉的'第二公诉人',我们可将其模型化为'追诉型法官'。"[45]该律师认为,面对"追诉型法官",辩护律师既不应逆来顺受、敢怒不敢言,也不应大发雷霆,与法官进行激烈斗争,而应当据理力争,在维护法官尊严的同时,确保辩护权能够有效行使。而在政策实施型程序中,一位强烈质疑对其当事人不利的材料的律师很容易被看成在试图阻碍国家政策的实现。[46]因此,在辩护律师据理力争的情况下,如果法官处置失当,容易引发"辩审冲突"。

有学者认为,我国的刑事庭审与西方国家,尤其是英美法系国家的刑事庭审存在巨大的差异,它更为关注的是被告人在庭审中的"态度",是

---

[44] 张玉学:《"辩审冲突"解决之道》,载财经网(http://magazine.caijing.com.cn/2014-08-11/114336222.html),最后访问日期:2015年1月15日。

[45] 邓楚开:《面对"追诉型法官"要据理力争》,载正义网法律博客(http://dengchukai.fyfz.cn/b/833350),最后访问日期:2014年12月6日。

[46] 参见[美]米尔伊安·R.达玛什卡:《司法和国家权力的多种面孔——比较视野中的法律程序》,郑戈译,中国政法大学出版社2015年版,第231页。

一种"教化型庭审"。刑事庭审的教化一般按照以下步骤进行,即表态、展示、教育与悔过的"四部曲"。[47] 据笔者观察,所谓"教化型庭审"在一定程度上确实存在。在很多法院,法官往往会在庭审中对被告人进行批评教育,在大多数情况下,被告人都会"虚心"接受,但在部分被告人不认罪的情况下,如果法院坚持对其进行批评教育,则可能会引来被告方的不满,进而发生"辩审冲突"。

此外,部分法官存在心态失衡的问题,进而在司法理念上发生偏差。例如,某法官经调研发现,部分法官收入水平不高,无力承担当前的高物价、高通货膨胀带来的经济压力,尤其面对与律师在收入待遇方面的巨大差异,容易心态失衡。[48] 在这种情况下,一些法官可能会带着情绪工作,有时甚至会故意为辩护律师的辩护活动设置障碍,例如,在法庭上不停地打断辩护律师的发言。司法实践中,控诉方的发言通常不会被法官打断和拒绝,而辩护人的发言却常常被法官打断甚至拒绝,导致辩护人无法系统、连贯地向法庭陈述辩护意见。[49] 有的法官甚至粗暴地打断被告人的最后陈述。[50]

其二,部分法官面临巨大的案件压力。笔者通过调研发现,目前在很多地方,法官每年要承办 200 余件刑事案件。在这种情况下,很多法官可能没有时间和耐心在法庭上听取辩护律师的长篇大论。正如有法官所言:有的法官急于结束庭审,在法庭上不太愿意听当事人或律师多说,如果遇到当事人或律师语言不太简明扼要,就会频频打断发言,致使当事人或律师大为不满。[51] 如果律师对此据理力争,也很可能引发"辩审冲突"。

一些法官面临办案压力,耐心或者情绪管理能力不够。为追求快速结案的目标,一些法官往往不太愿意听辩方多说,还有一些法官若认为辩方

---

[47] 参见李昌盛:《刑事庭审的中国模式:教化型庭审》,载《法律科学(西北政法大学学报)》2011 年第 1 期,第 131—133 页。

[48] 参见田源:《由"针锋相对"到"通力协作"——略论司法公信视野下法官和律师之间关系的冲突与融合》,载《山东法官培训学院学报(山东审判)》2014 年第 1 期,第 77—78 页。

[49] 参见胡常龙:《论刑事疑案的二难选择》,中国政法大学出版社 2014 年版,第 199—200 页。

[50] 具体的案例,参见佚名:《蓟门决策:司法如何权威——聚焦修正扰乱法庭秩序罪》,载新浪新闻(http://news.sina.com.cn/pl/2014-12-23/142131318061.shtml),最后访问日期:2015 年 1 月 15 日。

[51] 参见邹碧华:《论法庭情绪管理》,载《法律适用》2011 年第 8 期,第 102 页。

的观点对案件结果没有实质影响就会对辩方发表意见表现得不耐烦,如在2019年广东省高级人民法院某贩卖毒品案中[52],审判长在法庭调查阶段连续三次打断律师发言,并强硬批评律师"水平不够,抓不住重点"。该案庭审视频在网上传播后,引发关注。在安徽谢留卿等人诈骗案、海南王绍章"涉黑"案中,法官的情绪管理能力存在一定不足。

其三,部分法官的业务素质不高,也是引发"辩审冲突"的一个重要原因。我国1996年修改《刑事诉讼法》虽然将庭审方式改为抗辩式,但庭审的对抗色彩仍不浓厚,法庭冲突不太激烈,庭审在总体上是有序的、可控的。但随着社会的发展,随着"死磕派"律师的出现,一些法官在庭审时往往不知道如何处理,一些法官仍沿用以往惯用的方式处理,导致冲突更加激烈。笔者调研发现,我国刑事法官普遍存在法解释能力不足的问题。[53]事实上,所谓法解释能力不足的问题,就是法官对刑事法综合知识不熟悉,从而无法对庭审中出现的所有法律问题作出准确的理解。结果,一些法官往往会凭经验和感觉处理问题,在绝大多数情况下律师选择容忍,但若遇到敢于坚持原则的"外地律师",冲突的发生往往不可避免。

2. 部分律师的辩护方式存在问题

司法实践中,部分辩护律师出于种种考虑,在庭审过程中,动辄冲撞法官,直接导致"辩审冲突"的发生。例如,有些辩护律师希望通过将事情"闹大"引发社会关注,进而影响裁判结果。具体而言:

其一,或者是为了引发关注,或者是对审判的公正性存疑,有些辩护律师采取过于激进的辩护策略。有学者曾言,从法官一方来说,审判不独立和审判不公正是发生"辩审冲突"现象的根本原因,而从律师一方来说,有些律师基于某种心理采取了一种为现行法律所不允许的辩护方式,有些律师则动辄冲撞法官、激怒法官。[54] 因此可以说,"辩审冲突"现象的出现,部分采取错误的辩护行为或辩护方式的辩护律师也确实应当承担一定

---

[52] 参见《法官3次打断律师发言称"你水平不够"官方:已介入调查》,载百度首页( https://baijiahao. baidu. com/s? id =1633050866035943255&wfr = spider&for = pc),最后访问日期:2020年12月2日。

[53] 参见孙长永、王彪:《审判阶段非法证据排除问题实证考察》,载《现代法学》2014年第1期,第78页。

[54] 参见田文昌、蒋惠岭、陈瑞华:《本是同源生,相济匡公正:化解法官与律师冲突,共筑法律职业共同体》,载《中国法律评论》2015年第3期,第9页。

的责任。有学者从"死磕派律师""死磕"方式的角度,将"死磕派律师"分为三种类型:第一类为违反现行法律规定,在法庭上"死缠烂打"、蓄意"闹庭"、影响庭审正常秩序的律师;第二类为"类死磕";第三类为"真死磕"。[55] 第一种类型的"死磕"在实践中时有发生,如在广州市中级人民法院审理的胡伟星等人"涉黑"案中,包括胡伟星在内的21名涉黑被告人当庭翻供,并指控惠州警方刑讯逼供,惠州警方则称被告人身上的伤痕是同监室人员相互刮痧所留,并称因移动硬盘感染病毒而不能提供所有的同步录音录像。[56] 客观地说,控方证人的证言确实有点苍白无力。但本案中,辩护人的言行也有不当之处。如在李庄发言时,其他辩护人不时插话,审判长反复警告无效。[57] 有研究者对此总结道:"有时死磕律师违反法律规则是毫无必要的,反而体现律师自身的法律知识不够专业,对案件工作不够用心。如前阵子有一批律师同吉林市船营区法院于亚红法官的冲突就有点怪异。迟夙生律师描述相关情形:'多名律师面对明目张胆践踏法律的审判长多人多次要求她回避'。这里多名律师要求审判长回避的理由很奇怪,因为法官回避的法定理由是法官与当事人或其代理人有亲属或其他特殊关系,可能影响公正审判。而'明目张胆践踏法律'从来就不是申请回避的理由。若认为法官枉法裁判或违反程序规定,律师可以上诉或去检察院申请抗诉。申请回避完全是牛头不对马嘴之举。无独有偶,前些天,王全章律师为朱亚年辩护的案件中,朱亚年的另一个辩护人李律师也曾当庭提出要法官回避,而理由居然是'没有人民陪审员'。这同样令人费解。因为不但'没有人民陪审员'不是回避理由,甚至该案件也找不到任何理由来要求合议庭中必须有人民陪审员。"[58]

其二,或者是为了增强辩护的效果,或者是为了获得被告人及其家属

---

[55] 参见蒋华林:《"磕出"一个法治中国!——以死磕派律师的价值辨正为中心兼与王凤涛博士商榷》,载《时代法学》2015年第3期,第4页。

[56] 参见佚名:《广东胡伟星涉黑案被告人称遭刑讯:被电击生殖器》,载新华网法治频道(http://news.xinhuanet.com/legal/2014-03/19/c_126286601.htm),最后访问日期:2014年12月5日;关于本案的报道,还可参见王去愚:《惠州:胡伟星案追踪 审讯录像缺失21名被告翻供》,载凤凰网广州频道(http://gz.ifeng.com/fygy/detail_2014_03/19/2000437_1.shtml),最后访问日期:2014年12月5日。

[57] 参见佚名:《辩护人与警察对话》,载新浪博客(http://blog.sina.com.cn/s/blog_89aa0dcd0101fz0t.html),最后访问日期:2014年12月5日。

[58] 佚名:《谈"死磕律师"现象》,载和讯网(http://news.hexun.com/2013-05-13/154062302.html),最后访问日期:2014年12月5日。

的好感,有些辩护律师的辩护带有表演的性质。正如陈瑞华教授所言,有一些律师偏爱把法庭辩论当作发表演讲、发表评论和意见的场合,有的律师喜欢用文学化和煽动性的语言进行辩护,有的律师甚至把旁听公众当作发表辩护词的对象,面向公众高谈阔论,引起法庭的抵触和反感。[59] 例如,在许霆案的重审辩论阶段,被告人的辩护律师高声说道:"我认为,今天,广州市商业银行的柜员机没有被传唤到庭,今天的庭审少了一名被告,因而,庭审并不健全!"辩护律师还当庭喝问:"柜员机,你知罪吗?""柜员机,你是不是魔鬼?"在这种情况下,合议庭打断了律师的发言。[60]

其三,在有些情况下,辩护律师的"死磕"虽然于法有据,但却违背了最基本的情与理。例如,在贵州小河案中,被告人聘请的辩护律师很多是外地的,由于辩护律师坚持要求法院采取书面送达的方式,办案人员不得不连夜飞到北京、上海、杭州、湖南、山东,把开庭通知一一送给有关辩护律师。[61] 由此,创下了司法史上"飞机送达"的壮举。

## (二)引发冲突的根本原因

近年来,法官与辩护律师之间的冲突频频发生。人们不禁要问,为什么"辩审冲突"现象会在这个时间以这种面目出现? 笔者在调研过程中,很多法官对此表示不理解,认为法官还是那个法官,甚至可以说司法的公开、透明与公正较以往有了巨大的变化,在这种情况下为什么辩护律师与法官之间还会发生冲突呢? 对此,可以从社会背景、司法体制以及具体的诉讼制度等方面寻找原因。

### 1. 中国社会背景的变迁

从中国的社会背景看,"辩审冲突"是一定社会阶段的产物。在政治层面,自改革开放以来,中国经历了从用革命方法治理到用行政方法治理的转变,而现在正过渡到用政治的方法进行社会治理。[62] 与此同时,政治合

---

[59] 参见田文昌、陈瑞华:《刑事辩护的中国经验:田文昌、陈瑞华对话录》(增订本),北京大学出版社2013年版,第6页。
[60] 参见李奋飞:《失灵——中国刑事程序的当代命运》,上海三联书店2009年版,第253页。
[61] 参见钱杨:《死磕派律师如何死磕》,载凤凰资讯(http://news.ifeng.com/shendu/renwu/detail_2014_03/21/35023587_0.shtml),最后访问日期:2015年10月3日。
[62] 参见郑永年:《中国模式:经验与困局》,浙江人民出版社2009年版,第66页。

法性来源与维持机制也发生了相应的变化。在社会层面,社会结构的演变和信息技术的兴起,越来越多的社会阶层开始介入刑事诉讼制度的实践,他们渴望自己的主体地位得到肯定、意见表达得到尊重、基本人权得到保护。而各种信息技术的普及,为这种介入提供了可能。[63] 在这样的背景下,辩护律师的维权意识和能力逐渐增强,且不用担心动辄被追究刑事责任。例如,2007年《律师法》的修改,2010年最高人民法院、最高人民检察院、公安部、国家安全部、司法部《死刑案件证据规定》和《关于办理刑事案件排除非法证据若干问题的规定》(以下简称《非法证据排除规定》)的颁布,以及2012年《刑事诉讼法》的修改,特别是辩护制度的完善以及非法证据排除规则的正式确立,使得辩方享有的诉讼权利在不断增多。随着辩方权利的增多,实践中的辩护类型逐渐多样化,不仅有传统的实体性辩护和证据性辩护,还有新的带有一定攻击性的程序性辩护。然而,无论是从中国的司法体制还是从司法官员的素质观念来看,程序性辩护都属于一种略显"超前"的辩护形态。[64] 在辩护形式发生改变的情况下,如果法官的观念没有相应的转变,冲突的发生不可避免。

2. 改革话语与审判实践的分裂

改革话语与审判实践的分裂是引发"辩审冲突"的又一深层次原因。一方面,中央推进以审判为中心的诉讼制度改革,以"让审理者裁判,由裁判者负责"为核心的司法责任制成为改革的牛鼻子,司法前进的方向更为理性、科学;但另一方面,基本的刑事司法体制还没有发生实质性变化,重大刑事案件的一体化运作方式也未有大的变动,法官在很多情况下还是功利性地维护公正,司法伦理建设仍有待进一步完善。

首先,就法官而言,司法行政化以及由此导致的庭审法官无法独立审判案件是部分"辩审冲突"产生的根源。司法行政化,即以行政性的方式审判案件并管理法院和法官,是我国司法运行与司法建设长期存在而未能解决的问题。[65] 就刑事审判而言,司法行政化首先表现为法院内部对刑事

---

[63] 参见左卫民:《现实与理想:关于中国刑事诉讼的思考》,北京大学出版社2013年版,第18页。

[64] 参见陈瑞华:《程序性制裁理论》(第二版),中国法制出版社2010年版,第295页。

[65] 参见龙宗智、袁坚:《深化改革背景下对司法行政化的遏制》,载《法学研究》2014年第1期,第132页。

裁判的过程和结果进行双重控制。[66] 司法行政化导致法官在一些案件中不能独立司法,无法及时应对辩护律师的相关诉讼请求。一些重大的结论需要经过内部讨论或审批才能作出,在辩护律师坚持要求法官当庭作出相关结论的情况下,可能会引发冲突。以非法证据排除为例,根据《非法证据排除规定》第5条和第10条的规定,原则上来说,对于证据合法性问题的调查,应当先行于案件实体问题,在特定的情形下,也可以先行调查案件实体问题,但对合法性存疑的证据的调查应坚持证据能力优先于证明力的原则。[67] 最高人民法院法官亦认为,对排除非法证据申请原则上应先行当庭调查,且要注意对证据收集合法性的调查结束前不能对证据宣读、质证。[68] 最高人民法院、最高人民检察院、公安部、国家安全部、司法部于2017年联合发布的《关于办理刑事案件严格排除非法证据若干问题的规定》(以下简称《严格排除非法证据规定》)第33条第2款也明确规定:"在法庭作出是否排除有关证据的决定前,不得对有关证据宣读、质证。"然而,这一规定在实践中面临挑战。在调研中,有很多法官反映,在排除非法证据影响案件事实认定的情况下,法官不敢当庭直接宣布排除证据的结论。诚如有学者所言,"法官与律师辩论"、律师被逐出法庭的"辩审冲突"这种表象的背后是法官的尴尬,法官为了贯彻"长官意志"不得不走上前台,担当与律师辩论的角色,他其实已经失去了法官的职责与立场。[69] 此外,周强院长在2015年1月22日全国高级法院院长会议上的讲话也从一个侧面印证了这一判断。周强院长说,在网上经常能看到某某地方法官把律师赶出法庭,对此,周强院长是这样评价的:"坦率讲,我百思不得其解,法官老把律师赶出法庭,如果是违反法庭的秩序,不行你可以休庭,也有录音录像,你公布出来就完了,这个确实要提高庭审能力和转变审判观念。当然问题在哪里我们也知道,都协调好了要怎么判,(但是)律师打乱

---

〔66〕 参见王彪:《法院内部控制刑事裁判权的方法与反思》,载《中国刑事法杂志》2013年第2期,第69—70页。
〔67〕 参见陈瑞华:《非法证据排除程序再讨论》,载《法学研究》2014年第2期,第170页。
〔68〕 参见戴长林:《非法证据排除规则司法适用疑难问题研究》,载《人民司法》2013年第9期,第28页。
〔69〕 参见周永坤:《论党委政法委员会之改革》,载《法学》2012年第5期,第11页。

了原来的程序。这个恰恰是要改革的对象。"[70]

其次,法官独立司法的保障机制也不健全,使得法官在审理案件时,面临审前机关巨大的压力。在我国检察机关内部有严格的绩效考评制度,考核指标有不起诉率、无罪判决率、撤诉率等,其中,最主要的考核指标是无罪判决率。一般而言,一个无罪判决就意味着否定了检察机关全年的工作成绩。因此,"为了避免案件被作出无罪判决,很多公诉人都会本能地对承办法官施加影响和压力,并为此采取各种私下的沟通、联络和说服行动"[71]。也正因如此,当排除非法证据可能会导致无罪判决时,法官将面临巨大的压力。如在Z省调研时,一些法官认为,在目前的审判实践中,法院往往站在公诉机关一边,甚至代公诉机关承担了部分证明责任,这是导致"死磕派律师"死磕法院而不是公诉机关的重要原因。法院之所以站在公诉机关一边并承担部分证明责任,是因为审前机关的巨大压力意味着法官很难或者几乎无法作出无罪判决。这种情形,正如有学者所言,当律师提出的意见不正确时,法官肯定会驳回。当律师提出的意见正确时,法官也会驳回。为什么法官要驳回?因为,中国的法官在一定程度上承担了控诉职能,很难接受判决无罪的结果。[72]

再次,正是由于改革话语与审判实践的分裂,在现有体制下,辩护律师的部分要求法官无法满足。例如,辩护律师要求全院法官回避或者要求变更管辖,在西安市中级人民法院审理的法官"谋杀"院长案、贵州小河案中均出现要求法院整体回避的问题,从公正审判的角度来说,整体回避对于法院而言就是管辖权异议[73],但从现行立法规定来看,要求法院整体回避没有法律依据,对此诉讼请求,法官无法支持。又如,一些辩护律师在法庭上要求法官排除与纪委调查程序相关的重复供述。在现有体制背景下,结合具体的法律规定,一般认为,纪委调查情况不属于刑事诉讼评价的对象。如在J省调研时,很多法官表示,当前的司法实践中,一般将"双规"程序作

---

[70] 吴长江、王冬雷:《最高人民法院院长周强:规范庭审杜绝"把律师赶出法庭"现象》,载新浪博客(http://blog.sina.com.cn/s/blog_4faedc540102vcnw.html),最后访问日期:2015年3月3日。

[71] 陈瑞华:《刑事程序失灵问题的初步研究》,载《中国法学》2007年第6期,第150页。

[72] 参见徐秋颖:《"辩审冲突"与司法理性》,载《民主与法制时报》2014年6月9日,第11版。

[73] 参见易延友:《刑事诉讼法——规则、原理与应用》(第四版),法律出版社2013年版,第310—313页。

为非司法程序对待。对此,已有法院在公开刊物上明确表示纪委调查情况在刑事诉讼活动中不予评价,如浙江褚明剑案,该案二审法院认为:

> 我国的刑事诉讼,是指公安机关、人民检察院、人民法院在当事人和其他诉讼参与人的参加下,依照法定的程序,查明案件事实,应用刑法确定被追诉者的行为是否构成犯罪,应否受到刑事处罚所进行的侦查、起诉和审判的活动。因此,纪委调查不属于刑事诉讼活动,纪委调查取得的材料不作为证据使用,纪委调查情况也不属于刑事审判内容。[74]

该案例分析发表在最高人民法院主办的权威刊物《刑事审判参考》上,作为指导案例供全国各级法院参照。虽然《刑事审判参考》上发布的指导案例与最高人民法院分批次发布的"指导性案例"在效力上有所区别,但在下级法院法官的心目中,该刊物上发布的案例具有重要的参考作用,除非有充足的理由,在司法实践中一般都会参照刊物上刊登的案例的判决。在这种情况下,法官是绝对不敢排除与纪委有关的重复供述的。如果辩护律师坚持要求排除相关供述,就可能会引发"辩审冲突"。

最后,有些辩护律师利用改革话语与审判实践的分裂来表达不满、影响裁判。例如,在改革话语与审判实践分裂的情况下,合理的辩护意见也很有可能得不到采纳。此时,引发"辩审冲突"是部分律师表达不满的一种方式。如有学者认为,"辩审冲突"总体上是与法庭本身的一些程序违法问题相关,例如违法改变管辖、变相不公开审理、未依法启动非法证据排除程序、限制律师发言、唆使被告人解聘律师等。[75] 对于这种情形,有些律师认为,"在控、辩、审的三角诉讼体系设计中,应该是一个等边三角形,但在司法实践中,律师这个边被压缩得很短,甚至为零"。刑辩律师朱明勇认为,近年来,刑事辩护的窘迫广受关注,在一些案件中,刑辩律师抱团作战,壮大声势,只是意图把律师这个边拉长一点,不让刑事辩护沦为"形式"辩护。[76]

---

[74] 管友军、郑晓红、陈克娥:《褚明剑受贿案——法院如何审查受贿案件辩方提出的非法证据排除申请》,载《刑事审判参考》(总第89集),法律出版社2013年版,第93—94页。

[75] 参见毛立新:《律师"闹庭"与"辩审"冲突》,载法律博客(http://police.fyfz.cn/b/739166),最后访问日期:2014年10月6日。

[76] 参见周喜丰:《北海案:真辩的力量》,载和讯网(http://news.hexun.com/2013-02-07/151032437.html),最后访问日期:2014年12月5日。

事实上,在很多情况下,对于司法实践中存在的某些专横、粗暴现象,辩护律师没有正常且有效的渠道来表达反对意见,只能通过"死磕"来表达不满。又如,对于法院内部的行政化问题,有些辩护律师非常清楚,因而试图通过"自媒体辩护"影响有关领导,进而间接影响法庭裁判。所谓"自媒体辩护",是指刑事案件律师以博客、微博等自媒体为载体,阐述有利于委托人(犯罪嫌疑人、被告人或罪犯)的"辩护"意见,争取舆论的关注和有关领导的支持,给公、检、法机关施加压力,从而维护当事人的权利。[77] 在这一心理支持下,辩护律师往往会通过将事情闹大的策略来影响法庭裁判,即以程序问题作为借口与法官对抗,希望引起有关领导的关注。

3. 法院权威与社会预期存在差距

转型期中国法院的权威与社会的强烈预期之间存在差距也是导致"辩审冲突"的一个重要原因。一方面,由于审前阶段的相对封闭性,辩护律师的一些诉求在审前可能得不到重视,甚至根本就没有机会表达诉求。而在审判阶段,由于矛盾积累较多,且法院权威不足,根本无法解决。在矛盾无法解决的情况下,冲突的发生便不难理解了。更何况,一些辩护律师由于在审前阶段受到不公正的待遇,在审判阶段的辩护活动便带有强烈的表演和发泄的性质。另一方面,司法腐败现象的不断发生[78],以及社会政治体制的变迁,导致法院的权威与公信力严重不足,而与此同时,在法制宣传过程中,法官又被塑造成真正维护社会公平正义的终极角色,通过电影、电视以及互联网等渠道从国外舶来的法治文化,又强化了法官的这种角色地位。然而,公众对法官的角色期待远远超出了法官在现实生活中的实际能力和道德水平。理想与现实的反差往往会导致失望与不满,当法官在庭审过程中的表现存在一定的问题时,这种失望与不满很容易转化成对抗与冲突。也正因如此,很多律师认为,律师违反法庭规则的行为是一种表达诉求的方式,例如,在谈到某些地方发生的个别律师严重违反法庭规则的情况时,田文昌律师认为,"如果我们立法规定得非常明确、非常清晰,对开庭秩序的每一个步骤都严格规定、严格执行,谁也找不到毛病,谁也没有托

---

〔77〕 参见封安波:《论转型社会的媒体与刑事审判》,载《中国法学》2014年第1期,第68页。

〔78〕 参见何永军:《断裂与延续:人民法院建设(1978—2005)》,中国社会科学出版社2008年版,第259—264页。

辞,就可以避免很多这样的冲突"[79]。

4. 相关制度存在一定的问题

公诉机关承担证明责任的意识和能力不强以及案卷笔录中心主义是"辩审冲突"产生的具体制度原因。一般认为,在 1996 年通过立法正式改革刑事审判方式以前,刑事诉讼中的真实发现整体上并没有采用"证明责任"制度,而是采取了公、检、法三机关"流水作业"式的"查明"真相程序。[80] 此后,1996 年《刑事诉讼法》确立"疑罪从无"原则,2012 年修正的《刑事诉讼法》则明确规定公诉案件中被告人有罪的举证责任由人民检察院承担。然而,由于种种原因,检察机关在很多时候并没有完全承担举证责任,或者由于能力问题没有很好地承担举证责任。在这种情况下,法院为了查明事实真相,可能会偏向公诉人一方,从而引起辩护律师的不满,进而引起"辩审冲突"。

案卷笔录中心主义是指刑事法官普遍通过阅读检察机关移送的案卷笔录来展开庭前准备活动,对于证人证言、被害人陈述、被告人供述等言词证据,普遍通过宣读案卷笔录的方式进行法庭调查,法院在判决书中甚至普遍援引侦查人员制作的案卷笔录,并将其作为判决的基础。[81] 一方面,在案卷笔录中心主义诉讼模式下,法官往往在庭前阅读相关卷宗,而这种庭前阅卷,既对法官的中立性造成消极的影响,也容易造成被告方与法官的观点对立。[82] 另一方面,在案卷笔录中心主义诉讼模式下,法官习惯于通过对案卷的审查与核实得出判决结论。然而,除案卷之外,庭审中被告人的供述以及在少量案件中证人的当庭证言是另外一种案件信息来源,由于诸多原因,案卷显示的内容与被告人的当庭供述、证人的当庭证言,可能会存在明显差异。事实上,这一问题具有一定的普遍性,《死刑案件证据规定》为此还专门确立了翻供、翻证的印证规则。尽管有印证规则,实践中法官仍习惯于通过阅卷形成心证,且不希望被告人翻供、证人翻

---

[79] 张军、姜伟、田文昌:《新控辩审三人谈》,北京大学出版社 2013 年版,第 73 页。

[80] 参见孙长永、黄维智、赖早兴:《刑事证明责任制度研究》,中国法制出版社 2009 年版,第 172 页。

[81] 参见陈瑞华:《案卷笔录中心主义——对中国刑事审判方式的重新考察》,载《法学研究》2006 年第 4 期,第 64 页。

[82] 参见陈瑞华:《刑事诉讼中的问题与主义》(第二版),中国人民大学出版社 2013 年版,第 176 页。

证。而辩护律师则试图通过各种方式在法庭上影响法官心证。法官的心理预期与辩护律师的这种期望之间有明显的冲突,矛盾不可避免。此外,正是由于法官在庭审结束后拥有相对充裕的时间仔细地研读卷宗内所载的全部证据材料,并且几乎可以不受阻碍地将其转化为裁判的依据。所以,法官通常对辩护人过于执著的辩护行为横加干涉,反正是"你辩你的,我判我的",何必浪费这"宝贵的"审判时间。[83] 法官的干涉往往会引起律师的不满,进而引发冲突。

在刑事审判过程中,一些程序问题的解决,既需要有合适的程序,例如,排除非法证据的程序,又需要有"关于程序问题的实体答案",例如,非法证据的标准。只有这两个方面的问题均有明确且相对合理的规定时,与程序有关的争议才能得到较为妥善的解决。现实的情况是,除非法证据排除问题外,大部分程序性争端的解决,例如,管辖问题、申请法官调查证据问题,既没有"标准的实体答案",也没有合适的诉讼程序。即便是非法证据排除问题,相关规定也存在不够清晰、不够合理的地方,经常会引起各种程序性争议。

一方面,相关程序性争端缺乏"标准的实体答案"。例如,经常容易引起庭审冲突的"管辖、回避"问题,从法理上讲,回避问题主要考虑公平价值,回避本指司法人员个体回避,但当某一司法机关整体上都有可能无法做到对案件公正处理时,回避问题就转变为转移管辖的问题,从而衍生出管辖权异议问题。[84] 然而,在我国,长期以来一直将管辖问题视为"官方职权行为",对于管辖权异议该如何处理,以及管辖权异议的处理应该遵循什么样的原则等问题,理论界与实务界至今仍没有较为统一的认识。在遇到确实需要改变管辖的案件时,法院往往以一句"没有法律依据"为由驳回异议,从而引发冲突。当然,这一问题目前已有改观,吉林王成忠案、内蒙古自治区王永明"涉黑"案最终均依法改变了管辖。此外,对回避的理解也仅限于有具体利益冲突的情形。在这种情况下,很多程序性争端的解决没有"标准的实体答案",法官有巨大的裁量权,但却没有相应的裁量标准,在法官中立性和权威性均存在不足的情况下,法官的决定稍有不慎就会引发冲突。申请法官调查证据问题也存在类似情形,辩方有查证申请权,但法

---

[83] 参见李昌盛:《论对抗式刑事审判》,中国人民公安大学出版社2009年版,第278页。
[84] 参见易延友:《刑事诉讼法:规则 原理 应用》,法律出版社2019年版,第179页。

官同意与否的条件却不明确[85],当法官基于模糊的理由拒绝辩方的查证申请时就可能引发"辩审冲突"。

另一方面,相关程序性争端的解决缺乏明确的诉讼程序。除非法证据排除问题外,对于大部分程序性争端,缺乏诉讼化的解决机制,例如,管辖权异议问题,被告人一方提出异议后往往由被异议的法院来裁判,而被告人一方异议的对象恰恰是这一法院是否具有管辖权,这属于典型的行政化争端解决机制。此外,对于这一行政化的争端解决机制,根据现行立法,还没有任何有效的救济机制。对于被告方申请法院调取证据、申请证人出庭等问题,也都缺乏诉讼化的解决机制和相应的救济机制。在被告方的主张得不到支持且法庭未给出充分理由的情况下,就可能引发冲突。

## 三、"辩审冲突"的危害与治理

在现代信息社会,任何一起发生在某一角落的"辩审冲突"案件都会通过各种媒体迅速传播进而引发广泛关注。迫于舆论压力,法院可能会纠正自己的不当行为,并在以后的审判过程中注意不犯类似错误。这对于个案公正的促进,对法官司法能力的提升,都有一定的意义。然而,从长远来看,"辩审冲突"产生的危害是巨大的。正如有学者所言,法官与律师的冲突是一场互相毁灭的战争。[86] 因此,需要努力消除"辩审冲突"。

### (一)"辩审冲突"的危害

"辩审冲突"产生的危害是广泛的,例如,因为"辩审冲突"导致案件久拖不决,从而损害了被告人的合法权益。又如,因为"辩审冲突"影响对被告人认罪态度的认定,进而影响案件的有效分流。笔者认为,"辩审冲突"的最大危害是影响司法公信力和司法权威,最终对整体法治环境和刑事诉讼制度变革产生影响。

司法公信力是指社会公众和当事人对司法的认同程度与信任程度,司

---

[85] 参见李昌盛:《论拒绝辩护方查证申请的正当事由》,载《安徽师范大学学报(人文社会科学版)》2020年第4期,第69页。
[86] 参见毛兴勤:《法律职业的内在冲突与调适:以法官与律师的关系为中心》,载《法治研究》2013年第9期,第126页。

法权威是司法的外在强制力和人们内在服从的统一。[87] 司法公信力不足必然影响到司法权威,而司法权威不足不仅要增加法律实施的成本,还会进一步影响司法公信力。两者是一种相互依存、相互促进的关系。实证研究表明,民众对司法在总体上持不信任的态度。[88] 当然,民众对司法的信任和认同度不高,有多种原因。但毫无疑问的是,"辩审冲突"是影响司法公信力的一个重要因素。正如学者所言,一些公众对司法缺乏信任和信心,倾向于对刑事案件作否定性评价,而这种状况在很大程度上源于公众对部分严重刑事案件司法不公的反复的经验性认识。[89] "辩审冲突"往往会通过自媒体等媒介向外传播,一些未经证实的信息可能会破坏法院的公众形象,而一些法官的不当行为更会影响民众对司法的信任和认同。

司法公信力不强,自然会影响司法权威,司法权威不足,最终会影响判决结果的可接受性,无论是普通民众还是被告人,对于判决结果往往持否定态度。在这种情况下,判决的执行更多地依赖法律的强制力。对判决结果的不认同,必然会导致刑罚的一般威慑效果不佳,甚至可能存在社会公众对被告人的同情心态。

另外,"辩审冲突"的频频发生,不仅会影响司法公信力,影响判决结果的社会可接受性,而且对整体法治环境和未来的刑事诉讼制度变革也会产生影响。例如,2012年修正的《刑事诉讼法》颁布后,最高人民法院在制定司法解释时,针对贵州小河案中发现的问题作了相应的调整,如对异地送达的规定,对法庭纪律的修改,其中影响最大的是关于证据合法性调查顺序的规定,即对证据合法性的调查时间问题模糊处理,而证据合法性调查时间的不明确,导致理论界与实务界对证据能力与证明力的关系问题认识不清。从长远来看,"辩审冲突"的发生不仅会影响司法权威,还可能导致法院内部加强对法官的监督,从而加剧司法行政化倾向,最终还可能影响审判的中心地位。

---

[87] 参见陈光中、龙宗智:《关于深化司法改革若干问题的思考》,载《中国法学》2013年第4期,第7页。
[88] 参见湖北省高级人民法院课题组:《法院司法公信力问题研究》,载《法律适用》2014年第12期,第82页。
[89] 参见胡铭:《司法公信力的理性解释与建构》,载《中国社会科学》2015年第4期,第93页。

## (二)"辩审冲突"的消除

事实上,"辩审冲突"的频频发生,不仅引起学界的关注,还引起中央高层和最高司法机关领导的重视。目前,中央高层、立法机关和司法机关分别从不同的角度对"辩审冲突"问题予以治理。然而,治理"辩审冲突"的现实路径效果有限,最大限度地减少"辩审冲突"需要多措并举。

1. 治理"辩审冲突"的现实路径

通过对有关领导讲话和相关规定的分析可以发现,目前对"辩审冲突"的治理主要是从两个方面进行的。

一方面,对审辩双方的诉讼观念进行更新。例如,在2015年8月召开的全国律师工作会议上,时任中央政法委书记孟建柱在讲话时强调,广大司法人员要学习邹碧华,放下"官"架子,真正把律师看作与自己平等的同行,尊重他们正常的发问和质证等,律师要服从司法机关的正常安排,自觉维护司法人员依法履职中的尊严。在审判阶段,法官要充分尊重律师,不能随意打断律师的正常发问、质证等,即使打断,也要心平气和地提示。律师要严守执业纪律,不能闹庭罢庭,妨碍诉讼、仲裁活动的正常进行。[90] 又如,在回答《求是》杂志记者的提问时,最高人民法院院长周强认为,没有良性的法官与律师关系,要实现司法公平正义几乎是不可能的。无论是饱受诟病的个别法官与律师交往过密、称兄道弟、"权钱交易",还是相反,法官与律师相互提防、互相贬损,不敢交往,都不利于案件的公正审理。应当说,尊重和保障律师的权利,就是尊重和保障当事人和公民的权利,也是实现司法公正的重要保证。[91] 有法官认为,法院依法独立公正审判,律师依法自由代理和辩护,法官与律师互相认同、互相尊重,这才是真正解决法官和律师关系问题的关键所在。[92]

就法官一方来说,首先,需要转变法官的司法理念。"辩审冲突"在一定程度上能够促进个案公正,促使法官严格依法办案,但从长远来看,如

---

〔90〕 参见王芳:《孟建柱在全国律师工作会议上的讲话》,载腾讯新闻(http://news.qq.com/a/20150821/046421.htm),最后访问日期:2015年11月16日。

〔91〕 参见杨绍华、申小提:《努力让人民群众在每一个司法案件中都感受到公平正义——访最高人民法院党组书记、院长、首席大法官周强》,载《求是》2013年第16期,第14页。

〔92〕 参见李群星:《法官与律师关系的回归与超越》,载《人民法院报》2015年5月15日,第2版。

果法官的司法理念不转变,法官可能不会犯明显的低级错误,但内心可能对辩护意见并不认同,这种情形显然不利于司法公正的提升。因此,治理"辩审冲突"需要转变法官的司法理念。正如时任最高人民法院常务副院长沈德咏所言,作为法官要认识到,从确保所有刑事案件审判的公正性、合理性、裁判的可接受性而言,辩护律师都是法庭最可信赖和应当依靠的力量。[93] 其次,需要提升法官的司法能力,特别是刑事法知识的综合运用能力。笔者调查发现,很多法官,特别是基层法官,普遍存在学习不足的问题,办理案件往往凭借经验。这种状况显然需要改变。再次,需要保证法官独立司法。审判独立包括法院整体独立和法官个体独立,就法院内部的法官个体独立来说,需要改变现有的司法行政化倾向,严格限制审判委员会讨论案件的范围,取消院庭长审批案件机制。就法官独立于外部干涉而言,需要从物质、职位等方面予以保障。最后,还需要注意我国刑事审判的特殊性,相应的,基于这种特殊性,我们对刑事法官的要求也应当有所不同。根据一般诉讼原理,法官应该遵循客观中立原则。但由于我国刑事诉讼中控辩双方存在明显的力量失衡,法官需要承担一定的对被告人的诉讼照料义务。[94] 正如有学者所言,法官在审判过程中不应处于消极仲裁者的地位,而应在法庭审判中充当积极裁判者、消极调查者的角色。具体来说,法官的这一角色包含以下要素:一是对当事人的证据调查进行补充;二是对明显处于劣势的当事人一方给予适当的协助;三是对双方显属违法和不当的对抗行为予以及时制止和纠正。[95] 换句话说,刑事法官在保持客观中立的同时,需要在一定程度上承担对被告人的诉讼照料义务。

另一方面,对律师的不当行为予以打击。例如,有法官认为,长期以来,人民法院的审判工作一直为社会各界大力支持,绝大部分诉讼参与人、旁听人员能自觉遵守法庭纪律,维护法庭秩序。但近年来,随着现代科技的发展,在有的案件审理过程中,出现诉讼参与人私自录音、录像、摄影和利用邮件、博客、微博等方式报道庭审活动的现象;诉讼参与人、旁听人员

---

〔93〕 参见沈德咏:《我们应当如何防范冤假错案》,载《人民法院报》2013 年 5 月 6 日,第 2 版。

〔94〕 参见陈如超:《论中国刑事法官对被告的客观照料义务》,载《现代法学》2012 年第 1 期,第 179—182 页。

〔95〕 参见陈瑞华:《刑事审判原理论》(第二版),北京大学出版社 2003 年版,第 313—314 页。

冲击、哄闹法庭,在法庭上公然殴打对方当事人,辱骂审判人员等情形有愈演愈烈的趋势;甚至有极个别辩护律师严重违反法庭纪律,经多次提醒、训诫仍不服从法庭指挥,以致被依法强行带离法庭,引发舆论关注。[96] 基于这种认识,最高人民法院起草的《关于执行〈中华人民共和国刑事诉讼法〉若干问题的解释(征求意见稿)》第250条拟规定:"辩护人、诉讼代理人严重违反法庭秩序,被强行带出法庭或者被处以罚款、拘留的,人民法院可以禁止其在六个月以上一年以内以辩护人、诉讼代理人身份出席法庭参与诉讼。"由于学界与律师的反对,这一处罚条款最终被删除,代之以"建议依法给予相应处罚",即律师严重扰乱法庭秩序,被强行带出法庭或者被处以罚款、拘留的,人民法院应当通报司法行政机关,并可以建议依法给予相应处罚。[97]

又如,2014年10月27日,《刑法修正案(九)(草案)》提请全国人大常委会初次审议。其中,第35条拟将侮辱、诽谤、威胁司法工作人员和诉讼参与人,不听法庭制止的,纳入妨害司法之扰乱法庭秩序罪,最高可判处3年有期徒刑。2015年8月29日,《刑法修正案(九)》由全国人大常委会通过,根据《刑法修正案(九)》第37条的规定,严重扰乱法庭秩序的行为将被作为犯罪处理。

就辩护律师一方而言,首先,需要辩护律师坚守职业道德,加强自律,不得试图通过冲突提升个人的知名度,不得为了获得被告人及其家属的好感而不顾事实进行辩护,更不得不顾被告人的利益而肆意冲撞法官。其次,需要辩护律师遵守法庭纪律,如果辩护律师认为法官的行为有失公正,应当通过合法的方式寻求救济。对于辩护律师不遵守法庭纪律的,可以由法庭予以适当制裁,并在事后向司法局、律师协会予以通报。对于辩护律师的行为构成犯罪的,由相关部门依法处理。最后,需要辩护律师加强学习,使辩护理由更加充分,辩护活动更具有针对性。

2. 解决"辩审冲突"的根本之策

笔者认为,上述两种治理"辩审冲突"的路径可能都存在一定的问题。

---

[96] 参见江必新主编:《〈最高人民法院关于适用《中华人民共和国刑事诉讼法》〉的解释》理解与适用》,中国法制出版社2013年版,第236页。
[97] 2021年最高人民法院《关于适用〈中华人民共和国刑事诉讼法〉的解释》第308条规定:"担任辩护人、诉讼代理人的律师严重扰乱法庭秩序,被强行带出法庭或者被处以罚款、拘留的,人民法院应当通报司法行政机关,并可以建议依法给予相应处罚。"

一方面,单纯的说教可能效果有限,导致法官在很多情况下是功利性地维护公正,即为了避免承担责任而维护司法公正。另一方面,对律师不当行为的打压,可能会取得暂时性效果,但这种打压如果失当,可能影响律师的正当辩护活动,在律师的辩护权利得不到保障的情况下,律师与当事人的不满无处发泄、诉求无法得到满足,最终不利于国家的法治建设。事实上,引发"辩审冲突"的原因是复杂多样的,因此,欲消除"辩审冲突",也需要从多方面着手。例如,深入司法体制改革,加强法官职业保障,确保法官依法独立审判。又如,改变原有的案卷笔录中心主义的诉讼模式,强调通过一审庭审当庭产生裁判结论。再如,通过司法公开提升司法公信力,进而提高司法权威。其中,最主要的、目前最为紧迫的是法官和辩护律师应当遵循一定的要求。因此,解决"辩审冲突"的根本之策是对现有的"审辩关系"予以重构。

## 四、回顾与展望

### (一)回顾

根据前文的分析,"辩审冲突"的发生既有法官能力不足、独立性不强等原因,也有辩护律师方面的原因。在这种情况下,可能存在这样一种悖论:辩护律师认为法官的行为方式不当而不尊重法官甚至冲撞法官,而法官则认为辩护律师的行为多有不妥之处而动辄斥责律师甚至打断律师发言,甚至将律师驱逐出法庭,在这种情况下,法官与律师之间可能内心均有所戒备。此外,法官面临巨大的办案压力却收入微薄,很难有为辩护律师的辩护活动提供方便的心态。因此,这里存在两个逻辑悖论:一是部分法官中立性不足、司法能力有待提升与辩护律师尊重法官的要求之间存在的悖论;二是部分法官能力不足与提高法官待遇的要求之间存在的悖论。从近期的改革措施来看,显然是将尊重法官、维护法庭秩序作为改革突破口。例如,为确保司法机关依法独立公正行使司法权,中央推行了一系列举措,如十八届三中全会通过的《中共中央关于全面深化改革若干重大问题的决定》提出推动省以下法院、检察院人财物统一管理;党的十八届四中全会通过的《中共中央关于全面推进依法治国若干重大问题的决定》提出探索建立与行政区划适当分离的司法管辖制度,并建立领导干部干预司法活动、插手具体案件处理的记录、通报和责任追究制度。[98] 又如,在法院内部,随着司法责任制的推行,院庭长审批案件的情况将会逐渐消失。再如,强调律师要遵守法庭纪律,且不惜用刑事责任追究的手段维护法庭秩序。笔者认为,在上述背景下,"辩审冲突"现象将会逐渐消失。与此同时,需要考虑另一个问题,即律师如何进行有效辩护的问题。《刑法修正案(九)》的实施,意味着律师如果仍以"死磕"的方式进行辩护可能会面临被追究刑事责任的危险。因此,很多律师可能会放弃对抗,而仅仅满足于将辩护观点呈现于法庭,至于法官是否采纳其辩护意见,律师并不关心。在这种情况下,如何确保律师进行有效辩护就是一个新的课题。

(二)展望

由于各种因素的影响,"辩审冲突"问题至今仍较为普遍。由于相关规定的修改,与之前的"辩审冲突"相比,目前辩护律师的行为有所控制,但仍通过各种"合法"的方式表达对法庭的不满。当今中国正处于重大的转型期,近年来,中央不断从宏观层面推进司法改革。党的十八届三中全会和四中全会作出的相关决定对于司法改革问题着墨甚多,既包括宏观层面上的审判独立、以审判为中心的诉讼制度改革等问题,也包括一系列具体的制度建设。对于"审辩关系"的重构来说,当前可谓机遇与困难并存。

从宏观上来说,影响"审辩关系"重构的最大因素是审判独立问题。然而,审判独立不仅是一个体制的问题,还是一个政治问题。目前,审判独立的实现,机遇与困难并存。本轮司法改革在中央的统一领导下,已经在全国各省、市、自治区陆续展开,为了确保司法机关依法独立公正行使司法权,中央推行了一系列举措,如十八届三中全会《中共中央关于全面深化改革若干重大问题的决定》提出推动省级以下法院、检察院人财物省级统一管理,党的十八届四中全会《中共中央关于全面推进依法治国若干重大问题的决定》提出探索建立与行政区划适当分离的司法管辖制度,建立领导干部干预司法活动、插手具体案件处理的记录、通报和责任追究制度。[99] 然而,"省级统管"后党委与司法机关的关系如何调整,特别是纪

---

[98] 参见黄太云:《提高司法公信力必须解决的几个问题》,载《法治研究》2015 年第 5 期,第 5—7 页。

[99] 参见黄太云:《提高司法公信力必须解决的几个问题》,载《法治研究》2015 年第 5 期,第 5—7 页。

委、政法委与司法机关的关系如何调整,目前仍不明确。[100] 在法院内部,随着司法责任制的推行,院庭长审批案件的情况将不复存在,但能否实现个体法官的独立,仍有待观察。

从微观上来说,影响"审辩关系"重构的最大因素是法庭审理的书面化问题,在案卷笔录中心主义诉讼模式下,法官不重视庭审,辩护律师也没有充分的机会影响法官的裁判活动。因此,欲重构"审辩关系",需要改变案卷中心主义的诉讼模式。2013年10月,最高人民法院在第六次全国刑事审判工作会议文件中提出:审判案件应当以庭审为中心,事实证据调查在法庭,定罪量刑辩论在法庭,裁判结果形成于法庭,要求全面落实直接言词原则、严格执行非法证据排除制度。这一提法被学界解读为"庭审中心主义"。[101] 2014年10月,党的十八届四中全会通过的《中共中央关于全面推进依法治国若干重大问题的决定》提出推进以审判为中心的诉讼制度改革。推进以审判为中心的诉讼制度改革必然会改变原有的案卷笔录中心主义的诉讼模式,强调通过一审庭审当庭产生裁判结论。然而,案卷笔录中心主义的形成有着深厚的历史、体制和文化原因,改变案卷中心主义的诉讼传统需要相对较长的时间和过程。

---

[100] 参见龙宗智:《影响司法公正及司法公信力的现实因素及其对策》,载《当代法学》2015年第3期,第8—9页。

[101] 参见冯英菊、冉婷婷:《"庭审中心主义"尚需制度保障》,载《检察日报》2014年1月15日,第3版。

# 第四编　非法证据排除制度的深层次问题

2010年,最高人民法院、最高人民检察院、公安部、国家安全部、司法部通过联合发布司法解释性文件的方式正式确立了完整意义上的非法证据排除制度。此后,立法、司法解释和规范性文件对非法证据排除制度进一步予以完善。目前,无论是非法证据排除的实体范围,还是非法证据排除的程序规范,均有较大的完善。然而,在非法证据排除制度的运行过程中,有两个问题值得深入思考:一是被排除的非法证据的影响问题,如果非法证据在表面上被排除,但实际上仍然对定罪量刑有影响,则排除非法证据的效果存疑;二是非法证据排除规则的目的在很大程度上是为了对侦查机关的取证行为进行规范,从司法实践的情况来看,我国确立的具有中国特色的非法证据排除规则在威慑非法取证方面效果如何呢?笔者拟以非法口供排除规则为例进行说明。

关于被排除的非法证据的影响问题。在非法证据排除制度的运行过程中,有一个至今仍未受到足够关注但却非常重要的问题,即被排除的非法证据对法官心证的影响。研究表明,被排除的非法证据对定罪量刑均有一定程度的影响,这种影响要么是潜移默化的,要么是刻意的。作为证据使用的资格与作为定案根据资格不分,一元化法庭与全案诉讼卷宗移送以及判决书说理不足是非法证据影响法官心证的具体制度方面的因素,公检法三机关在长期的司法实践中形成的"紧密配合、协同作战"的一体化司法体制是非法证据影响法官心证的体制性因素。消除非法证据对法官心证的影响,需从具体制度与宏观体制等多个方面进行有针对性的变革与调整。

关于非法口供排除规则的威慑效果问题。威慑潜在的非法取供行为是非法口供排除规则的重要功能之一,从2012年修正的《刑事诉讼法》实施以来的情况来看,非法口供排除规则在司法实践中具有一定的威慑效果,但效果有限。非法口供排除规则将会对未来的审讯行为产生重大的影响,但随着侦查机关对非法口供排除规则的进一步了解,非法口供排除规则的威慑效果将会大打折扣。非法口供排除规则及其保障措施的严格性、明确性和司法环境的优劣是影响非法口供排除规则威慑效果发挥的两大重要因素,将来应进一步确立严厉的、明确的规则,并优化刑事司法环境。非法口供排除规则的影响是潜移默化的,对其功能的发挥应保持合理的期待。

对上述两个问题的考察,不仅有助于深化对非法证据排除相关问题的认识,还有助于构建相对完善、更为有效的非法证据排除规则。

# 第七章
# 非法证据对法官心证的影响与消除

非法证据排除规则是一种典型的程序性制裁措施,排除非法证据本质上是审判权对追诉权的审查和制约,是司法权力对侦查权力的程序性制衡。因此,排除非法证据从来都不是一件容易的事情。在2010年《非法证据排除规定》出台之前,排除非法证据尤为困难。[1] 司法实践中,法官往往通过将证据能力问题转化为证明力问题甚至量刑问题的方法来处理非法证据问题[2],有学者将类似的现象提炼为一种规则,即"证明力减等规则"[3]。《非法证据排除规定》与2012年修正的《刑事诉讼法》分别以司法解释性文件和立法的形式在中国正式确立了非法证据排除规则,自非法证据排除规则正式运行以来,司法实践中有很多排除非法证据的成功案例。但不可否认的是,我国非法证据排除规则的运行仍存在很多问题,如仍有法官将证据能力转化为证明力问题予以考虑,非法证据排除存在启动难和排除难的问题,等等。然而,在上述问题之外,有一个至今仍未受到理论界与实务界关注但却非常重要的问题,即被排除的非法证据对法官心证的影响。笔者曾经在调研中发现,有些法官在审理报告中将各被告人的数次供述明确列出,但又标注:"非法证据,予以排除,仅供参考。"既然这些供

---

[1] 对此问题的梳理,参见孙长永主编:《中国刑事诉讼法制四十年:回顾、反思与展望》,中国政法大学出版社2021年版,第378—383页。

[2] 结合案例的分析,参见陈瑞华:《程序性制裁理论》(第二版),中国法制出版社2010年版,第190页以下。

[3] 李训虎:《证明力规则检讨》,载《法学研究》2010年第2期,第161页。

述已经作为非法证据予以排除,又该如何参考呢?针对这一现象,笔者认为,需要考虑如何从制度上真正消除非法证据对法官心证的影响。[4] 毫无疑问,这是一个值得认真对待的问题。

事实上,在传统的职权主义刑事诉讼中,对于证据材料的"采纳"和"采信"问题,并没有在诉讼程序和裁判结果上有明确的区分,往往是由同一名法官或者同一个合议庭在正式审理时一并解决。在这种情况下,被排除的非法证据对法官心证的影响可能是一个普遍性的问题。根据证据裁判原则的基本要求,裁判者作出裁判不仅要依据证据,还要求裁判者所依据的证据具有证据资格且通过严格证明的方式进行法庭调查。[5] 而在严格证明中,证明标准应达到排除合理怀疑或内心确信的程度。[6] 毫无疑问,被排除的非法证据不具有证据资格,更不能成为定案的根据。被排除的非法证据影响法官心证,其实质是不具有证据资格的证据材料影响了法官的心证活动,在这种情况下,很可能出现在案证据没有达到确实、充分的要求,法官在证据不足的情况下认定了定罪事实或者罪重事实。[7] 因此,这一问题直接涉及刑事裁判的合法性问题,亟须学界的关注与研究。

被排除的非法证据是如何影响法官心证的呢?非法证据为何能够影响法官心证?又该如何消除这种影响?本章拟对被排除的非法证据对法官心证的影响方式进行类型化分析,并分析被排除的非法证据为何能够影响法官心证,在此基础上,进一步研究如何消除或者尽量减少被排除的非法证据对法官心证的影响。需要说明的是,为表述便利,避免行文冗长,下文中将有些"被排除的非法证据"直接表述为"非法证据"。

---

[4] 参见孙长永、王彪:《审判阶段非法证据排除问题实证考察》,载《现代法学》2014年第1期,第82页。

[5] 参见李静:《证据裁判原则初论——以刑事诉讼为视角》,中国人民公安大学出版社2008年版,第26页。

[6] 参见罗海敏:《刑事诉讼严格证明探究》,北京大学出版社2010年版,第30页。

[7] 根据2021年最高人民法院《关于适用〈中华人民共和国刑事诉讼法〉的解释》第72条第2款的规定,认定被告人有罪和对被告人从重处罚,应当适用证据确实、充分的证明标准。关于罪重事实适用与定罪事实相同证明标准的原因,参见张吉喜:《论量刑事实的证明标准》,载《证据科学》2013年第5期,第549页以下。

## 一、非法证据对法官心证的影响方式

被排除的非法证据是否影响法官的心证活动,一般情况下我们无从知晓。但通过阅读法官撰写的供法院内部审查的审理报告或者对个别法官的访谈,可以发现,这种影响是确实存在的。具体可以从以下两个方面来考察:一是区分非法证据对定罪与量刑的影响;二是区分这种影响是潜移默化的还是刻意的。

(一)非法证据对定罪与量刑的影响

就非法证据对定罪与量刑的影响而言,具体又可以分为三种情况:一是非法证据对定罪的影响;二是非法证据对量刑的影响;三是个别案件中非法证据既对定罪有影响,也对量刑有影响。一般来说,排除非法证据后,如果全案证据较为薄弱,法官往往倾向于定罪;如果因为排除非法证据导致案件中的部分犯罪事实无法认定的,法官往往会在量刑时对被告人从重处罚;在极个别案件中,排除非法证据后,即使全案证据较为薄弱,有些法官可能仍会对被告人定罪并对其处以较重的刑罚。

由于法官在量刑时存在一定的自由裁量权,被排除的非法证据对量刑的影响较为容易。在量刑规范化改革的制度背景下,法官量刑的自由裁量权虽然受到了一定的限制,但仍有相当大的自由空间。排除非法证据的案件,法官一般会将案件提交院庭长讨论。[8] 院庭长或者承办法官在讨论案件的量刑问题时,往往会特意提到被排除的非法证据,并认为即使某些证据材料被当作非法证据予以排除,但由于这些证据材料具有真实性且与案件事实紧密相关,在量刑时应当考虑被排除的非法证据。具体来说,被排除的非法证据对量刑的影响主要体现在两个方面:一方面,当排除非法证据影响对案件部分事实的认定时,在量刑时可能会考虑如果认定上述事实该如何量刑,在这种情况下,部分案件事实虽然没有在裁判文书中被认定,但却对量刑产生了实质性的影响;另一方面,被告人申请排除非法证据的,往往意味着对案件事实存在一定的异议,在这种情况下,法庭可能会认

---

[8] 关于院庭长讨论案件,参见王彪:《基层法院院庭长讨论案件机制研究》,载《中国刑事法杂志》2011年第10期,第68页。

为被告人的认罪态度有问题,进而以被告人认罪态度较差为由对其予以从重处罚[9],从而使得被排除的非法证据间接地影响对被告人的量刑。

与量刑问题法官享有一定的自由裁量权不同,定罪问题严格遵循证据裁判原则,有严格的证明标准要求。被排除的非法证据是如何影响定罪的呢?事实上,诉讼认识是一种特殊的认识,事实认定者通过证据材料认定案件事实,这种认识本质上属于事实认定者根据证据材料判断作为证明对象的命题与客观案件事实是否符合,但由于客观事实"存而不在"[10],这种是否符合只能是裁判者基于经验和逻辑的考虑,具体表现为事实认定者的心证程度,即内心的确信程度。[11] 因此,作为心证的产物,诉讼认定事实的标准除了从主观上提出要求,别无他法。[12] 所谓的证明标准,事实上就是对法官内心确信程度的要求,具体可表述为内心确信或者排除合理怀疑。当然,这种主观上的内心确信度并非毫无客观根据,如需要接受证据裁判原则的限制、经受经验法则和逻辑法则的检验,并且这种心证结果还要具有可重复性,即任何一个理性的人在面对相同的证据材料时一般会得出相同的结论,在立法制度上体现为合议制度和上诉审查制度等。然而,正如有学者所言,排除合理怀疑的证明标准并不是一个没有任何弹性的标准。[13] 另外,"一些英国法官和学者认为,证明标准应该是弹性的或浮动的甚至是滑动的,即应根据系争对象的不同区别对待"。例如,丹宁勋爵在 *Bater v. Bater* 案中指出:"在刑事案件中,指控必须得到排除合理怀疑地证明,但在这个标准之内可能也有不同的证明程度。"而在美国,"某些学者和法官持有同样的观点"[14]。如达马斯卡教授认为,对外在事实和精神

---

[9] 法院以"被告人认罪态度不好"对被告人从重量刑的具体情况和典型案例,参见陈瑞华:《义务本位主义的刑事诉讼模式——论"坦白从宽、抗拒从严"政策的程序效应》,载《清华法学》2008 年第 1 期,第 38 页以下。

[10] 这种事实只是通过证据被记载、被叙述、被解释的事实。参见王敏远:《一个谬误、两句废话、三种学说——对案件事实及证据的哲学、历史学分析》,中国政法大学出版社 2013 年版,第 29 页。

[11] 系统的论述,参见王彪:《犯罪主观要件证明问题研究》,法律出版社 2016 年版,第 212 页。

[12] 参见秦宗文:《自由心证研究——以刑事诉讼为中心》,法律出版社 2007 年版,第 136 页。

[13] 参见龙宗智:《推定的界限及适用》,载《法学研究》2008 年第 1 期,第 115 页。

[14] 黄维智:《刑事证明责任研究——穿梭于实体与程序之间》,北京大学出版社 2007 年版,第 101 页。

事实的把握,人们实际上都是区别对待的。例如,关于被告人是否向死者开枪的问题,在实践中会设立非常严格的证据要求。在确定是否存在伤害或杀人意图时,证明要求就会宽松得多。[15] 由于证明标准所具有的这种弹性,被排除的非法证据对定罪的影响变得可能,即部分案件在排除非法证据后证据较为薄弱,考虑到已经排除了非法证据,法官可能会在一定程度上放松证明要求。这是被排除的非法证据影响定罪的一般路径。

客观地说,由于印证证明的要求,被排除的非法证据很难对定罪产生影响。龙宗智教授将我国刑事诉讼中使用证据证明案件事实从而作出事实判定的方式概括为"印证",认为我国刑事证明模式可以概括为"印证证明模式"。[16] 具体来说,"印证证明模式"强调证据之间的相互印证作为审查证据的关键,突出被告人口供作为印证机制的中心,证据之间相互印证才敢定案。[17] 在因排除非法证据导致在案证据无法相互印证的情况下,法官一般情况下不敢贸然定罪。然而,由于对印证证明要求的机械理解,司法实践中存在虚假印证和片面印证的情形。其中,所谓虚假印证是指以不可靠的证据材料作为印证证明的中心,进而得出虚假的印证关系[18];而所谓片面印证,又可以称之为选择性印证,即对于在案的证据材料进行有目的的选择,从而在表面上形成一个相互印证的证据体系,而对于被告方的辩解或者质疑则视而不见。司法实践中,部分案件排除非法证据后,在案的证据材料之间存在矛盾,且无法排除合理怀疑,但部分法官由于受到被排除的非法证据的影响,认为被告人事实上是有罪的,进而忽视证据矛盾,对在案证据进行选择性印证,最终得出被告人有罪的结论。这是被排除的非法证据影响定罪的又一个途径。

根据笔者的调研,所有排除口供的案件都只是排除有争议的口供,而对于被告人声称被刑讯的那一次或者数次口供之外的供述,即重复性供

---

[15] 参见〔美〕米尔吉安·R.达马斯卡:《比较法视野中的证据制度》,吴宏耀、魏晓娜等译,中国人民公安大学出版社2006年版,第133页。

[16] 参见龙宗智:《印证与自由心证——我国刑事诉讼证明模式》,载《法学研究》2004年第2期,第110页。

[17] 参见谢小剑:《我国刑事诉讼相互印证的证明模式》,载《现代法学》2004年第6期,第72页。

[18] 参见刘静坤:《避免虚假印证 防范冤错案件》,载《人民法院报》2014年3月5日,第6版。

述,则没有排除。[19] 在这种情况下,排除非法证据对于大部分案件的定罪几乎没有实质性影响。[20] 因此,实践中,被排除的非法证据在大多数情况下仅仅对量刑有影响。2013 年 11 月 12 日,党的十八届三中全会作出的《中共中央关于全面深化改革若干重大问题的决定》中"法治中国"部分专门指出,要强化人权司法保障制度,其中一项重要的举措就是"严格实行非法证据排除规则"。[21] 在这一背景下,重复性供述有望在将来得以排除。在排除重复性供述的情况下,被排除的非法证据对于定罪的影响将会更加明显。

(二)潜移默化的影响与刻意的影响

根据被排除的非法证据对法官心证影响的形式,可以分为潜移默化的影响与刻意的影响。所谓潜移默化的影响,是指在没有任何外在压力的情况下,法官出于打击犯罪的内在心理,认为非法证据虽然被排除但却是真实可靠的,因而在定罪量刑时主动将被排除的非法证据考虑在内。从理论上来说,法官的角色应当是一个中立消极的裁判者。然而,与西方国家明显不同的是,我国的刑事司法不仅要负责案件的裁判,还负有一定的社会治理功能。[22] 此外,根据《刑事诉讼法》的规定,惩罚犯罪是包

---

[19] 参见王彪:《审前重复供述的排除问题研究》,载《证据科学》2013 年第 5 期,第 604 页。

[20] 参见王彪:《非法口供排除规则威慑效果实证分析》,载《法治研究》2014 年第 9 期,第 117 页。

[21] 自 2014 年下半年以来,最高人民法院刑三庭牵头制定有关非法证据排除的司法解释性文件,笔者有幸全程参与,根据制定的征求意见稿,审前重复性供述原则上都应当予以排除。最终,2017 年 6 月 20 日,最高人民法院、最高人民检察院、公安部、国家安全部、司法部联合发布的《严格排除非法证据规定》第 5 条规定:"采用刑讯逼供方法使犯罪嫌疑人、被告人作出供述,之后犯罪嫌疑人、被告人受该刑讯逼供行为影响而作出的与该供述相同的重复性供述,应当一并排除,但下列情形除外:(一)侦查期间,根据控告、举报或者自己发现等,侦查机关确认或者不能排除以非法方法收集证据而更换侦查人员,其他侦查人员再次讯问时告知诉讼权利和认罪的法律后果,犯罪嫌疑人自愿供述的;(二)审查逮捕、审查起诉和审判期间,检察人员、审判人员讯问时告知诉讼权利和认罪的法律后果,犯罪嫌疑人、被告人自愿供述的。"但该规定对重复性供述的排除设置了严格的条件,并明确了重复性供述排除的例外。参见王彪:《中国非法证据排除规则的最新发展》,载《兰州大学学报(社会科学版)》2018 年第 2 期,第 120 页。

[22] 参见强世功:《法制与治理——国家转型中的法律》,中国政法大学出版社 2003 年版,第 83 页。

括人民法院在内的政法机关的共同职责,对惩罚犯罪的强调,使法官在潜意识中认为打击犯罪也是其应当承担的职责,进而具有一定的追诉意识,一般不愿意排除非法证据,在迫不得已排除非法证据的情况下,被排除的非法证据往往会影响法官的心证活动。例如,笔者调研发现,在 W 法院审理的阮某某等 19 人犯开设赌场罪等 9 项罪名一案中,审理报告中多名被告人的供述后均写有这样一句话:"非法证据,予以排除,仅供参考。"从该份审理报告中的这句话可以看出,法官在裁判案件的过程中,不自觉地考虑了已被排除的非法证据。在这种情况下,被排除的非法证据对法官心证活动产生的影响是潜移默化的,也正因如此,有些法官或者法官群体根本就没有意识到这是一个问题。

所谓刻意的影响,是指法官面对巨大的外在压力,为了达到既定的定罪量刑目标,在迫不得已的情况下,在定罪量刑时"适当"考虑已经被排除的非法证据的证明力。事实上,在现代刑事审判制度中,"为确保法官保持公正无偏的地位,现代各国法律一般均建立了保证法官独立自主地进行审判的机制,使法官在审理和裁判时不受外界的不当干预、控制和影响"[23]。然而,不可否认的是,就确保法官中立裁判的机制而言,我国与西方国家还存在一定的差距。司法实践中,法院在定罪量刑时会面临来自审前机关的巨大压力[24],在排除非法证据时亦是如此[25]。在迫不得已排除非法证据的情况下,如果在案证据不足,可能被判决无罪的,法官一般不会视已被排除的非法证据为不存在,进而根据在案证据严格裁判,而是会充分考虑已被排除的非法证据对定罪的影响,进而利用证明标准的模糊性或弹性作出有罪裁判。这种情况正如有学者所言,近年来,口供治理的诸多改革措施在解决口供可采性、增强裁判正当性的同时,也使得部分案件因缺乏口供、排除口供而陷入证明困境。由于口供依赖所产生的波及效应,法官可能会退而求其次,作出"留有余地"的判决。[26] 笔者在东部某经济发达省份就

---

[23] 陈瑞华:《刑事审判原理论》(第二版),北京大学出版社 2003 年版,第 214 页。
[24] 参见王彪:《刑事诉讼中的"逮捕中心主义"现象评析》,载《中国刑事法杂志》2014 年第 2 期,第 78 页。
[25] 参见陈瑞华:《司法审查的乌托邦——非法证据排除规则难以实施的一种成因解释》,载《中国法律评论》2014 年第 2 期,第 34 页以下。
[26] 参见李训虎:《口供治理与中国刑事司法裁判》,载《中国社会科学》2015 年第 1 期,第 133 页以下。

非法证据排除问题调研时发现,该省的部分法官一再强调,排除非法证据影响案件定罪量刑的,就是"审判事故",不仅会影响法院与公安机关、检察机关的关系,也可能会影响法院或者法官的切身利益。在这种情况下,当排除非法证据影响案件的定罪量刑时,部分法官由于立场不坚定或者出于自身利益的考虑,可能会刻意考虑被排除的非法证据对定罪量刑的影响。

当然,潜移默化的影响与刻意的影响也不是绝对分离的,部分案件中法官可能会在量刑上受到已被排除的非法证据的潜移默化的影响,而在定罪上受到已被排除的非法证据的刻意的影响;还有一些案件,法官可能自觉不自觉地就会受到被排除的非法证据的影响。当然,随着法官对证据裁判原则和非法证据排除规则的进一步了解,随着法官法治意识的逐渐增强,被排除的非法证据对定罪量刑潜移默化的影响可能会逐步减弱[27],而刻意的影响能否逐渐消除则取决于法治大环境的变化。

## 二、非法证据为何能够影响法官心证

在法官具有一定量刑裁量权的情况下,在证明标准本身具有一定弹性的前提下,被排除的非法证据对法官的心证活动确实产生了一定的影响。然而,被排除的非法证据之所以能够顺利地影响法官的心证活动,特定的制度设计和司法体制也起了很大作用。

(一)非法证据影响法官心证的制度设计

1. 证据可采性与定案根据不分

从理论上来说,证据材料作为定案根据需要满足两个条件:一是具有证据能力,二是具有证明力。其中,"证据能力"是证据材料有无成为本案裁判基础的证据"资格"问题,判断的结果非"有"即"无",与此相对的

---

[27] 这里用的是"减弱"而非"消除",因为在证据能力与定案证据资格缺乏区分、证据合法性有争议的案件中,对证据合法性的调查不能"先于"公诉犯罪事实的法庭调查,法官普遍可以庭外阅卷,而且依法有权"庭外核实证据",在定罪量刑程序合一且法官既负责认定事实又负责解释和适用法律的情况下,潜在的影响不可能"消除",而只能"减弱"。学界对这一问题的讨论,参见纵博:《我国证据排除规则实施中隔离机制的构建》,载《暨南学报(哲学社会科学版)》2021年第2期,第47—58页。

是,"证明力"判断的结果或高或低。[28] 在英美法系,与证据能力和证明力相对应的概念是可采性和相关性。其中,证据能力与可采性类似,是指作为证据在法庭上使用的资格问题;证明力与相关性类似,是指证据材料对案件事实证明价值的大小问题。然而,只有在英美法国家的陪审团审判中,两者的区分才是明显的,即职业法官与陪审团分别负责案件的事实问题与法律问题,其中,非法证据排除问题属于法律问题,由法官裁决,被排除的非法证据不具有进入有陪审团参加的正式法庭调查程序的资格。由于多数大陆法系国家传统上并没有确立在审前程序中预先解决证据资格问题的程序机制,而是在庭审中与事实问题一并加以解决,因此,其有关证据资格的规定多数情况下只是对裁判依据而非庭审调查证据范围的限定。[29] 如在德国的一元化法庭中[30],由于法庭既负责非法证据排除问题,又负责案件事实的认定问题,因此,证据能力在很大程度上由法庭准入资格变成了定案根据的资格。中国的情况与德国类似,没有证据能力的证据材料,仅仅意味着法官在裁判文书中不得将其作为判决的依据。[31] 由此,证据能力由一种接受法庭调查的资格变成了作为定案依据的资格,由证据准入规范变成了证据评价活动的规范。

2. 证据合法性调查与公诉犯罪事实的法庭调查不分

《非法证据排除规定》第5条规定:"被告人及其辩护人在开庭审理前或者庭审中,提出被告人审判前供述是非法取得的,法庭在公诉人宣读起诉书之后,应当先行当庭调查。法庭辩论结束前,被告人及其辩护人提出被告人审判前供述是非法取得的,法官也应当进行调查。"此外,第10条第1款规定:"经法庭审查,具有下列情形之一的,被告人审判前供述可以当庭宣读、质证:(一)被告人及其辩护人未提供非法取证的相关线索或者证据的;(二)被告人及其辩护人已提供非法取证的相关线索或者证据,法庭对被告人审判前供述取得的合法性没有疑问的;(三)公诉人提供的证据确

---

[28] 参见林钰雄:《严格证明与刑事证据》,法律出版社2008年版,第90页。
[29] 参见孙远:《刑事证据能力导论》,人民法院出版社2007年版,第14页。
[30] 关于一元化法庭与二分式法庭的区别,参见〔美〕米尔建·R.达马斯卡:《漂移的证据法》,李学军等译,中国政法大学出版社2003年版,第64页以下。
[31] 根据2012年修正的《刑事诉讼法》第54条第2款的规定,在审判阶段发现有应当排除的证据的,应当依法予以排除,但此时的排除仅仅意味着被排除的证据"不得作为判决的依据"。对"定案根据"这一术语的具体分析,参见王彪:《刑事证据材料作为定案根据的条件》,载潘金贵主编:《证据法学论丛》(第三卷),中国检察出版社2014年版,第31页以下。

实、充分,能够排除被告人审判前供述属非法取得的。"据此,《非法证据排除规定》确立了"先行调查"原则和证据能力优先于证明力原则。最关键的是,根据《非法证据排除规定》第 10 条规定,无论是否先行调查,都要在解决证据能力问题后再考虑证明力问题。[32] 然而,或许是出于诉讼效率的考虑,2012 年修正的《刑事诉讼法》对此问题没有规定。[33] 或许是吸取了贵州小河案关于非法证据排除程序之争引发"辩审冲突"的经验教训[34],2012 年最高人民法院《关于适用〈中华人民共和国刑事诉讼法〉的解释》(以下简称《刑诉法解释》)仅对证据收集合法性的调查时间作了灵活规定,即:对证据收集合法性的调查,根据具体情况,可以在当事人及其辩护人、诉讼代理人提出排除非法证据的申请后进行,也可以在法庭调查结束前一并进行。而对于在证据合法性问题解决前是否允许对争议证据进行宣读、质证的问题则没有规定。根据 2012 年《刑诉法解释》的规定,有学者认为,我国非法证据排除的是定案根据而不是证据资格。[35] 司法实践中,法庭对证据合法性问题进行调查后,往往并不立即给出排除与否的结论,而是对争议证据进行传统的法庭调查活动,然后在裁判文书中与案件的实体问题一起给出证据合法性调查结论[36],甚至有些法庭对于证据合法性问题在裁判文书中也没有给出任何回应。这一做法在事实上意味着证据能力概念几乎没有任何存在的空间,同时也意味着法官在排除非法

---

[32] 最高人民法院法官强调,要注意对证据收集合法性的调查结束前不能对证据宣读、质证。参见戴长林:《非法证据排除规则司法适用疑难问题研究》,载《人民司法》2013 年第 9 期,第 28 页。

[33] 参见王彪:《一审阶段排除非法证据程序问题研究》,载《人民司法》2012 年第 19 期,第 48 页。

[34] 关于小河案非法证据排除的顺序之辩,参见唐宁:《政协委员被控涉黑三年三审——贵州黎庆洪案重审疑云》,载《民主与法制时报》2012 年 1 月 16 日,第 A03 版。

[35] 参见左宁:《中国刑事非法证据排除规则研究》,中国政法大学出版社 2013 年版,第 239 页。

[36] 有学者主张,在对案件实体问题作出裁判时一并对非法证据排除问题作出裁断,并认为这种做法符合我国当前的司法体制及实际情况。参见顾永忠:《我国司法体制下非法证据排除规则的本土化研究》,载《政治与法律》2013 年第 2 期,第 105 页。

证据的时候,已经对该非法证据有了相当深入的接触。[37] 综上,在一元化法庭的背景下,在证据能力问题与证明力问题没有明确区分的情况下,证据合法性调查与公诉犯罪事实的法庭调查不分,法官在排除非法证据的同时,已经接触了非法证据,非法证据的内容不可能不对法官产生一定的影响。

3. 法官庭外阅卷和核实证据制度

除一元化法庭的设置、证据能力与证明力不分导致法官不可避免地、实质性地接触被排除的非法证据之外,实践中的卷宗移送制度也为法官接触非法证据创造了条件。1996 年《刑事诉讼法》第 150 条规定:"人民法院对提起公诉的案件进行审查后,对于起诉书中有明确的指控犯罪事实并且附有证据目录、证人名单和主要证据复印件或者照片的,应当决定开庭审判。"根据这一规定,立法者设计了以对案件的程序要件审查为主的审查方式[38],即对以前的卷宗移送式的公诉方式进行了改革,改行所谓的"复印件主义"的公诉方式。但在以案卷笔录为中心的诉讼模式没有改变的情况下,法官不可能仅凭检察机关移送的主要证据的复印件和当庭听审便可作

---

〔37〕 2017 年最高人民法院、最高人民检察院、公安部、国家安全部、司法部联合发布的《严格排除非法证据规定》第 30 条规定:"庭审期间,法庭决定对证据收集的合法性进行调查的,应当先行当庭调查。但为防止庭审过分迟延,也可以在法庭调查结束前进行调查。"第 33 条第 2 款规定:"在法庭作出是否排除有关证据的决定前,不得对有关证据宣读、质证。"据此,对于争议证据,应当先解决证据能力问题,再考虑证明力问题。但这一规定仍未解决一元化法庭既处理证据能力问题又处理证明力问题所产生的影响。此外,2021 年最高人民法院《关于适用〈中华人民共和国刑事诉讼法〉的解释》第 134 条仅规定:"庭审期间,法庭决定对证据收集的合法性进行调查的,应当先行当庭调查。但为防止庭审过分迟延,也可以在法庭调查结束前调查。"最高人民法院的司法解释没有规定在法庭作出是否排除有关证据的决定前,不得对有关证据宣读、质证。对该问题未作规定,可能导致实践中产生混乱,并回到之前的做法。根据最高人民法院法官的解释,之所以对此未作规定,是因为,"司法实践反映,上述规定难以执行。在对有关证据出示、质证前,要求先行公布对证据收集合法性的法庭调查结论,再对有关证据出示、质证,可能由于辩方对调查结论的不认可,进而不配合进行证据的出示、质证,导致庭审无法顺利进行。而且,有意见认为,要求在法庭作出是否排除有关证据的决定前不得对有关证据宣读、质证,主要是英美法系国家的做法。英美法系国家如此操作,是为了避免让陪审团受到非法证据的干扰。在我国,对证据是否合法、是否应当排除,是由合议庭,包括由法官和人民陪审员共同组成的合议庭,作出认定和决定,要求在作出是否排除决定前不得对有关证据宣读、质证,似无实际意义"。李少平主编:《最高人民法院〈关于适用《中华人民共和国刑事诉讼法》的解释〉理解与适用》,人民法院出版社 2021 年版,第 246 页。

〔38〕 参见胡康生、李福成主编:《中华人民共和国刑事诉讼法释义》,法律出版社 1996 年版,第 172 页。

出裁判。为此,1998年最高人民法院、最高人民检察院、公安部、国家安全部、司法部、全国人大常委会法制工作委员会联合发布的《关于刑事诉讼法实施中若干问题的规定》第42条规定了人民检察院应当当庭或者庭审后3日内将诉讼卷宗移交人民法院的制度。由于1996年《刑事诉讼法》的制度安排存在诸多弊端,2012年修正的《刑事诉讼法》恢复了案卷移送制度,根据2012年修正的《刑事诉讼法》第172条(2018年《刑事诉讼法》第176条)的规定,检察机关需要将全部案卷材料连同起诉书一起移交法院。[39]所谓全部案卷材料,不仅包括检察机关拟在法庭上出示的证据材料,还包括审前阶段形成的、但不准备或者不能在庭审中出示的证据材料,其中就包括侦查机关、检察机关排除的非法证据。另外,2012年《人民检察院刑事诉讼规则(试行)》(已失效)第71条第2款明确规定:"办案人员在审查逮捕、审查起诉中经调查核实依法排除非法证据的,应当在调查报告中予以说明。被排除的非法证据应当随案移送。"[40]综上,在案卷笔录中心主义的诉讼模式下[41],法庭裁判的作出并不完全依据法庭审理活动,而是在很大程度上依靠研读案件的诉讼卷宗,在法官庭外阅卷和核实证据制度的情况下,被排除的非法证据往往会对法官心证产生一定的影响。

4. 法官面临外在压力具有追诉意识且裁判文书说理不充分

当然,在一元化法庭与卷宗移送的制度背景下,在证据能力与证明力不分的情况下,被排除的非法证据确实可能在一定程度上影响法官的心证活动。但在职业法官审理案件的情况下,法官所具有的职业素养,是否能

---

[39] 参见陈瑞华:《案卷移送制度的演变与反思》,载《政法论坛》2012年第5期,第20页。
[40] 根据最高人民法院、最高人民检察院、公安部、国家安全部、司法部于2017年联合发布的《严格排除非法证据规定》第17条第3款和2019年《人民检察院刑事诉讼规则》第73条第1款的规定,被排除的非法证据应当随案移送,并写明为依法排除的非法证据。关于这样规定的原因,最高人民法院法官认为,"为适当消减被排除的非法证据对人民法院的不当影响,对审前排除非法证据的情形,人民检察院应当制作书面说明,写明非法证据的类型以及排除理由等情况,并随案移送。人民法院通过查阅人民检察院的书面说明,可以了解审前排除非法证据的基本情况,又可免受非法证据内容的不当影响"。戴长林主编:《非法证据排除规定和规程理解与适用》,法律出版社2019年版,第88页。最高人民检察院检察官认为,"一是为保证上述环节的顺畅进行,便于下一环节的办案人员较为全面地了解案件情况;二是避免个别办案人员利用职务之便,假借非法证据排除之名,随意截留证据"。童建明、万春主编:《〈人民检察院刑事诉讼规则〉条文释义》,中国检察出版社2020年版,第88页。"
[41] 参见陈瑞华:《案卷笔录中心主义——对中国刑事审判方式的重新考察》,载《法学研究》2006年第4期,第79页。

够避免被排除的非法证据影响法官的心证活动呢？原则上来说，法官在进行定罪量刑活动时，一般会以在案的具有证据能力的证据材料为基础，但是，由于法官同时负责事实认定和法律适用，法官在排除非法证据（法律适用）时已经接触了非法证据，被排除的非法证据不可避免地会在法官的头脑中留下印象。因此，法官在认定案件事实（事实认定）时需要努力地忘掉或者无视被排除的非法证据的存在。但法官所具有的追诉意识以及其所面临的外在压力，在很大程度上会抵消这种努力。[42] 在这种情况下，如果法官需要对裁判文书进行详细的说理，则可以在一定程度上消除这种影响。一般认为，判决书说理是现代理性、公正的裁判制度的一个根本特征，是对法官自由裁量权的必要制约，也是实现判决正当化的有效措施。[43] 然而，判决书不说理或者说理不充分是一种客观现象[44]，一直以来不断受到学者们的批评，但至今仍未有较大的进步。如有统计表明，2003年刑事案件判决书说理字数最多的是400字，最少的是40字，2013年刑事案件说理字数最多的是600字，最少的是65字，相差无几。另外，2003年刑事、民事案件判决书说理字数平均为190字，2013年为187字，裁判文书说理字数十年间没有根本变化。[45] 由于裁判文书不说理或者说理不充分，一方面使得非法证据对法官心证的影响从一种内在的可能性变成外在的现实存在，换句话说，如果要求裁判文书详细说理，即使被排除的非法证据对法官心证有一定的影响，法官也不得不刻意地消除这种影响；另一方面也为非法证据影响法官心证活动提供了掩饰作用。[46] 因为，法官可以在对案件证据材料进行简单的罗列后，便得出"上述证据收集程序合法，内

---

〔42〕 有律师认为，有些法官把自己当作对犯罪进行追诉的"第二公诉人"，该律师将这些法官称为"追诉型法官"。参见邓楚开：《面对"追诉型法官"要据理力争》，载法律博客（http://dengchukai.fyfz.cn/b/833350），最后访问日期：2014年12月6日。笔者认为，由于一直以来我国对法官的定位并非被动、消极的纠纷解决者，法官需要承担一定的社会治理职能，有些法官难免具有追诉意识，且由于体制因素以及制度惯性的影响，具有追诉意识的法官在短期内不会消失。

〔43〕 参见龙宗智：《刑事庭审制度研究》，中国政法大学出版社2001年版，第422页。

〔44〕 参见胡云腾：《论裁判文书的说理》，载《法律适用》2009年第3期，第50页。

〔45〕 参见许新启、倪培根、郭宝霞等：《建立科学评价机制 促进裁判理由公开——河南省开封市中院关于裁判理由公开的调研报告》，载《人民法院报》2014年10月9日，第8版。

〔46〕 当然，由于裁判文书说理存在程度上的差别且没有统一的标准，加之证明标准存在的模糊性或弹性，裁判文书说理只能在一定程度上减弱被排除的非法证据对法官心证的影响，而不可能完全消除。完全消除非法证据对法官心证的影响，需要从多个方面努力。

容客观真实,足以认定本案犯罪事实"的结论。在仅需罗列证据材料而不需要进行证据分析的情况下,被排除的非法证据对法官心证是否有影响、有多大影响,外人很难看得出来。

### (二)非法证据影响法官心证的体制因素

随着法官对无罪推定、证据裁判等刑事诉讼基本原则认识的加深,法官的中立意识将会逐渐增强,具有追诉意识的法官可能会越来越少。在这种情况下,被排除的非法证据对法官心证潜移默化的影响可能会逐渐减弱。然而,受法官中立性不强的司法体制的影响,被排除的非法证据对法官心证的刻意影响仍然会存在。根据宪法和法律的规定,公检法三机关在办理刑事案件过程中,应当坚持"分工负责、互相配合、互相制约"原则。根据这一原则,公检法三机关在长期的司法实践中形成了"紧密配合、协同作战"的一体化司法体制。

当排除非法证据导致案件证据不足时,法官一方面面临审前机关的巨大压力,不敢贸然选择疑罪从无[47];另一方面又需要考虑立法关于刑事证明标准的明文规定和严格要求。在这种"两难困境"下,部分法官可能会通过"审辩交易"的形式解决一部分案件[48],无法通过协商解决的案件,可能会通过检察机关撤诉解决[49],也可能会对极少数明显证据不足的案件宣判无罪,但对于部分证据较为薄弱的案件,法官可能在考虑到被排除的非法证据对案件事实具有证明作用后,利用证明标准所具有的模糊性或者弹性勉强作出有罪判决。在协商解决的案件中,法官很可能因为非法证据的存在而不得已与辩方进行"交易",即辩方放弃非法证据排除申请或者认可非法证据(一般是庭前供述)的真实性,法官承诺对被告人从轻处罚。最终,法官在考虑全部在案证据(包括非法证据)后作出有罪判决。但是,如果严格适用非法证据排除规则,非法证据应当被排除,一旦排除了非法证据,其他在案证据不

---

[47] 结合案例的实证分析,参见王彪:《论基层法院疑罪处理的双重视角与内在逻辑》,载陈兴良主编:《刑事法评论》(第34卷),北京大学出版社2014年版,第544页。

[48] 关于"审辩交易"的实证研究,参见孙长永、王彪:《刑事诉讼中的"审辩交易"现象研究》,载《现代法学》2013年第1期,第126页。

[49] 对撤回起诉的实证考察与反思,参见陈学权:《对"以撤回公诉代替无罪判决"的忧与思》,载《中国刑事法杂志》2010年第1期,第81页以下。有检察官实证调研发现,司法实践中,撤回案件的适用超限,导致相当一部分无罪案件被变相处理。参见李斌:《从积极公诉到降格指控》,载《中国刑事法杂志》2012年第6期,第5页。

足以排除合理怀疑。在这种案件中,非法证据对法官形成关于公诉犯罪事实的确信产生了重要作用。由于辩方对证据合法性的异议态度不坚决,法官在裁判文书中可能完全忽视证据合法性曾被提出异议这一事实,以至于裁判文书中的证据说理部分显得相当"充分",外人根本看不出来。在证据较为薄弱的情形下,被排除的非法证据对法官的定罪活动也会产生一定的影响,即被排除的非法证据在很大意义上直接催生了有罪判决。换句话说,由于司法体制的原因,导致法官的中立性不足,法官为了获得有罪判决,不得已在裁判案件时考虑被排除的非法证据对案件事实的证明作用。

事实上,在有些地区,即使排除非法证据只影响部分案件事实的认定,最终不影响定罪而只影响量刑,但法官面临的压力仍然很大。笔者在数个东部经济发达省市调研时发现,参与座谈的法官一再强调排除非法证据面临巨大压力,即使排除非法证据不影响定罪,公安和检察机关也会有相当大的反应。如被称为"全国首例非法证据排除案"的浙江宁波章国锡案,一审法院以检察机关举证不力为由排除了被告人的审前有罪供述。在此基础上,对于公诉机关指控章国锡受贿 7.6 万元仅认定 0.6 万元,且认定其自首,最终对章国锡定罪但免予刑事处罚。一审宣判后,检察机关抗诉。在二审过程中,公诉机关提请行贿人周某、史某出庭作证,提交了行贿人史某的同步审讯录像、章国锡同步审讯录像以及侦查人员关于讯问过程合法性的证言。在此基础上,二审法院认定章国锡受贿 7.6 万元,改判有期徒刑 2 年。[50] 根据有学者的研究,公诉人首先关心的问题是被告人能否被定罪,其次关心的问题是法院判决是否会改变指控的罪名,最后关心的问题是对于指控的事实能否全部认定。[51] 因此,章国锡案中,一审法院认定章国锡受贿 0.6 万元,但检察机关仍然提起抗诉。最终,二审法院迫于各种压力不得不对一审判决改判。由于

---

[50] 一审排除非法证据的具体理由如下:公诉机关虽然出示、宣读了章国锡的有罪供述笔录,播放了部分审讯录像片段,提交了没有违法审讯的情况说明等,但没有针对章国锡及其辩护人提供的章国锡在侦查机关审讯时受伤这一线索提出相应的反驳证据,无法合理解释章国锡伤势的形成过程,其提出的证据不足以证明侦查机关获取章国锡审判前有罪供述的合法性,故章国锡在审判前的有罪供述不能作为定案根据。关于章国锡案一、二审审理情况,参见苏家成、俞露烟:《非法证据排除程序的适用》,载《人民司法》2012 年第 18 期,第 61 页以下。

[51] 参见孙长永、王彪:《刑事诉讼中的"审辩交易"现象研究》,载《现代法学》2013 年第 1 期,第 132 页。

我国法院"对各级领导干部普遍适用'一岗双责'的双重责任制度"[52]，法院领导即使自身没有问题，也无法保证全院所有干警均廉洁守法。在这种情况下，法院领导不会允许法官"随意"排除非法证据，更不会允许法官因排除非法证据而判决无罪。在司法行政化的制度背景下[53]，法官很难不顾及领导的要求。因此，在一些不得不排除非法证据的案件中，法官即使排除了非法证据，但为了达到既定的定罪量刑目标，也不得不考虑被排除的非法证据的证明作用。

正是由于法院排除非法证据面临重重压力，一些法院甚至与公安、检察机关共同抵制非法证据排除申请，非法证据排除规则的运行面临阻力。[54] 对于这一情形，陈光中教授认为，这一阻力的根源在于公检法三机关之间互相配合的关系模式属于有待改革的体制问题。[55] 笔者认为，正是由于"紧密配合、协同作战"的一体化司法体制的存在，法官没有足够的权威审查侦查行为的合法性。在公安机关、检察机关普遍存在绩效考评的情况下，法院排除非法证据更是面临重重压力，因而陷入"排除非法证据但在定罪量刑时又要考虑被排除的非法证据的证明作用"的看似悖论的境地。

## 三、非法证据对法官心证影响的消除

从法理上来说，被排除的非法证据应当被视为没有存在过，负责案件实体审理的法官最好不要接触非法证据，即使接触了也要避免其产生不良影响。为了消除非法证据对法官心证的影响，需要一定的制度安排，也需要一定的体制保障，从而确保负责案件实体问题的法官尽量不接触被排除的非法证据，或者在负责案件实体问题的法官接触了非法证据的情况下尽可能地消除非法证据对法官心证的影响。

---

[52] 艾佳慧：《中国法院绩效考评制度研究——"同构性"和"双轨制"的逻辑及其问题》，载《法制与社会发展》2008 年第 5 期，第 75 页。

[53] 关于司法行政化的内涵与表现，参见龙宗智、袁坚：《深化改革背景下对司法行政化的遏制》，载《法学研究》2014 年第 1 期，第 133 页以下。

[54] 相关实证调研，参见王超：《排除非法证据的乌托邦》，法律出版社 2014 年版，第 362 页；闫召华：《"名禁实允"与"虽令不行"：非法证据排除难研究》，载《法制与社会发展》2014 年第 2 期，第 187 页。

[55] 参见陈光中、郭志媛：《非法证据排除规则实施若干问题研究——以实证调查为视角》，载《法学杂志》2014 年第 9 期，第 16 页。

## (一)消除非法证据影响法官心证的制度安排

就具体制度来说,欲消除被排除的非法证据对法官心证的影响,需要对非法证据影响法官心证的具体制度设计进行适当改造。毫无疑问,消除非法证据对法官心证影响最彻底的方式是建立二元式法庭,负责事实认定的法官与负责法律适用的法官相互分离,从而确保负责事实认定的法官不接触非法证据。事实上,学界已有类似主张。如有学者建议,对证据资格问题的裁判应当由合议庭以外的法官负责。[56] 还有学者建议,我国立法机关应借鉴国外关于庭审法官与预审法官相分离的成功经验,确立预审法官制度,由预审法官在庭审法官开庭审理案件之前通过庭前会议程序,解决包括是否排除非法证据在内的一些程序性问题。[57] 这一主张付诸实施的前提条件有两个:一是对现有制度进行重大变革,在合议庭之外设立专门的负责裁判证据能力、诉讼程序等问题的审判组织,并严格区分庭前法官与庭审法官的职责;二是严格区分证据能力与证明力问题。笔者认为,二元式法庭的设立涉及方方面面的问题,在短期内难以实现,且即使排除各种困难设立了二元式法庭,由于在我国无法截然区分证据能力与证明力问题[58],二元式法庭的效果未必理想。

尽管二元式法庭是一种理想的消除非法证据影响法官心证的制度安排,但由于这一制度的设立涉及重大的制度变革,在短期内未必具有可行性。此外,有学者建议借鉴美国审前动议程序的经验,改造现行庭前会议程序,由法院在庭前准备阶段解决非法证据是否予以排除的问题,而尽量避免在法庭审理阶段再来解决这个问题。[59] 笔者认为,这一建议具有一定的可行性。2012 年修正的《刑事诉讼法》确立了庭前会议制度。2012 年《刑诉法解释》第 99 条规定:"开庭审理前,当事人及其辩护人、诉讼代理人申请排除非法证据,人民法院经审查,对证据收集的合法性有疑问的,应

---

[56] 参见〔美〕丹尼尔·J.凯普罗、吴宏耀评论:《美国联邦宪法第四修正案:非法证据排除规则》,吴宏耀、陈芳、向燕译,中国人民公安大学出版社 2010 年版,第 122 页。

[57] 参见王超:《非法证据排除规则的虚置化隐忧与优化改革》,载《法学杂志》2013 年第 12 期,第 106 页。

[58] 结合我国刑事证据规则的分析,参见纵博:《证明力反制证据能力论》,载《中国刑事法杂志》2014 年第 4 期,第 72 页以下。

[59] 参见王超:《非法证据排除规则的虚置化隐忧与优化改革》,载《法学杂志》2013 年第 12 期,第 107 页。

当依照刑事诉讼法第一百八十二条第二款的规定召开庭前会议,就非法证据排除等问题了解情况,听取意见。人民检察院,可以通过出示有关证据材料等方式,对证据收集的合法性加以说明。"然而,调研发现,实践中,司法实务人员最困惑的问题是庭前会议的效力,即庭前会议能否就有关问题作出决定以及控辩双方能否对庭前会议已有明确结论的问题提出异议?如有学者研究发现,目前庭前会议存在的最大争议是能否直接排除非法证据。在司法实践中,部分地方法院在庭前会议阶段对非法证据予以认定,并直接予以排除。另有地方法院则认为,庭前会议仅能针对非法证据排除问题"了解情况、听取意见",因此将非法证据的排除与认定均放在正式的庭审中进行。还有部分法院则采取"二分法"的处理方式,即争议不大的可在庭前会议中直接解决,争议较大、情况复杂的留待正式庭审再解决。〔60〕因此,欲发挥庭前会议排除非法证据的功效,需要明确庭前会议的效力问题,笔者建议立法或者司法解释对此问题予以明确〔61〕,即庭前会议作出的决定具有法律效力。

在解决了庭前会议的效力后,可以将庭前会议与人民陪审员制度的改革相结合,从而尽可能消除非法证据对法官心证的影响。2014年10月23日,党的十八届四中全会作出的《中共中央关于全面推进依法治国若干重大问题的决定》提出:完善人民陪审员制度,保障公民陪审权利,扩大参审范围,完善随机抽选方式,提高人民陪审制度公信度。逐步实行人民陪审

---

〔60〕 参见叶青:《庭前会议中非法证据的处理》,载《国家检察官学院学报》2014年第4期,第134页。

〔61〕 2017年最高人民法院印发的《人民法院办理刑事案件庭前会议规程(试行)》第10条第2款规定:"对于前款规定中可能导致庭审中断的事项,人民法院应当依法作出处理,在开庭审理前告知处理决定,并说明理由。控辩双方没有新的理由,在庭审中再次提出有关申请或者异议的,法庭应当依法予以驳回。"根据最高人民法院法官的解释,这实际上是赋予了庭前会议处理事项的拘束力。参见戴长林、鹿素勋:《〈人民法院办理刑事案件庭前会议规程(试行)〉理解与适用》,载《人民法院报》2018年1月31日,第6版。但考虑到上述规定与《刑事诉讼法》的规定不一致,2021年《最高人民法院关于适用〈中华人民共和国刑事诉讼法〉的解释》第228条第2款对此作了修改,即"对第一款规定中可能导致庭审中断的程序性事项,人民法院可以在庭前会议后依法作出处理,并在庭审中说明处理决定和理由。控辩双方没有新的理由,在庭审中再次提出有关申请或者异议的,法庭可以在说明庭前会议情况和处理决定理由后,依法予以驳回。"参见李少平主编:《最高人民法院关于适用〈中华人民共和国刑事诉讼法〉的解释理解与适用》,人民法院出版社2021年版,第321页。由此可见,庭前会议作出的决定的法律效力问题至今仍未解决。"

员不再审理法律适用问题,只参与审理事实认定问题。[62] 在这一背景下,人民陪审员不参加庭前会议,庭审中控辩双方就证据合法性问题存在争议的,职业法官应当让人民陪审员退庭,然后由职业法官对证据合法性问题进行裁判。与此同时,可以明确规定人民陪审员应当占合议庭的大多数,在合议庭评议时实行少数服从多数原则。如此设计,能够尽可能地消除非法证据对法官心证的影响。

无论是二元式法庭的设立,还是加强庭前会议的作用,抑或建立人民陪审员不负责法律适用问题而仅参与审理事实认定问题的制度,均涉及一系列的制度变革,需要一个长期的过程。笔者认为,在短期内,只能通过一定的制度完善将非法证据对法官心证的影响尽可能地减少。具体来说,可以从以下三个方面着手。

一是证据能力与证明力的区分问题。欲区分证据能力与证明力,首先要严格区分证据合法性调查程序和传统的证据调查程序。如前所述,根据《非法证据排除规定》第5条的规定,证据合法性的调查具体可以分为两种情形。一种情形是被告人及其辩护人在开庭审理前或者庭审中,提出被告人审判前供述是非法取得的,法庭在公诉人宣读起诉书之后,应当先行当庭调查。另一种情形是法庭辩论结束前,被告人及其辩护人提出被告人审判前供述是非法取得的,法庭也应当进行调查。参与制定该司法解释性文件的最高人民法院有关法官认为,本条确定了非法言词证据的先行调查原则。[63] 此外,根据《非法证据排除规定》第10条的规定,只有在解决证

---

[62] 此后,人民陪审员制度又有新的发展。2015年4月,中央全面深化改革领导小组审议通过了《人民陪审员制度改革试点方案》,第十二届全国人大常委会第十四次会议通过了《关于授权在部分地区开展人民陪审员制度改革试点工作的决定》,决定授权全国10个省(区、市)的50家法院开展为期两年的试点工作。2015年5月,最高人民法院和司法部联合发布《人民陪审员制度改革试点工作实施办法》。2018年4月27日,在总结陪审员制度三年试点经验的基础上,第十三届全国人大常委会第二次会议审议通过了《人民陪审员法》,并于同日公布施行。2019年2月18日,最高人民法院通过了《关于适用〈中华人民共和国人民陪审员法〉若干问题的解释》,进一步细化了陪审员参审规则。根据《人民陪审员法》第21、22条的规定,三人和七人合议庭中,人民陪审员行使的职权是不同的。其中,三人合议庭中,人民陪审员与法官"同职同权";七人合议庭中,人民陪审员与法官"职权分离",人民陪审员对事实认定独立发表意见,并与法官共同表决,对法律适用,可以发表意见,但不参加表决。相关的制度变迁,参见孙长永主编:《中国刑事诉讼法制四十年:回顾、反思与展望》,中国政法大学出版社2021年版,第99—125页。

[63] 参见张军主编:《刑事证据规则理解与适用》,法律出版社2010年版,第314页。

合法性问题后才能对争议证据进行宣读、质证。根据这一规定,即使在没有遵循先行调查原则的情况下,也要遵循证据能力优先于证明力规则。[64] 然而,对于证据合法性的调查时间以及作出调查结论的时间,2012 年修正的《刑事诉讼法》没有规定。2012 年《刑诉法解释》第 100 条第 2 款则规定:"对证据收集合法性的调查,根据具体情况,可以在当事人及其辩护人、诉讼代理人提出排除非法证据的申请后进行,也可以在法庭调查结束前一并进行。"根据这一规定,对证据合法性的调查是否遵循先行调查原则由法官自由裁量。如此规定的原因,有法官认为,从司法实践来看,先行调查原则在适用中引发了一些问题,主要是规定对非法证据排除调查一律先行进行,不利于庭审的顺利进行。[65] 另外,2012 年《关于实施刑事诉讼法若干问题的规定》第 11 条也明确规定,关于证据合法性的法庭调查的顺序由法庭根据案件审理情况确定。此外,2012 年《刑诉法解释》的相关规定也没有明确调查结论的作出时间。

由于 2012 年《刑诉法解释》第 100 条第 2 款规定法庭对证据收集合法性的调查也可以在法庭调查结束前一并进行,且第 102 条第 2 款仅规定人民法院对证据收集的合法性进行调查后,应当将调查结论告知相关人员,但并没有明确告知的时间,因此,司法实践中,很多法院往往在判决书中一并告知调查结论,由此导致在证据合法性问题没有解决之前,已经对争议证据进行了法庭调查活动。[66] 对此,建议将来进一步明确规定在对证据合法性问题作出确定结论前不得对争议证据进行举证、质证[67],这就

---

[64] 参见陈瑞华:《非法证据排除程序再讨论》,载《法学研究》2014 年第 2 期,第 170 页。
[65] 参见江必新主编:《〈最高人民法院关于适用《中华人民共和国刑事诉讼法》的解释〉理解与适用》,中国法制出版社 2013 年版,第 105 页。
[66] 参见胡红军、王彪:《审判阶段非法证据排除的若干疑难问题》,载《法律适用》2014 年第 8 期,第 83 页。
[67] 2017 年《严格排除非法证据规定》第 33 条第 2 款规定:"在法庭作出是否排除有关证据的决定前,不得对有关证据宣读、质证。"最高人民法院法官认为,之所以这样规定,是因为非法证据排除规则解决的是证据资格问题,而不是证明力问题,要避免将证据的合法性与客观真实性混为一谈。参见戴长林主编:《非法证据排除规定和规程理解与适用》,法律出版社 2019 年版,第 137—138 页。然而,2021 年最高人民法院《关于适用〈中华人民共和国刑事诉讼法〉的解释》第 134 条仅规定:"庭审期间,法庭决定对证据收集的合法性进行调查的,应当先行当庭调查。但为防止庭审过分迟延,也可以在法庭调查结束前调查。"没有规定在法庭作出是否排除有关证据的决定前,不得对有关证据宣读、质证。具体原因,参见李少平主编:《最高人民法院关于适用〈中华人民共和国刑事诉讼法〉的解释理解与适用》,人民法院出版社 2021 年版,第 246 页。

意味着即使不对证据合法性问题先进行调查,也要严格遵循证据能力优先于证明力原则。这样规定,可以在一定程度上减少被排除的非法证据对法官心证的影响。

二是案卷笔录的移送问题。关于案卷笔录的移送问题,由于2012年修正的《刑事诉讼法》刚刚恢复卷宗移送制度,在这种情况下,需要考虑的是已在审前阶段被排除的非法证据,检察机关起诉时是否需要随案移送。对于这一问题,目前存在两种意见:一种意见认为,被排除的非法证据不得随案移送,主要理由是防止被排除的非法证据影响法官的心证活动。另一种意见认为,被排除的非法证据应当随案移送,主要理由如下:第一,被排除的非法证据只是不得作为法院判决的依据,而没有规定被排除的非法证据不得进入审判阶段;第二,被排除的非法证据能够帮助法官综合审查全案证据的合法性;第三,被排除的非法证据可能有助于法官全面掌握案件情况;第四,职业法官不会受到被排除的非法证据的影响。笔者认为,断言被排除的非法证据对于职业法官没有影响是没有任何根据的,为防止被排除的非法证据影响法官的心证活动,建议不随案移送被排除的非法证据,但确实有部分被排除的非法证据可能有利于被告人,也可能有助于法官综合审查全案证据的合法性。因此,建议规定被排除的非法证据不得随案移送,但法院可以在必要时依职权或者应当事人或者其辩护人、诉讼代理人的申请调取相关证据材料。[68] 另外,也可以采取一种折中的思路,即规定审前阶段排除非法证据的,人民检察院应当制作书面说明,写明非法证据的种类以及排除的理由等情况,并随案移送,其他证据材料法院在必要时可以调取。

三是判决书说理问题。在判决说理方面,为了防止被排除的非法证据对法官心证活动的影响,应该进一步加强判决书说理,因为"越是严格的说

---

[68] 2017年《严格排除非法证据规定》第17条第3款规定"被排除的非法证据应当随案移送,并写明为依法排除的非法证据"。最高人民法院法官也意识到这样做可能会导致非法证据污染法庭,"为适当消减被排除的非法证据对人民法院的不当影响,对审前排除非法证据的情形,人民检察院应当制作书面说明,写明非法证据的类型以及排除理由等情况,并随案移送"。这样做的好处是,"人民法院通过查阅人民检察院的书面说明,可以了解审前排除非法证据的基本情况,又可免受非法证据内容的不当影响"。参见戴长林主编:《非法证据排除规定和规程理解与适用》,法律出版社2019年版,第88页。2019年《人民检察院刑事诉讼规则》第73条第1款有类似规定,具体原因,参见童建明、万春主编:《〈人民检察院刑事诉讼规则〉条文释义》,中国检察出版社2020年版,第88页。

理义务,法官越难'偷渡'应被禁止的证据"[69]。关于判决书说理,达马斯卡教授提出,在大陆法系,未作解释的判决是可怕的。在书面意见中,审判法官不仅有义务明确法庭已经认定的事实,而且还有义务阐明支持每一个调查结论的各项证据以及从这些证据导向特定事实判断的推理环节。[70]根据《德国刑事诉讼法典》第267条的规定,法官必须为其判决书所认定的事实撰写逻辑严密而且内容详尽的令人信服的理由,否则,其判决就很有可能被上级法院推翻。该法第335条规定,有罪判决书中必须指明构成犯罪的事实,并列举据以认定事实的证据。建议借鉴德国的相关做法,加强法官的判决说理活动,即法官不仅要罗列出作为定案根据的证据材料,还要进一步分析如何通过这些证据材料得出裁判结论。由于需要进行判决说理,被排除的非法证据对法官心证的影响将大大减小,法官一般不会在证据不足的情况下贸然定罪。

### (二)消除非法证据影响法官心证的体制保障

非法证据对法官心证潜移默化的影响,可以通过诉讼理念的改变与相关制度上的变革而逐渐减小,但要消除被排除的非法证据对法官心证的刻意影响则需要从司法体制上进行变革。从整体上来说,《中共中央关于全面深化改革若干重大问题的决定》明确提出推进法治中国建设。其中,既明确提到了确保依法独立公正行使审判权,具体包括省级以下法院人财物统一管理、法官统一招录与法院人员的分类管理以及法官的职业保障等问题;也明确提出要健全司法权运行机制,具体包括优化司法职权配置、完善主审法官和合议庭办案责任制、规范上下级法院关系以及推进审判公开、加强裁判文书说理等措施。《中共中央关于全面推进依法治国若干重大问题的决定》也提出要完善确保依法独立公正行使审判权和检察权的制度,建立健全司法人员履行法定职责保护机制;优化司法职权配置,健全公安机关、检察机关、审判机关、司法行政机关各司其职,侦查权、检察权、审判权、执行权相互配合、相互制约的体制机制。在这一大背景下,司法体制的变革将会缓慢进行,法院与法官的独立性都将会进一步增强,法官一般

---

[69] 林钰雄:《干预处分与刑事证据》,北京大学出版社2010年版,第226页。
[70] 参见[美]米尔建·R.达马斯卡:《漂移的证据法》,李学军等译,中国政法大学出版社2003年版,第62页。

不会以一种必须定罪的心态看待被排除的非法证据。因此,非法证据对法官心证的刻意影响将会逐渐减小。

然而,司法体制的变革涉及方方面面的利益,不可能一蹴而就,因而注定是缓慢的。目前可以从四个方面着手:一是在公检法三机关之间要确立"审判中心主义"[71],公安机关、检察机关关于证据能力和证明力的判断要服从于法院的最终裁判,确保法院的裁判对于公安机关、检察机关具有权威性。在这一意义上,笔者赞同有的学者的说法,即程序性制裁的关键环节是法院必须要"勇敢地"对证据不足的案件判决无罪,这本质上是如何保障法院依法独立行使审判权问题。[72] 二是在上下级法院之间,上级法院尊重下级法院的裁判,注重发挥审级制度的功效。章国锡案二审引发人们思考一个问题,即检察机关的"证据失权"问题。[73] 建议在修改《非法证据排除规定》时规定:人民检察院在第一审程序中未出示证据证明证据收集的合法性,第一审人民法院依法排除有关证据的,人民检察院在第二审程序中不得出示之前未出示的证据,但在第一审程序后发现的除外。[74] 此外,司法实践中,由于上下级法院之间的沟通协调机制的存在[75],审级制度的功效大打折扣[76]。上下级法院之间之所以会进行频繁的沟通协调,主要原因还是法院系统绩效考评机制的存在。因此,要改变这种频繁的沟通,应当考虑到司法工作的特殊性,制定合理的考评机制。除此之外,最重要的是上级法院的法官要坚守法律底线,即严守证据和事实关。在这种情况

---

[71] 关于"审判中心主义"的含义与理论依据,参见孙长永:《审判中心主义及其对刑事程序的影响》,载《现代法学》1999年第4期,第93页以下。

[72] 参见李昌盛:《违法侦查行为的程序性制裁效果研究——以非法口供排除规则为中心》,载《现代法学》2012年第3期,第119页。

[73] 参见纵博:《"非法证据排除第一案"二审的若干证据法问题评析》,载《法治研究》2013年第5期,第118页以下。

[74] 最终,2017年《严格排除非法证据规定》第38条第3款对此予以规定:"人民检察院在第一审程序中未出示证据证明证据收集的合法性,第一审人民法院依法排除有关证据的,人民检察院在第二审程序中不得出示之前未出示的证据,但在第一审程序后发现的除外。"最高人民法院法官认为,章国锡案的做法严重影响法院裁判的稳定性和权威性,社会效果不好。为防止此类现象再次发生,规定了检察院的举证时限,以督促检察机关在一审期间按照法律规定移送、出示与证据收集合法性相关的证据材料。参见戴长林主编:《非法证据排除规定和规程理解与适用》,法律出版社2019年版,第157页。

[75] 参见王彪:《法院内部控制刑事裁判权的方法与反思》,载《中国刑事法杂志》2013年第2期,第79页。

[76] 参见朱立恒:《刑事审级制度研究》,法律出版社2008年版,第229页。

下,上级法院的裁判可以起到一种倒逼的作用,即迫使一审法院严守法律和事实关。三是在同一法院内部,要逐步落实"审理者裁判、裁判者负责"的原则,保证审判法官和合议庭能够独立裁判、中立裁判。落实上述原则,就可以避免法官因为遵从法院领导的"指示"而不得不考虑被排除的非法证据对公诉犯罪事实的证明作用。四是既要实行案件裁判终身负责制,也要健全审判人员依法履职保护机制,保障审判人员依法行使审判权不受追究。实行案件裁判终身负责制,能够确保法官在认定案件事实时"不敢"考虑被排除的非法证据的证明作用,健全审判人员依法履职保护机制,可以保证法官不会因为排除非法证据而受到不当追究。

## 四、回顾与展望

### (一)回顾

上文分析了被排除的非法证据对法官心证的影响,并对非法证据如何能够影响法官心证,以及如何消除或者尽可能减少非法证据对法官心证的影响等问题进行了研究。事实上,不仅是被排除的非法证据对法官心证有影响,其他被排除证据、甚至没有作为证据使用的不在案证据事实上对法官的心证也有影响,典型的且影响较大的是技侦证据。司法实践中,技侦证据一般都不作为证据使用,但检察机关移送起诉时,往往会将技侦证据转化为书面材料放在案卷中供法官"参考",部分案件的承办法官也会自行去公安机关了解技侦证据,以"增强"内心确信。当法官了解技侦证据后,在定罪量刑活动中,法官会自觉不自觉地受到技侦证据的影响,特别是在全案证据较为薄弱的情况下,技侦证据有助于法官"下决心"。因此,研究被排除的非法证据对法官心证的影响,具有一定的普遍意义。事实上,在这些问题的背后,体现的是证据裁判原则在中国并没有真正落实。

当然,被排除的非法证据对法官心证的影响,及其所体现的证据裁判原则在中国并没有真正落实,原因可能是多方面的。具体来说,有诉必判和追诉优先的审判理念(定罪是目的,其他是手段)、一体化的司法体制(侦查本位,法院不独立、不中立)、行政化的审判权力运行机制(庭审非中心,法官是"代理",裁判结论既不完全形成于法庭上,也不完全以心证和确信为依据)、卷宗笔录中心主义(凡笔录皆可用,庭审调查笔录仅仅是其中的一部分)的裁判方式、粗疏的程序规则和证据规则(程序审理与实体审理不分、证据能力与定案根据和证明力不分)以及简陋的审判操作技术(裁判文书说理方式)等,可能对非法证据影响法官心证都有影响。要真正解决这些问题,需要从理念、体制、机制、程序规则、证据规则和操作技术多方面着手。因此,消除非法证据对法官心证的影响,进一步落实证据裁判原则必然是一个缓慢而长期的过程。就目前来说,较为可行的策略是,从严格区分证据能力与证明力、加强裁判文书说理等方面着手,尽可能地减少非法证据对法官心证的影响。

(二)展望

2017年《严格排除非法证据规定》第33条第2款的规定有助于进一步区分证据能力与证明力问题,然而,证据能力理念的真正确立仍需要相关的配套措施。此外,近年来推行的以审判为中心的刑事诉讼制度改革,为法官独立审判提供了一定的保障,但相关改革的成效仍值得关注。在上述背景下,被排除的非法证据对法官心证的影响在一定程度上仍将存在。

将来,有两个问题值得进一步思考。一方面,非法证据对法官量刑的影响。我国非法证据排除规则没有区分定罪中的非法证据与量刑中的非法证据,对于量刑中的非法证据是否需要排除从法理上值得探讨。对此,有学者认为,在定罪程序和量刑程序相对分离的情况下,应当区别对待定罪与量刑中的非法证据;非法证据排除规则不应当适用于量刑程序。具体来说,在确定量刑起点和基准刑时,都应当充分考虑非法证据中所蕴含的与量刑相关的信息。但是,在确定宣告刑时,需要综合考虑侦查人员非法取证的动机、非法取证的手段及其对被告人权利侵犯的程度等因素,对于那些在量刑中不排除非法证据可能会激励侦查人员非法取证行为的案件,应当在基准刑的基础上下浮一定幅度确定宣告刑。[77] 据此,非法证据对量刑的影响具有正当性。问题是,如何规范非法证据对量刑的影响,是否需要确立相应的程序规范,以确保非法证据对量刑的影响是合理的。另一方面,如何消除非法证据对定罪的影响。从法理上来说,非法证据对定罪的影响没有任何正当性。问题是,如何尽可能地消除非法证据对定罪的

---

[77] 参见张吉喜:《量刑证据与证明问题研究》,中国人民公安大学出版社2015年版,第29—30页。

影响呢？有学者认为,目前关于如何防止法官受被排除证据影响的方案,包括庭前法官与庭审法官分离、在庭前会议解决证据排除问题、实行严格的证据说理制度,均不具有可行性,该学者提出以事实认定规则保障证据排除效果的建议,即根据被排除证据的不同种类、地位,制定一些关于证据被排除后如何根据剩余证据进行事实认定的原则性的、指导性的规则,使法官在处理证据排除问题时能够有章可循,防止法官在事实认定中将被排除证据作为依据。[78] 然而,这一建议的可行性仍值得怀疑。正如该学者所言,受自由心证原则的影响,这种事实认定规则只能为法官提供方法论的指引,只能是原则性、指导性的规则。据此,这种事实认定规则是证明力规则,且效果有限。这一规则的效用可能主要在于防止法官受到非法证据潜移默化的影响。

---

[78] 参见纵博:《我国证据排除规则实施中隔离机制的构建》,载《暨南学报(哲学社会科学版)》2021年第2期,第49—52页。

# 第八章
# 非法口供排除规则威慑效果实证分析

2010年两个证据规定和2012年修正的《刑事诉讼法》分别以司法解释性文件和立法的形式确立了中国式的非法证据排除规则。从性质上来说,非法证据排除规则是一项重要的程序性制裁措施,其实质是由法院宣告检控方违反法律程序所得的证据丧失法律效力,是一种惩罚检控方程序性违法的手段。[1] 从理论上来说,以美国为例,非法证据排除规则的理论基础经历了从宪法保障说到吓阻/司法廉洁说,从吓阻/司法廉洁说到吓阻违法说的转变[2],并最终定格在吓阻违法说[3]。就我国来说,"为从制度上进一步遏制刑讯逼供和其他非法收集证据的行为,维护司法公正和诉讼参与人的合法权利,对于非法取得的证据严重影响司法公正的,应当予以排除"[4]。换句话说,我国刑事司法排除非法证据的目的是遏制刑讯逼供和其他违法收集证据的行为,与美国的吓阻违法说有一定的相似之处。非法证据排除规则已在实践中运行一段时间,其是否达到了立法的预期目的,即通过排除非法证据遏制刑讯逼供等非法取证行为。笔者拟对这一问题进行一定的实证研究,以期为非法证据排除规则的完善提供一定的经验

---

[1] 参见陈瑞华:《程序性制裁理论》(第二版),中国法制出版社2010年版,第104—107页。
[2] 参见林喜芬:《非法证据排除规则:话语解魅与制度构筑》,中国人民公安大学出版社2008年版,第125—128页。
[3] 参见王兆鹏:《美国刑事诉讼法》,北京大学出版社2005年版,第29—30页。
[4] 全国人大常委会法制工作委员会刑法室编:《〈关于修改〈中华人民共和国刑事诉讼法〉的决定〉条文说明、立法理由及相关规定》,北京大学出版社2012年版,第57页。

基础。

事实上,在 2012 年修正后的《刑事诉讼法》刚刚颁布之际,有学者就曾以非法口供排除规则为例,运用经济学方法对非法证据排除规则可能的威慑效果进行了分析,最终认为非法证据排除规则的威慑效果有限,在依法保障人民法院依法独立行使审判权问题得以解决之前,针对这一问题的改革措施无法发挥实效。[5] 如果说该学者只是从规范的角度对非法证据排除规则可能的威慑效果进行了规范型实证分析,本章拟以西部某省辖区五个中级法院及其辖区基层法院在 2013 年 1—8 月份审理的刑事案件为分析对象,对这一问题进行经验型实证研究。由于立法及相关司法解释对非法实物证据的排除施加了严格的限制条件,非法实物证据排除规定在很大意义上只能起到象征和宣示作用,我国并未确立实质意义上的非法实物证据排除规则。[6] 而从调研的情况来看,司法实践中的非法证据排除问题主要涉及非法口供的排除。因此,本章主要分析非法口供排除规则的威慑效果。

## 一、非法口供排除规则的实证考察

为掌握非法证据排除规则的运行状况,笔者曾对西部某省法院系统五个中级法院及其辖区基层法院的非法证据排除情况进行了实证调研并撰写了调研报告。[7] 本章拟以该调研的实证材料为基础,以不同于调研报告中运用材料的视角和分析问题的思路对非法口供排除规则的威慑效果进行分析。

(一)非法证据排除规则的运行状况

在该次调研中,笔者统计了调研法院 2013 年 1—8 月份的审理刑事案件数、申请排除非法证据数、启动证据合法性调查程序数以及排除非法证

---

[5] 参见李昌盛:《违法侦查行为的程序性制裁效果研究——以非法口供排除规则为中心》,载《现代法学》2012 年第 3 期,第 112—119 页。

[6] 参见闫永黎、张书勤:《论非法实物证据排除规则的构建》,载《中国刑事法杂志》2013 年第 7 期,第 70 页。

[7] 参见孙长永、王彪:《审判阶段非法证据排除问题实证考察》,载《现代法学》2014 年第 1 期,第 72—83 页。

据数等数据。具体如下：

表 8-1　调研法院非法证据排除规则运行的宏观情况

| 时间 | 刑事案件数 | 提起申请数 | 启动调查数 | 决定排除数 |
|---|---|---|---|---|
| 2013年1—8月 | 17213 | 124 | 54 | 14 |

从表8-1可以看出，调研法院共计审理刑事案件17213件，其中提起申请排除非法证据的案件为124件，占全部案件的0.72%，法院决定启动证据合法性调查程序的案件为54件，占全部案件的0.31%，最终决定排除非法证据的案件为14件，占全部案件的0.08%；在申请排除非法证据的124件案件中，启动证据合法性调查程序的案件为54件，占43.55%；在启动证据合法性调查程序的54件案件中，最终排除非法证据的有14件，占25.93%。

为掌握非法证据排除规则运行的具体情况，下面对调研法院排除非法证据的14个案例逐案进行分析。主要从案由、辩方申请时提供的线索或材料、控方的举证情况、排除证据情况、排除理由以及排除口供对定罪的影响等方面进行考察。

表 8-2　非法证据排除规则的具体运行情况

| 案由 | 线索或材料 | 控方举证情况 | 排除证据情况 | 排除理由 | 对定罪的影响 |
|---|---|---|---|---|---|
| 何某贩毒 | 刑讯，有证人证实其进看守所时左手臂有伤 | 体检表，情况说明，同监证人的证言 | 排除被告人主张排除的3份口供 | 供述与证言印证，有刑讯可能 | 采信审查起诉阶段的供述，定罪并判处有期徒刑15年 |
| 张某某运输毒品 | 被警察提出看守所后在刑警支队进行刑讯 | 提押证显示10月6日提讯，8日还押 | 排除"外提"期间所作的两份供述 | 7日供述地点记录为看守所 | 认定运输毒品罪，判处死刑缓期二年执行 |
| 成某徇私舞弊少征税款、受贿 | 民警在讯问中有侮辱、谩骂、逼供、诱供、骗供等行为 | 同步录音录像部分时段无声音 | 排除成某在侦查机关所作的供述 | 讯问时间过长，语言不文明，要求按民警提示回答 | 撤销受贿罪；维持徇私舞弊少征税款罪的定罪量刑 |

(续表)

| 案由 | 线索或材料 | 控方举证情况 | 排除证据情况 | 排除理由 | 对定罪的影响 |
|---|---|---|---|---|---|
| 孙某某滥用职权、受贿 | 连续5日每天讯问16个小时 | 录像讯问时间过长,且同步录像没有声音 | 排除孙某某在侦查阶段所作的供述 | 无法排除非法取供的可能性 | 认定滥用职权罪和受贿罪(部分受贿数额未认定) |
| 阮某某等涉嫌开设赌场等罪 | 刑讯逼供,被带出看守所外讯问数日 | 情况说明,出所是异地关押和指认现场需要,路远指认现场费时 | 排除部分供述 | 异地关押在何处、指认何处现场均不清楚 | 部分被告人的部分罪名没有认定 |
| 谭某强奸 | 案发当晚,民警将其铐在火炉旁,导致其被烧伤 | 到案后接受讯问前误伤,不是刑讯逼供 | 排除谭某在侦查阶段的供述 | 无法排除非法取供的可能性 | 认定有罪,判处有期徒刑3年,缓刑5年 |
| 高某非法制造爆炸物 | 被民警从看守所外提4天,并刑讯逼供 | 没有举证 | 对外提期间获取供述的证明力不予确认 | 《刑事诉讼法》第116条第2款 | 认定从犯,减轻处罚,判处徒刑3年 |
| 肖某某盗窃 | 第一次供述是脚被烫伤后获取,第二次供述是将其外提后刑讯获取,第三次供述是民警威胁获取;同监5人可证实刑讯 | 同监5人称不清楚、没看见;看守所医生、管教的证言、入所体检表、出所审批表、关押信息表以及情况说明 | 排除第二次供述 | 看守所外审讯导致无法排除是否存在刑讯的合理怀疑 | 认定盗窃罪,判处有期徒刑4年 |
| 任某某强奸 | 被公安机关讯问53个小时,刑讯逼供、诱供 | 外提时间长系指认现场;同步录音录像 | 排除任某某在公安机关的供述 | 录音录像与讯问过程不同步 | 认定强奸罪,判处有期徒刑6年 |
| 张某某等盗窃 | 提供了刑讯的地点、时间以及方式等线索 | 同步录音录像 | 排除张某某4月11日、23日和王某某4月23日的供述 | 录音录像中断,讯问地点与实际不符 | 认定盗窃罪,分别判处拘役5个月和4个月 |
| 唐某强制猥亵妇女、抢劫 | 民警用胶棒打其大腿,入看守所体检表载明唐某大腿有皮外伤 | 情况说明 | 排除唐某在侦查阶段的供述 | 情况说明不能单独作为证明取证合法的依据 | 认定抢劫罪,判处有期徒刑3年6个月;强制猥亵妇女罪不成立 |

(续表)

| 案由 | 线索或材料 | 控方举证情况 | 排除证据情况 | 排除理由 | 对定罪的影响 |
|---|---|---|---|---|---|
| 马某某盗窃 | 第二笔犯罪事实不存在,系受到刑讯后编造的 | 公诉机关撤回关于第二笔犯罪事实的供述 | 不再评判 | 公诉机关未将该供述在法庭上举示 | 认定盗窃罪(未认定第二笔),判处有期徒刑7个月 |
| 刘某某受贿 | 指控绝大部分不实;刑讯细节,管教证实进所时有伤,同监人看到其有伤吃药;录像显示眼角有伤 | 侦查人员和检察院法警证言;体检表;看守所所长和医生证言;就医登记表(感冒和高血压) | 前三次供述在检察院,后四次供述在看守所,前六次供述一致。辩称受到刑讯的供述排除 | 所长和医生的证言可疑,因体检表显示没有伤,证言称有伤但未记录 | 认定受贿罪,判处有期徒刑10年 |
| 邓某某诈骗、窝藏以及彭某诈骗 | 长时间审讯并不准喝水、吃饭,强迫在笔录上签字,未依法录音录像,不准律师会见 | 体检表等。有罪供述有明显复制痕迹;一次全面有罪供述,但《提讯证》未记录 | 排除邓某某和彭某的所有供述 | 提讯邓某某21次,9次没有笔录;提讯彭某9次,6次没有笔录;无笔录提讯用时长 | 认定窝藏罪,诈骗罪不成立 |

从表8-2可以看出,司法实践中非法证据排除规则基本上能够有序运行。被告方在申请启动证据合法性调查程序时提供了相应的线索或者材料,检察机关进行了举证,法院在检察机关举证失败后排除了一些有罪供述,由此导致部分案件的部分犯罪事实或部分罪名无法认定。

(二)对调研数据和相关案例的解读

对于表8-2的数据和案例,有必要进行一定的解读。熟悉中国刑事司法实践的人往往会问的第一个问题是为什么提起申请排除非法证据的数量这么少?根据学者的调查,犯罪嫌疑人在侦查阶段的供述率几乎达到100%[8],被告人的当庭翻供率则将近20%,其中,被告人主张曾遭受刑讯逼供的案件占翻供案件的34.5%。[9] 按照上述比例计算,被告人申请启动非法证据调查程序的案件数应占全部案件数的7%左右。然而,本调研

---

[8] 参见刘方权:《侦查程序实证研究》,中国检察出版社2010年版,第5页。
[9] 相关实证研究,参见左卫民等:《中国刑事诉讼运行机制实证研究(五):以一审程序为侧重点》,法律出版社2012年版,第178—180页。

的比例是 0.72%，且这一比例有一定的代表性，如有学者对东南地区某法院 2013 年 1 月 1 日至 5 月 31 日审结的 745 件刑事案件调查后发现，在法庭审判中申请排除非法证据的案件只有 3 件，占比为 0.4%。[10] 学界的其他实证研究也印证了这一数据的大致准确性，以中国政法大学诉讼法学研究院与江苏省盐城市中级人民法院合作开展的"非法证据排除规则试点项目"为研究对象，试点法院在试点期间申请排除非法证据的比例是 5.2%，而同期其他 6 个基层法院的申请率只有 0.6%。[11] 综上，可以初步认定司法实践中申请排除非法证据的案件占总案件数的比例在 1% 以下。

根据笔者的调研，申请排除非法证据的案件比例较小的情况主要是以下原因引起的。首先，在庭前会议中，控辩双方经过协商，检察机关决定在庭审中不再举示有争议的口供，被告人明确表示不再纠缠其他证据的合法性；其次，根据立法和司法解释的相关规定，被告人申请启动证据合法性调查程序的，需要提供相关线索或者证据材料，在被告人无法提供相关线索或者证据材料的情况下，法庭对被告人的申请往往不予理睬且不将申请记入笔录；最后，在被告人申请启动证据合法性调查程序并提供相关线索或者证据材料后，承办法官对被告人做"释法"工作，即启动证据合法性调查程序的条件是法官内心对证据的合法性产生合理怀疑，与此同时，法官明确表示被告人当庭认罪的，可依法予以从轻处罚，从而暗示被告人放弃申请启动证据合法性调查程序。[12] 此后，很多案件的被告人表示不申请启动证据合法性调查程序，认罪并请求法庭对其从轻处罚。对于这种情况，法庭也不会将被告人之前的申请记入笔录。

从上述 14 例排除非法口供的实例来看，司法实践中，审判阶段非法证据排除规则的运行有以下特点：首先，所有排除口供的案件都是被告人申请启动证据合法性调查程序的，没有一件是依职权启动的。[13] 其次，所有

---

[10] 参见李海良：《非法证据排除规则适用情况之实证研究——以东南地区某法院为例》，载《中国刑事法杂志》2013 年第 11 期，第 104 页。

[11] 参见卞建林、杨宇冠主编：《非法证据排除规则实证研究》，中国政法大学出版社 2012 年版，第 77 页。

[12] 法官给被告人做"释法"工作的原因，参见孙长永、王彪：《刑事诉讼中的"审辩交易"现象研究》，载《现代法学》2013 年第 1 期，第 125—138 页。

[13] 根据立法和司法解释的规定，我国非法证据排除的启动模式有申请启动和依职权启动两种。参见王彪：《一审阶段排除非法证据程序问题研究》，载《人民司法》2012 年第 19 期，第 48 页。

排除口供的案件都只是排除有争议的口供,对于被告人声称被刑讯的那一次或数次口供之外的供述,即重复供述,则没有排除。[14] 再次,排除口供的案件要么是因为控方没有举证证明口供的合法性,要么是举证存在明显瑕疵,如举示的同步录音录像有中断或者画面显示有不规范的审讯行为等,法官排除争议口供的理由都是对争议口供的合法性存在合理怀疑,换句话说,没有一件案件法官认定存在刑讯逼供等非法取供行为。最后,没有一件案件排除口供后判决无罪的,大部分案件排除争议口供对定罪问题没有影响,部分案件对量刑问题有一定的影响,只有极少数案件排除争议口供后导致被告人的部分罪名或者部分被告人的罪名未能认定。

## 二、威慑效果实证分析与未来展望

根据前文的论述,我国确立非法口供排除规则的主要目的是遏制刑讯逼供等违法取供行为。下文将结合上述案例从实证研究的角度考察非法口供排除规则遏制非法取供的效果,并分析威慑效果的未来走向。

(一)威慑效果的实证分析

非法取供属于程序性违法,对于程序性违法主要有实体性制裁和程序性制裁两种制裁方式,其中实体性制裁包括行政纪律处分、刑事追诉以及附带民事赔偿等;程序性制裁则包括非法证据排除规则以及终止诉讼等。[15] 非法口供排除规则本质上属于对刑讯逼供等非法取供行为的程序性制裁措施,即因为侦查人员在获取证据时存在违法行为,所以这些证据不具有证据能力或者可采性。当然,非法口供排除规则并不排斥实体性制裁措施的运用,如果能够在非法口供排除过程中认定侦查人员实施了刑讯逼供等非法取供行为,也可以以此为根据认定侦查人员构成刑讯逼供罪或者对其进行内部纪律惩戒。

就实体性制裁而言,具体包括刑事追诉、行政纪律处分、附带民事诉讼

---

[14] 与司法实践中的做法不同的是,理论界的大多数观点主张排除重复供述,主要分歧在于排除的方法和范围。参见王彪:《审前重复供述的排除问题研究》,载《证据科学》2013年第5期,第599页。

[15] 对实体性制裁和程序性制裁的系统分析,参见陈瑞华:《程序性制裁理论》(第二版),中国法制出版社2010年版,第66—176页。

以及国家赔偿等。[16] 进一步来说,适用刑事追诉制裁的,包括构成非法拘禁罪、滥用职权罪、刑讯逼供罪、暴力取证罪以及非法搜查罪的情形,其中刑讯逼供严重的还可以构成故意杀人罪和故意伤害罪。行政纪律处分包括警告、记过、记大过、行政降级、暂停职务以及行政开除等。附带民事诉讼依附于刑事追诉的成立,且附带民事诉讼赔偿范围有限,只包括物质损失。刑事追诉、行政纪律处分和附带民事诉讼的前提有两个:一是明确认定非法取证行为的存在;二是非法取证行为需要达到一定的严重程度,甚至要求有一定危害后果的发生。刑事赔偿是国家赔偿的一部分,在很多场合被称为"冤狱赔偿制度",这种建立在冤狱基础上的国家赔偿制度,更是以实体裁决结果为依据。

根据前述分析,实体性制裁最基本的前提应当是明确认定非法取证行为的存在。然而,从实证调研的情况来看,上述 14 件案件中没有一件能够确认刑讯逼供等非法行为的存在。在上述案件中,之所以排除部分供述,是因为公诉机关举证不力,导致法官无法排除合理怀疑地认定取供过程的合法性。当然,在无法进行刑事追究的情况下,如果能够启动侦查机关内部行政纪律处分的话,也能够对侦查人员有一定的威慑作用。事实上,中国刑事司法实践中存在"逮捕中心主义"现象,对于公安机关来说,逮捕与否是判断其是否圆满侦破案件的关键[17],只要不判处无罪,法院认定被告人何种罪名、对被告人判处何种刑罚,已经与公安机关没有关系。而从上述 14 件案件来看,只有 1 件中的一个被告人被判处无罪,其余所有案件的被告人均被判处有罪,尽管极少数案件的部分被告人的部分罪名没有得到认定。在这种情况下,对侦查人员的行政纪律处分也就无从谈起。另外,侦查机关内部实行领导负责制,对侦查人员的追责往往意味着领导也要承担连带责任。更为重要的是,为了不影响侦查人员的积极性,案件中的部分被告人被判处无罪的,侦查人员也未必会受到任何惩戒。

---

[16] 参见陈瑞华:《程序性制裁理论》(第二版),中国法制出版社 2010 年版,第 75—96 页。有学者将实体制裁措施称为次级制裁体系,具体包括以刑讯逼供罪追究刑事责任、国家赔偿、内部纪律惩戒和社会舆论谴责。参见李昌盛:《违法侦查行为的程序性制裁效果研究——以非法口供排除规则为中心》,载《现代法学》2012 年第 3 期,第 116 页。

[17] 参见王彪:《刑事诉讼中的"逮捕中心主义"现象评析》,载《中国刑事法杂志》2014 年第 2 期,第 75 页。当然,一些地方的公安机关不仅仅将逮捕的人数作为考核指标,起诉的人数也纳入考核指标。参见王昕:《公诉运行机制实证研究——以 C 市 30 年公诉工作为例》,中国检察出版社 2010 年版,第 206 页。

就程序性制裁而言,通过实证调研可以发现,司法实践中确实存在认定部分案件有非法取供的可能性,进而排除涉嫌通过非法方法取得的被告人供述。非法证据排除规则威慑效果有效发挥的关键在于,排除非法证据能够剥夺违法者从其违法行为中所获得的不正当利益。上述14件案件中,有8件案件排除了部分供述,即合法性存疑的"那一份"或者"多份"供述,但由于审前重复供述的存在,在排除部分供述后,公诉机关指控的案件事实仍然能够有效认定。在这些案件中,排除合法性存疑的口供对于侦查机关和公诉机关均没有产生任何影响,故非法证据排除规则的威慑功能无法得到发挥。事实上,理论界的大多数观点均主张排除审前重复供述,实务界也有部分人士主张排除重复供述,但司法实践中一般不排除重复供述。如上述14件案件中没有一件排除重复供述,其中部分案件中的部分罪名没有认定,是因为这些案件中的被告人在审前仅有1份或者2份有罪供述,换句话说,这些案件中没有重复供述,当然也就谈不上排除的问题。

当然,部分案件由于排除供述导致事实认定受到影响。具体来说,由于排除了被告人的供述,共有6件案件的案件事实认定问题受到了影响,导致有2件案件被告人的部分罪名无法认定,有1件案件部分被告人的部分罪名无法认定,有2件案件认定的犯罪数额比公诉机关指控的数额少,甚至还有1件案件中2名被告人中的一名被判处无罪。作为一种通过排除合法性存疑证据的程序性制裁措施,非法证据排除规则产生威慑效果的前提是非法证据得以有效排除。在上述6件案件中,法院确实排除了被告人的(部分)供述,那么,非法证据排除规则的威慑效果是否能够体现呢?根据上文的分析,由于司法实践中"逮捕中心主义"现象的存在,在排除口供影响案件事实认定的6件案件中,其中5件案件的判决结果对侦查机关没有任何影响,在有一名被告人被判处无罪的案件中,侦查机关要和检察机关一起承担国家赔偿责任。因此,非法口供排除规则对于侦查机关的威慑效果不明显,但仍有一定的威慑力。

根据笔者的调研,司法实践中,法院不排除重复供述是因为在很多情况下根本就没有意识到重复供述存在问题,而在有些情况下法院虽然意识到这个问题,但由于立法对此没有明确规定,在不知如何排除重复供述的情况下选择规避的态度对待这一问题。笔者认为,法院一旦作出排除被告人"某一份"口供的决定,公诉机关应当对重复供述与非法取供行为之间没有因果关系进行证明,否则重复供述不能作为证据使用。然而,司法实践中,一些法院选择让被告方证明第一次非法审讯行为对后续的重复供述有影响,如在被媒体誉为"刑事诉讼法预热第一案"的北京市郭宗奎贩卖毒品案中,面对辩护律师当庭要求排除重复供述的申请,法官认为,"假设第一次审讯,民警有非法行为,但这种阴影持续多久,会不会影响后续审讯,被告人同样需要举证"[18]。因此,正如有学者所言,由于重复供述可以作为证据使用,侦查人员可能会采取一定的策略来规避非法证据排除规则。[19] 换句话说,由于审前重复供述的使用不受限制[20],非法口供排除规则的威慑效果大打折扣。

通过上面的分析可以发现,由于排除口供后对定罪量刑有一定的影响,非法证据排除规则在司法实践中有一定的威慑效果,但由于重复供述的存在,威慑效果非常有限。另外,由于启动证据合法性调查程序的案件只是全部案件中很少的一部分,因此,有限的威慑效果大打折扣。由于公安机关以批捕(或者起诉)作为完成工作的标志,威慑效果进一步打了折扣。需要进一步考虑的问题是,这种有限的威慑效果在未来能否继续发挥作用呢?换句话说,非法口供排除规则及其实施状况对于侦查机关未来的取供行为有何种导向作用?对此,可以结合上述案件进行分析。

### (二)威慑效果的未来展望

上述14件案件中,没有一件案件法院明确认定存在刑讯逼供等非法取供行为,而是均以无法排除非法取供的合理怀疑为由排除口供,之所以无法排除合理怀疑,是因为这些案件的取证过程存在明显的瑕疵。由此,我们有理由作出这样的判断:侦查机关在将来的取证过程中很可能会认真对待排除口供的理由。排除非法口供的理由具体如下:

---

[18] 对该案的详细报道,参见刘晓燕、杨清惠:《实体审理前先启动非法证据排除程序》,载《人民法院报》2012年9月15日,第3版。

[19] 参见王超:《排除非法证据的乌托邦》,法律出版社2014年版,第133页。

[20] 2017年《严格排除非法证据规定》初步确立重复性供述排除规则,但该规则的宣示意义大于实际意义,该规则很可能会导致不排除重复性供述的后果。具体原因如下:重复性供述排除规则的适用条件非常苛刻,重复性供述排除规则的例外规定不明确。参见孙长永主编:《中国刑事诉讼法制四十年:回顾、反思与展望》,中国政法大学出版社2021年版,第390页。

表 8-3 调研法院排除非法口供的具体理由

| 理由 | 同步录音录像有问题 | 有明显伤痕 | 所外审讯且用时长 | 撤回争议证据 | 举证明显不足 | 公诉方证言可疑 | 讯问笔录有问题 |
|---|---|---|---|---|---|---|---|
| 案件数 | 4 | 2 | 4 | 1 | 1 | 1 | 1 |

分析表 8-3 中排除非法证据的具体理由可以发现，绝大部分案件中，侦查机关的取供过程存在明显的瑕疵，从而导致无法排除非法取供的合理怀疑。可以预见，在非法证据排除规则运行一段时间后，侦查机关一定会调整侦查策略，避免侦查取证过程存在明显的瑕疵。具体来说，侦查机关一定会认真对待同步录音录像问题，避免同步录音录像出现明显瑕疵；侦查机关的高强度刑讯逼供也一定会减少，至少不会在取供过程中留下明显伤痕；侦查机关也一定会注意讯问笔录的表面合法性。另外，所外长时间审讯也会得到一定的遏制。就公诉机关的举证来说，公诉机关一般不会仅仅举示情况说明来证明取证过程的合法性，公诉机关甚至在特定情况下还会对控方的证人进行培训[21]，以避免其在作证过程中出现明显的失误。因此，非法口供排除规则将会发挥一定的作用，对侦查机关和公诉机关的行为均会有一定的导向作用，即侦查机关在取证过程中会更加注重取证过程的"表面上"合法、公诉机关在举证过程中会更加注重所举示的证据能够形成"表面上"相互印证的证据体系。

具体来说，鉴于排除争议口供的教训，明显的高强度的刑讯逼供行为可能将不会存在，但所谓的"软刑讯"则仍然可能存在。换句话说，显性的刑讯逼供现象基本被遏制，实践中的违法取证行为由"显性违法"不断转向"隐性违法"。[22] 另外，侦查机关为了规避非法证据排除规则的制裁，可能会利用一些权利保护的死角"加强"审讯，如在犯罪嫌疑人到案后被送往看守所关押之前对其进行短时间的"突击"审讯，在犯罪嫌疑人指认现场时对其进行短时间的附带讯问，在不需要全程录音录像的案件中"加强"讯问的

---

[21] 事实上，一些地方的规范性文件中对此已有规定，如 C 市公安机关制定的民警出庭说明情况的规定中明确规定，拟出庭作证的民警要熟悉案卷，并接受法制部门或者公诉部门的出庭培训。类似的做法，参见李玉华、周军、钱志健：《警察出庭作证指南》，中国人民公安大学出版社 2014 年版，第 77—103 页。

[22] 参见马明亮：《作为正当程序的非法证据排除规则》，中国政法大学出版社 2017 年版，第 89 页。

强度。另外,侦查机关也可能会逐渐改变以刑讯逼供为代表的身体强制式讯问方式,转而通过心理强制的方法获取供述[23],即采用使犯罪嫌疑人形成错误认识的心理学方法来诱使犯罪嫌疑人作出供述。

笔者调研发现,司法实践中,法院往往认为被告人提出受到纪检监察部门刑讯逼供所取得的供述不属于该案的证据而未启动证据合法性调查程序。如马某某贪污、受贿案中,马某某提出其被纪检监察部门刑讯逼供。法院审查后认为,马某某在纪检监察部门的供述不属于本案的证据,因而决定不启动证据合法性调查程序。在这种情况下,在职务犯罪案件的办理过程中,侦查机关往往会希望纪检监察部门能够先行"突破"口供,然后由侦查机关在立案后重新取供。[24] 受"出袋之猫"心理的影响[25],犯罪嫌疑人在面对侦查机关的讯问时往往会作出相同的供述。

刑讯逼供的空间一般都是与外界隔绝的羁押场所,目击者都是侦查人员,而侦查人员在日常工作中养成的"团队精神"很容易转化成面对刑讯逼供调查的"攻守同盟"。[26] 在对非法证据排除规则有了一定的了解后,在证据合法性调查程序中,公诉机关的证人之间可能会产生"攻守同盟"心理,即在法庭上作伪证,从而确保证据不被排除。事实上,这一判断并非臆想和猜测,如在美国,很多警察相信,用作伪证的方法可以有效地避免证据被排除的后果,因此,很多警察都使用错上加错(the wrongs make a right)的办法,即非法取证后再作伪证,避免证据被排除的制裁后果。[27] 也就是说,"为了能将有罪被告治罪,许多警察都谎称没有违反宪法"[28]。虽然我国立法明确规定,侦查人员应依法收集一切与案件有关的证据材料,且检察官负有客观公正义务,但在先入为主和强烈的胜诉心理的共同作用下,不排除控方证人作伪证的可能。

---

[23] 参见莫然:《心理强制时代的有罪供述研究》,载《河北法学》2014年第6期,第105—107页。

[24] 需要注意的是,在《监察法》实施后,这一情况发生了变化。《监察法》第33条第3款规定:"以非法方法收集的证据应当依法予以排除,不得作为案件处置的依据。"

[25] 参见林国强:《论审前重复供述的可采性》,载《证据科学》2013年第4期,第468页。

[26] 参见何家弘:《适用非法证据排除规则需要司法判例》,载《法学家》2013年第2期,第112页。

[27] 参见高咏:《非法证据排除的证明问题研究》,中国财政经济出版社2014年版,第28页。

[28] 〔美〕艾伦·德肖维茨:《最好的辩护》,唐交东译,法律出版社2014年版,第8页。

综上所述,非法口供排除规则的威慑效果在一定程度上确实存在,非法口供排除规则也必然会对将来的审讯行为产生重大影响。然而,侦查机关在对非法口供排除规则有了一定的了解后,也会调整自己的侦查策略,以规避非法口供排除规则的运用,甚至会通过作伪证的方式避免产生证据被排除的后果。因此,总体上来说,非法口供排除规则的威慑效果在将来可能是非常有限的。

## 三、威慑效果影响因素与制度完善

根据上文的分析,非法口供排除规则的威慑效果有限,特别是随着侦查机关对非法口供排除规则的进一步熟悉,在调整侦查策略后,非法口供排除规则的威慑效果可能会进一步减弱。那么,影响非法口供排除规则威慑效果的因素有哪些?将来如何进行制度重构以进一步完善非法口供排除规则呢?

### (一)影响威慑效果的具体因素

根据 2012 年修正的《刑事诉讼法》及相关司法解释的规定,只有采用刑讯逼供等非法方法收集的犯罪嫌疑人、被告人供述,才能够作为非法证据予以排除。2018 年《刑事诉讼法》对此未作修改。理解以上规定的关键是何谓"刑讯逼供等非法方法"。根据 2012 年《刑诉法解释》第 95 条第 1 款的解释,使用肉刑或者变相肉刑,或者采取其他使被告人在肉体上或者精神上遭受剧烈疼痛或者痛苦的方法,迫使被告人违背意愿供述的,应当认定为"刑讯逼供等非法方法"。根据参与立法相关人员的解释,"刑讯逼供"是指使用肉刑或者变相肉刑,使当事人在肉体和精神上遭受剧烈疼痛或痛苦而不得不供述的行为,如殴打、电击、饿、冻、烤等。"等非法方法"是指违法程度和对当事人的强迫程度与刑讯逼供相当,使被追诉人不得不违背自己意愿供述的方法。[29] 最高人民法院《关于建立健全防范刑事冤假错案工作机制的意见》第 8 条的规定与上述解释大同小异,即将"等非法方法"解释为"冻、饿、晒、烤、疲劳审讯等非法方法"。正因如此,龙宗智教授

---

[29] 参见全国人大常委会法制工作委员会刑法室编:《〈关于修改〈中华人民共和国刑事诉讼法〉的决定〉条文说明、立法理由及相关规定》,北京大学出版社 2012 年版,第 56 页。

将我国的非法口供排除规则称为非法证据排除的"痛苦规则"。[30] 痛苦与否是一个需要具体考量的问题,因而"痛苦规则"并非一个明确的规则,而是一种标准,对这一标准的适用需要法官结合案件的具体情况进行自由裁量。由于审讯一般是在相对封闭的空间进行的,事后很难证明"刑讯逼供等非法方法"的存在,因此,这一标准在司法实践中基本上不会发挥认定非法取供行为的作用。

事实上,从调研发现的排除非法证据的 14 件案件来看,有 9 件案件之所以排除争议口供,是因为侦查机关违反了立法及司法解释中所明确规定的程序规则。根据 2012 年修正的《刑事诉讼法》第 121 条(2018 年《刑事诉讼法》第 123 条)的规定,我国立法确立了(重大案件)全程录音录像制度。上述 14 件案件中,有 4 件是因为全程录音录像存在瑕疵从而导致取供过程的合法性存疑进而排除争议口供。2012 年修正的《刑事诉讼法》第 116 条第 2 款(2018 年《刑事诉讼法》第 118 条第 2 款)规定:"犯罪嫌疑人被送交看守所羁押以后,侦查人员对其进行讯问,应当在看守所内进行。"上述 14 件案件中,有 4 件因为侦查机关将犯罪嫌疑人从看守所提出后进行长时间讯问,法院以无法排除非法取供的合理怀疑为由排除争议口供。根据 2012 年《刑诉法解释》第 101 条第 2 款(2021 年《刑诉法解释》第 135 条第 2 款)的规定,公诉人提交的取证过程合法的说明材料不能单独作为证明取证过程合法的根据。上述 14 件案件中,法院就是以此为由排除了其中 1 份有争议的口供。因此,从实践中排除争议口供的案例来看,非法口供排除规则发挥作用的关键是立法和司法解释中确立的相关程序规则。

与标准相比,规则具有更强的明确性。正因如此,有学者认为,"在美国证据法的发展史上,米兰达案件已经被认为是对联邦供认法则的一场革命。其革命性的关键因素就体现在以一个确定性的规则取代了抽象的标准"[31]。事实上,由于规则的明确性,司法实践中排除非法口供的绝大部分案件都是以违反规则进而无法排除非法取供的合理怀疑为由进行的。因此,规则的设立以及规则的严格性是影响非法证据排除规则威慑效果的重要因素,规则越明确越有效,规则越模糊则越可能会面临实施障碍。

---

[30] 参见龙宗智:《我国非法口供排除的"痛苦规则"及相关问题》,载《政法论坛》2013 年第 5 期,第 17 页。

[31] 孙远:《刑事证据能力导论》,人民法院出版社 2007 年版,第 168 页。

非法证据排除规则的运行是在具体个案中由法官具体操作的,因此,法官能否坚守中立地位公正司法至关重要。然而,学者研究发现,司法实践中非法证据排除调查程序难以激活的原因就是法官滥用自由裁量权。[32] 法官之所以滥用自由裁量权,除因为非法证据排除规则本身存在局限性以及法官的法解释能力较低之外,主要原因在于法官无法独立公正地审理案件。[33] 因此,法官能否独立公正司法对于非法证据排除规则的运行至关重要。

综上,非法证据排除规则及其保障措施的明确性是非法证据排除规则得以有效实施的基础,而法官独立公正审理案件则是非法证据排除规则有效运行的根本。换句话说,非法证据排除规则能否有效运行,取决于规则本身的完善程度和规则运行的环境优劣。[34] 因此,影响非法口供排除规则威慑效果的因素主要是非法口供排除规则及其保障性措施的明确性和刑事司法环境的优劣。

(二)非法证据排除规则的完善

毫无疑问,我国立法规定的应当排除的非法口供的范围过于狭窄,将来应当进一步扩大应当排除的非法口供的范围,可以通过对"等非法方法"的扩大解释以及明确规定审前重复供述的运用规则来进行。根据上文的分析,非法证据排除规则的威慑效果是否能够有效发挥的关键是非法证据排除规则能否有效实施,而影响非法证据排除规则有效实施的两大因素是规则自身的进一步明确和规则运行环境的进一步优化。因此,在现有非法证据排除范围下,非法证据排除规则的有效运行需要从下述两个方面着手。

一方面是非法证据排除规则保障措施的进一步明确。如前所述,立法规定对重大案件应当同步录音录像,犯罪嫌疑人被送交看守所后应当在看守所内讯问。根据最高人民法院《关于建立健全防范刑事冤假错案工作机制的意见》第8条的规定,除情况紧急必须现场讯问以外,在规定的办案场

---

[32] 参见王超:《非法证据排除调查程序难以激活的原因与对策》,载《政治与法律》2013年第6期,第146页。

[33] 参见王超:《排除非法证据的乌托邦》,法律出版社2014年版,第289—351页。

[34] 参见闫召华:《"名禁实允"与"虽令不行":非法证据排除难研究》,载《法制与社会发展》2014年第2期,第181页。

所外讯问取得的供述以及未依法对讯问进行全程录音录像取得的供述应当排除。事实上,上述规定有相当的合理性。就供述地点的限制来说,司法实践中,被指控刑讯地点绝大多数在看守所之外[35],田文昌认为,司法实践中绝大部分刑讯逼供都是在看守所外提讯时进行的,因此,凡是在看守所外提讯的就具有非法取证的嫌疑。在 2012 年修改《刑事诉讼法》过程中,田文昌曾明确提出立法应规定凡在所外提讯皆为违法,但这个建议最终没有被采纳。[36] 同理,违反全程录音录像规定也无法排除非法取供的嫌疑。因此,在非紧急情况下,排除违反规定所获得的供述有相当的合理性。[37]

另外,司法实践中遵循的印证证明模式很容易僵化成"客观"证明模式,强调客观性证据而忽视经验的运用,导致法官无法进行自由心证。在这种情况下,程序性保障措施的重要性更加凸显。在判断是否存在非法取供的合理怀疑时,程序性规定的违反和伤痕等客观性证据非常重要。如某法院审理的一起案件,被告人提出侦查人员向自己身上泼凉水,然后用风扇吹干,因为当时正值冬季,被告人表示自己实在无法承受便作了有罪供述。法官到看守所实地调查时发现看守所办公室里确实有一台电风扇,而且没有储藏起来,由此怀疑最近被人使用过。但是在后来的庭审中,公诉方举出看守所工作人员证言证明该电风扇没有被任何人带出办公室,再加上公安机关出具的没有刑讯逼供的情况说明,遂认定侦查人员系合法取证。[38] 由此可见,虽然法官对取供行为是否合法存在合理的怀疑,但由于没有客观性证据支持其怀疑而不得不认定取证行为合法。

将来,可以考虑进一步扩大应当同步录音录像案件的范围,明确规定犯罪嫌疑人归案后应当及时送交看守所羁押。在同步录音录像有瑕疵或者对犯罪嫌疑人进行所外讯问的,公诉机关应当说明理由并排除合理怀疑

---

[35] 参见王爱平、许佳:《"非法供述排除规则"的实证研究及理论反思》,载《中国刑事法杂志》2014 年第 1 期,第 96 页。

[36] 参见张军、姜伟、田文昌:《新控辩审三人谈》,北京大学出版社 2014 年版,第 145 页。

[37] 参见董坤:《违反录音录像规定讯问笔录证据能力研究》,载《法学家》2014 年第 2 期,第 131 页。

[38] 参见西南政法大学"刑事证据法实施情况调研"课题组:《刑事证据法实施情况调研报告——以西部四省部分公安司法机关为考察对象》,载潘金贵主编:《证据法学论丛》(第二卷),中国检察出版社 2013 年版,第 187 页。

地证明取供过程合法。[39] 除此之外,还可以考虑增加一些保障性措施,如健全对犯罪嫌疑人的身体检查制度等,总体思路是将对"痛苦"程度的考察转化为对程序合法性的考察。当然,考虑到中国的国情,不宜确立类似"米兰达规则"那种严厉程度的规则,而是将程序的遵守与否作为考量取供过程是否合法的一个重要因素。

另一方面是非法证据排除规则运行环境的进一步优化。十八届三中全会通过的《中共中央关于全面深化改革若干重大问题的决定》明确提出推进法治中国建设。其中,既明确提到了确保依法独立公正行使审判权,具体包括省级以下法院人财物统一管理、法官统一招录与法院人员的分类管理以及法官的职业保障等问题;也明确提出健全司法权运行机制,具体包括优化司法职权配置、完善主审法官和合议庭办案责任制、规范上下级法院关系以及推进审判公开、加强裁判文书说理等措施。在这一背景下,非法证据排除规则运行的司法环境可能会进一步优化。

综上,非法证据排除规则威慑效果的有效发挥既需要规则自身及其保障措施的严厉与明确,又需要规则在一个较为优化的刑事司法环境中运行。相对来说,规则的确立与变革较为简单,但司法环境的优化则涉及方方面面较为复杂的因素。因此,通过非法证据排除规则遏制非法取供行为将是一个长期的过程。

### 四、回顾与展望

(一)回顾

对于我国确立的非法证据排除规则,有学者认为,"选择遏制刑讯逼供作为非法证据排除规则实施的突破口与重点是本末倒置、不切实际的方案"[40]。笔者对此并不赞同,从上述实证研究可以看出,司法实践中,法院确实排除了部分案件的非法口供,并因此影响部分案件中对部分事实的认定。虽然从法院审理的案件总量来看,排除非法口供进而影响案件事实认定的只是其中非常少的一部分,但非法口供排除规则的意义不容忽视,其不仅具有一定的威慑功能,还具有一定的宣示和导向意义。当然,由于非

---

[39] 当然,在立法或者司法解释发生变动的情况下,在条件成熟时,也可以考虑直接规定违反法定程序获取的供述不能作为定案的根据。

[40] 栗峥:《非法证据排除规则之正本清源》,载《政治与法律》2013年第9期,第104页。

法证据排除规则运行的司法环境的优化是一个长期的过程,非法证据排除规则威慑功能的有效发挥需要时间的积累。就目前来说,应当对非法证据排除规则的威慑功能保持合理期待。

(二)展望

除司法环境的影响外,我国非法证据排除规则的最大问题是排除的范围较为狭窄。我国非法证据排除规则具有"限定列举式有限排除"的特点,非法证据排除的实体范围狭小,主要是非法口供且仅排除部分非法口供,这与其他国家普遍奉行的自白任意性规则明显不同[41],体现了我国非法证据排除规则"遏制重大违法,保障基本人权"的理念以及注重真实发现的价值取向。[42] 从比较法的角度来看,我国非法证据排除的实体范围较为狭窄,这已经严重影响了非法证据排除规则功效的发挥。因此,应当扩大非法证据排除的范围。

以非法口供的排除为例,可以分两步逐步扩大非法口供排除的范围。第一步是确立自白任意性规则,排除以各种方法获取的违背犯罪嫌疑人、被告人自由意志的供述。自2012年起,我国《刑事诉讼法》已经规定"不得强迫任何人证实自己有罪"。随着我国刑事司法改革的深入和人权保障理念的变革,非法言词证据的界定必然会从"痛苦规则"走向"自白任意性规则"。[43] 为此,应当把法律规定的"刑讯逼供等非法方法"与"不得强迫任何人证实自己有罪"中的"强迫"联系起来,凡是采用刑讯逼供或者其他方法,违背犯罪嫌疑人、被告人的意志所获得的非自愿性供述,都应当纳入非

---

[41] 有学者认为,中国自白任意性规则已在规范层面上初步成型,参见王景龙:《中国语境下的自白任意性规则》,载《法律科学(西北政法大学学报)》2016年第1期,第143页。笔者认为,我国没有确立自白任意性规则,立法和法律解释确立的是非法口供排除的"痛苦规则",关于自白任意性规则在我国被忽略的问题,参见张建伟:《自白任意性规则的法律价值》,载《法学研究》2012年第6期,第164—177页。

[42] 有学者认为,我国非法证据排除规定,以真实取向为主,基于这一价值取向,侦查机关甚至司法机关对于扩大非法证据排除范围有所忧虑。参见张建伟:《排除非法证据的价值预期与制度分析》,载《中国刑事法杂志》2017年第4期,第41—43页。事实上,最高人民法院法官对此早已有明确说明,"《解释》明确规定采用刑讯逼供等手段获取的言词证据不能作为定案的根据,对人民法院来讲,首先有利于减少冤假错案的发生",参见熊选国主编:《刑事诉讼法司法解释释疑》,中国法制出版社2002年版,第51页。

[43] 参见郭旭:《中国非法证据排除规则研究》,中国人民公安大学出版社2016年版,第159页。

法证据排除的范围。[44] 对此,可以借鉴《德国刑事诉讼法典》第136a条的规定[45],对我国《刑事诉讼法》第56条加以修改完善,使得非法证据的排除范围更加明确、具体。第二步是确立重大程序违法获取口供的排除规则。从比较法的角度看,在世界范围内,对未全程录音录像的笔录的可采性,主要有三种处理模式:第一,如果未全程录音录像,且不符合法律规定的例外情形或正当理由,那么笔录不具有可采性;第二,如果未全程录音录像,且不符合法律规定的例外情形或正当理由,那么应可反驳地推定警讯笔录不具有可采性;第三,未全程录音录像只是影响犯罪嫌疑人供述是否可采的因素之一,对于未全程录音录像获得的犯罪嫌疑人供述的可采性,应综合案件的所有情况,经权衡后作出决定。[46] 笔者认为,考虑到打击犯罪与保障人权的平衡,我们应该选择第二种模式。具体来说,除紧急情况外,应当全程同步录音录像而未全程同步录音录像的,在辩方对口供的合法性提出异议时,除非公诉机关能够排除合理怀疑地证明口供的合法性,否则,所获取的口供应当予以排除。[47]

此外,首次讯问没有告知被讯问人相关权利和法律规定所获取的供述该如何处理也需要明确。根据2012年《刑诉法解释》第82条(2021年《刑诉法解释》第95条)的规定,首次讯问笔录没有记录告知被讯问人相关权利和法律规定的,所获取的讯问笔录属于瑕疵证据,应当补正或者作出合理解释,不能补正或者作出合理解释的,不得作为定案的根据。该条规定是对《死刑案件证据规定》第21条的吸收。根据最高人民法院法官的解释,我国《刑事诉讼法》专门规定了被告人所享有的申请回避的权利、拒绝回答无关问题的权利和聘请律师的权利。对于这些权利,侦查人员应当在

---

〔44〕 参见李寿伟:《非法证据排除制度的若干问题》,载《中国刑事法杂志》2014年第2期,第61页。

〔45〕 《德国刑事诉讼法典》第136a条规定:"(一)不得用虐待、疲劳战术、伤害身体、施用药物、折磨、欺诈或催眠等方法损害被指控人意思决定和意思活动之自由。强制只能在刑事诉讼法允许的范围内使用。禁止以刑事诉讼法不准许的措施相威胁,禁止许诺法律未规定的利益。(二)禁止使用损害被指控人记忆力或理解力的措施。(三)不论被指控人同意与否,第一款和第二款的禁止规定一律适用。违反这些禁止获得的陈述,即使被指控人同意,亦不得使用。"参见《德国刑事诉讼法典》,宗玉琨译注,知识产权出版社2013年版,第127—128页。

〔46〕 参见吴纪奎:《论警讯录音录像证据》,载《证据科学》2013年第3期,第371—373页。

〔47〕 参见王彪:《非法口供排除规则的反思与重构》,载《法律适用》2015年第5期,第65页。最高人民法院原副院长张军也有类似观点,参见张军主编:《新刑事诉讼法法官培训教材》,法律出版社2012年版,第19页。

首次讯问前告知犯罪嫌疑人。但在实践中,经常出现首次讯问笔录没有记录告知诉讼权利内容的情形,影响了讯问笔录形式的完整性和合法性。如果办案人员不能补正或者作出合理解释,不能确保其真实性,法官就应当将该讯问笔录予以排除。[48] 笔者认为,上述解释存在一定的问题,没有告知诉讼权利,可以分为两种情形:一种是确实没有告知,另一种是已经告知但没有记录。而只要是真实性存疑的证据,均应当予以排除,因此,"如果办案人员不能补正或者作出合理解释,不能确保其真实性,法官就应当将该讯问笔录予以排除",这样的规定没有任何意义。在法治发达国家(地区),讯问前未告知权利与非法供述排除的关系大体上可以分为两种模式:一种是原则加例外模式,即排除为原则,不排除为例外,讯问前未告知权利,所获供述原则上应排除,在特定情况下,不予排除;另一种是裁量排除模式,即讯问前未告知权利,由此获取的供述是否排除交由法官自由裁量。大多数法治国家采用第一种模式,其中以美国讯问前的米兰达警告为代表。[49] 笔者认为,考虑到我国侦查阶段辩护律师介入有限,应当逐步明确讯问前未告知权利所获取的供述应当予以排除,具体排除方式可以分步骤确定,即第一阶段裁量排除,第二阶段采取原则加例外的方式进行排除。

由于我国非法证据的认定标准是以法定证据种类为基础的,因此,还需要注意非法物证、书证和电子数据的排除问题。对于这些种类的证据来说,证据收集、调查程序的粗疏也限制了非法证据的范围。笔者认为,从技术上说,非法证据排除规则的有效实施,首先依赖证据收集程序的科学规范。[50] 道理很简单,如果证据收集程序过于粗疏,就不会有违反法律规定的情形存在,也就谈不上有非法证据并排除非法证据。

---

[48] 参见张军主编:《刑事证据规则理解与适用》,法律出版社2010年版,第183页。
[49] 参见林国强:《论我国讯问前权利告知的完善》,载《天津法学》2014年第3期,第56页。
[50] 参见孙长永:《论刑事证据法规范体系及其合理构建——评刑事诉讼法修正案关于证据制度的修改》,载《政法论坛》2012年第5期,第33页。

# 第五编　刑事案件处理模式的二元化

日本学者田口守一曾言,自白案件与否认案件应当采用完全不同的刑事诉讼程序。[1] 从世界范围来看,确实如此。在我国,1979年《刑事诉讼法》没有根据被告人是否认罪而对审判程序进行不同的规定。也就是说,对于所有刑事案件,无论被告人是否认罪,案件是否重大、复杂,均适用相同的刑事诉讼程序。随着案件数量的增多,随着案件类型的变化和复杂程度的增加,诉讼效率问题成为一个现实问题。在此背景下,1996年《刑事诉讼法》增加规定了简易程序。为进一步规范和完善刑事简易程序,最高人民法院、最高人民检察院和司法部于2003年联合发布《关于适用简易程序审理公诉案件的若干意见》和《关于适用普通程序审理"被告人认罪案件"的若干意见(试行)》。在总结实践经验的基础上,2012年修正的《刑事诉讼法》扩大了简易程序的适用范围,并将简易程序进一步分为两种类型,即可能判处3年有期徒刑以上刑罚的案件适用合议庭审理,可能判处3年有期徒刑以下刑罚的案件既可以适用合议庭审理,也可

---

[1] 参见〔日〕田口守一:《刑事诉讼的目的》,张凌、于秀峰译,中国政法大学出版社2011年版,第17页。

以适用独任庭审理。在总结速裁程序和认罪认罚从宽制度试点的基础上，2018年修正的《刑事诉讼法》新增了刑事速裁程序，使得简易程序的体系更为完整。

程序的简化与程序的对抗是一个问题的两个方面，程序的对抗反映的是程序的正当化，而程序的正当化又是程序简化的基础。从理论上来说，对于不认罪案件，应该通过带有对抗性的程序进行处理，对于认罪案件，则通过简化的程序进行处理。就对抗性程序来说，最为关键的一点是，罪与非罪存疑时该如何处理？这既涉及对抗性程序的正当性，也对简化程序的适用有影响。从法理上来说，问题的答案非常简单，但从现实来说，则较为复杂。事实上，在我国司法实践中，疑罪案件的处理在程序上和实体上均有特殊之处。

根据庭审阴影理论，不认罪案件的正式庭审对认罪案件具有重要的影响。而认罪案件的有效处理，又能为不认罪案件的处理节约相应的诉讼资源。因此，需要对我国认罪案件和不认罪案件的处理机制进行研究。就认罪案件而言，需要重点研究认罪认罚从宽案件的处理问题。目前，认罪认罚从宽制度存在价值取向、证明标准、法律帮助和"从宽"幅度等方面的争议。这些争议的解决，对于认罪认罚从宽制度的未来走向具有重要影响。就不认罪案件而言，需要重点研究罪与非罪的疑罪案件处理问题。目前，疑罪案件的处理在实体上存在疑罪从有、疑罪从轻、疑罪从挂和疑罪移送等方式，在程序上存在走完各种程序的倾向。现有的疑罪处理模式有利有弊，彻底实现疑罪从无，需要一系列条件的支撑。

# 第九章
# 认罪认罚从宽制度争议问题研究

党的十八届四中全会通过的《中共中央关于全面推进依法治国若干重大问题的决定》提出"完善刑事诉讼中认罪认罚从宽制度",2016年9月3日,在总结前期速裁程序试点经验的基础上,十二届全国人大常委会第二十二次会议审议通过《关于授权最高人民法院、最高人民检察院在部分地区开展刑事案件认罪认罚从宽制度试点工作的决定》(以下简称《授权决定》),在刑事案件速裁程序试点工作的基础上,授权最高人民法院、最高人民检察院在18个城市进行为期两年的"认罪认罚从宽制度"的试点工作。2016年11月11日,最高人民法院、最高人民检察院、公安部、国家安全部、司法部联合发布《关于在部分地区开展刑事案件认罪认罚从宽制度试点工作的办法》(以下简称《试点办法》),正式开展认罪认罚从宽制度改革试点工作。《试点办法》公布以后,各试点地区积极推进试点工作,并且按照要求先后制定了试点工作实施细则或者实施办法。然而,随着试点工作的推进和理论研究的深入,一些争议问题浮出水面,主要包括认罪认罚从宽制度的价值取向、认罪认罚案件适用何种证明标准、认罪认罚案件的被追诉人如何获得有效的法律帮助以及认罪认罚的从宽幅度等问题。这些问题有的关系到认罪认罚从宽制度的发展方向,有的关系到该制度在司法实践中的准确适用,亟待通过进一步研究和试点实践凝聚共识,以便为完善刑事诉讼中认罪认罚从宽制度奠定坚实的基础。

## 一、认罪认罚从宽制度的价值取向问题

认罪认罚从宽制度的价值取向问题关系到认罪认罚从宽制度的发展方向,决定了认罪认罚从宽制度在治理犯罪过程中的功能定位,关系到完善认罪认罚从宽制度的顶层设计,影响刑法、刑事诉讼法一系列具体制度的完善路径和司法实践中关于"从宽"政策的尺度把握。在调研过程中,很多司法实务人员反复提及这样一些问题:我们为什么要推进认罪认罚从宽制度改革完善?如果是为了提高司法效率、化解社会矛盾,为什么又不允许控辩双方对定罪问题进行协商?且根据《试点办法》的相关规定,对于一些简单、轻微的认罪认罚案件,还需要通过值班律师或者辩护律师为被追诉人提供有效的法律帮助,这恰恰又在很大程度上降低了司法效率。还有的同志提出,既然是犯罪嫌疑人、被告人认罪认罚的案件,为什么不可以实行一审终审,从而对被告人的上诉权进行合理的限制?所有这些问题,实际上都与认罪认罚从宽制度的价值取向有关。

2014年11月,时任中央政法委书记孟建柱就指出:"要加强研究论证,在坚守司法公正的前提下,探索在刑事诉讼中对被告人自愿认罪、自愿接受处罚、积极退赃退赔的,及时简化或终止诉讼的程序制度,落实认罪认罚从宽政策,以节约司法资源,提高司法效率。"[1] 据此,完善认罪认罚从宽制度的一个重要目标是提高司法效率。最高人民法院院长周强就《关于授权在部分地区开展刑事案件认罪认罚从宽制度试点工作的决定(草案)》作说明时指出,实施认罪认罚从宽制度有"四个需要":一是及时有效惩罚犯罪,维护社会稳定的需要;二是落实宽严相济刑事政策,加强人权司法保障的需要;三是优化司法资源配置,提升司法公正效率的需要;四是深化刑事诉讼制度改革,构建科学刑事诉讼体系的需要。[2] 根据最高人民检察院副检察长孙谦在"检察机关刑事案件认罪认罚从宽制度试点工作部署会议"上的讲话,认罪认罚从宽制度试点工作具有以下重要意义:第一,开展改革试点,是适应新形势、准确及时惩罚犯罪、维护社会稳定的重

---

[1] 孟建柱:《完善司法管理体制和司法权力运行机制》,载《人民日报》2014年11月7日,第6版。

[2] 参见刘子阳:《落实宽严相济刑事政策提升司法公正效率——周强就开展刑事案件认罪认罚从宽制度试点工作作说明》,载《法制日报》2016年8月30日,第1版。

要举措;第二,开展改革试点,是充分体现现代司法宽容精神、贯彻宽严相济刑事政策、强化人权司法保障的重要路径;第三,开展改革试点,是推动刑事案件繁简分流、优化司法资源配置、提升诉讼效率的重要探索;第四,开展改革试点,是优化我国刑事诉讼结构、完善刑事诉讼程序、促进提升社会治理能力的重要契机。[3] 据此,认罪认罚从宽制度改革具有多重意义,提升诉讼效率是其中的一个重要方面。正因如此,有学者认为,从以往有关部门对刑事诉讼中的认罪认罚从宽制度的含义和意义的认识来看,主要局限于提高司法效率以及节约司法资源。[4]

对此问题,法学理论界有不同看法。一种观点认为,认罪认罚从宽制度的主要目标是提升司法效率、节约司法资源。例如,有学者认为,"认罪认罚从宽制度的基本价值和功能在于为简易程序和速裁程序的适用提供正当化机制和动力机制,提高其适用率,从而在行动层面优化司法资源配置。就这一点而言,认罪认罚从宽制度服务于纾解案件压力的目标,这是它所具有的外在价值"[5]。还有学者认为,"公正为本,效率优先"应当是认罪认罚从宽制度改革的核心价值取向。[6] 对于公正与效率到底何者更为重要,该学者认为,认罪认罚从宽制度改革"对于缓解司法资源的有限性和日渐增长的案件数量之间的紧张关系有特殊意义"[7]。另一种观点则认为,认罪认罚从宽制度的主要功能并非程序的效率化,而是解决长期以来存在的认罪认罚不一定从宽的实体法问题。例如,有学者认为,认罪认罚从宽制度改革应致力于解决司法实践中犯罪嫌疑人、被告人认罪认罚却不一定能得到从宽处罚的实体法问题,解决实践中被追诉人在认罪认罚的情况下实体权利供给不足的问题,程序的效率化并不是认罪认罚从宽制度的基本内核,而只是这一制度的附随效果,至多是一个从属性目标。[8]

---

〔3〕 参见孙谦:《关于检察机关开展"刑事案件认罪认罚从宽制度"试点工作的几个问题》,载陈国庆主编:《刑事司法指南》(总第68集),法律出版社2017年版,第2—4页。

〔4〕 参见王敏远:《认罪认罚从宽制度疑难问题研究》,载《中国法学》2017年第1期,第20页。

〔5〕 魏晓娜:《完善认罪认罚从宽制度:中国语境下的关键词展开》,载《法学研究》2016年第4期,第87页。

〔6〕 参见陈卫东:《认罪认罚从宽制度研究》,载《中国法学》2016年第2期,第51页。

〔7〕 陈卫东:《认罪认罚从宽制度试点中的几个问题》,载《国家检察官学院学报》2017年第1期,第3页。

〔8〕 参见左卫民:《认罪认罚何以从宽:误区与正解——反思效率优先的改革主张》,载《法学研究》2017年第3期,第163—164页。

笔者认为，刑事司法改革和刑事诉讼制度的完善必须坚持问题导向，面向实践需求。事实上，党的十八届四中全会通过的《中共中央关于全面推进依法治国若干重大问题的决定》明确提出："全面推进依法治国，总目标是建设中国特色社会主义法治体系，建设社会主义法治国家。"最终结果是"实现科学立法、严格执法、公正司法、全民守法，促进国家治理体系和治理能力现代化"。在司法方面，《中共中央关于全面推进依法治国若干重大问题的决定》的总体要求是"保证公正司法，提高司法公信力"，为此，"必须完善司法管理体制和司法权力运行机制，规范司法行为，加强对司法活动的监督，努力让人民群众在每一个司法案件中感受到公平正义"。《中共中央关于全面推进依法治国若干重大问题的决定》因此提出了一系列着眼于提高司法公信力的改革措施，例如，完善确保依法独立公正行使审判权和检察权的制度；优化司法职权配置；推进严格司法；保障人民群众参与司法；加强人权司法保障；加强对司法活动的监督；等等。"完善刑事诉讼中认罪认罚从宽制度"只是"优化司法职权配置"任务下的一个具体改革项目。笔者认为，中央关于全面推进依法治国的总体布局以及司法改革的顶层设计已经表明，完善刑事诉讼中认罪认罚从宽制度的价值取向只能是"公正优先，兼顾效率"，即在坚持司法公正的前提下，通过程序机制的完善，努力提高诉讼效率。

的确，中央提出"推进以审判为中心的诉讼制度改革"与"完善刑事诉讼中认罪认罚从宽制度"这两项司法改革措施是互相配套的，前者重点在于增强司法公正，后者重点在于提高司法效率。如果要真正实现刑事案件庭审的实质化，实现审判程序对审前程序的有效制约，那么，刑事诉讼的效率必然会有所下降，因为庭审实质化必然要求证人、鉴定人等人证出庭作证以及严格排除非法证据，法庭调查过程中必须对每个有争议的证据进行单独举证、质证和辩论，以往通过法官庭前查阅案件材料、庭上宣读案卷材料并简单听取当事人意见之后即作出裁判的做法，不再符合"以审判为中心"的刑事司法要求。这样，必然会对侦查取证以及审查起诉等审前活动和法官的庭前准备、庭审指挥、裁判说理以及辩护律师的法庭辩护等工作提出全新的挑战和要求，司法成本必然会相应地增加。然而，并不是所有的刑事案件都需要经历"实质化的庭审"。事实上，在司法实践中，75%以上的被告人是当庭认罪的，他们对被指控犯罪的基本事实及其所依据的证据没有什么异议，对于这样一些案件，并不需要按照普通程序进行审判。其他国家的经验表明,刑事诉讼制度越完善,需要通过正式审判程序(普通审判程序)审理的案件越少。考虑到我国刑事案件的数量、结构等已经发生的重大变化,以及司法员额制改革推行以后"案多人少"的矛盾逐渐加剧,通过完善刑事诉讼中认罪认罚从宽制度,大幅度提高刑事司法的效率,可以说已经是我国刑事诉讼制度发展的必然选择。

然而,必须清醒地认识到,我国刑事司法的理念、制度和技术等诸多方面,仍存在与公正司法不符的因素,现阶段我国刑事诉讼制度面临的根本问题仍然是司法不够公正,提高司法效率只是在加强司法公正的过程中必须努力解决的关联问题之一,它不可能也不应当超越司法公正而成为我国刑事诉讼制度改革发展的优先追求。因此,在完善刑事诉讼中认罪认罚从宽制度的过程中,必须充分注意公正价值与效率价值的平衡,注意制度发展的复杂性、渐进性和配套要求,不能片面地为了追求司法效率而突破司法公正的底线。关于速裁程序可否简化到只进行书面审理和格式化裁判的问题,速裁案件可否实行一审终审的问题,认罪认罚案件的证明标准问题,以及是否允许被追诉人认罪认罚以后反悔的问题,都应当按照"公正优先、兼顾效率"的价值取向寻求合理的解决方案。如果片面强调司法效率,忽视司法公正的底线要求,就可能脱离国情,加剧司法不公,最终对全面推进依法治国造成不应有的消极影响。

认罪认罚从宽制度改革的价值取向,虽然是一个宏观的问题,是改革指导思想问题,但又不仅仅是一个思想观念问题,不仅仅是一个抽象的问题。理念上的问题往往会在制度层面上有具体的反映。关于认罪认罚案件的证明标准能否降低的问题,下文将作详细阐述。此处以速裁程序的审理方式、速裁程序中被告人上诉权的保障问题以及是否允许被告人认罪认罚以后反悔的问题为例,加以说明。

其一,关于刑事速裁程序是否应当进行书面审理的问题。一直以来,我国刑事诉讼法学界都有学者建议对于轻微刑事案件进行书面审理,从而省略开庭程序以提高诉讼效率。例如,有学者建议,以处罚令程序为样本,以各地"轻刑快审"试点为基础,增设我国的"轻刑快审程序",即对事实清楚、证据充分的轻微罪行案件,不再进行开庭审理,仅以书面审理就作出裁判的程序。[9] 自从开展刑事速裁程序试点以来,一些法官建议对简单轻微的刑事案件,特别是适用刑事速裁程序的案件,进行书面审理。例如,有法官建议,对于基层法院一审的经协商后检察机关量刑建议在3年以下的所有案件进行书面审理,但要召开庭前会议审查控辩协商情况。[10] 在刑事速裁程序试点过程中,有些地方法院甚至尝试探索书面审理方式,规定提讯后直接作出判决,不再开庭审理。[11] 调研过程中发现,试点法院对于简单轻微的刑事案件,往往进行批量式开庭,例如,要求5个甚至更多案件的被告人站成一排,一并进行审理,很多时候平均每个案件的审理时间只有几分钟。[12] 此外,在很多试点法院,开庭审判是通过视频进行的,即通过视频审判在看守所的被告人,被告人并未出现在法院的审判庭。即便如此,在调研座谈过程中,还是有很多法官认为开庭审理没有任何意义,特别是对于危险驾驶罪等简单轻微的刑事案件,因而建议对于简单轻微的刑事案件借鉴域外的处罚令程序,实行书面审理。

从《试点办法》第16条关于速裁程序的规定来看,速裁案件在审判组织、审理程序、审理期限等方面有很大的简化或压缩,传统审判程序必备的法庭调查和法庭辩论程序完全被省略,只是开庭程序以及被告人最后陈述不能省略。换言之,对速裁案件仍然需要开庭审判,并不能进行书面审理。对此,2018年修正的《刑事诉讼法》作了类似的规定。笔者认为,这样的规定至少在现阶段是符合中国实际情况的:第一,我国的"犯罪"内涵与德国等大陆法系国家的"犯罪"内涵不完全相同,刑罚后果的法律意义也不相同,不能简单地照搬大陆法系的处罚令程序。第二,我国的法庭审判除需

---

[9] 参见艾静:《我国刑事简易程序的改革与完善》,法律出版社2013年版,第174页。事实上,在此之前已有很多学者提出在我国构建处罚令程序的主张。参见甄贞、孙瑜:《论我国刑事诉讼处罚令程序之构建》,载《法学杂志》2007年第3期,第84—86页;刘根菊、李利君:《刑事简易程序比较研究》,载《比较法研究》2009年第5期,第75页;叶肖华:《处罚令程序的比较与借鉴》,载《苏州大学学报(哲学社会科学版)》2010年第2期,第43—44页。

[10] 参见山东省高级人民法院刑三庭课题组:《关于完善刑事诉讼中认罪认罚从宽制度的调研报告》,载《山东法官培训学院学报(山东审判)》2016年第3期,第104页。

[11] 参见汪建成:《以效率为价值导向的刑事速裁程序论纲》,载《政法论坛》2016年第1期,第121页。

[12] 相关报道证实了这一问题的普遍性,参见蔡长春:《北京海淀法院刑事速裁再提速 48小时全流程审结醉驾案》,载《法制日报》2017年5月24日,第3版;张旭、钱也:《速裁 两起危险驾驶案均在5分钟内审完》,载《重庆晨报》2017年5月25日,第15版。

要实质性地审查指控是否成立以及宣告刑罚以外,还有法制教育的功能。[13]《刑事诉讼法》第 2 条明确规定,刑事诉讼法的重要任务之一是"教育公民自觉遵守法律,积极同犯罪行为作斗争"。对于认罪认罚的被告人而言,开庭审判也具有重要的"教化"功能,有助于其增强敬畏法律、遵守法律的意识,不因为被判处的刑罚较轻而轻视刑罚的惩罚威力。如果判处刑罚的结果以书面审理的方式出现,必然会影响法律的道德权威和法庭审判的教化功能,进而不利于促进"全民守法"局面的形成。第三,速裁案件的现行审理方式已经相当简化,而且对于全国绝大多数基层法院而言,并不存在需要进一步简化的办案压力,极少数基层法院办案压力过大应当通过整合和增加司法资源来解决,不能一味地依赖程序简化。毕竟通过速裁程序最后判处的是"刑罚",涉及公民的基本人权,而且有罪判决本身对于公民的影响将会伴随终生。如果把速裁案件本来已经极其简化的开庭审理程序进一步改造成"书面审理"程序,将会加大误判的风险,打破公正与效率之间的平衡。这是不符合"公正司法,提高司法公信力"这一司法改革的基本方向的。第四,目前一些试点地区的法官之所以希望把速裁程序改造为书面审理程序,除办案压力等客观因素之外,更重要的是因为没有准确地把握速裁程序的审理重点,即对被告人认罪认罚的自愿性、真实性和合法性进行实质性审理[14],而只是形式化地审查被告人是否认罪、是否对量刑建议和适用速裁程序没有异议等。这其实已经潜藏了误判的巨大风险,应当引起足够重视。

其二,关于刑事速裁案件是否应当一审终审的问题。笔者曾对适用简易程序案件被告人上诉问题进行调研,通过调研发现,适用简易程序的案

---

[13] 有学者认为,德国的处罚令中所适用的刑罚基本上没有自由刑,往往都是罚金等财产刑。对轻微案件开庭审理仍然是有必要的,开庭审理对被告人是一次法制教育的过程,有利于被告人及时纠正违法犯罪的错误思想,促使其在刑罚执行完毕后及时回归社会。对此,笔者完全赞同。参见汪建成:《以效率为价值导向的刑事速裁程序论纲》,载《政法论坛》2016 年第 1 期,第 121—122 页。

[14] 笔者曾对适用简易程序案件被告人上诉问题进行调研,调研发现,有一部分被告人的上诉理由为:一审程序太快,自己的意思还没有表达清楚,想争取一次表达的机会。由此可见,对于适用刑事速裁程序的简单轻微刑事案件,将来的关注点不是进一步简化,而是如何确保审理的有效性,即通过审理有效审查被告人认罪认罚的自愿性、真实性。因此,笔者赞同陈瑞华教授的观点,"认罪认罚从宽制度不仅要继续保持开庭审理的方式,而且要将法庭审理的重心放在被告人认罪认罚的自愿性问题上面"。参见陈瑞华:《认罪认罚从宽制度的若干争议问题》,载《中国法学》2017 年第 1 期,第 38 页。

件仍然有相当比例的案件上诉,很多案件的上诉没有上诉理由或者上诉理由非常奇特,通过进一步调研发现,被告人要么是抱有侥幸心理,要么是想留在看守所服刑而上诉[15],即通过上诉拖延时间,从而达到法定的在看守所服刑的要求。[16] 此外,从司法实践情况看,速裁案件的上诉率很低。[17] 在这种情况下,对认罪认罚案件被告人的上诉权是否应当限制就成为一个问题,理论界与实务界有不同观点。

从比较法的角度来看,在类似于认罪认罚的案件中,从总体上看,对被告人的上诉权都有较为严格的限制。[18] 具体来说,是否允许被告人上诉主要有三种处理模式:第一种模式是原则上禁止上诉,例如,在英美有罪答辩案件中,被告人作出有罪答辩时原则上不仅放弃了接受正式审判的权利,也放弃了对判决提出上诉的权利。第二种模式是对上诉权不加限制,例如根据《德国刑事诉讼法典》第35a条的规定和德国宪法法院的判例,通过认罪协商的方式作出的判决,应当告知相关人员在任何情况下他有权自由决定是否上诉,检察官或法官在与辩护人或被告人进行协商时,不得要求被告人放弃上诉。[19] 第三种模式是原则上禁止上诉,例外情形允许上诉。

我国理论与实务界的观点大致能够对应上述观点,具体如下:

第一种观点认为,认罪认罚案件应当一审终审。例如,有人建议,"参照民事诉讼小额速裁程序的司法理念,探索刑事案件速裁程序的一审终审

---

[15] 根据《刑事诉讼法》第264条第2款的规定,对被判处有期徒刑的罪犯,在被交付执行刑罚前,剩余刑期在3个月以下的,由看守所代为执行。

[16] 有学者调研发现了类似现象,即被告人不希望前往监狱,通过上诉拖延时间,以便在看守所执行完剩余的刑期。参见刘玫、鲁杨:《我国刑事诉讼简易程序再思考》,载《法学杂志》2015年第11期,第15页。

[17] 据最高人民法院统计,在2014年至2016年刑事速裁程序试点期间,全部速裁案件被告人的上诉率仅为2.01%,检察机关抗诉率仅为0.01%,上诉抗诉率比简易程序低2.83%,比全部刑事案件低9.52%。参见蔡长春:《宽严相济"简"程序不"减"权利》,载《法制日报》2016年9月5日,第3版。

[18] 参见孙长永:《比较法视野下认罪认罚案件被告人的上诉权》,载《比较法研究》2019年第3期,第37页。

[19] 参见岳礼玲译:《德国刑事诉讼法典》,中国检察出版社2016年版,第154页;See Andreas Mosbacher, The Decision of the Federal Constitutional Court of 19 March 2013 on Plea Agreements, 15 *German L. J.* 5, 2014; See Thomas Weigend & Jenia Lontcheva Turner, Constitutionality of Negotiated Criminal Judgments in Germany, 15 *German L. J.* 81, 95-96,104, 2014.

制,从程序终端体现速裁程序的立法定位和效率属性"[20]。又如,有学者认为,一审终审制应当是速裁程序与简易程序的核心区别,由于速裁程序的上诉率不高,且很多上诉人上诉的目的是留所服刑,故将来应确立速裁程序一审终审原则。[21] 司法实务界也有人持类似的观点。例如,有法官建议,对于"已经认罪认罚,并签署具结书的被告人,如果被判处三年以下有期徒刑,实行一审终审制度,避免司法资源的无端浪费"[22]。事实上,最高人民法院刑一庭课题组也持类似观点,认为速裁程序宜实行一审终审,但被告人违背意愿认罪认罚的情形是法定重审理由,如有证据证明被告人违背意愿认罪认罚的,经申诉,人民法院应当按照审判监督程序重新审理案件。[23] 在调研过程中发现,很多法官支持对于适用速裁程序审判的案件实行一审终审。[24]

第二种观点认为,认罪认罚案件不应当限制被告人的上诉权。例如,有学者认为,在速裁程序中推行一审终审制不具有正当性,而且会带来一系列的消极后果。[25] 还有学者认为,"我国审判程序中,法院把实现司法公正作为最高职责,尤其是要严防冤错案件的发生,不宜取消被告人提出上诉的权利"[26]。

---

[20] 艾静:《刑事案件速裁程序的改革定位和实证探析——兼论与"认罪认罚从宽制度"的理性衔接》,载《中国刑事法杂志》2016年第6期,第33页。

[21] 参见廖大刚、白云飞:《刑事案件速裁程序试点运行现状实证分析——以T市八家试点法院为研究样本》,载《法律适用》2015年第12期,第27页。

[22] 张艳红:《宝安法院刑事案件认罪认罚从宽制度试点工作汇报》,载《完善刑事诉讼中认罪认罚从宽制度——2017年度中国刑事诉讼法治与司法改革高端论坛论文集》,重庆,2017年6月,第13页;类似的观点,参见付鸣剑:《重庆市江北区人民法院关于刑事案件认罪认罚从宽制度试点工作的情况报告》,载《完善刑事诉讼中认罪认罚从宽制度——2017年度中国刑事诉讼法治与司法改革高端论坛论文集》,重庆,2017年6月,第24页;郑敏、陈玉官、方俊民:《刑事速裁程序量刑协商制度若干问题研究——基于福建省福清市人民法院试点观察》,载《法律适用》2016年第4期,第30页。

[23] 参见最高人民法院刑一庭课题组、沈亮:《关于刑事案件速裁程序试点若干问题的思考》,载《法律适用》2016年第4期,第22页。

[24] 与笔者调研的结果类似,中国政法大学2016年就刑事速裁程序试点效果所作的调查问卷显示,高达75%的法官、61%的检察官、62%的警察赞同对刑事速裁案件实行一审终审制。参见陈瑞华:《认罪认罚从宽制度的若干争议问题》,载《中国法学》2017年第1期,第42页。

[25] 参见陈瑞华:《认罪认罚从宽制度的若干争议问题》,载《中国法学》2017年第1期,第43—44页。

[26] 陈光中、马康:《认罪认罚从宽制度若干重要问题探讨》,载《法学》2016年第8期,第11页。

第三种观点认为,赋予被告人上诉权,但予以限制。例如,有学者提出,对适用速裁程序审理的案件与适用普通程序审理的案件的上诉权应当区别对待:适用速裁程序审理的案件由于是经协商处理的简单轻微刑事案件,且被告人已经认罪认罚,再允许其上诉将严重影响该制度应有的效率价值;而适用普通程序审理的案件一般都是比较严重的案件,尽管可能存在部分审判环节的适当简化,但仍有别于速裁程序的庭审方式,因此,仍有必要赋予被告人上诉的权利,但需要重新限定提出上诉的法定情形。[27]

笔者认为,从发展方向看,在满足以下条件时,可以考虑对速裁案件被告人的上诉权进行一定的限制,以便进一步节约司法资源,提高诉讼效率:(1)切实保障被追诉人获得有效的法律帮助;(2)切实保障被追诉人认罪认罚的自愿性、真实性和合法性,特别是保障其不被强迫自证其罪的权利;(3)检察机关就拟宣告的刑罚种类、刑期或财产刑额度以及刑罚的执行方式提出明确、具体的量刑建议,不再提出模糊不清的"幅度"刑建议,并经与被告人(在律师帮助之下)充分沟通后达成一致;(4)法院认定的事实和最后的宣告刑完全采纳了量刑建议。但是在现阶段,我国尚不具备上述条件,不宜对适用速裁程序审判案件被告人的上诉权进行限制,主要理由是:第一,由于我国审前程序的封闭性和司法审查程序的匮乏,"不得强迫任何人证实自己有罪"未能真正落实,加之多数被追诉人缺乏辩护律师的有效法律帮助,为了提供咨询服务而参与认罪认罚案件诉讼过程的"值班律师"因定位不明、权利受限、经费保障不足、服务不专业等,不足以保障被追诉人认罪认罚的自愿性和真实性。在这种情况下,如果对速裁案件实行一审终审,可能会提高冤假错案发生的概率,而一旦认罪认罚案件出现冤假错案,特别是因认罪认罚不自愿出现冤假错案,将会严重影响司法的公信力。第二,由于多方面的原因,目前检察机关在速裁程序中提出的量刑建议通常都是"相对确定"的量刑建议,即对自由刑或罚金均有一定的幅度,而不是"确定"的量刑建议,而且有的检察机关甚至对是否适用缓刑不提出明确的建议。[28] 因此,在控辩双方的量刑协商过程中,所谓"被告人对量刑建议没有异议",往往只是被告人笼统的意思表示,被告人未必准确、全面地

---

[27] 参见陈卫东:《认罪认罚从宽制度研究》,载《中国法学》2016年第2期,第62页。

[28] 需要注意的是,这是2017年前后调研获知的情况,在2019年《关于适用认罪认罚从宽制度的指导意见》和2020年《关于规范量刑程序若干问题的意见》出台后,这种情况有所变化。

理解检察机关量刑建议的确切含义。一旦法院最终判处的刑罚不完全符合被告人的预期,哪怕宣告刑仍然在检察机关的量刑建议幅度内,被告人可能仍然感到难以接受。在这种情况下,如果不允许被告人提出上诉,显然不能说符合司法公正的基本要求。第三,如果对适用速裁程序的案件实行一审终审,一些被告人在决定是否同意适用速裁程序时就会产生顾虑,从而不愿意适用速裁程序,这样反而不利于刑事案件的繁简分流,不利于节约司法资源。第四,根据调研结果,认罪认罚案件的上诉率不高,速裁案件的上诉率更低,在很多基层法院,速裁案件的上诉率甚至为零。因此,即使保留被告人的上诉权,也不会增加法院多少工作负担,何况《试点办法》第 23 条已经明确了对不服速裁程序判决的上诉原则上实行书面审理,因而最大限度地降低了上诉可能对二审法院工作量的实质性影响。[29]至于个别被告人因侥幸心理或者为留所服刑而上诉的问题,应当着重通过签署具结书之前的控辩协商(特别是量刑协商)、审辩沟通以及提高量刑建议的精准性,确保认罪认罚的自愿性、真实性和合法性予以解决,或者通过修改留所服刑的条件予以解决,不能简单地通过限制上诉权予以解决。

其三,关于是否允许被追诉人认罪认罚后反悔的问题。对此问题,理论界与实务界的主流观点均持肯定立场,认为被追诉人认罪认罚后可以反悔,且对反悔不设置条件,不因反悔而认定其认罪态度不好。例如,有学者认为,"被追诉人一旦认为前期的认罪认罚供述有损其利益,则可行使反悔权",具体来说,在一审法院裁决作出之前,被追诉人均可主张撤回认罪认罚供述;被追诉人选择撤回认罪认罚供述原则上不应当设置条件;撤回认罪认罚供述属于被追诉人的诉讼权利,不能视为其认罪态度不好。[30] 还有学者认为,应当建立被告人反悔后的程序回转机制,根据这一机制,被告人假如推翻原来所作的有罪供述,或者不认可检察机关指控的罪名,或者对检察机关的量刑建议提出异议的,法院都应当立即将案件转为普通程序

---

[29] 2018 年《刑事诉讼法》对认罪认罚案件被告人的上诉权没有限制,但最高人民法院、最高人民检察院、公安部、国家安全部、司法部于 2019 年联合发布的《关于适用认罪认罚从宽制度的指导意见》第 45 条规定,被告人不服适用速裁程序作出的第一审判决提出上诉的案件,可以不开庭审理。

[30] 参见陈卫东:《认罪认罚从宽制度研究》,载《中国法学》2016 年第 2 期,第 57 页。

审理。[31] 另外，需要明确的是，被追诉人认罪认罚后的反悔与上诉是否一回事？有学者将对认罪认罚的反悔等同于上诉[32]，有学者则认为，对一审判决提出上诉是被告人反悔的典型方式之一[33]。此外，在一审判决生效后是否还存在反悔的问题，有学者认为，一审判决生效后被告人反悔的方式是向人民法院或者人民检察院提出申诉。[34] 笔者认为，反悔与上诉、申诉不是一回事，这里的反悔特指认罪认罚后在一审宣判之前反悔。

笔者认为，是否允许被告人对认罪认罚表示反悔，涉及司法公正与司法效率的权衡问题。如果单纯强调司法效率，可以对被告人的反悔权进行一定的限制，以确保刑事诉讼活动的顺利、有序进行。但是，如果从司法公正的角度考虑，原则上就不应当限制被追诉人的反悔权，因为接受公正审判是被追诉人的一项基本权利，在一审判决宣告之前，被告人应当有撤回认罪认罚供述的权利。2019 年发布的《人民检察院刑事诉讼规则》第 424 条第 1 款规定："人民法院宣告判决前，人民检察院发现具有下列情形之一的，经检察长批准，可以撤回起诉：（一）不存在犯罪事实的；（二）犯罪事实并非被告人所为的；（三）情节显著轻微、危害不大，不认为是犯罪的；（四）证据不足或证据发生变化，不符合起诉条件的；（五）被告人因未达到刑事责任年龄，不负刑事责任的；（六）法律、司法解释发生变化导致不应当追究被告人刑事责任的；（七）其他不应当追究被告人刑事责任的。"虽然 2021 年发布的《刑诉法解释》第 296 条规定，人民检察院在开庭后、宣告判决前要求撤回起诉的，"人民法院应当审查撤回起诉的理由，作出是否准许的裁定"，但从司法实践情况看，法院对检察院撤回起诉的要求通常都裁定准许。须知，提起公诉是检察机关代表国家实施的一种严重干涉公民基本权利的诉讼行为，它是法院开始审判的前提条件。而撤回公诉在一定意义上就是检察机关对原起诉决定的反悔；在宣告判决以前撤回起诉，更是已经对被告人的权利造成严重的侵害，给法院的审判工作造成无法挽回的消

---

[31] 参见陈瑞华：《"认罪认罚从宽"改革的理论反思——基于刑事速裁程序运行经验的考察》，载《当代法学》2016 年第 4 期，第 6—7 页。

[32] 参见陈卫东：《认罪认罚从宽制度试点中的几个问题》，载《国家检察官学院学报》2017 年第 1 期，第 8 页。

[33] 参见汪海燕：《被追诉人认罪认罚的撤回》，载《法学研究》2020 年第 5 期，第 189 页。

[34] 参见孔冠颖：《认罪认罚自愿性判断标准及其保障》，载《国家检察官学院学报》2017 年第 1 期，第 29 页。

极影响。既然发动公诉的一方都可以在宣告判决前反悔,为什么作为相对一方的被追诉人不可以在认罪认罚之后、宣告判决前反悔呢？最高人民法院、最高人民检察院、公安部、国家安全部、司法部于2019年联合发布的《关于适用认罪认罚从宽制度的指导意见》第51—53条对此问题作出明确规定,即允许反悔,且对不起诉后反悔、起诉前反悔以及审判阶段反悔如何处理进行了规定。

与被追诉人认罪认罚后反悔紧密相关的一个问题是,被追诉人反悔后,反悔之前的供述能否作为证据使用？对此,有法官认为,达成量刑协议后应当允许被告人反悔,被告人反悔后,被告人在审查起诉阶段的有罪答辩排除使用,但其在侦查阶段的有罪供述仍然可以作为证据使用。[35] 有学者认为,因为被告人撤回认罪协议导致认罪协商最终失败,除非被告人有正当的原因,否则其在认罪协商中曾作出的认罪供述可以在后续程序中使用。[36] 对此问题,立法和司法解释均没有明确规定。笔者认为,我国的认罪认罚从宽制度中虽然有协商的因素,但这种协商是量刑协商,是在被追诉人认罪的前提下进行的协商,根据立法精神,被追诉人之前的供述只要是通过合法程序获取的,就可以作为证据使用。被追诉人不认罪认罚,具体又可以分为两种情形:一种是在庭审中翻供,此时,之前的供述只要符合法定要求就可以作为证据使用;另一种是被告人没有翻供,但不同意适用认罪认罚从宽制度,或者与控方就量刑问题没有达成一致意见,此时,由于被告人认罪,应当通过自首、坦白或者当庭供述等方式对被告人进行从轻处罚。

## 二、认罪认罚案件的证明标准问题

我国《刑事诉讼法》规定,"案件事实清楚,证据确实、充分,依据法律认定被告人有罪的,应当作出有罪判决"。据此,一般认为,"案件事实清楚,证据确实、充分"是我国刑事诉讼中认定被告人有罪的证明标准。1979

---

[35] 参见郑敏、陈玉官、方俊民:《刑事速裁程序量刑协商制度若干问题研究——基于福建省福清市人民法院试点观察》,载《法律适用》2016年第4期,第30页。

[36] 参见艾明:《认罪认罚从宽制度中的证据法问题研究》,载《完善刑事诉讼中认罪认罚从宽制度——2017年度中国刑事诉讼法治与司法改革高端论坛论文集》,重庆,2017年6月,第4页。

年《刑事诉讼法》虽然没有对证明标准问题进行明确规定,但根据相关法条的精神,有罪的证明标准仍是"案件事实清楚,证据确实、充分"。[37] 1996年《刑事诉讼法》的规定只不过是在总结司法经验的基础上将其进一步明确化。[38] 以上标准可以称为"证据确实、充分"标准。2016年1月22日,中央政法工作会议在部署推进以审判为中心的诉讼制度改革这一司法改革任务时提出:研究探索对被告人认罪与否、罪行轻重、案情难易等不同类型案件,实行差异化证明标准。[39] 此后,理论界与实务界对适用刑事速裁程序的案件应当适用何种证明标准有过讨论。[40] 在随后进行的认罪认罚从宽制度试点过程中,对认罪认罚案件是否仍应坚持适用"案件事实清楚,证据确实、充分"的证明标准,或者适用较这一标准更低的证明标准,理论界与实务界均有不同的看法。

对于认罪认罚案件是否可以降低证明标准,理论界主要有以下四种不同观点:

第一种观点认为,对于认罪认罚案件可以适当降低证明标准。例如,有学者认为,包括简易程序在内的被告人认罪的案件中,"对被告人定罪事实证明所要达到的确信程度可适当低于普通程序所要求的'排除合理怀疑'"。具体来说,"这里'适当低于'的判断标准,并非要求依据现有的证据材料对被告人有罪的事实不存在任何合理怀疑,而是根据生活经验、常识、常理相信存在基本犯罪事实、相信该事实是被告人所为"[41]。又如,有学者认为,"对于被告人认罪的按照简易程序审理的案件,其证明标

---

[37] 关于"案件事实清楚,证据确实、充分"证明标准的确立过程,参见李玉华:《刑事证明标准研究》,中国人民公安大学出版社2008年版,第41—45页。

[38] 参见全国人大常委会法制工作委员会刑法室编:《〈中华人民共和国刑事诉讼法〉条文说明、立法理由及相关规定》,北京大学出版社2008年版,第396页。

[39] 参见李阳:《攻坚之年看司改风向标——聚焦中央政法工作会议》,载《人民法院报》2016年1月23日,第2版。

[40] 对于刑事案件速裁程序试点工作,有学者认为,相关规定和做法实质上已经降低了法定的证明标准,例如,2015年12月,最高人民法院、最高人民检察院、公安部、司法部联合发布的《刑事案件速裁程序试点工作座谈会纪要(二)》(以下简称《座谈会纪要(二)》)第7条规定:"准确把握证明标准。被告人自愿认罪,有关键证据证明被告人实施了指控的犯罪行为的,可以认定被告人有罪。对于量刑事实的认定,采取有利于被告人原则。"对此,有学者认为,适用速裁程序审判的刑事案件证明标准事实上已经低于法律所规定的证明标准。参见高通:《刑事速裁程序证明标准研究》,载《法学论坛》2017年第2期,第105—106页。

[41] 谢登科:《论刑事简易程序中的证明标准》,载《当代法学》2015年第3期,第143页。

准要求就比较低,具体说来就是根据经验判断'令人相信'即可"[42]。上述学者用了"相信"或者"令人相信"的字眼,但是这种"相信"需要达到的心证程度,即在何种程度上"相信",则并不明确。

第二种观点认为,可以通过减少证明对象或者减少证据量的方式来降低认罪认罚案件的证明标准。例如,有学者提出,对于适用刑事速裁程序的轻微刑事案件,证明标准可以适当降低,沿用"两个基本"(基本事实清楚、基本证据确实)的证明标准即可。[43] 与此类似,有的学者主张,"对适用速裁程序的案件,可以适当降低证明标准,采取'基本事实清楚、基本证据充分'证明标准。这意味着,办理轻微刑事案件过程中,办案人员不必耗费大量司法资源去排除案件事实每一个细节的合理怀疑,只要涉及定罪量刑的核心证据、重要证据能够排除合理怀疑即可"[44]。"两个基本"的观点,事实上是通过减少证明对象(即将证明对象限缩为"基本事实")或者减少证据量(即将证据量减为"基本证据")的方式降低认罪认罚案件的证明标准,其中,两种提法中的减少证据量也有一定的差异,前一种提法,即"基本证据确实",强调基本证据的确实性,没有充分性的要求;而后一种提法,即"基本证据充分",对基本证据仍有充分性的要求。

第三种观点认为,认罪认罚案件应坚持《刑事诉讼法》规定的"案件事实清楚,证据确实、充分"的证明标准。例如,有学者认为,认罪认罚从宽制度应当坚持案件事实清楚,证据确实、充分的证明标准,不能因为其程序简化而降低其证明标准,严防在认罪认罚从宽制度实施过程中出现冤假错案。[45] 又如,有学者认为,降低证明标准不仅增加了发生冤假错案的风险,还可能引发权力滥用、司法腐败等问题。因此,认罪认罚案件应当坚持法定证明标准。[46] 持这种观点的学者认为,对认罪认罚案件降低证明标准会增加冤假错案发生的可能性。

---

[42] 李玉华:《刑事证明标准研究》,中国人民公安大学出版社2008年版,第208页。

[43] 参见汪建成:《以效率为价值导向的刑事速裁程序论纲》,载《政法论坛》2016年第1期,第121页。

[44] 廖大刚、白云飞:《刑事案件速裁程序试点运行现状实证分析——以T市八家试点法院为研究样本》,载《法律适用》2015年第12期,第27页。

[45] 参见陈光中:《认罪认罚从宽制度实施问题研究》,载《法律适用》2016年第11期,第10页。

[46] 参见叶青、吴思远:《认罪认罚从宽制度的逻辑展开》,载《国家检察官学院学报》2017年第1期,第17页。

第四种观点认为,认罪认罚案件的证明标准不能降低,但在证明模式或者证明程序上可以放松要求。例如,樊崇义教授认为,通过认罪认罚程序处理的案件,证明标准不能降低,但在证明模式的方法上,无须采用严格证明,可适用自由证明的方法,以提高诉讼效率。[47] 还有学者认为,"认罪认罚案件与不认罪案件在证明标准上的差别,只能以程序要件的放宽作为基本路径"[48]。陈瑞华教授也认为,在公诉方指控的犯罪事实的证明问题上,证明标准是不能降低的;即便在犯罪事实的证明上继续适用最高的证明标准,在刑事速裁程序中适用的证明程序也可以采取相对简易便捷的方式。[49] 还有学者认为,认罪认罚案件适用的证明标准与其他案件并无实质性差异,只是基于被告人认罪认罚证明程序或者要求相应简化。[50] 这种观点的实质是证明标准所要求的心证程度不能降低,但由于在认罪认罚案件中,被告人对案件事实和证据材料均无异议,所以,在适用的证明程序上可以适度放松要求。

对于认罪认罚案件是否可以降低证明标准,实务界也有两种观点:一种观点认为,认罪认罚案件不能降低证明标准。例如,最高人民检察院副检察长孙谦特别强调,"推动认罪认罚从宽制度改革,并未降低证明犯罪的标准,而是在坚持法定证明标准的基础上,力图更加科学地构建从宽的评价机制"[51]。另一种观点则认为,认罪认罚案件可以适度降低证明标准。例如,有人建议,对于被告人认罪的简单、轻微刑事案件来说,没有必要与重大复杂案件适用完全相同的证明标准。适度降低证明标准,才能提高速裁程序的适用率。[52] 但对于证明标准可以降低到何种程度?何谓

---

[47] 参见樊崇义:《认罪认罚从宽与自由证明》,载《人民法治》2017年第6期,第78页。有学者持类似观点,"在协商程序中证明标准并没有降低,只不过对被告人有罪的证明从严格证明转变为自由证明"。参见魏晓娜:《完善认罪认罚从宽制度:中国语境下的关键词展开》,载《法学研究》2016年第4期,第97页。

[48] 孙远:《论认罪认罚案件的证明标准》,载《法律适用》2016年第11期,第17页。

[49] 参见陈瑞华:《认罪认罚从宽制度的若干争议问题》,载《中国法学》2017年第1期,第41页。

[50] 参见汪海燕:《认罪认罚从宽案件证明标准研究》,载《比较法研究》2018年第5期,第71页。

[51] 孙谦:《关于检察机关开展"刑事案件认罪认罚从宽制度"试点工作的几个问题》,载陈国庆主编:《刑事司法指南》(总第68集),法律出版社2017年版,第12页。

[52] 参见张勇、程庆颐、董照南等:《推进刑案速裁 促进繁简分流——天津高院关于刑事案件速裁程序试点工作的调研报告》,载《人民法院报》2015年9月24日,第8版。

"适度"？则并不明确。

2017年7月11日至19日，笔者在广州、深圳等地进行调研。在调研过程中，很多公安、司法人员表示，目前，由于司法责任制、审级制度以及我国重视发现案件事实真相的司法传统等方面的因素，公安、司法人员在认罪认罚案件的办理过程中均不敢降低证明标准。但与此同时，由于认罪认罚案件的证明标准没有降低，公安、司法人员在案件办理过程中适用认罪认罚从宽改革措施的动力普遍不足。[53] 很多公安、司法人员认为，既然犯罪嫌疑人、被告人认罪，且在案证据已经达到"案件事实清楚，证据确实、充分"的法定要求，还有什么必要适用认罪认罚从宽措施？还有什么必要与犯罪嫌疑人、被告人一方进行量刑协商？为减轻取证和证明的负担，提高诉讼效率，有效处理疑难复杂案件，增强公安、司法人员适用认罪认罚从宽制度的动力，部分公安、司法人员建议降低认罪认罚案件的证明标准，但具体如何降低，则不太明确。

事实上，相关课题组先期进行的调研表明，这种观点在实务界较为普遍。例如，根据2016年中国政法大学课题组就刑事速裁程序试点效果所进行的问卷调查，高达73%的法官、68%的检察官、86%的警察都对在刑事速裁程序中降低证明标准问题持赞同态度。[54] 又如，根据广东工业大学中国博士后科学基金项目课题组2017年3月就广东地区刑事速裁程序试点效果所进行的问卷调查，72%的法官、69%的检察官、88%的警察都对在刑事速裁程序中降低证明标准问题持赞同态度。[55] 实务界之所以持此观点，主要是因为实务界很多人试图通过认罪认罚从宽制度改革减轻办案压力、提高诉讼效率。从本质上来说，这是一个有关认罪认罚从宽制度改革

---

[53] 刑事案件速裁程序试点过程中也存在这个问题，例如，《推进刑案速裁 促进繁简分流——天津高院关于刑事案件速裁程序试点工作的调研报告》表明，2015年1月1日至6月30日，天津市8个试点法院共适用速裁程序审结案件311件，占同期审结的全部刑事案件的19.57%，与最高人民法院预期的30%～40%的适用率有很大的差距。参见樊崇义：《刑事速裁程序：从"经验"到"理性"的转型》，载《法律适用》2016年第4期，第13页；相似的调查结论，参见廖大刚、白云飞：《刑事案件速裁程序试点运行现状实证分析——以T市八家试点法院为研究样本》，载《法律适用》2015年第12期，第24页。

[54] 参见陈瑞华：《认罪认罚从宽制度试点的若干争议问题》，载《中国法学》2017年第1期，第40页。

[55] 参见吴月红：《认罪认罚从宽制度控制若干问题研究》，载《完善刑事诉讼中认罪认罚从宽制度——2017年度中国刑事诉讼法治与司法改革高端论坛论文集》，重庆，2017年6月，第184页。

的价值取向问题,上文已有论述。

根据《试点办法》第3条和第4条的要求,认罪认罚案件应当坚持法定的证明标准。最高人民法院、最高人民检察院、公安部、国家安全部、司法部在下发《试点办法》的联合通知中要求,各试点地区"要结合当地实际,根据《试点办法》制定实施方案或实施细则"。截至2017年8月,18个试点城市大部分已出台了实施细则,其中,关于认罪认罚案件证明标准的规定各地并不一致。有学者认为有四种类型:第一类,严格坚守法定的证明标准。第二类,明确将认罪认罚案件的证明标准规定为"主要犯罪事实清楚,主要证据确实充分",同时对证据的质量提出了限制性要求。第三类,将认罪认罚案件的有罪认定标准规定为"犯罪构成要件事实清楚,排除合理怀疑",同时坚持口供补强规则。第四类,明示在速裁程序和简易程序中降低法定的证明标准。[56] 与理论界和实务界对认罪认罚案件适用的证明标准有不同的认识一样,地方性实施细则中也有不同的规定,且这些规定大致上能够与理论界的主张相对应。

除此之外,理论界与实务界还存在两种较为特别的观点。一种观点认为,"在充分告知犯罪嫌疑人、被告人速裁程序权利并保障其获得有效法律帮助的前提下,可以探索部分案件事实及证据的免予审查机制,且基于犯罪嫌疑人、被告人同意免予审查,对因此导致的案件事实及证据认定错误,法官不承担相应的司法责任"。[57] 根据这一观点,对于有些案件,比如适用速裁程序的案件,只要犯罪嫌疑人、被告人同意,法官就可以对案件事实不再予以审查。换句话说,对于这些案件,没有所谓的证明标准问题。另一种观点认为,对于认罪认罚案件可以适用"排除合理怀疑"这一较低的证明标准。例如,有检察官认为,"对于认罪认罚的案件事实也必须坚持证据证明原则,证据应当符合合法性、客观性、关联性的'三性'要求,在此基础上,应当坚持综合全案证据、定案的事实排除合理怀疑的证据标准;同时,基于犯罪嫌疑人、被告人认罪的前提,可以适当简化证据证明的程度要求,建议以事实清楚,证据合法、真实,定案事实能够排除合理怀疑作为案

---

[56] 参见孙长永:《认罪认罚案件的证明标准》,载《法学研究》2018年第1期,第169—171页。

[57] 艾静:《刑事案件速裁程序的改革定位和实证探析——兼论与"认罪认罚从宽制度"的理性衔接》,载《中国刑事法杂志》2016年第6期,第33页。

件的证明标准"[58]。根据这一观点,"排除合理怀疑"是一个在心证程度上比法定证明标准低的标准。

笔者认为,证明对象、证明责任和证明标准是三位一体的概念,即:需要证明什么?由谁来提供证据进行证明?提供证据证明需要达到何种程度?另外,现代刑事诉讼根据案件事实的繁简程度等因素,对于不同类型的案件往往适用不同的证明程序。因此,一项完整意义上的司法证明活动至少包含四个方面的构成要素:一是证明对象,二是证明责任,三是证明标准,四是证明程序。[59] 其中,证明对象不同,证明责任的分配、证明标准的设定就会不同,控辩双方对案件事实是否有争议,往往决定适用何种证明程序。

根据上述刑事证明的基本原理,笔者认为,证明对象的不同,当然意味着在证明责任的分配和证明标准的设定上有所区别,例如,定罪事实和量刑事实应当有所区分。对于定罪事实的证明责任和证明标准,2018年修正的《刑事诉讼法》第51条、第55条有明确规定。对于纯正的量刑事实的证明责任和证明标准,立法并未予以单独规定。[60] 对于纯正的量刑事实的证明责任分配,根据2019年《人民检察院刑事诉讼规则》第399条第1款的规定,在法庭审理中,公诉人应当客观、全面、公正地向法庭出示与定罪、量刑有关的证明被告人有罪、罪重或者罪轻的证据。但该规定仅强调公诉人应当客观、公正地出示所有证据,并不意味着对量刑事实证明责任的分配,特别是其中的罪轻量刑事实。对于量刑事实的证明标准,根据2021年最高人民法院《关于适用〈中华人民共和国刑事诉讼法〉的解释》(以下简称2021年《刑诉法解释》)第72条第2款的规定,认定被告人有罪和对被告人从重处罚,应当适用证据确实、充分的证明标准。从逻辑上来说,罪轻量刑事实的证明标准应当低于定罪所要求的"证据确实、充分"的证明标准。但具体低到什么程度,则没有明确规定。因此,笔者同意陈瑞华教授的观点[61],即讨论认罪认罚案件的证明标准,需要区分定罪事实与量刑事

---

[58] 周鹏:《检察机关在审前程序中落实认罪认罚从宽的若干思考》,载陈国庆主编:《刑事司法指南》(总第64集),法律出版社2016年版,第169页。

[59] 参见陈瑞华:《刑事证据法学》(第二版),北京大学出版社2014年版,第258—259页。

[60] 所谓纯正的量刑事实,是指只与案件中的量刑有关,而与定罪无关的事实。参见张吉喜:《量刑证据与证明问题研究》,中国人民公安大学出版社2015年版,第6页。

[61] 参见陈瑞华:《认罪认罚从宽制度试点的若干争议问题》,载《中国法学》2017年第1期,第40—41页。

实,但对于"为吸引更多的被告人选择认罪认罚,检察官对量刑事实的证明不需要达到法定的最高证明标准"的说法,持不同观点,即对于不利于被告人的量刑情节应当达到法定的证明标准。事实上,这个问题并非认罪认罚案件所独有的问题,对于不认罪的案件,量刑事实的证明问题也要区别于定罪事实,也需要立法进一步予以明确。

为了降低证明难度,一些国家的立法对证明对象予以变更,即通过证明对象变更的方式降低证明难度。上述学者提出的通过减少证明对象的方式(即将案件事实变更为基本事实)降低证明标准是否具有正当性呢?笔者认为,通过这种方法降低证明难度,已非简单的证明标准降低的问题,在刑事法上有严格的限制。[62] 且何谓"基本事实"也难以界定,故这种观点在理论上不具有正当性,在实践中不具有可操作性。那么,通过减少证据量(即将证据限定为"基本证据")降低证明标准是否具有正当性和可行性呢?事实上,证据量的多少与证明标准所要求的心证程度之间不具有直接的对应关系,证据量多并不一定意味着心证程度高,反之亦如此。减少证据量是否意味着降低心证程度呢?如果是这样,就与笼统地降低证明标准的观点一样,由于其观点本身的模糊性,在实践中并不具有可操作性,且正当性存在疑问。

无论是立法参与者[63],还是学者[64],均认为2012年修正的《刑事诉讼法》第53条第2款(2018年《刑事诉讼法》第55条第2款)是有关刑事案件证明标准的规定,根据该款规定,认定证据确实、充分,应当符合三个条件,即定罪量刑的事实都有证据证明、据以定案的证据均经法定程序查证属实、综合全案证据对所认定的事实已排除合理怀疑。据此,理论界与实务界均有人提出"认罪认罚案件的证明标准不能降低,但在证明模式或者证明程序上可以放松要求"的观点。根据前文所述司法证明的四个要素,证明标准与证明程序是平行的要素,两者之间虽有联系(例如,严格证

---

[62] 证明对象的变更,属于克服证明困难的特殊方法,对于这种特殊方法的限度,参见王彪:《犯罪主观要件证明问题研究》,法律出版社2016年版,第297—300页。

[63] 参见全国人大常委会法制工作委员会刑法室编:《〈关于修改《中华人民共和国刑事诉讼法》的决定〉条文说明、立法理由及相关规定》,北京大学出版社2012年版,第52—53页。

[64] 有学者将2012年修正的《刑事诉讼法》第53条的三项要求分别称为实体条件、程序条件和心证条件。参见孙远:《论认罪认罚案件的证明标准》,载《法律适用》2016年第11期,第16—17页。

明往往要求达到法定最高证明标准,自由证明则不要求),但本质上不是一回事。[65] 换句话说,在证明模式或者证明程序上的放松,并不一定意味着心证程度的降低,特别是在我国并没有区别所谓的严格证明与自由证明的情况下更是如此。

综上,研究认罪认罚案件的证明标准问题,只能从心证程度上进行研究。[66] 这种心证程度有高低之别[67],对于刑事案件的事实认定来说,应当达到人类目前普遍的认知能力所能达到的最高层次,即排除合理怀疑。之所以有上文"认罪认罚案件可以适用排除合理怀疑"这一较低证明标准的观点,主要是因为理论界与实务界有些人将"排除合理怀疑"视为比"犯罪事实清楚,证据确实、充分"的证明程度低。[68] 这一观点显然是有问题的。另外,从《刑事诉讼法》第55条第2款第(三)项的规定来看,对于我国的"证据确实、充分"的证明标准,立法者已经从主观方面的角度将其解释为"排除合理怀疑"。此外,上文提及的对于适用刑事速裁程序的案件,法官对案件事实不再予以审查的观点,笔者认为,无论是正当性还是可行性都存在问题。事实上,即便在奉行当事人处分主义的美国,有罪答辩也需要有相应的事实基础。[69] 在刑事诉讼中坚持实体真实理念的我国,如果

---

[65] 需要注意的是,2012年修正的《刑事诉讼法》第53条第2款的规定是借鉴2010年《死刑案件证据规定》第5条第2款,而根据最高人民法院法官的解释,这一条规定的是哪些证明对象应当适用最严格的证明标准。参见张军主编:《刑事证据规则理解与适用》,法律出版社2010年版,第89—90页。

[66] 关于刑事诉讼的证明标准,我国理论界与实务界曾经有过激烈的讨论,形成了客观真实说、法律真实说等各种学说,但笔者认为,由于诉讼证明是一种特殊的人类认识活动,事实是否清楚,证据是否确实、充分,从根本上来说,是一种内心是否相信以及相信的程度问题,因此,证明标准只能从心证程度上提出不同的要求。具体论述,参见王彪:《犯罪主观要件证明问题研究》,法律出版社2016年版,第49—54页。

[67] 例如,在美国,一般将证明的程度划分为九等:第一等是绝对确定,第二等是排除合理怀疑,第三等是清楚和有说服力的证据,第四等是优势证据,第五等是合理根据,第六等是有理由的相信,第七等是有理由的怀疑,第八等是怀疑,第九等是无线索。关于每一等级证明程度相应可以采取的诉讼行为,参见卞建林译:《美国联邦刑事诉讼规则和证据规则》,中国政法大学出版社1996年版,第22页。

[68] 参见朱孝清:《认罪认罚从宽制度的几个问题》,载《法治研究》2016年第5期,第37、40页。

[69] 美国联邦最高法院在1970年的北卡罗来纳州诉阿尔福德一案中将此标准界定为"强有力的事实基础",对于何谓"强有力的事实基础",各地法院对其有不同的理解,各地法院有关有罪答辩事实基础证明程度的界定,最高可至排除合理怀疑程度,最低则为合理相信程度。参见史立梅:《美国有罪答辩的事实基础制度对我国的启示》,载《国家检察官学院学报》2017年第1期,第34页。

对被告人认罪认罚的事实基础不再予以审查,不仅在理论上难以自圆其说,而且在实践中存在极大的风险。

对于为何确定"排除合理怀疑"这一心证最高程度作为刑事案件认定有罪的证明标准,学界已有大量的论述[70],此处不赘。对于被告人不认罪的刑事案件适用排除合理怀疑的证明标准,理论界与实务界少有争议。那么,对于被告人认罪认罚的案件,是否还要坚守排除合理怀疑的证明标准呢?诚如有学者所言,证明标准能否降低,是一个典型的两难问题。证明标准如果不降低,认罪认罚对控辩双方来说,意义都很有限;如果降低,则会导致冤枉无辜或轻纵犯罪的风险。[71] 换句话说,如果坚守法定证明标准,可能会减少公安、司法机关工作人员适用认罪认罚从宽制度的动力,关于这一点,在调研过程中,已经被反复提及。如果降低证明标准,在我国强制取供机制合法化[72]、审前程序不透明以及控辩双方力量失衡的背景下,很有可能会因此而产生大量的冤假错案。因此,笔者认为,认罪认罚案件应当坚守法定的证明标准。

此外,有法院课题组认为,"域外对辩诉协商中的证明标准要求都宽于普通案件,可以说放宽证明标准正是辩诉协商的根本特征。我国在完善认罪认罚从宽制度时,适当放宽证明标准将成为大的趋势"[73]。对此观点,笔者原则上表示同意。[74] 但需要注意的是,我国认罪认罚从宽制度中的协商,指的是量刑协商,而非定罪协商。因此,正如最高人民法院法官所言,我国的简易程序根本不同于辩诉交易制度,适用简易程序的前提应当

---

[70] 参见吕卫华:《诉讼认识、证明与真实——以刑事诉讼为主要研究对象》,中国人民公安大学出版社 2009 年版,第 189—203 页。

[71] 参见王敏远:《认罪认罚从宽制度疑难问题研究》,载《中国法学》2017 年第 1 期,第 32 页。

[72] 关于强制取供机制的特征,参见闫召华:《口供中心主义研究》,法律出版社 2013 年版,第 112—117 页。

[73] 山东省高级人民法院刑三庭课题组:《关于完善刑事诉讼中认罪认罚从宽制度的调研报告》,载《山东法官培训学院学报(山东审判)》2016 年第 3 期,第 102 页。

[74] 另外,是否允许就定罪事实进行协商与证明标准是否需要降低之间也没有必然的关系,例如,一些证据较为薄弱的案件经认罪认罚协商之后获得犯罪嫌疑人、被告人的自愿供述,以有罪供述为线索进一步收集到定案所需要的其他重要证据,在这种情况下,虽然有关于定罪事实的协商,但根据在案证据认定定罪事实仍然达到了法定的证明标准。这种情况就是一种特殊的口供补强,2012 年《刑诉法解释》第 106 条对此作了明确规定。参见江必新主编:《〈最高人民法院关于适用《中华人民共和国刑事诉讼法》的解释〉理解与适用》,中国法制出版社 2013 年版,第 112 页。2021 年发布的《刑诉法解释》第 141 条有相同规定。

遵循刑事诉讼法所确定的严格证据标准。[75] 换句话说,由于我国认罪认罚从宽制度中的协商不包括认罪协商,所以降低证明标准以促进控辩协商的观点,在现阶段不具有可行性。

在明确了认罪认罚案件不能降低法定证明标准后,认罪认罚案件的证明标准问题转化为三个问题:一是口供的真实性问题;二是口供的自愿性问题;三是口供补强的范围问题。

一份真实的口供,不仅能够描述犯罪是如何发生的,还能再现作案者案发时的心理状态,根据真实的口供认定案件事实,结合其他证据材料,完全能够达到法定的证明标准。然而,口供的真实性在很多情况下都会存在问题。常见的问题是被追诉人由于受到身体或者精神上的强制而违背意愿进行虚假供述,这种情形与认罪认罚的自愿性问题存在部分重合。即使被追诉人系自愿作出的供述,仍然存在虚假供述的情况。例如,被追诉人为他人"顶包",为了隐瞒自己的真实身份而冒用他人身份进行供述。从法官的角度来说,对于为他人"顶包"的问题,应当通过对案卷材料的严密审查进行防范;对于为隐瞒自己真实身份而冒用他人身份进行认罪认罚,应当通过开庭程序中有关身份的问答来进行分辨。此外,还应当通过审判公开来增加发现"顶包"或者冒用他人身份的可能性。

关于口供的自愿性问题,被追诉人可能因受到身体或者精神上的强制而违背意愿供述,违背意愿进行的供述,既可能是真实的,也可能是虚假的。对于违背意愿作出的虚假供述,当然不能作为证据使用。在现代法治社会,基于正当程序的基本要求,违背意愿的供述即使是真实的,也不能作为定案的根据。[76] 同理,确保被追诉人认罪认罚的自愿性,是刑事诉讼中认罪认罚从宽制度具有正当性的前提和基础。

诚如有学者所言,"任何一个证据都不能自己证明自己是真实的","直接证据也必须依赖其他证据查证属实,才能作为定案的根据"[77]。口供,作

---

[75] 参见张军主编:《新刑事诉讼法法官培训教材》,法律出版社2012年版,第296页。

[76] 当然,这个问题在我国较为特殊,因为我国并没有确立自白任意性规则,而是确立所谓的非法证据排除的"痛苦规则"。参见龙宗智:《我国非法口供排除的"痛苦规则"及相关问题》,载《政法论坛》2013年第5期,第16—17页。关于自白任意性规则被忽视的原因以及重新正视的必要性,参见张建伟:《自白任意性规则的法律价值》,载《法学研究》2012年第6期,第171—176页。

[77] 汪建成:《直接证据和间接证据的划分标准及其运用》,载姜伟主编:《刑事司法指南》(总第1辑),法律出版社2000年版,第116页。

为典型的直接证据亦不例外。根据刑事诉讼法的规定：只有被告人供述，没有其他证据的，不能认定被告人有罪和处以刑罚。[78] 根据这一规定，理论界与实务界普遍认为我国已经确立了口供补强规则。[79] 在认罪认罚案件中，由于被追诉人认罪，且一般情况下，案件中不可能存在只有口供没有其他任何证据的情形，认罪认罚案件是否达到法定证明标准的关键是口供是否有充分的证据予以补强，即口供补强的范围。关于口供补强的范围问题，理论界与实务界可能会有两种较为极端的主张，一种是要求补强证据必须形成完整的证据锁链；另一种是只要有补强证据即可，不再考虑补强证据的数量。笔者认为，应当"区分案件的性质和特点确立不同的补强要求"[80]，不宜划定一个统一的标准。对于认罪认罚案件来说，最根本的问题是法官对口供与补强证据的真实性的心证是否已经达到排除合理怀疑的程度，补强证据的存在是否足以使法官确信口供的真实性，这在本质上是一个经验问题和逻辑问题，需要结合刑事证明的基本原理具体情况具体分析。

## 三、认罪认罚案件中的法律帮助问题

美国著名学者德肖维茨指出，认真负责、积极热心的辩护律师是自由的最后堡垒——是抵抗气势汹汹的政府欺负它的子民的最后一道防线。[81] 被告人有权获得辩护是我国宪法规定的基本原则，也是公正行使审判权的核心内容之一，实质化的庭审必须充分保障被告人的辩护权。[82]

---

[78] 参见 1979 年《刑事诉讼法》第 35 条、1996 年《刑事诉讼法》第 46 条、2012 年修正的《刑事诉讼法》第 53 条、2018 年修正的《刑事诉讼法》第 55 条。

[79] 参见龙宗智：《相对合理主义》，中国政法大学出版社 1999 年版，第 458 页；徐美君：《口供补强法则的基础与构成》，载《中国法学》2003 年第 6 期，第 125 页。此外，2010 年《死刑案件证据规定》第 34 条和 2021 年《刑诉法解释》第 141 条也对口供补强规则进行了规定，2021 年《刑诉法解释》第 141 条规定："根据被告人的供述、指认提取到了隐蔽性很强的物证、书证，且被告人的供述与其他证明犯罪事实发生的证据相互印证，并排除串供、逼供、诱供等可能性的，可以认定被告人有罪。"

[80] 向燕：《论口供补强规则的展开及适用》，载《比较法研究》2016 年第 6 期，第 41—44 页。

[81] 参见〔美〕艾伦·德肖维茨：《最好的辩护》，唐交东译，法律出版社 2014 年版，第 335 页。

[82] 参见孙长永、王彪：《论刑事庭审实质化的理念、制度和技术》，载《现代法学》2017 年第 2 期，第 134—135 页。

那么,在犯罪嫌疑人、被告人认罪认罚的案件中,控辩双方的关系在一定程度上从对抗走向了合作,犯罪嫌疑人、被告人还需要律师的法律帮助吗?

2016年《试点办法》第5条第1款规定:"办理认罪认罚案件,应当保障犯罪嫌疑人、被告人获得有效法律帮助,确保其了解认罪认罚的性质和法律后果,自愿认罪认罚。"最高人民检察院副检察长孙谦在2016年11月召开的"检察机关刑事案件认罪认罚从宽试点工作部署会议"上也提出,强化当事人的主体地位、保障其诉讼权利是认罪认罚从宽制度能否取得实效的关键,"要会同有关部门完善和落实法律援助制度,犯罪嫌疑人自愿认罪认罚,没有辩护人的,应当通知值班律师为其提供法律咨询、程序选择、申请变更强制措施等法律帮助,确保其在获得及时、充分、有效法律帮助的前提下自愿认罪认罚"[83]。然而,对于何谓"有效的法律帮助",值班律师能否提供"有效的法律帮助",以及值班律师的定位等问题,理论界与实务界均未达成一致意见。

在认罪认罚案件中,律师的角色大致可以分为三种类型:第一种是受当事人委托的辩护律师;第二种是对符合法律援助条件的被追诉人由法律援助机构指派的辩护律师,具体又分为依法指定的援助辩护律师和依申请指定的援助辩护律师;第三种是值班律师。[84] 无论律师承担何种角色,律师提供有效的法律帮助是确保被追诉人认罪认罚自愿性、明智性的重要手段,是认罪认罚从宽制度具有正当性的基础。

有学者提出,认罪认罚从宽制度"推行的关键是保障被追诉者获得有效的法律帮助,确保其认罪认罚的自愿性和程序选择权"[85]。还有学者认为,"律师参与能够保障被追诉人真实、充分、有效地理解速裁程序的内涵和运行机理,并在此基础上主动认罪、认罚和作出选择,是体现国家最大限度地关注被追诉人的意愿、健全辩护制度的可行之路,也是从根本上维护司法机关适用速裁程序处理案件达到合宪性目标的必然之义"[86]。在辩

---

〔83〕 孙谦:《关于检察机关开展"刑事案件认罪认罚从宽制度"试点工作的几个问题》,载陈国庆主编:《刑事司法指南》(总第68集),法律出版社2017年版,第9页。

〔84〕 关于速裁程序中律师角色的差异,参见赵恒:《认罪认罚从宽制度适用与律师辩护制度发展——以刑事速裁程序为例的思考》,载《云南社会科学》2016年第6期,第120页。

〔85〕 吴小军:《我国值班律师制度的功能及其展开——以认罪认罚从宽制度为视角》,载《法律适用》2017年第11期,第110页。

〔86〕 赵恒:《认罪认罚从宽制度适用与律师辩护制度发展——以刑事速裁程序为例的思考》,载《云南社会科学》2016年第6期,第119页。

诉交易盛行的美国,联邦最高法院近些年裁判显现出其格外关心辩诉交易案件是否有律师以及律师是否提供了有效的辩护。[87] 总之,律师提供有效的法律帮助对于实现认罪认罚从宽制度的价值具有重要的作用。然而,实践中大部分被追诉人因为经济困难而没有委托辩护律师[88],在这些案件中如何保障被追诉人获得有效的法律帮助是一个重要的问题。1990年9月,联合国《关于律师作用的基本原则》第6条强调:"任何没有律师的人在司法需要的情况下均有权获得按犯罪性质指派给他的一名有经验和能力的律师以便得到有效的法律协助,如果他无足够力量为此种服务支付费用,可不交费。"在美国,"获得辩护律师有效的法律帮助是一项宪法权利,而向辩诉交易被告人提供有效的辩护服务则是辩护律师的宪法义务,违背这一义务将当然导致有罪答辩被驳回"[89]。在我国,最高人民法院、最高人民检察院、公安部、司法部于2014年8月发布的《关于在部分地区开展刑事案件速裁程序试点工作的办法》首次提出"建立法律援助值班律师制度,法律援助机构在人民法院、看守所派驻法律援助值班律师。犯罪嫌疑人、被告人申请提供法律援助的,应当为其指派法律援助值班律师"。据此,犯罪嫌疑人、被告人只要申请法律帮助,就应当为其指派值班律师。然而,由于各种因素的影响,一些被追诉人并未及时申请法律帮助。因此,2016年《试点办法》第5条第3款规定:"犯罪嫌疑人、被告人自愿认罪认罚,没有辩护人的,人民法院、人民检察院、公安机关应当通知值班律师为其提供法律咨询、程序选择、申请变更强制措施等法律帮助。"

那么,如何确保律师在认罪认罚案件中提供有效的法律帮助呢?对此,应当根据律师在认罪认罚案件中的角色不同区分对待。其中,委托辩护律师和法律援助辩护律师由于有立法的明确规定,在实践中争议不大。对于被追诉人委托了辩护律师的认罪认罚案件,与普通案件一样,重点是要"落实辩护律师的诉讼权利,完善对辩护律师的救济机制"[90]。对于没

---

[87] 参见祁建建:《美国无辜者被定罪及其纠正的程序研究——无辜者修正美国刑事司法》,载《中国刑事法杂志》2014年第5期,第120页。

[88] 相关实证研究,参见左卫民等:《中国刑事诉讼运行机制实证研究(五)——以一审程序为侧重点》,法律出版社2012年版,第16页。

[89] 祁建建:《美国辩诉交易研究》,北京大学出版社2007年版,第105页。

[90] 孙长永、王彪:《论刑事庭审实质化的理念、制度和技术》,载《现代法学》2017年第2期,第134页。

有委托辩护律师的案件,分别通过法律援助机构指派的辩护律师或者值班律师提供法律帮助。一方面,应当扩大刑事法律援助的范围,保证每一个可能被判处有期徒刑以上刑罚的被告人能够获取辩护律师的法律援助[91],并对承担法律援助职责的辩护律师提出资格、能力、执业记录等方面的要求[92],从而确保法律援助辩护律师提供有效的法律帮助;另一方面,充分发挥值班律师的作用,对值班律师的定位、职责、作用等作出合理的界定。

笔者在调研中发现,对于认罪认罚从宽制度中值班律师的定位、职责和作用等问题,实务中有不同的观点和做法。[93] 一些公安、司法人员认为,值班律师在认罪认罚从宽制度中仅起见证作用,部分值班律师仅对犯罪嫌疑人提出的问题进行十分简单的回答,个别值班律师甚至在签署认罪认罚具结书以前没有见过被追诉人。一些值班律师则认为,由于对值班律师的定位模糊,对于值班律师能否单独会见被追诉人、能否阅卷等问题没有明确的规定[94],且公安、司法机关往往以无明确规定为由不予支持,导致值班律师无法提供有效的法律帮助。一些值班律师表示,由于待遇太低,且在实践中遭受身份歧视和各种不便,例如,没有办公场所、办公场所不让值班律师停车,等等,导致即使给予值班律师会见权、阅卷权,值班律师也不愿意行使相应的权利。一些值班律师还指出,由于很多值班律师对刑事法律并不熟悉,无法给予有效的建议。另外,对于量刑这一相当专业的问题,有时连公诉人也无法提供准确的建议,更别提值班律师了;对于公诉人提出的量刑建议,很多时候值班律师无法提出有针对性的意见,无法与公诉人进行有效的量刑协商。

当然,值班律师作用的发挥因地而异。例如,有学者于2016年10月在福建省福清市的调研中发现,值班律师有权查阅案卷并复制相关证据材

---

[91] 有学者建议,将可能判处有期徒刑以上刑罚的认罪认罚案件纳入法律援助范围。参见陈光中、马康:《认罪认罚从宽制度若干重要问题探讨》,载《法学》2016年第8期,第11页。

[92] 参见孙长永、王彪:《论刑事庭审实质化的理念、制度和技术》,载《现代法学》2017年第2期,第134—135页。

[93] 闵春雷教授曾做过类似调研,结论与此类似。参见闵春雷:《认罪认罚案件中的有效辩护》,载《当代法学》2017年第4期,第29—30页。

[94] 这种情况具有一定的普遍性。参见吴小军:《我国值班律师制度的功能及其展开——以认罪认罚从宽制度为视角》,载《法律适用》2017年第11期,第111页。

料,在阅卷并研究证据材料后,值班律师会见犯罪嫌疑人,向犯罪嫌疑人了解案情、核实证据,重点询问犯罪嫌疑人是否实施了被指控的行为。[95] 又如,在河南省郑州市试行刑事速裁程序过程中,明确"值班律师接到指派后48小时内完成阅卷及会见"[96]。但从总体上来看,值班律师在认罪认罚从宽制度中发挥的作用有限。

根据《试点办法》第5条第3款的规定,值班律师的职责是为犯罪嫌疑人、被告人提供法律咨询、程序选择、申请变更强制措施等法律帮助。2018年《刑事诉讼法》第36条第1款有类似规定,最高人民法院、最高人民检察院、公安部、国家安全部、司法部于2019年联合发布的《关于适用认罪认罚从宽制度的指导意见》第12条有更为详细的规定。但这一规定并没有明确值班律师的定位。理论界与实务界的主流观点认为,应当将值班律师辩护人化,从而改变目前值班律师无法提供有效的法律帮助的状况。例如,有学者认为,"在嫌疑人、被告人明确表达认罪认罚的意愿时,侦查机关、公诉机关和法院都应当及时为其指定法律援助律师。该法律援助律师一经得到嫌疑人、被告人的确认,即应具有辩护人的身份"[97]。还有学者认为,"值班律师对犯罪嫌疑人的帮助只是临时性的救急措施,非长久之计。从长期来看,应当逐步完善法律援助制度,使每一个被刑事追诉之人都能获得合适的法律援助律师"[98]。有学者主张,适用认罪认罚从宽的案件,犯罪嫌疑人、被告人必须有律师或者是法律专业人士担任辩护人,除非犯罪嫌疑人、被告人明确表示不需要。[99] 有学者认为,完善值班律师制度的关键在于明确值班律师的辩护人性质,赋予并保障值班律师的辩护权,包括明确阅卷权、凸显量刑协商权、明确和加强值班律师出庭辩护的权

---

[95] 参见顾永忠、肖沛权:《"完善认罪认罚从宽制度"的亲历观察与思考、建议——基于福清市等地刑事速裁程序中认罪认罚从宽制度的调研》,载《法治研究》2017年第1期,第58页。

[96] 最高人民法院编:《刑事速裁程序试点实务与理解适用》(内部资料),转引自吴小军:《我国值班律师制度的功能及其展开——以认罪认罚从宽制度为视角》,载《法律适用》2017年第11期,第112页。

[97] 陈瑞华:《认罪认罚从宽制度的若干争议问题》,载《中国法学》2017年第1期,第45页。

[98] 王敏远:《认罪认罚从宽制度疑难问题研究》,载《中国法学》2017年第1期,第29页。

[99] 参见祁建建:《"认罪认罚从宽制度中的律师"研讨会综述》,载《中国司法》2016年第7期,第37页。

利等。[100] 另外,有司法实务工作者认为,对没有聘请辩护人的犯罪嫌疑人、被告人均应当指定值班律师为其提供帮助,应当赋予值班律师辩护人地位,提高法律援助专职律师的比例和待遇,将法院内部详细的量刑指导意见向律师公布。[101] 这种观点的主要出发点是确保律师帮助的有效性。

但是,对值班律师在认罪认罚案件中的地位,也存在不同的观点。有学者认为,在认罪认罚从宽制度中,将值班律师定位为被告人的法律帮助者更具可行性。[102] 主要理由是,目前将值班律师辩护人化既没有必要,也不具有可行性,因为我国没有足够的律师资源保障这一目标的实现。

笔者认为,《试点办法》第 5 条明确将值班律师的法律帮助与刑事法律援助辩护予以区分,这就意味着改革设计者没有将值班律师视为"辩护人"。最高人民法院、最高人民检察院、公安部、国家安全部、司法部 2017 年 8 月 28 日联合发布的《关于开展法律援助值班律师工作的意见》(以下简称《值班律师意见》)第 2 条第(五)项也明确规定:"法律援助值班律师不提供出庭辩护服务。符合法律援助条件的犯罪嫌疑人、刑事被告人,可以依申请或通知由法律援助机构为其指派律师提供辩护。"需要注意的是,《关于开展法律援助值班律师工作的意见》已失效,2020 年 8 月 20 日最高人民法院、最高人民检察院、公安部、国家安全部、司法部发布的《法律援助值班律师工作办法》第 6 条规定:"值班律师依法提供以下法律帮助:(一)提供法律咨询;(二)提供程序选择建议;(三)帮助犯罪嫌疑人、被告人申请变更强制措施;(四)对案件处理提出意见;(五)帮助犯罪嫌疑人、被告人及其近亲属申请法律援助;(六)法律法规规定的其他事项。值班律师在认罪认罚案件中,还应当提供以下法律帮助:(一)向犯罪嫌疑人、被告人释明认罪认罚的性质和法律规定;(二)对人民检察院指控罪名、量刑建议、诉讼程序适用等事项提出意见;(三)犯罪嫌疑人签署认罪认罚具结书时在场。值班律师办理案件时,可以应犯罪嫌疑人、被告人的约见进行会见,也可以经办案机关允许主动会见;自人民检察院对案件审查起诉之日

---

[100] 参见闵春雷:《认罪认罚案件中的有效辩护》,载《当代法学》2017 年第 4 期,第 31—32 页。

[101] 参见郑敏、陈玉官、方俊民:《刑事速裁程序量刑协商制度若干问题研究——基于福建省福清市人民法院试点观察》,载《法律适用》2016 年第 4 期,第 29—30 页。

[102] 参见孔冠颖:《认罪认罚自愿性判断标准及其保障》,载《国家检察官学院学报》2017 年第 1 期,第 26 页。

起可以查阅案卷材料、了解案情。"因此,值班律师并不具有"辩护人"地位,不享有辩护人的广泛诉讼权利。但考虑到我国侦查程序的封闭性,被追诉人不仅没有沉默权,还负有如实供述的义务,强制性取供机制的存在意味着被追诉人在审前往往面临身体或者精神上的巨大压力,在这种情况下,为确保被追诉人认罪认罚的自愿性和明智性,确保认罪认罚从宽制度的正当性,在被追诉人没有委托或者指定辩护律师的情况下,应当通过值班律师为被追诉人提供有效的法律帮助。

通过值班律师为被追诉人提供有效的法律帮助,是否意味着认罪认罚案件需要确立强制辩护呢?对此,有学者建议,推行强制辩护制度,为那些无力委托辩护人的被告人,一律指派法律援助律师进行辩护,是保障认罪认罚从宽案件权利减损正当性的必然选择。[103] 有学者认为,应确立简易程序中的强制辩护制度。[104] 但也有学者认为,我国缺乏引入强制辩护的立法基础,我国不具备支撑强制辩护的资源配置。[105] 笔者认为,从我国现实条件出发,现阶段对所有认罪认罚案件实行强制辩护缺乏必要性与可行性。如果能够充分发挥值班律师的作用,在绝大多数案件中,通过值班律师应当可以提供有效的法律帮助,这也符合认罪认罚从宽制度节约司法资源、提高司法效率的价值取向以及平衡公共利益、被追诉人利益和被害人利益的实践需要。但是,如果被告人明确表示申请提供法律援助辩护,而不仅仅是值班律师的法律帮助,则应当为其指定法律援助律师提供辩护[106],以确保其认罪认罚的自愿性、真实性和合法性。

在明确了认罪认罚案件中值班律师的定位后,要确保值班律师能够为认罪认罚案件的犯罪嫌疑人、被告人提供有效的法律帮助,需要考虑以下

---

[103] 参见陈瑞华:《"认罪认罚从宽"改革的理论反思——基于刑事速裁程序运行经验的考察》,载《当代法学》2016年第4期,第6页。

[104] 参见谢登科:《论刑事简易程序扩大适用的困境与出路》,载《河南师范大学学报(哲学社会科学版)》2015年第2期,第68页。

[105] 参见孔冠颖:《认罪认罚自愿性判断标准及其保障》,载《国家检察官学院学报》2017年第1期,第26页。

[106] 事实上,实践中已有地区试行这一模式。2017年7月,杭州市五个政法部门联合出台了《关于在认罪认罚从宽制度试点工作中加强法律援助工作的意见》,对于无力委托辩护人的犯罪嫌疑人、被告人,既可以申请法律援助律师提供辩护,也可以由值班律师提供法律咨询等法律帮助。申请法律援助的,辩护律师原则上在接到指派之日起2个工作日内依据法律规定完成会见、阅卷工作。参见陈岚、俞钦、唐晔旎:《杭州推进认罪认罚案件律师辩护全覆盖》,载《浙江法制报》2017年7月18日,第2版。

几个问题：

第一，值班律师是否有阅卷权？目前，学界主流观点认为应当赋予认罪认罚案件中值班律师的阅卷权，例如，有学者认为，"考虑到值班律师的人员有限、服务对象较多等情况，从提高效率的需要出发，未来可以由值班律师在看守所进行电子阅卷，或者由检察机关负责向其提供主要证据的复印件"[107]。笔者认为，为确保值班律师了解案件并提供有针对性的法律帮助，值班律师应当有阅卷权，但对于具体的阅卷方式，各地可以自行探索，不必强求一致。有的地方实施细则对此已有规定。例如，《广州市刑事案件认罪认罚从宽制度试点工作实施细则（试行）》第46条明确规定："审查起诉及审判阶段的认罪认罚案件，值班律师应当通过证据开示或者阅卷、会见犯罪嫌疑人、被告人，了解案件事实及量刑建议，提供有效的法律帮助。值班律师持律师执业证、法律援助公函及《广州市刑事案件认罪认罚法律帮助通知书》办理阅卷手续，人民检察院、人民法院应当安排。"北京市的实施细则也明确赋予值班律师阅卷权[108]，规定值班律师可以参照《刑事诉讼法》的规定查阅、摘抄、复制案卷材料，办案部门应予配合并免收费用。最高人民法院、最高人民检察院、公安部、国家安全部、司法部于2019年联合发布的《关于适用认罪认罚从宽制度的指导意见》第12条规定，自人民检察院对案件审查起诉之日起，值班律师可以查阅案卷材料、了解案情。人民法院、人民检察院应当为值班律师查阅案卷材料提供便利。

第二，值班律师是否出庭辩护？由于《试点办法》将值班律师的职责限定为"提供法律咨询、程序选择、申请变更强制措施等法律帮助"，对于值班律师是否需要出庭辩护的问题没有规定，加之很多公安、司法人员认为认罪认罚案件中值班律师的作用主要在于见证"认罪认罚具结书"的签署过程，值班律师基本上没有出庭。有学者认为，现阶段，对于可能判处3年以上有期徒刑的认罪认罚案件，法院可以为被告人指定辩护律师。对于可能判处3年以下有期徒刑的认罪认罚案件，值班律师出席法庭见证庭审过程，但不承担辩护职责。[109] 有学者则认为，律师应是法官面前的律师，律

---

[107] 闵春雷：《认罪认罚案件中的有效辩护》，载《当代法学》2017年第4期，第32页。
[108] 参见胡云腾主编：《认罪认罚从宽制度的理解与适用》，人民法院出版社2018年版，第276页。
[109] 参见吴小军：《我国值班律师制度的功能及其展开——以认罪认罚从宽制度为视角》，载《法律适用》2017年第11期，第112页。

师的有效辩护贯穿于刑事诉讼的主要阶段,值班律师出庭辩护有多重意义。[110]《值班律师意见》第 2 条明确规定,在认罪认罚从宽制度改革试点中,值班律师的职责是"为自愿认罪认罚的犯罪嫌疑人、刑事被告人提供法律咨询、程序选择、申请变更强制措施等法律帮助,对检察机关定罪量刑建议提出意见,犯罪嫌疑人签署认罪认罚具结书应当有值班律师在场"。"法律援助值班律师不提供出庭辩护服务。符合法律援助条件的犯罪嫌疑人、刑事被告人,可以依申请或通知由法律援助机构为其指派律师提供辩护。"这一规定对学界的争议给出了明确的结论,在现阶段应当说具有相对的合理性,毕竟值班律师还不是辩护律师。事实上,绝大多数被告人认罪认罚的案件,尤其是适用速裁程序审理的案件,经过值班律师的咨询和指导,以及控辩协商,被告人对指控犯罪的事实、罪名和量刑建议完全没有异议,因而值班律师出庭辩护完全没有必要。有少数案件中,如果被告人希望值班律师陪同出庭的,可以通过委托辩护或者法律援助辩护的方式解决[111],不宜由值班律师直接出庭履行辩护人的职责。那种所谓由值班律师"见证"庭审过程的观点,没有任何实际意义。

第三,值班律师是否可以转为指定律师或者委托律师?根据《试点办法》第 5 条第 4 款的规定,公安、司法机关应当告知被追诉人有申请法律援助的权利,对于符合应当通知辩护条件的,依法通知法律援助机构指派律师为其提供辩护。对于值班律师是否可以转为指定律师甚至委托律师,则没有规定。在新西兰,当事人可以在自己的申请表中告知法律援助署自己所接触的值班律师是"合意的"法律援助律师。法律援助署很可能指派该律师代表当事人出庭,不允许值班律师自行说服当事人选择他们作为"合意的"律师。[112]北京市海淀区关于速裁程序的工作细则规定:"提供法律

---

[110] 参见闵春雷:《认罪认罚案件中的有效辩护》,载《当代法学》2017 年第 4 期,第 32 页。

[111] 2017 年 9 月,最高人民法院和司法部联合发布《关于开展刑事案件律师辩护全覆盖试点工作的办法》,在北京市、上海市、浙江省、安徽省、河南省、广东省、四川省、陕西省试行。2018 年 12 月,最高人民法院和司法部又联合发布《关于扩大刑事案件律师辩护全覆盖试点范围的通知》,将律师辩护全覆盖的试点工作扩大至全国。随着律师辩护全覆盖的推进,这一状况将会发生变化。事实上,在试点时期,部分试点法院就已经开始探索值班律师一律以法律援助形式担任辩护人。参见胡云腾主编:《认罪认罚从宽制度的理解与适用》,人民法院出版社 2018 年版,第 276 页。

[112] 参见吴小军:《我国值班律师制度的功能及其展开——以认罪认罚从宽制度为视角》,载《法律适用》2017 年第 11 期,第 112—113 页。

帮助的值班律师，可以受指派担任该案的法律援助律师或者受委托担任该案的辩护律师。但值班律师不得以非法或不符合职业道德的方式诱导嫌疑人委托自己或者关系人担任辩护律师。"[113] 笔者认为，允许值班律师转为指定律师或者委托律师，有利于激发值班律师的积极性，有利于值班律师尽职尽责从而提高法律帮助的质量。但允许值班律师转为指定律师或者委托律师，也存在一定的风险，即一些值班律师因经济利益的考虑过于迫切地希望转为辩护律师，从而有可能在提供法律意见时不客观，甚至故意误导被追诉人，从而导致被追诉人作出错误的选择。例如，由于值班律师的介入，被追诉人没有认罪认罚，最终错失认罪认罚从宽的机会。笔者认为，可以借鉴上述新西兰和北京市海淀区人民法院的做法，即允许值班律师转为指定律师或者委托律师，但不允许值班律师自行劝说被追诉人委托自己或者关系人担任辩护律师。一旦发现值班律师有劝说行为，即终身禁止该律师担任值班律师。对此，《值班律师意见》的下述规定可谓适逢其时，应当严格贯彻落实："社会律师和法律援助机构律师应当接受法律援助机构的安排提供值班律师服务。值班律师应当遵守相关法律规定、职业道德、执业纪律，不得误导当事人诉讼行为，严禁收受财物，严禁利用值班便利招揽案源、介绍律师有偿服务及其他违反值班律师工作纪律的行为。"

第四，值班律师的具体职责有哪些？有学者认为，要细化值班律师的法律职责，具体包括：申请变更强制措施，减少审前羁押；告知被追诉者认罪认罚的法律后果；帮助被追诉者进行程序选择和量刑协商，依法维护其合法权益。[114] 笔者认为，值班律师的具体职责，既要考虑到值班律师的定位并非辩护人，又要考虑到值班律师如何才能提供有效的法律帮助；同时，还应当注意对值班律师在不同案件中的职责进行一并设计，不能仅仅针对认罪认罚案件中的值班律师。对此，《值班律师意见》第2条第1款作出较为全面的规定："法律援助值班律师应当依法履行下列工作职责：（一）解答法律咨询。（二）引导和帮助犯罪嫌疑人、刑事被告人及其近亲属申请法律援助，转交申请材料。（三）在认罪认罚从宽制度改革试点

---

[113] 参见北京市海淀区人民法院课题组等：《关于北京海淀全流程刑事案件速裁程序试点的调研——以认罪认罚为基础的资源配置模式》，载《法律适用》2016年第4期，第37页。

[114] 参见吴小军：《我国值班律师制度的功能及其展开——以认罪认罚从宽制度为视角》，载《法律适用》2017年第11期，第112页。

中,为自愿认罪认罚的犯罪嫌疑人、刑事被告人提供法律咨询、程序选择、申请变更强制措施等法律帮助,对检察机关定罪量刑建议提出意见,犯罪嫌疑人签署认罪认罚具结书应当有值班律师在场。(四)对刑讯逼供、非法取证情形代理申诉、控告。(五)承办法律援助机构交办的其他任务。"就认罪认罚案件而言,值班律师的核心职责是帮助被追诉人充分理解指控犯罪的性质和法律后果以及认罪认罚从宽制度的意义,确保其认罪认罚的自愿性;同时,值班律师还应当积极参与检察机关的量刑协商,为被追诉人争取最大限度的从宽结果,并且根据案件具体情况为认罪认罚案件的被追诉人申请变更强制措施,帮助被追诉人进行程序选择。

## 四、认罪认罚案件的"从宽"幅度问题

在调研过程中,很多法官、检察官和辩护律师均提出,应当明确认罪认罚从宽的标准。有法院课题组认为,认罪认罚从宽制度中的"量刑激励"存在一定的制度供给不足,现有的激励规则过于粗简,过于依赖法官的自由裁量,层级和梯度不明显。[115] 笔者认为,只有明确认罪认罚从宽的标准,才能减少法官滥用自由裁量权的可能性,才能提升裁判的公信力,从而增加认罪认罚的概率,降低上诉率。在这一方面,目前存在以下几个争议问题,需要总结实践经验,加以妥善解决:

其一,如何理解认罪认罚"从宽"? 对认罪认罚的被追诉人是否应当一律从宽? 根据《试点办法》第1条的规定[116],对认罪认罚的被追诉人"可以依法从宽处理",而非必须一律从宽。对此,学界意见分歧较大。一种观点认为,对认罪认罚的被追诉人"应当"从宽。例如,有学者认为,应当明确对被告人认罪认罚给予充分、普遍有效的积极评价,并在刑法立法上提升为"应当"型的法定情节,即如果被告人认罪认罚,应当从轻或者减轻处罚,法官在量刑时须适用该情节,并在判决结果中加以体现。[117] 有学者也

---

[115] 参见北京市海淀区人民法院课题组等:《关于北京海淀全流程刑事案件速裁程序试点的调研——以认罪认罚为基础的资源配置模式》,载《法律适用》2016年第4期,第34页。
[116] 《试点办法》第1条规定:"犯罪嫌疑人、被告人自愿如实供述自己的罪行,对指控的犯罪事实没有异议,同意量刑建议,签署具结书的,可以依法从宽处理。"
[117] 参见左卫民、吕国凡:《完善被告人认罪认罚从宽处理制度的若干思考》,载《理论视野》2015年第4期,第40页。

认为,被追诉人认罪认罚在立法上仅作为授权型量刑情节,且在实践中难以得到从宽的处罚,这不利于鼓励被追诉人认罪认罚,主张被追诉人认罪认罚作为"应当"型的法定情节,并更加明确地规定对其减少基准刑的幅度或比例。[118] 另一种观点认为,对认罪认罚的被追诉人原则上应当从宽,但也存在例外。例如,有学者认为,在目前认罪认罚从宽制度尚不完善、例外情形尚难明确列举的情况下,不宜轻率地将柔性的"可以"改为刚性的"应当"。[119] 有学者则认为,被追诉人"认罪"意味着人身危险性降低,因而可以得到从宽处罚。但是,如果被追诉人恶意利用认罪认罚从宽制度达到其不当的目的,裁判者不一定要给予其从宽处罚。[120] 时任全国人大常委会委员郎胜、最高人民法院刑一庭庭长沈亮均认为,认罪认罚是指可以从宽而"并非一律从宽"。[121]

笔者认为,对认罪认罚的被追诉人原则上应当从宽处理,即如果没有特殊理由就应当从宽,但不是必须从宽。正如最高人民检察院副检察长孙谦所言,"从宽"是指一般应当从宽,没有特殊理由的,都应当体现法律规定和政策精神,从宽处罚。但"从宽"也不是一味从宽,对犯罪性质恶劣、犯罪手段残忍、危害后果严重的犯罪分子,该依法严惩的要依法予以严惩。[122] 从宽的基础是被追诉人的责任减轻或者因为简化程序而节省了司法资源,如果都不是,为什么要从宽?因此,从宽只是一种倾向,具体到某一个案件是否从宽,最终只能尊重法官的判断。

对于控辩双方达成一致的量刑意见,法官是否必须同意?《试点办法》第 21 条规定:"人民法院经审理认为,人民检察院的量刑建议明显不当,或者被告人、辩护人对量刑建议提出异议的,人民法院可以建议人民检察院调整量刑建议,人民检察院不同意调整量刑建议或者调整量刑建议后被告

---

[118] 参见谭世贵:《实体法与程序法双重视角下的认罪认罚从宽制度研究》,载《法学杂志》2016 年第 8 期,第 21 页。

[119] 参见熊秋红:《认罪认罚从宽制度的理论审视与制度完善》,载《法学》2016 年第 10 期,第 102 页。

[120] 参见王瑞君:《"认罪从宽"实体法视角的解读及司法适用研究》,载《政治与法律》2016 年第 5 期,第 113 页。

[121] 参见彭东昱:《认罪认罚从宽必须把握两个关键点》,载《中国人大》2016 年第 18 期,第 43 页。

[122] 参见孙谦:《关于检察机关开展"刑事案件认罪认罚从宽制度"试点工作的几个问题》,载陈国庆主编:《刑事司法指南》(总第 68 集),法律出版社 2017 年版,第 6 页。

人、辩护人仍有异议的,人民法院应当依法作出判决。"问题是,人民法院虽然应当依法作出判决,但此时是否受到认罪认罚从宽制度的制约?有学者认为,"人民法院可以直接依法作出处理决定,但人民法院的决定仍应受认罪认罚从宽制度的制约"[123]。在调研过程中,笔者发现司法实践中有这样的情况,即被追诉人认罪认罚并在审前签署了《认罪认罚具结书》,在法庭审理过程中,公诉人根据庭前协商结果提出了明确的量刑建议,即判处拘役5个月,缓期执行,并处罚金20000元;辩护人也要求法庭对被告人判处拘役5个月,缓期执行,被告人当庭表示愿意缴纳罚金。或许是考虑到本案对被告人不宜判处缓刑,或者是感觉法官的权威受到了挑战,法官当庭表示,公诉人的量刑建议不适当,不予接受,同时表示,本案不适用认罪认罚从宽制度,最终对被告人判处了较重的刑罚,且不适用缓刑。笔者认为,法官对于该案的做法有欠妥当,因为即便法官不认同公诉人的量刑建议,可以要求公诉人调整量刑建议,同时考虑到被告人认罪认罚的情况,让公诉人与被告人及其辩护人进一步进行量刑协商,尽量达成新的量刑具结;即使检察机关不同意调整量刑建议,或者调整后被告人、辩护人仍有异议的,法院最终作出判决时仍然应当充分考虑被告人认罪认罚的情况,进而对被告人予以从轻处罚。对此,2018年《刑事诉讼法》第201条已有明确规定,即对于认罪认罚案件,人民法院依法作出判决时,除法律列举的几种情形外,一般应当采纳人民检察院指控的罪名和量刑建议。

其二,认罪认罚的从宽是何种类型的"从宽"?是对原有刑事司法中从宽因素的强调,还是作为适用简化程序的回报的从宽?早在认罪认罚从宽制度试点之前,就有学者提出,"如实供述"可以从轻处罚,"适用简易程序"也可以从轻处罚,两种从轻处罚系不同种类、不同层面上的鼓励政策,如此之举应能在一定程度上鼓励简易程序的适用,从而避免大量司法资源的浪费。[124] 在认罪认罚从宽制度试点工作开展之后,有学者认为,应当将适用认罪认罚从宽制度作为独立的实体性从宽措施,以此来补偿认罪认罚者程序保障的减损,但对于可能判处无期徒刑、死刑的案件,为防止误判,不应允许通过程序减损换取实体性从宽,认罪认罚从宽应通过已有的

---

[123] 陈卫东:《认罪认罚从宽制度试点中的几个问题》,载《国家检察官学院学报》2017年第1期,第8页。

[124] 参见艾静:《我国刑事简易程序的改革与完善》,法律出版社2013年版,第150页。

实体法从宽因素来实现。[125] 在调研过程中,笔者发现,很多试点地区将适用认罪认罚从宽制度作为一个单独的从宽因素,即作为适用简化程序的回报的从宽,从而区别于《刑法》和最高人民法院2017年发布的《关于常见犯罪的量刑指导意见》[以下简称2017年《量刑意见》(已失效),2021年6月16日最高人民法院、最高人民检察院发布《关于常见犯罪的量型指导意见(试行)》]规定的与认罪认罚直接相关的量刑从宽情节:自首、坦白和当庭自愿认罪。自首、坦白是《刑法》中规定的法定量刑情节,当庭自愿认罪则是实务中承认且理论上认可的酌定量刑情节。对于司法实践中的这种做法,笔者认为是基本恰当的。但需要注意的是,因"认罪认罚"而"从宽"的幅度不宜过大。

其三,如果将认罪认罚从宽作为适用简化程序的回报的从宽,即将适用认罪认罚从宽制度作为一个独立的量刑因素,那么,从宽的幅度如何确定?允许控辩双方讨价还价还是通过固定的折扣予以兑现?从宽的幅度多大合适?能否对此作出统一的规定?

根据2017年《量刑意见》的相关规定,自首、坦白和当庭自愿认罪在从宽幅度上存在差异,整体上呈现出依次递减的状态。自首一般可以减少基准刑的40%以下,坦白一般为20%以下,当庭自愿认罪一般为10%以下。2021年《量刑意见》有类似规定。那么,适用认罪认罚从宽制度作为量刑因素如何从宽呢?具体有两种选择,一种是司法机关固定让步式,另一种是被告人与司法机关讨价还价式。[126] 2017年《量刑意见》对自首、坦白和当庭自愿认罪从宽幅度的规定属于司法机关固定让步式。《试点办法》第10条第2款规定:"犯罪嫌疑人自愿认罪,同意量刑建议和程序适用的,应当在辩护人或者值班律师在场的情况下签署具结书。"但没有规定控辩双方能否进行协商。[127] 理论界一般认为,在我国目前的司法环境下,控辩双方只能对量刑问题进行一定的协商。因此,可以将固定让步与讨价还价相结合,将适用认罪认罚从宽制度作为一个独立的量刑因素,规定可以从宽

---

[125] 参见秦宗文:《认罪认罚从宽制度实施疑难问题研究》,载《中国刑事法杂志》2017年第3期,第114—117页。

[126] 参见李昌盛:《德国刑事协商制度研究》,载《现代法学》2011年第6期,第159页。

[127] 根据最高人民法院、最高人民检察院、公安部、国家安全部、司法部于2019年联合发布的《关于适用认罪认罚从宽制度的指导意见》第33条的规定,人民检察院提出量刑建议前,应当充分听取犯罪嫌疑人、辩护人或者值班律师的意见,尽量协商一致。

的幅度,具体在个案中,认罪时间、认罪内容和认罪态度的不同应在从宽幅度上有所体现[128],然后由控辩双方根据上述情况确定一个双方都能接受的量刑建议。

适用认罪认罚从宽制度作为一个独立的量刑因素,从宽的幅度多大合适呢?从比较法的角度来看,国外主要有两种模式,一种是美国的"无限制模式",另一种是英国、德国的"比例模式"。[129] 在我国,理论界与实务界主流观点认为应当以"比例模式"为主,在此基础上,允许一定的"讨价还价"。司法实践中具体有两种不同做法:一种做法是把认罪认罚从宽作为与坦白并列的独立情节,单独规定从宽的比例,例如,沈阳市中级人民法院与沈阳市人民检察院联合出台的《关于开展刑事案件认罪认罚从宽制度试点工作的指导意见》规定,认罪认罚从宽作为单独的从轻情节,从宽幅度为10%～30%。[130] 另一种做法是把认罪认罚作为一种包含坦白在内的独立量刑情节,并根据认罪认罚的诉讼阶段以及对案件定案处理的作用,专门规定具体的从宽比例。例如,Y市认罪认罚实施细则第34条规定:"认罪认罚可以作为一项独立的量刑情节,依照刑法第六十七条第三款的规定作出从宽处理。量刑时考虑认罪认罚情节的,不再另行考虑坦白、交纳罚金情节。根据犯罪嫌疑人、被告人在不同诉讼阶段的认罪认罚情况及犯罪的事实性质、情节和危害程度,适用不同从宽处罚幅度。被告人在侦查阶段认罪认罚,对侦查机关收集证据起到帮助作用的,可以减少基准刑的50%以下;在审查起诉阶段认罪认罚的,可以减少基准刑的40%以下;在审判阶段认罪认罚的,可以减少基准刑的20%以下。综合考虑全案情况,依照上述量刑方式确定的宣告刑仍无法体现从宽处罚,可适当提高从宽幅度,但应控制在法定刑范围内宣告刑的30%以内。因客观原因,导致证据薄弱,犯罪嫌疑人、被告人在侦查阶段未如实供述,但在审查起诉或者审判阶段认罪认罚,其供述作为定罪的关键证据的,人民检察院、人民法院可适当提高从宽的幅度。"两种做法各有一定的依据,都具有一定的可操作性,但都有一定的不足(例如,两地规定的从宽幅度似乎都只针对"实体上认罪认

---

〔128〕 参见樊崇义、徐歌旋:《认罪认罚从宽制度与辩诉交易制度的异同及其启示》,载《中州学刊》2017年第3期,第49页。

〔129〕 参见赵恒:《论从宽处理的三种模式》,载《现代法学》2017年第5期,第74—84页。

〔130〕 参见韩宇:《沈阳法院稳步有效推进认罪认罚从宽制度试点 设最高30%从宽标准防"花钱买刑"》,载《法制日报》2017年5月6日,第3版。

罚"的情节,没有考虑被追诉人是否同意适用速裁程序或者简易程序的因素),值得通过实践探索进一步总结经验,逐步完善。

在理论界,有学者认为,在实体处罚上,应当明确给予选择协商程序的被追诉人以三分之一的量刑折扣。[131] 有学者则认为,对于犯罪嫌疑人、被告人选择或者同意适用认罪认罚程序的,应当给予的程序性利益以减少基准刑10%以下为宜。[132] 还有学者认为,可以将认罪认罚,同意适用刑事速裁程序作为独立的量刑情节,在考虑其他量刑情节之后,再给予30%～50%的量刑优惠。[133] 另有学者提出,"在严格贯彻罪刑法定、罪责刑相适应和实质真实原则的前提下,应当对那些自愿认罪的被告人加大减轻处罚的力度",具体来说,"可以考虑赋予检察机关改变刑罚种类的裁量权,如将死刑立即执行改为死刑缓期二年执行,将死刑改为无期徒刑",同时,"在确定适当的刑罚种类后,也可以在正常量刑幅度的基础上作出更为宽大的减轻,如将减刑的最高幅度增加到50%"[134]。笔者认为,对认罪认罚案件,如果从宽的幅度过大,可能会造成权力滥用、司法腐败等问题;如果从宽的幅度过小,则不利于根据具体案情予以调整。认罪认罚案件的"从宽"幅度,需要综合考虑多种因素,如被追诉人认罪认罚的时间、程度,认罪态度是否发生过反复,是否积极退赃、退赔,是否取得被害人的谅解,指控犯罪的性质、情节和法律后果,指控犯罪在当地的普遍性和社会影响,被追诉人是否同意适用速裁程序或简易程序,等等。因此,不宜对认罪认罚的从宽幅度作出全国统一的规定,而应当允许各地在最高人民法院、最高人民检察院《关于常见犯罪的量刑指导意见(试行)》的指导下因地制宜进行探索。在认罪认罚从宽制度试点过程中,"从宽"处理的重点是基层人民法院管辖的案件,特别是可判处3年有期徒刑以下刑罚的案件;对于重罪案件的从宽幅度,应当更加慎重对待,兼顾法治化进程中公众的接受程度。

其四,对刑罚执行方式是否可以协商?有学者认为,"刑罚执行方式是

---

[131] 参见魏晓娜:《完善认罪认罚从宽制度:中国语境下的关键词展开》,载《法学研究》2016年第4期,第95页。

[132] 参见谭世贵:《实体法与程序法双重视角下的认罪认罚从宽制度研究》,载《法学杂志》2016年第8期,第24页。

[133] 参见刘方权:《认罪认罚从宽制度的建设路径——基于刑事速裁程序试点经验的研究》,载《中国刑事法杂志》2017年第3期,第100页。

[134] 陈瑞华:《"认罪认罚从宽"改革的理论反思——基于刑事速裁程序运行经验的考察》,载《当代法学》2016年第4期,第8页。

量刑协商的重要内容,提前协商一致既可避免检察机关事先未提意见,待法院宣告缓刑后又抗诉,或者被告人自以为是缓刑,被判处实刑后又提起上诉的情况"[135]。司法实践中,因为刑罚执行方式没有协商而造成庭审过程中无法达成认罪认罚或者一审宣判后上诉的情况较多。笔者认为,刑罚执行方式对于被追诉人决定是否选择认罪认罚从宽制度具有重要的影响,需要在协商过程中予以解决。但刑罚执行方式的协商,有两大限制因素:一是一些法官认为,量刑协商的内容过于详细在客观上剥夺了法官的量刑裁判权,因而往往不予接受;二是刑罚执行方式的协商需要以控辩双方对量刑问题的熟悉为前提。对于上述两大问题,应当从理论上或者技术上解决,从而保证刑罚执行方式能够进入协商的范畴。

此外,在认罪认罚案件的从宽幅度问题上,还需要处理好从宽处理与减轻处罚的关系。在司法实践中,有的案件中存在多个从宽情节,在法定量刑幅度内,判处最低刑仍然无法完全体现从宽政策的,怎么办?在我国,认罪认罚案件虽然不降低证明标准,且原则上不允许控辩双方就罪名、罪数等定性问题进行协商,但也不排除在取证困难、口供具有重要功能的案件中,鼓励被追诉人认罪,以口供作为线索突破案件的情况。前述Y市认罪认罚实施细则第34条关于"因客观原因,导致证据薄弱,犯罪嫌疑人、被告人在侦查阶段未如实供述,但在审查起诉或者审判阶段认罪认罚,其供述作为定罪的关键证据的,人民检察院、人民法院可适当提高从宽的幅度"的规定,就体现了司法实践的特殊需要。对于这样的案件,如果在法定刑幅度内从轻、减轻处罚仍然不足以体现从宽政策的,为了落实司法诚信原则,在确有必要时,可以经最高人民法院核准,在法定刑以下判处刑罚。[136]

## 五、回顾与展望

(一)回顾

完善刑事诉讼中认罪认罚从宽制度遵循的是试验型立法模式,在改革

---

[135] 吴小军:《我国值班律师制度的功能及其展开——以认罪认罚从宽制度为视角》,载《法律适用》2017年第11期,第113页。

[136] 《刑法》第63条第2款规定:"犯罪分子虽然不具有本法规定的减轻处罚情节,但是根据案件的特殊情况,经最高人民法院核准,也可以在法定刑以下判处刑罚。"

试点过程中,对相关问题存在争议,是一件正常的事情。在上述四个争议问题中,价值取向的争议是关键性的,价值取向的争议不仅决定审级制度、审理方式等方面的问题,还对认罪认罚案件证明标准的设定、法律帮助的质量要求以及从宽的具体幅度等问题都有重要的影响。笔者认为,十八大以来的司法改革的首要价值是保证公正司法、提升司法公信力,效率在本轮司法改革中并非核心问题。[137] 因此,应当将"公正优先、兼顾效率"作为完善刑事诉讼中认罪认罚从宽制度的基本价值取向,并以此指导妥善解决认罪认罚案件的证明标准、有效的法律帮助以及从宽幅度等具体问题。由于认罪认罚从宽制度自身的特征,效率是完善认罪认罚从宽制度时不得不考虑的重要因素,但这种对效率的追求只能是在"保证公正司法、提高司法公信力"的前提下进行。

(二)展望

2018年修改后的《刑事诉讼法》正式将"认罪认罚从宽"确立为我国刑事诉讼法的一项基本原则,并在相应的诉讼阶段规定了具体的认罪认罚程序。2019年10月,为解决司法实践中存在的分歧与疑惑,最高人民法院、最高人民检察院、公安部、国家安全部、司法部专门制定了《关于适用认罪认罚从宽制度的指导意见》,以立法规定的制度框架为基础,就认罪认罚从宽制度的相关内容进行了细化,从而形成了一套较为完备的规则体系。[138] 2020年最高人民法院、最高人民检察院、公安部、国家安全部、司法部联合发布的《关于规范量刑程序若干问题的意见》也对认罪认罚案件的量刑问题作了规定。根据上述规定,本章讨论的一些问题已经解决,例如,一审终审的建议没有采纳,证明标准没有降低。此外,辩护律师全覆盖对于认罪认罚案件被告人获取有效的法律帮助也有相应的影响。对量刑建议的约束力、刑罚执行方式等问题也均有规定。当然,对于上述问题有所规定并不意味着上述问题已经定型。事实上,上述问题至今仍有争议,将来的发展方向仍存在一定的不确定性。此外,随着认罪认罚从宽制度的发展,

---

[137] 参见高通:《刑事速裁程序证明标准研究》,载《法学论坛》2017年第2期,第108页。
[138] 参见吴宏耀:《认罪认罚从宽制度的体系化解读》,载《当代法学》2020年第4期,第55页。

一些新的问题逐渐进入人们的视野,例如,上诉引发抗诉问题[139],认罪认罚案件是否应当以被追诉人悔罪为前提[140],量刑建议对法院的约束力问题[141],等等。可以说,认罪认罚从宽制度属于尚未定型的制度,该制度将走向何处仍不确定,相关争议问题仍值得关注。

---

[139] 参见王彪、庄依明:《认罪认罚案件被告人上诉权研究》,载张卫平、齐树洁主编:《司法改革论评》(总第28辑),厦门大学出版社2020年版,第92—93页。

[140] 参见闫召华:《虚假的忏悔:技术性认罪认罚的隐忧及其应对》,载《法制与社会发展》2020年第3期,第94—96页。

[141] 相关争论,参见董坤:《认罪认罚案件量刑建议精准化与法院采纳》,载《国家检察官学院学报》2020年第3期,第31页;郭烁:《控辩主导下的"一般应当":量刑建议的效力转型》,载《国家检察官学院学报》2020年第3期,第25—26页;孙远:《"一般应当采纳"条款的立法失误及解释论应对》,载《法学杂志》2020年第6期,第112页。

# 第十章
# 基层法院疑罪处理的双重视角与内在逻辑

传统观点认为,刑事司法适用法律的过程是典型的三段论演绎推理过程,大前提是法律,小前提是事实,当案件事实清楚,寻找合适的法律得出结论便是自然而然的事情。然而,司法实践证明,疑罪是各国刑事诉讼中不可避免的现象。根据产生疑罪的原因,可以将疑罪分为事实疑罪和法律疑罪两大类型。[1] 法律疑罪是寻找法律过程中出现的疑罪,一般涉及专业人士对相关法律条文的不同理解。[2] 事实疑罪则是指"因事实不清、证据不足而对犯罪嫌疑人、被告人是否构成犯罪以及情节轻重、此罪彼罪、一罪数罪与故意犯罪的停止形态等方面难以作出正确判断的情况"[3]。产生事实疑罪的关键原因是"事实不清、证据不足",即在案证据没有达到法律的要求从而导致无法有效认定案件事实。一般而言,冤错案件的发生多与事实疑罪有关,民众对案件的事实问题也较为关注,且事实疑罪的处理在一定程度上反映了一国刑事司法的深层次问题。因此,本章研究的是事实疑罪。法治国家在处理事实疑罪案件时基本上奉行相同的原则,即"疑罪从无"原则,我国1996年《刑事诉讼法》第162条确立了中国式的疑罪从无要

---

[1] 关于事实疑罪和法律疑罪的分类及其产生原因的分析,参见董玉庭:《论疑罪的语境》,载《中国法学》2009年第2期,第105—117页。

[2] 对法律疑罪的实证研究,参见王彪:《论盗窃罪与诈骗罪司法认定中的问题及其克服》,载张军主编:《刑事法律文件解读》(总第81辑),人民法院出版社2012年版,第96—106页。

[3] 段启俊:《疑罪研究》,中国人民公安大学出版社2008年版,第12页。

求。那么,司法实践中对事实疑罪案件的处理有没有严格遵守该要求呢?

为了明确研究对象,在对司法实践相关情况进行实证考察之前,有必要对本章所研究的问题作两点说明:一方面,本章仅研究事实疑罪中的罪与非罪之疑罪(在全文中简称"事实疑罪",在标题中则简称"疑罪")。一般来说,情节轻重、此罪彼罪、一罪数罪以及故意犯罪的停止形态之事实疑罪,因为案件的处理结果不涉及无罪判决的可能,在处理过程中遇到的阻力较小,罪疑有利被告原则能够得到较好的体现。问题的关键是罪与非罪之疑罪案件是如何处理的。另一方面,本章以基层法院为研究视角,因为基层法院与中、高级法院处理的案件类型有所不同,中、高级法院处理的是较为重大的刑事案件,在遇到事实疑罪时需要考虑更多的因素。如有学者认为,导致疑罪难从无的案外因素有独特的被害人反应机制及社会舆论导向等,在事实疑罪案件的处理过程中,还可能出现"三长会"或政法委协调案件等情况[4],这些情况在重大刑事案件中确实可能会存在,但在基层法院处理的轻微刑事案件中出现的概率则较小。也就是说,不同层级的法院在处理事实疑罪案件时遇到的问题是不一样的。

## 一、基层法院关于疑罪处理的双重视角

为了对基层法院处理事实疑罪案件的基本情况进行实证考察,笔者对西部某市辖区基层法院(以下简称 C 法院)进行了调研,主要的研究方法是访谈、阅读卷宗以及对个案的参与式观察。当然,这种研究有其局限性,因为个案研究存在的一个问题是调查样本是否充足的问题[5],中国疆域广阔,不同区域经济发展、人文环境等均不一样,但通过个案研究仍然可以大致展示一个地区基层法院处理事实疑罪案件的基本情况,进而进行不同的区域比较[6],从而得出整体上基层法院处理事实疑罪案件的基本情况。下面从实

---

[4] 参见朱桐辉:《案外因素与案内裁量:疑罪难从无之谜》,载《当代法学》2011 年第 5 期,第 28 页。

[5] 在经验性的研究中,调查样本的代表性和普遍性问题容易遭到质疑,相关的论述,参见黄海:《灰地——红镇"混混"研究(1981—2007)》,生活·读书·新知三联书店 2010 年版,第 33 页。

[6] 社会学界已经运用这种方法对中国农村社会的治理状况进行研究,即"个案研究上升到区域,再到区域比较",参见陈柏峰:《乡村江湖——两湖平原"混混"研究》,中国政法大学出版社 2011 年版,第 23 页。

体模式和程序机制两个方面来考察 C 法院是如何处理事实疑罪案件的。

(一) 基层法院关于疑罪处理的实体模式

我国 1996 年《刑事诉讼法》第 162 条规定,"案件事实清楚,证据确实、充分,依据法律认定被告人有罪的,应当作出有罪判决"。一般认为,"案件事实清楚,证据确实、充分"就是我国刑事诉讼的有罪证明标准。那么,因"事实不清、证据不足"导致罪与非罪的事实疑罪出现时,基层法院在实体上是如何处理案件的呢?对此问题,1979 年《刑事诉讼法》没有规定,在当时的立法背景下,办案机关应该悬置自己的判断,继续查证案情,直到将有关疑点完全澄清,以做到"实事求是"。[7] 1996 年《刑事诉讼法》第 162 条增加了一种判决方式,即"证据不足,不能认定被告人有罪的,应当作出证据不足、指控的犯罪不能成立的无罪判决"[8]。据此,对于疑罪,基层法院应当作出证据不足的无罪判决。然而,立法与司法的差距总是存在。有学者通过研究发现,在司法实践中存在以下几种疑罪处理方式,即"疑罪从有""疑罪从轻""疑罪搁置"以及"疑罪再理"等。[9] 还有实务人士认为疑罪从无原则在我国司法实践中发生了异化,产生了"疑罪从轻""疑罪从挂"以及"疑罪再理"等处理情形。[10] 下面结合 C 法院审理的实际案例来分析疑罪处理的实体模式。

一是疑罪从有。疑罪从有是指在案件事实不清、证据不足的情况下,法官在认定被告人有罪与无罪之间徘徊,但最终在案件存疑的情况下判决被告人有罪,且在量刑上没有任何"优惠"。

**案例 1** C 检察院指控,被告人林某某于 2007 年 7—9 月间,冒充厦门市国家安全局工作人员,以帮忙借款 500 万元及须先付 50 万元作为前期利息和手续费为由,在 C 区 S 酒店茶楼内骗取被害人朱某现

---

[7] 参见孙长永主编:《中国刑事诉讼法制四十年:回顾、反思与展望》,中国政法大学出版社 2021 年版,第 415 页。

[8] 立法者认为,之所以规定这种判决方式,是因为"对于证据不足,不能认定被告人有罪的案件如何处理,是我国司法实践一个重大的也是多年来有争议的问题"。胡康生、李福成主编:《〈中华人民共和国刑事诉讼法〉释义》,法律出版社 1996 年版,第 189 页。

[9] 参见谢进杰:《"疑罪从无"在实践中的艰难展开》,载《犯罪研究》2005 年第 6 期,第 45—46 页。

[10] 参见葛玲:《疑罪从无原则在我国司法实践中的异化及其分析》,载《法律适用》2008 年第 8 期,第 62 页。

金人民币50万元后逃跑。2008年1月18日被害人朱某将被告人林某某扭送至公安机关。

本案第一次开庭时,承办法官觉得案情复杂,证据之间存在诸多矛盾之处,主要包括以下方面:(1)借条是被告人于案发当日出具的,被害人朱某将50万元交给被告人林某某的当天没有索要借条,从案卷材料反映的事实来看,被告人林某某和被害人朱某在2007年9月份刚刚认识不久,被害人朱某将50万元现金交给被告人林某某而没有索取借条的做法不符合人际交往的一般规则;(2)证人陈某某的证言证实被告人没有作案时间。为了慎重起见,承办法官决定再次开庭,在第二次开庭之前,辩护人申请证人陈某某出庭,法官允许证人陈某某出庭。第二次开庭时,证人陈某某出庭,并用非常肯定的语气证明案发当日被告人在厦门和家人、朋友一起吃饭,根本没有作案的时间。此后,案件的审理陷入僵局,承办法官迟迟不能下判。在院庭长讨论案件时,承办法官认为该案存有若干疑问,不宜认定诈骗罪,主管副院长则认为辩方证人与被告人系老乡关系,其所作证言不可信。该案最终认定被告人林某某犯诈骗罪,判处有期徒刑11年,并处罚金10万元。

二是疑罪从轻。司法实践中,一些案件中既有对被告人不利的证据又有对其有利的证据,导致法官处于"认定无据、否定无理"的两难境地,而且由于时过境迁,补充侦查或者法官进行庭外调查也很难甚至不可能发现新的证据。此时,一般是对被告人宣告有罪,但给予较大幅度的量刑折扣。疑罪从轻往往伴随着审辩交易[11],即审判方与辩护方在各自让步的基础上就定罪量刑问题达成一致意见,一般是被告人放弃作无罪辩护或者放弃某一程序性权利,法官对被告人从轻量刑甚至判处非监禁刑或者免予刑事处罚。

**案例2** C检察院指控被告人郑某于2008年10月27日16时许,在Y市C区某工地内,因故与被害人熊某某发生纠纷后,将熊某某摔倒在地,致使被害人熊某某右胫腓骨下段骨折。经法医鉴定,被害人熊某某的损伤程度为轻伤。

---

〔11〕 审辩交易与德国刑事司法实践中的审辩协商有一定的相似之处,关于德国刑事司法中的审辩协商,具体参见李昌盛:《德国刑事协商制度研究》,载《现代法学》2011年第6期,第148—159页。

本案审理过程中,被告人辩称被害人在意图打自己时不慎摔倒从而导致受伤,被害人则坚称被告人将其摔倒。因纠纷发生在现场监控录像没有覆盖的地方,且本案没有证人证言等其他证据,结果本案成了典型的"一对一"证据的案件。按照法理存疑应有利于被告,即应判决被告人无罪。但该案经过法院内部的数次讨论,考虑到判决无罪对检察院绩效考评的影响〔12〕,最终判决被告人郑某犯故意伤害罪,免予刑事处罚。

三是疑罪从挂。疑罪从挂是指出现事实不清、证据不足的情况从而无法判断罪与非罪时,将案件搁置,暂不作处理。我国绝大部分案件的被告人在审判阶段都被羁押在看守所内〔13〕,因此,疑罪从挂往往伴随着被告人被长期羁押。随着近年来治理超期羁押工作的推进,司法实践中长期将被告人羁押而对案件暂不作处理的现象大为减少。目前,疑罪从挂主要是通过延期审理的方式进行,即通过公诉机关或者辩护律师出具延期审理函或者延期审理申请的方式延长审限。〔14〕另外,对于被告人未被羁押的案件,一般是通过中止审理的方式将案件搁置〔15〕,此类案件一般搁置的时间较长,一般要等到阶段性清理积案时才予解决。

**案例3** C检察院指控,2001年8月30日晚6时左右,被告人牟某某在Y市C区某农贸市场内,因故与被害人谭某某发生纠纷,进而与其发生打斗并将被害人谭某某殴打致伤。后经法医鉴定,被害人谭某某的损伤程度为轻伤。2004年12月30日,被告人牟某某被公安机关抓获归案。

该案控辩双方对基本的案件事实没有争议,但对鉴定结论有不同看

---

〔12〕 罪与非罪的疑罪之所以面临较大压力,与检察机关的绩效考核指标有关。参见姜金良、江厚良:《绩效考评对刑事程序失灵的影响》,载苏力主编:《法律和社会科学》(第17卷),法律出版社2019年版,第214—217页。

〔13〕 有学者认为,我国"公安司法机关过度地依赖羁押性强制措施,相对忽视其他非羁押性强制措施的适用,从而使'羁押例外原则'在司法实践中演变成'羁押常态原则'"。孙长永等:《犯罪嫌疑人的权利保障研究》,法律出版社2011年版,第119页。

〔14〕 司法实践中,大多通过公诉机关出具延期审理函的形式延长审限,相关实证研究,参见马永平:《延期审理滥用形态之检视与厘正》,载陈光中主编:《刑事司法论坛》(第4辑),中国人民公安大学出版社2011年版,第153页。

〔15〕 有实务工作者将其称为"隐性"超审限。参见臧德胜、崔光同:《刑事一审案件"隐性"超审限问题及规制》,载宋英辉、甄贞主编:《京师刑事诉讼法论丛》(第2卷),北京师范大学出版社2012年版,第196页。

法。该案前后共有三份鉴定结论。第一份鉴定结论认为被害人的伤情构成轻伤,但该鉴定结论是在被害人受伤后 1 个月左右鉴定的,距离被害人受伤害的时间太短,不符合伤情鉴定的时间要求,所以公诉人在法庭上没有举示该份证据;第二份鉴定结论仍认为被害人的伤情构成轻伤,但鉴定结论上少一个鉴定人签字[16],不符合鉴定结论的形式要求;第三份鉴定结论是由一家权威机构作出的,但该鉴定结论显示被害人的伤情构成轻微伤。公诉机关于 2007 年 8 月提起公诉,但一直到 2011 年年底该案仍未审结,其间换了几个承办法官,承办法官准备判决无罪,但有关领导认为要再等等看,等检察院领导班子换届后再考虑是否判决无罪。

四是疑罪移送。我国 1996 年《刑事诉讼法》第 170 条规定了公诉转自诉制度,对于被害人有证据证明对被告人侵犯自己人身、财产权利的行为应当依法追究刑事责任,而公安机关或人民检察院不予追究被告人刑事责任的案件,被害人可以向法院提起自诉。但是,由于被害人一般既不懂法律,也没有较强的证据意识,更没有足够的手段搜集证据。因此,公诉转自诉案件的证据总是存在这样或那样的问题。[17] 此时,法官一般选择将案件移送公安机关处理,并建议公安机关进行侦查,可以将这类事实疑罪的处理方式称为疑罪移送。

**案例 4** C 检察院指控,被告人周某系某公交公司员工,被害人文某系某加油站员工。2009 年 7 月 22 日 10 时许,被害人文某在该加油站因排队问题与被告人周某发生争执,进而被告人周某将被害人文某殴打致伤。经鉴定,被害人文某的损伤程度为轻伤。

被害人文某称,被告人周某案发后在派出所承认是其将自己打伤,且有证人证言证实,但后来这些证据均不见了,且公安机关坚决不立案。被害人遂将案件起诉至法院,但在案证据只有被害人的陈述。案发现场有监控录像,被告人与被害人的争吵及推搡行为能够看见,但被害人是如何倒地受伤的则因为被柱子挡住而无法看清。承办法官原本打算调解,但无奈被告人知道本案在案证据不足,不愿意调解。承办法官认为该案证据不足

---

[16] 有学者的实证研究也发现实践中有鉴定人不署名的情况。参见汪建成:《中国刑事司法鉴定制度实证调研报告》,载《中外法学》2010 年第 2 期,299 页。

[17] 事实上,由于种种限制,被害人成功追诉的可能性非常微小。参见房保国:《被害人的刑事程序保护》,法律出版社 2007 年版,第 240 页。

且公安机关有进一步侦查的必要,遂将案件移送公安机关处理。

五是疑罪补诉。司法实践中,当案件存在事实不清、证据不足的问题时,承办法官会与承办检察官反复进行沟通。[18] 一般来说,针对案件中存在的证据问题,公诉机关会要求侦查机关补充侦查。但在确实无法补充侦查的情况下,如果案件事实仍处于真伪不明的状态,而被告人恰好有其他轻微犯罪行为,则检察机关会补充起诉,从而避免全案被判决无罪。

**案例5** C检察院指控,被告人林某某于2007年7—9月间,冒充厦门市国家安全局工作人员,以帮忙借款500万元及须先付50万元作为前期利息和手续费为由,在C区S酒店茶楼内骗取被害人朱某现金人民币50万元后逃跑。2008年1月18日被害人朱某将被告人林某某扭送至公安机关。

公诉机关认为,被告人林某某的行为构成诈骗罪,C法院在审理过程中发现该案存在诸多疑点,但经过讨论后仍判决被告人犯诈骗罪,判处有期徒刑11年,并处罚金10万元。被告人不服提起上诉,Y市中级人民法院将该案发回重审。在重审时,面对相同的起诉和证据,C法院拟判决被告人无罪,在与公诉人沟通情况时,公诉人要求补充起诉,新的指控如下:

> 我院于2008年6月24日向你院提起公诉的被告人林某某诈骗一案,经我院进一步审查发现,被告人林某某有遗漏犯罪事实,现补充如下:被告人林某某于2007年11月6日和同月15日,冒充厦门市国家安全局工作人员,以可以帮助被害人朱某融资为由,以融资人康某的朋友陈某病危和去世为名,骗得被害人朱某1756元。

最终,C法院以招摇撞骗罪判处被告人林某某有期徒刑2年3个月

---

[18] 法检两家的沟通是中国刑事司法实践中的独特现象,法院之所以与检察院进行沟通,是因为判决无罪对检察院的考核指标有很大影响,而法检两家是长期的博弈关系,法院判决无罪会导致公安、检察部门在工作方面的不配合,因此,法院一般不会贸然判决无罪,在拟改变罪名、判决无罪的情况下,一般会事先与检察院沟通。关于无罪案件对检察院绩效考核的影响,参见夏伟、王周瑜:《存异难:检察权与审判权关系之忧——以近十年判决无罪人数走势为视角》,载万鄂湘主编:《审判权运行与行政法适用问题研究——全国法院第二十二届学术讨论会论文集》(上),人民法院出版社2011年版,第69页;关于判决无罪后公安、检察部门的可能反应,参见朱桐辉:《案外因素与案内裁量:疑罪难从无之谜》,载《当代法学》2011年第5期,第29页。

(即被告人实际被羁押的期限)。宣判后,被告人没有上诉,判决已经生效。

以上是 C 法院在处理事实疑罪案件时的几种实体处理方式,通过调研,笔者还发现,C 法院已经有很多年没有作出过无罪判决,就连在刑庭工作了十几年的法官也记不清上一次判决无罪是什么时候的事情了。[19] 在笔者的一再追问下,一些资深法官才透露了以上几种事实疑罪的实体处理方式,并提供了一些实际发生的案例。

(二)基层法院关于疑罪处理的程序机制

在基层法院,除审判委员会外,法定的审判组织有两种,一种是独任制,另一种是合议制,独任法官审理的案件由法官自己进行裁判即可,而合议庭审理的案件则需要经过合议庭成员评议后进行裁判。但事实上,合议庭并不评议案件,因为 C 法院实行承办人负责制[20],合议庭的其他成员并不过问案件的处理情况。然而,在正式制度之外,有一系列非正式决策机制。正如有学者的研究所指出的一样,法院判决形成过程是"行政权阴影下的多元化整体作业模式",主要包括审委会讨论决策的民主集中型、院庭长审批决策的行政审批型、庭务会、审判长联席会议以及直接咨询办案能手、阅览专家观点等讨论咨询型。[21] C 法院的情况与此类似。

在 C 法院,承办法官面对事实疑罪案件时,基本上不会直接判决,更不会径直宣判无罪,而是要经历一系列的程序才能找到解决问题的方法。首

---

[19] 这种情况在全国有一定的代表性,一些检察院将无罪判决的零纪录作为"政绩"进行宣传。检察院无罪判决零纪录,意味着该检察院对应的法院没有判决无罪的案件。相关报道,参见李轩甫、蔡卓群:《海口秀英:无罪判决七年为零》,载《检察日报》2006 年 8 月 28 日,第 2 版;廖剑聪、李莉:《岳麓检察连续 11 年无罪判决零记录》,载《法制日报》2014 年 7 月 19 日,第 5 版。截至 2009 年 1 月,桂林市秀峰区连续 30 年无罪判决率为零,参见蒋湘华、罗昕:《桂林秀峰:无罪判决率连续 30 年为零》,载 http://news.jcrb.com/jiancha/jcdt/200901/t20090105_121764.html,最后访问日期:2021 年 7 月 2 日。

[20] 在 C 法院,案件审理实行承办人负责制,即某个案件分给某法官承办后,关于该案的一切事宜均由承办法官处理,承办法官对该案负责。独任审判如此,合议庭审理亦不例外。C 法院的合议庭均由一名承办法官和两名陪审员组成,陪审员陪而不审。学界的研究也证实这一现象的普遍存在。参见宋英辉主编:《刑事诉讼法学研究述评(1978—2008)》,北京师范大学出版社 2009 年版,第 340 页;刘晴辉:《中国陪审制度研究》,四川大学出版社 2009 年版,第 216 页;彭小龙:《非职业法官研究——理念、制度与实践》,北京大学出版社 2012 年版,第 274 页。

[21] 参见肖仕卫:《刑事判决是如何形成的——以 S 省 C 区法院实践为中心的考察》,中国检察出版社 2009 年版,第 76—90 页。

先,承办法官在遇到事实疑罪案件时,一般会在开庭后与承办检察官进行沟通[22],如果需要的话,还要让承办检察官督促侦查机关补充侦查。如果无法进行补充侦查或者经补充侦查后仍达不到定罪的证据要求,承办法官会将案件提交院庭长讨论,经过讨论后仍无法达成明确结论或者达成的结论可能会面临二审改判的,一般还会向上级法院"对口"部门进行汇报。其次,在处理重大案件时还需要经过政法委协调案件。最后,如果要宣判无罪还要经过 C 法院审委会讨论。事实上,在 C 法院内部也存在咨询办案能手、阅览专家观点等讨论咨询型案件决策方式,但笔者认为,讨论咨询型案件决策方式实际上是法官在自己理论知识和实践经验不足的情况下"边办案边学习"的过程,不具有强制力,在不同地区有不同的表现形式,没有研究的必要。下面主要对带有一定"强制性"的案件处理程序进行详细论述。

第一,在正式庭审之外,法检两家往往就案件中存在的问题反复进行沟通,这种沟通可以是双方的案件承办人员通过电话进行的较为随意的沟通,也可以是双方领导进行的较为正式的沟通。目前,法检系统内部均有严密的绩效考评机制,其中均设有一系列严格的考核指标。[23] 为了在推进工作的同时尽可能达到优化绩效考核指标的目的,法检两家往往会就案件中出现的程序和证据问题进行沟通。法院在面对事实疑罪案件时,第一反应往往是要求公诉机关补充侦查[24],公诉机关要么自己补充侦查,要么要求侦查机关补充侦查,如果案件无法补充侦查或经过补充侦查后仍存在问题的,承办法官则将案件提交院庭长讨论。

第二,法院内部的院庭长讨论案件。以是否有明确的内部要求为标准,可以将司法实践中的院庭长讨论案件分为两类,即法院内部有明确要求的"法定讨论型",以及法院内部没有要求,承办法官因觉得"不踏实"等

---

[22] 类似的研究,参见孙长永、黄维智、赖早兴:《刑事证明责任制度研究》,中国法制出版社 2009 年版,第 209 页。

[23] 关于法院的绩效考评机制,参见艾佳慧:《中国法院绩效考评制度研究——"同构性"和"双轨制"的逻辑及其问题》,载《法制与社会发展》2008 年第 5 期,第 71—76 页;关于检察院的绩效考评机制,参见朱桐辉:《绩效考核与刑事司法环境之辩——G 省 X 县检察院、司法局归来所思》,载陈兴良主编:《刑事法评论》(第 21 卷),北京大学出版社 2007 年版,第 258—262 页。

[24] 对该问题的批判性意见,参见樊长春:《论法院退补权与疑罪处理方式》,载《湖北社会科学》2009 年第 9 期,第 165—166 页。

原因主动要求讨论的"裁量讨论型"。[25] 根据C法院的内部规定,对拟决定逮捕或者变更其他强制措施的、判处非监禁刑的、宣告无罪的、增加或减少指控情节的(如控方没有认定自首、立功,审理后拟认定的,控方认定自首,审理后认为不当的等)、变更罪名的以及"涉黑"、阶段性专项治理等政策性较强的案件,承办法官需将案件提交院庭长讨论。一些案件并没有规定必须讨论,但案件中的一些疑难问题承办法官觉得把握不住,此时,承办法官也会主动将案件提交院庭长讨论,一般情况下院庭长也不会拒绝。案件讨论的流程是:案件分到承办法官处,承办法官经过庭前阅卷、开庭以及庭后阅卷,如果发现承办的案件属于上述几类,将向庭长汇报,由庭长负责联系分管副院长,然后确定讨论案件的时间。讨论案件一般在分管副院长办公室进行,首先由承办法官将查明的案件事实以及现有的证据归纳一下,然后说明本案中需要讨论的问题。分管副院长对一些不清楚的情节或认为比较重要的方面会进一步追问承办法官,待承办法官将案件事实和证据叙述清楚后,分管副院长会征求庭长的意见,然后再提出自己的观点。在分管副院长给出意见后,大部分法官会按照讨论的结果(一般也就是主管副院长的最后意见)去处理案件。当然,所有案件的讨论,承办法官都会让书记员做好讨论笔录。

第三,向上级法院请示汇报案件。事实上,下级法院就案件如何处理向上级法院请示的做法与法院内部的院庭长讨论案件机制基本一致,可以将这种做法称为上下级法院之间的案件讨论机制。其具体做法分为两种:一种是较为随意的沟通,如在法院内部院庭长讨论案件时,如果院庭长遇到拿不准的小问题,往往会通过电话的方式与上级法院沟通,在得到明确答复后再决定相关案件该如何处理;另一种则是较为正式的讨论,在遇到较为复杂的案件时,为了避免改判或者发回重审对基层法院的考核造成不利影响,院庭长会联系上级法院的"对口"部门,然后与承办法官一起到上级法院"对口"部门汇报讨论案件。参加讨论的人员主要有上级法院"对口"部门的负责人、负责审理C法院上诉案件的法官和基层法院的院庭长与案件承办法官。讨论的过程与法院内部的院庭长讨论案件机制基本一致,首先由承办法官汇报案情(一般是宣读讨论报告),并提出需要讨论

---

[25] 对基层法院院庭长讨论案件机制的实证研究,参见王彪:《基层法院院庭长讨论案件机制研究》,载《中国刑事法杂志》2011年第10期,第67—76页。

的问题,必要时,基层法院的院庭长会作出补充,并提出带有倾向性的意见,然后基层法院的院庭长征求上级法院的庭长以及负责审理 C 法院上诉案件的法官的意见。在此基础上,对需要讨论的问题进行总结、归纳、提炼,并最终形成结论。在请示汇报的过程中,如果上级法院内部对某一问题也有不同的意见,此时下级法院必须书面向上级法院请示,将卷宗移送上级法院立案,立案后将案件分给上级法院的研究室法官承办,在给出正式的答复前还要经过上级法院的审委会讨论。

第四,审委会讨论案件。近年来,由于法院审理的案件数量的增多,也由于法院承担功能的增多,如法院不仅要办理好诉讼案件,还要通过各种方式参与社会管理创新,同时,由于对审委会功能认识的深入,实践中审委会讨论的案件数量呈逐年下降的趋势,目前已固定在一个非常低的比例上,有学者将这种现象称为审委会放权改革。[26] 一般而言,拟判处无罪的案件以及政策性强、可能会引起涉诉上访的案件等,应提交审委会进一步讨论。[27] 在审委会讨论案件时,首先由承办法官介绍案情,并提出需要讨论的具体问题,在必要时,主管刑庭的副院长会补充一些内容,然后由主持审委会的院长征求主管刑庭的副院长和刑庭庭长的意见,并询问其他审委会委员的意见,在此基础上权衡利弊作出决定。

第五,政法委协调案件。就基层法院审理的案件来说,仅有极少数的案件需要政法委来协调处理。一般来说,"涉黑"等政策性较强或者影响较大的事实疑罪案件,法院在作出判决前,政法委会召开由公检法等部门相关人员参与的协调会议。[28] 协调会一般由政法委的副职主持,公安、检察

---

[26] 关于审判委员会放权及其过程的研究,参见肖仕卫:《基层法院审判委员会"放权"改革的过程研究——以对某法院法官的访谈为素材》,载《法制与社会发展》2007 年第 2 期,第 28 页。司法实践中,审判委员会讨论的案件越来越少,以笔者调研的 C 法院为例,近几年审委会讨论的刑事案件比例很小,一般在 1%以下。

[27] 在肖仕卫调查的法院,审委会主要讨论拟免除刑事处罚、判处无罪的公诉案件,可能导致本院承担国家赔偿责任的案件,政策性强、涉及重大稳定的案件等。参见肖仕卫:《刑事判决是如何形成的——以 S 省 C 区法院实践为中心的考察》,中国检察出版社 2009 年版,第 77 页。

[28] 有学者将人民司法的新传统归纳为五个方面,其中服从党的领导是人民司法的组织保障,服从党的领导在当前主要表现为政法委协调案件。参见何永军:《断裂与延续:人民法院建设(1978~2005)》,中国社会科学出版社 2008 年版,第 82—103 页;关于政法委协调案件,参见侯猛:《司法改革背景下的政法治理方式——基层政法委员会制度个案研究》,载《华东政法大学学报》2003 年第 5 期,第 99—106 页。

和法院负责案件工作的副职以及公检法三部门的案件承办人参加。在主持人介绍相关情况后,承办法官汇报案情,包括案件的基本事实和证据,并提出案件审理过程中出现的疑难问题。就案件的疑难问题,公检法三机关会分别给出各自的意见,在经过充分的讨论之后,政法委的领导会就案件如何处理定下基调。在协调案件时,一般都比较慎重,整个协调会的过程会有人专门记录,协调结果还要制作成会议纪要。

以上就是事实疑罪案件处理过程中可能要经历的所有的非正式案件处理机制(审委会讨论案件除外,下同),这些非正式的案件处理机制虽然没有法律的明文规定,但却是实实在在的事实疑罪处理程序。当然,并不是所有的事实疑罪案件都要经历这些内部处理程序。一般而言,一些事实疑罪案件在院庭长讨论案件这一环节即可得到解决,一些事实疑罪案件则需要向上级法院请示汇报,如案例 5 的情况,在公诉机关补充起诉后,为了确保案件的处理结果得到上级法院的认可,在判决之前 C 法院就向上级法院反复请示汇报过;一些事实疑罪案件需要经过审委会讨论,如案例 2 的情况,经过审委会讨论后决定对被告人定罪但免予刑事处罚;司法实践中,少量案件需要经过政法委协调,如 C 法院审理的一起"涉黑"案件,承办法官在审理过程中发现本案被告人的行为不构成黑社会性质组织犯罪,此案经过 Y 市委政法委召开协调会并经过激烈的争辩后认定该案被告人不构成黑社会性质组织犯罪。

## 二、基层法院关于疑罪处理的内在逻辑

基层法院在处理事实疑罪案件时在实体和程序方面各有何特征呢?在实体上,法官为什么宁愿采取疑罪从有、疑罪从轻、疑罪从挂等方式处理案件而不愿选择法定的疑罪从无要求?在程序上,事实疑罪案件的处理为何要经过内部的层层汇报、讨论呢?在实体和程序上独特的案件处理方式背后体现了什么样的深层次逻辑?

### (一)疑罪尽量不从无的实体取向

从理论上来说,对于罪与非罪的事实疑罪案件,法院应严格依照法律的规定处理,即作出证据不足的无罪判决。但司法实践中,疑罪从无原则发生了异化,法院宁愿选择疑罪从有、疑罪从轻的方式来处理案件

也不愿遵照法定的疑罪从无要求,在遇到实在不能判决有罪的事实疑罪案件时,则采取疑罪从挂、疑罪移送的方式来拖延或者规避矛盾。从中我们可以看出,法院在处理事实疑罪案件时有疑罪尽量不从无的实体取向。

法院为何会有这种取向呢?[29] 根据有学者的分析,"疑罪从无的异化在我国可以分为两大类型:一是法官没有确信,迫于外部环境违背意志作出有罪判决;二是证据质与量尚未达到法律的要求,但法官已确信被告人有罪,从而作了有罪判决"[30]。也就是说,外部环境因素和内部诉讼理念是影响法院在处理事实疑罪案件时有该种实体取向的主要原因。C法院的情况亦是如此。

从外部环境因素而言,刑事诉讼中一系列有形或无形的制度引导法院在处理事实疑罪案件时坚持疑罪尽量不从无的实体取向。正如有学者所言,"中国法院和法官的行动策略,在很大程度上也是制度激励的结果。制度对法院和法官的影响,小部分从观念层面上、以神话般的方式发生,也就是说,通过长期的教育和灌输而内化为法官的观念;大部分则是通过激励机制发生,即通过成本、收益、机会甚至直接的奖励或惩罚而对法官产生激励"[31]。我们可以将此处的制度激励作扩大解释,即所有能够影响法官在处理事实疑罪案件时选择疑罪尽量不从无的实体取向的因素。通过观察发现,影响法官选择的因素主要有宏观上的司法体制、中观上的诉讼环境以及微观上的具体制度。

首先是宏观上的司法体制因素的影响,主要是法院"管理体制上的官僚化"[32]和公检法三机关相互分工的诉讼体制。在中国,"司法是深深嵌

---

[29] 这里用的是法院而不是法官,是因为在事实疑罪处理过程中,"法律解释者或司法判决生产者往往不是一个'有面目的法官',而是一个'无面目的法官',是一个机构、一个组织、一群人,如合议庭、审委会、上级法院、政法委,等等",也就是说,"他们每一个都可以称为法律的解释者,但往往哪一个都不是法律解释责任的最终承担者"。参见强世功、赵晓力:《双重结构化下的法律解释——对8名中国法官的调查》,载梁治平编:《法律解释问题》,法律出版社1998年版,第237页。

[30] 秦宗文:《"疑罪"应当"从无"吗?——法治与情理视角下对疑罪从无原则的重新审视》,载《法律科学(西北政法大学学报)》2007年第1期,第86—87页。

[31] 翁子明:《司法判决的生产方式:当代中国法官的制度激励与行为逻辑》,北京大学出版社2009年版,第21页。

[32] 贺卫方:《中国司法管理制度的两个问题》,载《中国社会科学》1997年第6期,第124页。

在整个党政的运作机制之中的"[33]。因此,在面对所谓的审判独立主张时,必须始终保持清醒的头脑,作出清醒的认识。[34]审判独立在中国只能是司法机关依法独立行使职权,"是在接受党的领导和国家权力机关监督下的相对独立"[35]。另外,司法机关除接受党委的领导和人大的监督外,还要接受上级"业务部门的指导和监督"[36]。由此导致的结果是,在司法行政化的法院系统内,"普通法官要接受庭长副庭长的领导,庭长副庭长要接受院长副院长的领导",与此相关联的是"上下级法院关系的行政化"。[37]"法律所规定的审判制度在实际审判过程中发生了重大变形,形成了中国法院审判的实际的非正式制度",具体表现为"审判制度和行政管理制度混同了;审判制度成了法院行政制度的附属;在一个法院内部也出现了事实上的审级制度,特别是在一些疑难、复杂和重大案件的审理上"[38]。在这样的制度语境下,法官在作出判决前往往要向不同的主体请示汇报,在处理事实疑罪案件时需要尽量考虑判决的法律效果和社会效果,而无法独立地严格按照疑罪从无的要求处理案件。公检法三机关相互配合的诉讼体制又决定了法院无法不顾及检察机关的考核要求而严格按照法律判决,在这种"流水作业式"的诉讼构造中[39],公检法三机关相当于诉讼流水线上的三个主要的"操作员",共同致力于完成刑事诉讼法的任务。在这种一体化的诉讼体制中,"裁判中心主义"的诉讼构造没有制度和理念根基,法院没有判决无罪的审判权威。

其次是中观上的诉讼环境因素的影响,主要包括公检法系统的绩效考评机制和独特的被害人反应机制。在公检法三机关内部,都各有一套严密的绩效考评机制,其中均设有严格的绩效考核指标,"公检法三机关内部业

---

[33] 汪庆华:《政治中的司法:中国行政诉讼的法律社会学考察》,清华大学出版社2011年版,第16页。
[34] 参见沈德咏主编:《中国特色社会主义司法制度论纲》,人民法院出版社2009年版,第464页。
[35] 陈光中等:《中国司法制度的基础理论问题研究》,经济科学出版社2010年版,第54页。
[36] 侯猛:《政法传统中的民主集中制》,载《法商研究》2011年第1期,第124页。
[37] 参见贺卫方:《超越比利牛斯山》,法律出版社2003年版,第129—131页。
[38] 苏力:《法院的审判职能与行政管理》,载信春鹰、李林主编:《依法治国与司法改革》,社会科学文献出版社2008年版,第329页。
[39] 参见陈瑞华:《刑事诉讼的前沿问题》(第三版),中国人民大学出版社2011年版,第259页。

绩考评制度的存在,使得在刑事司法程序运转过程中,后一机关对案件的实体处理结果直接决定前一机关是否办了'错案',并因此影响前一机关的业绩考评结果。这种以后一机关的实体处理为标准的业绩考评制度,造成公检法人员将追求某种有利的考评结果作为诉讼活动的目标"[40]。在这种情况下,很容易出现"法官没有确信,迫于外部环境违背意志作出有罪判决"。一般情况下,通过疑罪从轻的方式能够处理绝大部分事实疑罪案件,但在一些无法通过从轻判决的方式处理案件的情况下,若干年前的做法是通过检察院撤回起诉的方式来避免无罪判决[41],而近年来检察系统内部对撤回公诉的审查越来越严格,如果是因为证据不足而撤回公诉,其在考核中的效果与无罪判决基本一样。因此,在被告人坚持不认罪的情况下,疑罪从挂现象就产生了。在对被告人补充侦查后,如果发现被告人哪怕是很轻微的犯罪,就可以作出对被告人的审前羁押期限"实报实销"的有罪判决,如案例 5 所显示的情况。

独特的被害人反应机制也是一个重要的影响因素。正如有学者所言,"现实中,被害人如对判决不满意,往往采用上访、示威甚至抬尸游行等举动给法院施加压力"[42]。在涉诉信访已经成为法院工作非常重要的内容"的情况下,全国各级法院都花费极大的精力来解决涉诉信访问题。最高人民法院如此,地方各级法院更是直接处在访民和上级党委政府的双重压力之下,以至于信访数量的多少成为衡量法院工作好坏的一个重要指标[43],因此,在事实疑罪案件的处理过程中,被害人或其家属的可能反应是法院不得不考虑的一个重要因素。事实上,被害人家属给法院施加压力的情况在佘祥林、赵作海等冤案中已经出现,且已经影响了事实疑罪案件的处理结果,是形成冤错案件的一个重要因素。如此,也就不难理解案例 4 中法官的疑罪移送做法了,其实质是法院在进退两难的困境中将矛盾推给

---

[40] 陈瑞华:《刑事程序失灵问题的初步研究》,载《中国法学》2007 年第 6 期,第 156 页。

[41] 对撤回公诉的法理分析与反思,参见顾永忠、刘莹:《论撤回公诉的司法误区与立法重构》,载《法律科学(西北政法大学学报)》2007 年第 2 期,第 153—156 页;对该现象的实证考察与理论反思,参见陈学权:《对"以撤回公诉代替无罪判决"的忧与思》,载《中国刑事法杂志》2010 年第 1 期,第 81—82 页。

[42] 朱桐辉:《案外因素与案内裁量:疑罪难从无之谜》,载《当代法学》2011 年第 5 期,第 30 页。

[43] 参见汪庆华:《政治中的司法:中国行政诉讼的法律社会学考察》,清华大学出版社 2011 年版,第 104 页。

了公安机关。

最后是微观上的具体制度的影响,主要包括疑罪分类、案件诉讼分流以及判决说理三个方面的因素。在疑罪到底该如何处理方面,至今法学理论界和司法实务部门没有一个统一的认识。[44] 事实上,由于疑罪类型的不同,对不同的疑罪应适用不同的处理方式。[45] 因此,在对疑罪分类认识不清的情况下,在具体的疑罪处理上就有可能有失妥当。案件分流泛指一整套将案件从通常程序中过滤过来的机制[46],其中最主要的两种方式是审查起诉阶段的酌定不起诉决定和审判阶段的辩诉交易。就酌定不起诉而言,其在司法实践中存在滥用的情况[47],如酌定不起诉的适用范围明显不当,主要表现在对职务犯罪不起诉案件的制约力度明显不足[48],又如司法实践中的一些做法突破了现行法律的规定,表现为降格指控与选择指控的存在[49]。而公诉权的滥用,直接导致实践中对公诉权运行的内部制约机制的加强。[50] 如在检察机关内部,对于不起诉、减少起诉内容等有利于被告人的决定要在事前经过层层审批、汇报,在事后还要被反复检查。[51] 对于辩诉交易制度能否引入我国,一直以来理论界有不同意见,主要有肯定论、限制论、否定论和缓行论四种观点。[52] 司法实践中,在2002年"国内辩诉交易第一案"的孟广虎故意伤害案发生后,一些公诉机关曾经效仿该案的做法,并将其作为一些特殊案件的特殊分流形式。[53] 但在该

---

[44] 参见金钟:《论"疑罪从无"原则之例外——"疑罪从轻"》,载《西南民族大学学报(人文社会科学版)》2011年第12期,第109—113页。

[45] 参见段启俊:《疑罪研究》,中国人民公安大学出版社2008年版,第18—21页。

[46] 参见姜涛:《刑事程序分流研究》,人民法院出版社2007年版,第1—2页。

[47] 学者的研究,参见谢小剑:《公诉权滥用形态的发展》,载《中国刑事法杂志》2009年第11期,第76—79页;周长军:《公诉权滥用论》,载《法学家》2011年第3期,第24—26页。

[48] 参见王昕:《公诉运行机制实证研究——以C市30年公诉工作为例》,中国检察出版社2010年版,第236页。

[49] 参见郭松:《实践中的公诉裁量——以实证调查材料为基础的经验研究》,载《四川大学学报(哲学社会科学版)》2007年第4期,第133—138页。

[50] 对公诉权制约的研究,参见谢小剑:《公诉权制约制度研究》,法律出版社2009年版,第244—299页。

[51] 参见王昕:《公诉运行机制实证研究——以C市30年公诉工作为例》,中国检察出版社2010年版,第227—253页。

[52] 参见宋英辉主编:《刑事诉讼法学研究述评(1978—2008)》,北京师范大学出版社2009年版,第500—502页。

[53] 参见黄文艾等:《中国刑事公诉制度的现状与反思》,中国检察出版社2009年版,第319页。

案发生后不久,最高人民检察院明确表态:"辩诉交易"目前不能用于办案。对酌定不起诉的严格限制与对辩诉交易的明确禁止,导致的直接后果是大量的案件涌入法院,其中就包括很多在事实认定方面存在问题的案件。判决书不说理或说理不充分是一种客观现象[54],一直以来不断受到学者们的批评,但至今仍未有较大的改善。判决书不说理使得疑罪尽量不从无的实体取向成为可能,因为,法官可以在判决书中对事实认定上的疑难问题一笔带过,在简单表述几句套话后即匆忙下判。

以上考察了司法实践中一系列有形或无形的制度因素使得法官"不得不"选择疑罪尽量不从无的实体取向,但在另一些案件中,则是法官的诉讼理念使得其"不想"疑罪从无。司法实践中,有些冤案是在司法权正当行使的情况下产生的,有学者将这种冤案称为"正当"的冤案,"宁错勿纵"就是其中的一种。[55] 案例1就是典型的例证,在案例1的院庭长讨论案件中,承办法官觉得"定诈骗50万元疑点过多,存在很多矛盾",但主管副院长却认为"两方的证据矛盾,要比较哪方的证明力大些?"进而认为:"应支持检方指控,证据已能形成锁链,有被告人供述,证人证言及受害人陈述,案外人的证词与其他证据相印证。辩方只举示一个人的证言,系孤证,通话清单根本不能证明被告人案发时在何处。另外,控方出具的证人证言系侦查机关依法获得的,具有较大的可信性,辩方的证人与被告人系朋友关系,其证言的可信性不是很高。"从该领导的话语中,我们可以发现:一是该领导基本上没有疑罪从无的意识;二是该领导的思维是典型的民事法官的思维。从这里可以看出,主管领导的业务水平在很大程度上决定了一个法院刑事审判的总体水平,也在很大程度上决定了一个法院在处理事实疑罪案件时的总体倾向。

以上从判决生产者的角度探讨了为什么法官在处理事实疑罪案件时有疑罪尽量不从无的实体取向。作为判决相对方的检察机关和被告人在此实体取向的达成中处于什么状态呢?

对检察机关来说,其内部有严密的考核体系和严格的考核指标,其中,对检察机关影响最大的是无罪判决率。[56] 一般来说,判决无罪对检察

---

[54] 参见胡云腾:《论裁判文书的说理》,载《法律适用》2009年第3期,第49—50页。

[55] 参见毕竟悦:《政治合法性、整体利益与个案公正》,载高鸿钧、张建伟主编:《清华法治论衡——冤狱是怎样造成的(下)》(第10辑),清华大学出版社2008年版,第117—118页。

[56] 参见陈瑞华:《刑事诉讼的中国模式》(第二版),法律出版社2010年版,第314页。

院的考核指标有巨大的影响。在处理事实疑罪案件时,能径直判决有罪当然最好,但随着疑罪从无理念的深入人心以及网络媒体无所不在的隐形监督,法官在明知案件事实存疑的情况下仍径直判决有罪的现象已基本不存在。疑罪从轻、疑罪补诉、疑罪从挂等就成了较为常用的方法,此时,对于公诉人来说,"只要不判决无罪,怎么样都可以"。因为无罪判决无论是对于检察机关还是检察官个人,都是无法承受之重。

就被告人而言,一方面,因为法律知识的匮乏,其并不知道自己的行为是否构成犯罪,更不知道案件存在哪些疑点;另一方面,长期的审前羁押,强大的审讯攻势,使其对从轻判决产生了"知足"的心理,即"'疑罪从轻'的处理案件方法以轻判作为交换的筹码,也使案件中的被告人心理得到了平衡,即认为自己'犯了罪',能'保住性命'或得到'轻判',已实属不易"[57]。另外,在一般民众的心目中,判处非监禁刑就等于没有判刑。[58] 基于以上两点,被告人一般能够接受疑罪从轻、疑罪补诉等判决方式。对一些被告人坚决不妥协的案件,基层法院在作出疑罪从有或者疑罪从轻判决之前一般要向上级法院请示汇报,这种内部请示汇报机制的存在基本上"剥夺了"被告人的上诉权。[59] 也就是说,被告人无法对疑罪尽量不从无的实体取向产生任何实质性的影响。当然,有些案件请了律师作为辩护人,但从辩护人的角度来看,"作为量刑辩护人的律师"[60],其主要职责以及辩护成功的表现就是"捞人",至于判决无罪,确实是不敢想的事情。所以,在一般情况下,如果判决宣判后被告人能走出看守所,辩护律师以及被告人家属就觉得辩护成功了。另外,辩护律师与法官/法院之间是长期博弈的关系,辩护律师不想因为个案得罪法官/法院,从而成为某法院不受欢迎

---

〔57〕 刘宪权:《"疑罪从轻"是产生冤案的祸根》,载《法学》2010 年第 6 期,第 17 页。

〔58〕 有学者认为,"在农村人的意识里,判了缓刑,不进监狱,就如同没有判刑一样"。参见代志鹏:《司法判决是如何生产出来的——基层法官角色的理想图景与现实选择》,人民出版社 2011 年版,第 112 页。事实上,在一般民众看来,缓刑确实等于没有判刑一样,当然,有固定工作的国家机关或事业单位工作人员会因缓刑受到影响的除外。

〔59〕 对案件请示做法的批评,参见朱立恒:《刑事审级制度研究》,法律出版社 2008 年版,第 229 页;廖明:《〈关于规范上下级人民法院审判业务关系的若干意见〉评析——以刑事审判业务为视角》,载张军主编:《刑事法律文件解读》2012 年第 1 辑(总第 79 辑),人民法院出版社 2012 年版,第 118 页。

〔60〕 李昌盛:《缺乏对抗的"被告人说话式"审判——对我国"控辩式"刑事审判的实证考察》,载《现代法学》2008 年第 6 期,第 177 页。

的律师。[61] 基于以上分析,辩护律师对法官疑罪尽量不从无的实体取向也不会产生较大的阻碍,有时甚至促进了疑罪从轻判决的产生。

上述种种因素的结合,导致司法实践中事实疑罪难以从无,从整体上导致无罪判决率长期处于非常低的水平[62],甚至近年来还呈逐年下降的趋势[63]。

以上分析了法院在处理事实疑罪案件时的实体取向,并分析了影响这种实体取向背后的一系列因素。那么,法院在处理事实疑罪案件时在程序方面又是什么情形呢?

### (二)尽量走完所有步骤的程序导向

法院/法官在处理事实疑罪案件时,一般都要尽量走完一系列正式或非正式的程序或步骤,如法官在遇到疑罪案件时,首先会与公诉人沟通,然后将案件提交院庭长讨论,经过讨论后仍不能得出明确结论的,还要向上级法院请示汇报,一些案件还要经过审委会讨论决定,极少数案件甚至还需要政法委召开协调会来决定。那么,法院/法官为何会有如此的程序导向呢?

就法院来说,其是通过法院的院庭长来处理日常工作中的大小事务并对法官进行监管的。对于法院的院庭长而言,在我国各级法院都在运作的绩效考核制度,"对各级领导干部普遍适用'一岗双责'的双重责任制度"[64],根据"一岗双责"的要求,院庭长既要抓好队伍建设工作,也要搞好审判业务工作。在这种语境下,院庭长对于事实疑罪案件的审判过程和审理结果进行严格控制也就理所当然了。就事实疑罪案件的处理过程而

---

[61] 由于律师与法官之间是一种长期博弈的关系,律师一般愿意配合法官的工作,在拟对被告人判处缓刑的情况下更是如此。在德国刑事诉讼中也存在类似的情况,律师通过与检察官、法官的私下协商在司法人员心目中树立"和谐律师"的形象,这种形象对其以后开展辩护工作较为有利。See Regina E. Rauxloh, Formalization of Plea Bargaining in Germany: Will the New Legislation Be Able to Square the Circle?, 34 *Fordham Int' l L. J.* 296(2011), p.307.

[62] 根据有学者的统计,1997 年至 2007 年,11 年间我国刑事案件中的平均有罪率达到 99.43%,参见陈如超:《刑事法官的证据调查权研究》,中国人民公安大学出版社 2011 年版,第 40 页。

[63] 参见夏伟、王周瑜:《存异难:检察权与审判权关系之忧——以近十年判决无罪人数走势为视角》,载万鄂湘主编:《审判权运行与行政法适用问题研究——全国法院第二十二届学术讨论会论文集》(上),人民法院出版社 2011 年版,第 69 页。

[64] 艾佳慧:《中国法院绩效考评制度研究——"同构性"和"双轨制"的逻辑及其问题》,载《法制与社会发展》2008 年第 5 期,第 75 页。

言,考虑到检法两家的长期博弈关系以及检察机关拥有的职务犯罪侦查权和法律监督权,院庭长要求承办法官与检察院沟通,避免案件处理不当影响机关之间的关系进而给法院工作带来麻烦。院庭长要求一些案件在判决前需要经过法院院庭长讨论,则是院庭长对事实疑罪案件的处理过程进行严格控制,防止法官因为水平有限或者腐败因素的影响而作出错误判决。对于一些事实疑罪案件,院庭长主动联系向上级法院请示汇报,则是考虑到如果处理不当案件很可能被二审改判或者发回重审,从而影响法院的绩效考评。如案例1,由于没有在审前与上级法院沟通,导致案件后来被发回重审,这种失败的经历会促使法院在遇到疑难案件时尽量多向上级法院汇报。在极少数案件中,院庭长还要将案件提交政法委召开协调会讨论。一些案件提交法院审委会讨论,院庭长主要考虑通过审委会的方式减轻可能产生的责任,如对于一些事实疑罪案件拟疑罪从轻的,经过审委会讨论后,即使案件后来出现问题,承办法官和院庭长的责任也大大减轻。就事实疑罪案件处理的结果而言,院庭长之所以要对其进行控制,主要是考虑到判决后被害人的可能反应以及考虑特定时期刑事政策或领导讲话精神的贯彻。

对法官而言,其处于地方司法共同体所组成的社会网络之中,其行为要受到各种制约。检察机关的压力是其中的一个重要方面。在检察系统内部有严密的考核体系,这种考核分为对检察院整体、内部各部门以及承办检察官三个层次的考核。[65] 检察机关和检察官个人的考核成绩在很大程度上取决于法院的判决,这种情况正如有学者所言,即公检法的内部"绩效考核"机制具有两个显著的特点:"一是在公、检、法三机关流水作业的诉讼模式中,后一机构可以直接决定了前一机构所作决定的'正确性',而在上下级法院之间的案件流转过程中,上级法院对案件所作的终局裁决,直接决定了下级法院所作裁决结论的'正确性';二是办案人员即便严格遵守了法律程序,但只要所作的处理决定或裁判结论被宣布为'错误'的,就有可能受到利益上的损失。"[66] 因此,"为了避免案件被作出无罪的判决,很多公诉人都会本能地对承办法官施加影响和压力,并为此采取各种私下的

---

〔65〕 参见万毅:《实践中的刑事诉讼法:隐形刑事诉讼法研究》,中国检察出版社2010年版,第126—150页。

〔66〕 陈瑞华:《刑事诉讼的中国模式》(第二版),法律出版社2010年版,第311页。

沟通、联络和说服行动"[67]。

  法官在事实疑罪案件处理过程中尽量走完所有程序主要有两种考虑：一是尽量避免无罪判决的产生；二是出于一定策略的考虑，如同有学者研究所显示的退回补充侦查的策略功能一样[68]，通过沟通、讨论等程序，为自己的从轻或改变罪名判决寻找正当理由。法官之所以这么做，主要是因为在现有的法院绩效考评机制下，法官的一个轻微的瑕疵很可能被公诉人抓住并以此为由进行抗诉，如果法官的瑕疵行为明显违法，那么，公诉人的抗诉就很有可能会成功。法官或主动或被动地将案件提交讨论的动机主要是规避可能出现的案件责任，在刑事审判中，"事实认定是适用法律的第一个步骤，但由于事实具有不可再现性，因而作为判决依据的裁判事实，只能是被'重构'、而不是被'发现'的"[69]。然而，这种诉诸普通人的感知、一般经验法则和裁判者的内心确信基础上"重构"的事实具有不确定性，从而可能会产生事实疑罪。[70]法官通过有限理性去认识带有不确定性的事实疑罪，必然会存在出错的可能性，而在有错必究的诉讼理念下[71]，判决面临随时被改变的可能性。在错案追究与绩效考核的背景下，法官随时可能面临因案件被改判或发回重审而带来的不利境地。如果案件经过讨论，法官的责任将大大减轻甚至没有责任。因为案件经过若干次讨论后，判决结果在很大程度上已经与承办法官无关了。因此，苏力对法官对审委会认同态度的分析，至今仍然没有过时，即"他/她们希望有一个制度在中国特定社会环境中分担自己的责任和风险"[72]。另外，法官将案件提交讨论在一定意义上也是一种"矛盾上交"的做法，特别是在承办法官面临各种说情的情况下更是如此，即通过将案件提交讨论向别人证明承办法官根本无法单独控制裁判结果。

---

  [67] 陈瑞华：《刑事程序失灵问题的初步研究》，载《中国法学》2007年第6期，第150页。

  [68] 参见左卫民等：《中国刑事诉讼运行机制实证研究》，法律出版社2007年版，第221页。

  [69] 陈林林：《裁判的进路与方法——司法论证理论导论》，中国政法大学出版社2007年版，第74页。

  [70] 关于事实认定中的疑罪的产生根据，参见董玉庭：《疑罪论》，法律出版社2010年版，第115—119页。

  [71] 有错必究理念体现于整个刑事程序中。参见黄士元：《刑事再审制度的价值与构造》，中国政法大学出版社2009年版，第50页。

  [72] 苏力：《送法下乡——中国基层司法制度研究》，北京大学出版社2011年版，第89页。

总之,事实疑罪案件的处理基本上要用尽所有的有明文规定的程序或者司法实践中形成的非正式程序。我们可以将之称为事实疑罪处理的"程序用尽原则",即事实疑罪案件的处理一般是在用尽了所有的正式或非正式程序后才能判决。

(三)法院与法官利益最大化的内在逻辑

事实疑罪案件处理的实体取向和程序导向的背后体现了法院与法官的利益最大化追求以及"完成任务"的心态。法院(院庭长)和法官在处理事实疑罪案件时,与检察机关的沟通,顾及检察机关的考核需要,在一定程度上也得到检察机关对法院工作的支持,使得法官在审判过程中出现的轻微瑕疵能有改正的机会;通过向上级法院请示汇报,保证了判决在二审不会被改判或发回重审,从而较好地完成了绩效考核指标;通过将案件提交政法委召开协调会解决,体现了法院的政治态度,即服从党的领导,没有为了司法而司法;将案件提交审委会讨论,更是分担风险的必要手段。

至此,法院(院庭长)和法官的行为逻辑已经很明显了,即服从逻辑和摆平逻辑。法院(院庭长)服从党委领导,服从上级法院的监督(考核);法官服从院庭长的领导。处理好案件则是法院(院庭长)和法官的共同目的,所谓处理好案件是指法院在处理案件时,在各方都能接受的情况下,将案件在"法律层面"处理完毕。在处理好案件的同时,法院(院庭长)和法官对判决不承担任何责任。从法律的角度来说,法院(院庭长)和法官完成了任务,甚至在绩效考评中取得了较好的成绩。在此背后,体现了法官的"完成任务"心态,该心态有三个特点,即意义丧失、一定程度的目标替代以及结果导向和过程仪式化。[73] 也就是说,"在很多情况下法官处理案件的态度与其说是解决纠纷,还不如说他们更关心的是如何'完成任务'"[74]。

## 三、现有模式的危害与实现疑罪从无的条件

现代刑事审判奉行证据裁判原则,证据裁判原则包括三项要求:一是

---

[73] 参见肖仕卫:《刑事判决是如何形成的——以 S 省 C 区法院实践为中心的考察》,中国检察出版社 2009 年版,第 56 页。

[74] 吴英姿:《法官角色与司法行为》,中国大百科全书出版社 2008 年版,第 52 页。

裁判的形成必须以证据为依据;二是没有证据不得认定犯罪事实;三是据以作出裁判的证据必须达到相应的要求。[75] 根据第三项要求,如果在案证据达不到法定的证明标准,则应依照疑罪从无的原则处理。通过对 C 法院处理事实疑罪案件的实证考察,发现司法实践中对事实疑罪案件的处理并没有遵循疑罪从无原则。事实上,基层法院处理事实疑罪案件时,在实体上有疑罪尽量不从无的取向,与此相对,在程序上则遵循的是"程序用尽原则"。处理事实疑罪案件的现有模式有何危害呢?要实现疑罪从无的要求需要哪些现实条件呢?

(一)现有模式的危害

大量的事实疑罪案件在处理过程中没有遵循疑罪从无的法治原则,恰恰相反,在实体上有疑罪尽量不从无的取向。通过法院内部的一系列正式或非正式程序,审理事实疑罪案件的法官不但不会承担任何责任,且"剥夺了"被告人在权利受到侵害时寻求有效救济的机会。长此以往,不但刑事司法实现社会治理的功能不能实现[76],其本身的正当性也会受到强烈的质疑。那么,现有模式具体有哪些可能的危害呢?

首先,不利于改善司法环境,提升司法公信力。大量的事实疑罪案件没有严格按照法律规定来处理,在一定程度上侵害了被告人的权利。在一个缺乏对抗、定罪容易出罪难的诉讼制度中,刑事审判不仅无法实现吸纳社会不满、增强政权合法性的功能,反而在一定程度上削弱了民众对政权的认同。在事实疑罪案件的处理过程中,法官对各种正式或非正式程序的运用,分担了其原本应该承担的责任,可能会导致法官的责任意识不强,在遇到事实疑罪案件时,首先想到的是通过内部程序来"完成"案件,而不是通过庭外调查或者责令公诉机关补充侦查等方式发现案件的事实真相,更没有判决无罪的担当与勇气,其背后体现了法官的"完成任务"心态。也就是说,法官只考虑将案件处理好即可,至于案件真相是什么,被告人的权利是否得到保障则不是其关心的问题。这样的司法与法官,最终将无法取得民众的信任。[77] 而

---

[75] 参见宋英辉主编:《刑事诉讼原理》(第二版),法律出版社 2007 年版,第 307 页。
[76] 关于司法的治理化,参见强世功:《法制与治理——国家转型中的法律》,中国政法大学出版社 2003 年版,第 123 页。
[77] 参见冯军:《刑事判决的合法性研究——在政治社会学语境中的分析》,中国法制出版社 2008 年版,第 249 页。

司法公信力的缺失,会导致现有的司法环境进一步恶化。

其次,不利于增强侦查机关依法侦查取证的能力、公诉机关依法履行证明责任的能力以及法院依法公开、公正审判的能力。大量的事实疑罪案件通过"疑罪从有""疑罪从轻"的方式结案,导致公诉机关履行证明责任的意识不强,一些公诉人在法官要求补充侦查的情况下仍不予配合,其典型的心理就是只要能定罪,怎么判刑无所谓。在一定程度上可以说,公诉机关的证明责任大大减轻了,进而有可能导致公诉机关对侦查机关的要求放松,如在批捕阶段、审查起诉阶段放松证据要求,结果,侦查机关就没有动力增强侦查装备、提升侦查取证能力。由于证据不足或证据瑕疵的客观存在,法院无法完全公开、公正地审理一些案件,也无法进行有效的判决说理,长期来看,不利于法院提升审判能力。

最后,被告人的公正审判权受到侵害,一些证据不足的案件还可能出现错案。根据联合国《公民权利和政治权利国际公约》第 14 条第 1 款的规定,在刑事诉讼中被告人有权获得由一个合格的、独立的、中立的法庭审判的权利;根据该条第 2 款的规定,在刑事诉讼中被告人在未依法证实有罪之前,有被推定为无罪的权利。根据有学者的理解,以上规定均为公正审判权的基础性规定。[78] 然而,通过实证研究发现,基层法院在处理事实疑罪案件时并没有恪守中立的原则,被告人被推定为无罪的权利并没有得到有效保障。由于在事实疑罪案件的处理过程中,被告人几乎没有任何砝码能够有力地对抗法院的"疑罪从有""疑罪从轻"判决,导致的结果是一些证据不足的案件可能会出现错判。这种程序一旦启动就无法停止,入罪容易出罪难的诉讼机制体现了"侦查中心主义"的倾向[79],削弱了诉讼体制的防范错案功能,增大了错案发生的可能性。[80]

## (二) 实现疑罪从无的条件

既然现行的事实疑罪案件的处理模式存在较大的危害,既然疑罪从无

---

[78] 参见张吉喜:《刑事诉讼中的公正审判权——以〈公民权利和政治权利国际公约〉为基础》,中国人民公安大学出版社 2010 年版,第 39 页。

[79] 参见孙长永:《侦查程序与人权——比较法考察》,中国方正出版社 2000 年版,序,第 5 页。

[80] 参见胡志风:《刑事错案的侦查程序分析与控制路径研究》,中国人民公安大学出版社 2012 年版,第 206—207 页。

是各法治国家普遍遵循的诉讼原则,那么实现疑罪从无需要哪些条件呢? 笔者认为,要想彻底实现疑罪从无,需要对影响事实疑罪案件处理的一系列因素进行变革。否则,即使在法律上规定了无罪推定与疑罪从无,也仅仅是一种纸面上的规定而已。具体来说,需要从三个方面入手。

首先,在宏观上,要有司法体制的保障。从上文可以看出,法院和法官在处理事实疑罪案件时之所以有疑罪尽量不从无的实体取向,主要原因是法院和法官受制于一系列因素的影响,无法独立地作出公正的判决。因此,在宏观上必须有审判独立作为保障,才能在处理事实疑罪案件时能够真正做到疑罪从无。

在法院外部,要保证法院作为一个整体的独立。在此,首先需要考虑的是党的领导与审判独立的关系。事实上,自十一届三中全会以来,一直将保障审判独立,保障司法机关依法独立行使司法权,作为一项党的方针政策对待,目前,党对司法工作的领导主要是一种政治领导。[81] 在此基础上,一方面要理顺法院与其他部门之间的关系,特别是与检察院之间的关系;另一方面要理顺上下级法院之间的关系,要改变以上级法院的裁判作为判断基层法院裁判正确与否的基准的做法,理性看待两级法院对同一案件作出不同裁判的现象,为此,必须在一定程度上改变上级法院对下级法院的绩效考评制度,特别是其中不合理的考核指标。

在法院内部,要保证个体法官能够依法独立行使裁判权。为此,须从两个方面进行变革。一方面是改变目前法院内部的行政化管理模式,对法院工作人员进行序列化改造,对法官和审判辅助人员适用不同的管理模式,对法官在物质方面、精神方面提供职业保障,确保法官有独立判决的能力和勇气;另一方面是改变不合理的绩效考评机制对法官判决的影响[82],对法官的工作确立合适的考评工作机制,甚至在一定条件下废除所有对法官的考评机制。

只有从宏观上对现行的司法体制作适度的修改,在一定程度上保障法院和法官独立行使裁判权,才能够保证法院和法官在处理事实疑罪案件时

---

〔81〕 参见封丽霞:《政党、国家与法治——改革开放 30 年中国法治发展透视》,人民出版社 2008 年版,第 369 页。

〔82〕 事实上,在行政化的司法体制下加强对法官的考核必然会产生法官为了规避责任而将审判权力主动上交院庭长的结果,最终导致司法决策的责任承担主体不明。参见钱卫清:《法官决策论——影响司法过程的力量》,北京大学出版社 2008 年版,第 237 页。

能够独立地作出公正的判决。

其次,在中观上,要优化现有的司法环境。包括两大方面的问题:一是改革检察系统的绩效考评指标。目前,绩效考评机制在全国绝大多数检察院应用,检察院的工作也基本上围绕考核指标运转。检察系统的考核指标有撤案率、不捕率、不起诉率、撤回起诉率以及无罪判决率等[83],其中最重要的指标是无罪判决率。一般而言,一个案件被判决无罪就意味着否定了检察机关一年的工作。由于前文已经叙述的各种因素的影响,法院和法官面对检察机关的考核压力,无法严格按照法律原则处理案件,只得通过"做工作""沟通"等方式来处理事实疑罪案件。检察机关的绩效考核指标产生了"倒逼"效应,使得法院和法官只得寻找其他方式来处理事实疑罪案件。二是提高司法权威。曾经有一段时间,因各种因素的影响,司法权威受损,由此产生的一个问题就是民众对司法的不信任,进而导致司法判决没有权威,法院或法官在这种情况下对事实疑罪案件不敢断然判决无罪,担心无罪判决引起被害人的种种质疑和系统内部的反复审查。为此,需要提高司法判决的权威,使得无罪判决不会受到被害人和公众的无端质疑,然而,正如有学者所言,"司法之所以能有权威,又恰恰需要权威的司法"[84]。所以,根本上还是要提高司法权威。要提高司法权威,最根本的一条就是提高司法者(法官)的权威,法官的权威来源于其公正的判决、渊博的学识、高尚的人格以及受人尊重的社会地位。现阶段提高司法权威的努力可以从提高法官的准入门槛和法官的职位保障入手。

疑罪从无的实现需要外部司法环境的优化,绩效考评机制的合理构造使得法官在处理事实疑罪案件时面临的外在压力减轻,司法权威的提高则意味着法官有能力且敢于判决无罪,其判决结果不会遭到被害人和公众的无端质疑。

最后,在微观上,要有具体制度的支撑。包括合理的疑罪分类、刑事案件的有效分流以及判决书说理三个方面。

第一,合理的疑罪分类。从大的方面来说,疑罪可以分为事实疑罪和

---

[83] 参见谢岸烨:《检察机关绩效考核制度之完善》,载《中国刑事法杂志》2009年第8期,第104页;孙谦主编:《检察理论研究综述(1999—2009)》,中国检察出版社2009年版,第119—124页。

[84] 汪建成:《冲突与平衡——刑事程序理论的新视角》,北京大学出版社2006年版,第140页。

法律疑罪,两种疑罪的产生基于不同的原因,其克服路径亦不相同,因此,对不同的疑罪应适用不同的处理原则。法律疑罪的本质在于不同解释者个体的价值判断存在差别[85],因此,欲克服法律疑罪问题就必须在两个方面进行努力:其一,建立完善的有利于不同解释法律主体之间能够更有效地达成共识的法律解释机制;其二,促进法律解释主体之间的价值判断趋同,即整合价值判断。[86] 事实疑罪的本质则在于因为证据不足从而导致无法准确认定案件某一方面的事实,即事实疑罪属于"证据不足型"疑罪。由于案件事实的复杂性,事实疑罪的案件类型多种多样,主要包括以下情形:一是单个被告人的单笔犯罪事实存疑;二是单个被告人的多笔犯罪事实存疑;三是多个被告人犯有一笔或多笔犯罪事实,其中一笔犯罪事实或一个被告人的犯罪事实存疑。一般而言,在第二、三种情形下,如其中的单笔犯罪事实证据不足一般都能够严格按照疑罪从无的原则处理,在有多个被告人的情况下,判决个别被告人无罪的阻力也相对较小。问题的关键在于单个被告人犯有单笔犯罪事实的情况,此时,判决无罪的难度最大。因此,应针对不同的疑罪提出有针对性的处理意见。[87]

第二,刑事案件的有效分流。如前文所言,由于刑事诉讼分流机制的不够完善,大量的案件涌入法院,其中包括很多在事实认定、法律适用方面存在问题的案件。有学者认为,在我国刑事诉讼中存在一种刑事司法惯性,即"在惩罚性追诉意识驱动下,刑事司法程序具有一旦启动就很难停止的特性"[88]。有学者将刑事司法中的这种惯性称之为程序惯性,并认为程序惯性往往使得刑事诉讼表现出两个方面的特征:一是追诉程序改变难,二是先前结论改变难。[89] 这种惯性的存在也从一个侧面说明我国刑事司法缺乏有效的诉讼分流机制。那么,如何实现刑事案件的有效分流呢?笔者认为,可以从审前程序与审判程序两个方面来考虑。分流效果的

---

[85] 参见董玉庭:《论法律疑罪的本质及克服》,载《现代法学》2009年第3期,第96页。
[86] 参见董玉庭:《疑罪论》,法律出版社2010年版,第145页。
[87] 事实上,学界对此问题已经有所注意,如有学者认为疑难案件不一定全部疑罪从无,其处理方式应根据案情来决定。参见段启俊:《疑罪研究》,中国人民公安大学出版社2008年版,第165—174页;类似的观点,参见金钟:《论"疑罪从无"原则之例外——"疑罪从轻"》,载《西南民族大学学报(人文社会科学版)》2011年第12期,第109—113页。
[88] 黄海波、黄学昌:《刑事司法的惯性》,载《当代法学》2012年第4期,第78页。
[89] 参见郑曦:《刑事诉讼中程序惯性的反思与规制》,载《中国法学》2021年第3期,第250页。

实现,就审前程序而言,主要是通过公安机关的撤销案件与检察院的不起诉实现;就审判程序而言,主要是通过控辩协商实现。通过诉讼分流来处理一大批事实疑罪案件,从而减轻法院在处理事实疑罪案件时的压力。

第三,判决书说理的进一步推进。判决书说理是现代理性、公正的裁判制度的一个根本特征,是对法官自由裁量权的必要制约,也是实现判决正当化的有效措施。[90] 但在司法实践中,判决书不说理或者说理不充分是一种客观现象,在事实疑罪案件中更是如此。由于判决书不需要详细说理,对于事实疑罪的处理就少了一种制约机制,公众也无法通过对判决书的分析来评判判决的合理性。因此,需要通过加强判决书说理来有效防止法官在处理事实疑罪案件时滥用自由裁量权。对于控辩双方对事实存在严重争议的案件,法官在判决时应列明裁判所依据的证据并作出一定的分析,对为何认可一方而否定另一方要作详细的说理与论证。

疑罪从无的实现不仅需要有宏观上司法体制的保障、中观上司法环境的优化,还需要在微观上有一系列具体制度的支撑,即在对疑罪进行合理分类的前提下,通过有效的诉讼分流来化解一部分事实疑罪,通过判决书说理的加强保证进入正式审判程序的案件能得到公正的处理。

## 四、回顾与展望

### (一)回顾

特定时期的人类认知具有一定的局限性,诉讼认识作为一种特殊的历史认识亦不例外。[91] 从这个意义上来说,事实疑罪的存在必然会是一个长期的司法现象,在一定程度上甚至可以说人类司法无法消除事实疑罪的存在。刑事审判与公民的财产、自由甚至生命密切相关,因此,刑事冤案的发生具有巨大的危害性[92],法院对事实疑罪的处理必须慎重。另外,事实疑罪的具体处理方式在一定程度上也体现了一国刑事司法对待人权的基本态度。无罪推定不仅在世界性人权公约中有规定,各法治国家在处理事

---

[90] 参见龙宗智:《刑事庭审制度研究》,中国政法大学出版社 2001 年版,第 422—423 页。

[91] 参见吴宏耀:《诉讼认识论纲——以司法裁判中的事实认定为中心》,北京大学出版社 2008 年版,第 21—26 页;类似的观点,参见韩旭:《刑事诉讼的法哲学反思——从典型制度到基本范畴》,中国人民公安大学出版社 2012 年版,第 108—111 页。

[92] 对该问题的分析,参见林喜芬:《转型语境的刑事司法错误论——基于实证与比较的考察》,上海人民出版社 2011 年版,第 38—43 页。

实疑罪案件时遵循的基本原则也是疑罪从无。然而,通过对 C 法院处理事实疑罪案件的实证考察,发现法官在处理事实疑罪案件时,其实体取向是疑罪尽量不从无,其程序导向则是尽量走完所有正式或非正式的内部程序,即"程序用尽"原则。在这种诉讼实践中,不仅疑罪从无原则出现了异化,法院和法官的诉讼角色也偏离了人们的预期。

2012 年修正的《刑事诉讼法》在很大程度上赋予公安、司法机关更大的权力,如在立法上正式确立了刑事和解制度,规定对于达成和解协议的案件,检察院可以向人民法院提出从宽处罚的建议,法院可以依法对被告人从宽处罚。根据 2012 年《刑诉法解释》的相关规定,这里的从宽处罚包括减轻处罚和免于刑事处罚,如此大的权力是否会导致在处理事实疑罪案件时出现"认罪交易"的情形?特别是出现被告人被迫"选择"认罪的情形?事实上,司法实践中的事实疑罪案件有很大一部分是通过给被告人"做工作""沟通"等非正式的方式处理的,而之所以如此,在很大程度上源于司法裁量权的不当运用。为了避免法律修改使得被告人陷入更加悲惨的境地,一方面需要进一步增加刑事诉讼程序的透明度和公正度,从而保证被告人认罪的自愿性和明智性;另一方面需要法官承担一定的对被告人的诉讼照料义务[93],包括消极尊重与积极照顾两方面。归根结底,我们需要考虑的是在中国的诉讼语境中,到底需要什么样的法院和法官,这是一个根本性的问题。

(二)展望

1989 年 11 月 4 日最高人民法院通过批复的形式首次确立了"疑罪从无"的程序规则,最高人民法院《关于一审判决宣告无罪的公诉案件如何适用法律问题的批复》(已失效)规定,"对于因主要事实不清、证据不足,经多次退查后,检察院仍未查明犯罪事实,法院自己调查也无法查证清楚,不能认定被告人有罪的,可在判决书中说明情况后,直接宣告无罪"。最高人民法院于 1994 年发布的《关于审理刑事案件程序的具体规定》(已失效)第 127 条规定,"案件的主要事实不清、证据不充分,而又确实无法查证清楚,不能够证明被告人有罪的,判决宣告被告人无罪"。此后,1996 年《刑

---

[93] 参见陈如超:《论中国刑事法官对被告的客观照料义务》,载《现代法学》2012 年第 1 期,第 179—182 页。

事诉讼法》明确规定了"证据不足的无罪判决"。至此,疑罪从无的立法障碍已经基本上不存在。然而,司法实践中,疑罪的处理仍存在诸多问题,一些疑罪案件的处理明显不当,甚至还引发冤错案件。

疑罪的处理不当,在实体上可能会产生冤枉无辜的危害,而冤枉无辜对司法公信力和司法权威的伤害是巨大的。因此,对于冤错案件,既要积极预防,又要有效纠正。从现有的冤错案件纠正情况来看,冤错案件的纠正往往经历时间较长[94],且在冤错案件纠正之前都有漫长的申诉过程,有学者称之为"马拉松式"的艰难申诉[95]。所以,预防比纠正更重要。从法官的角度来说,预防冤错案件可以区分为两种情形:一种是法官专业水平差,案件办理过程中找不到疑点,对公诉机关的指控往往照单全收;另一种是法官发现了案件的疑点,但因为各种因素的影响而不敢判决无罪。就第一种情形来说,随着法官专业化程度的深化会越来越少,即使有这种情形,也说明该法官不适合当法官,可以通过内部调整岗位等方式避免这种情形发生;后一种情形则是问题的关键。

自 2013 年以来,中央推进的各种类型的司法改革都在一定程度上促进法官依法独立办案,如对干预法官独立办案的各种内外部因素明确予以规定,推进以审判为中心的刑事诉讼制度改革,员额制改革,司法责任制改革,等等。对于上述改革,本书之前已有论述,关键是这些改革是否有实效,还需要时间的检验。

---

[94] 有学者统计了中共十八大召开后纠正的 24 起重大冤错案件,发现被告人蒙冤的时间(从被公安司法机关拘留、逮捕,到被改判或者认定为无罪)平均长达 17 年。参见陈永生:《刑事冤案研究》,北京大学出版社 2018 年版,第 144 页。

[95] 参见苑宁宁:《刑事冤案比较研究——一个国际的视角》,中国人民公安大学出版社 2016 年版,第 322 页。

# 参考文献

## 一、中文参考文献

(一)著作

1. 艾静:《我国刑事简易程序的改革与完善》,法律出版社2013年版。
2. 卞建林主编:《共和国六十年法学论争实录(诉讼法卷)》,厦门大学出版社2009年版。
3. 陈柏峰:《乡村江湖——两湖平原"混混"研究》,中国政法大学出版社2011年版。
4. 陈光中主编:《刑事诉讼法实施问题研究》,中国法制出版社2000年版。
5. 陈光中主编:《审判公正问题研究》,中国政法大学出版社2004年版。
6. 陈光中等:《中国司法制度的基础理论问题研究》,经济科学出版社2010年版。
7. 陈瑞华:《刑事诉讼的前沿问题》,中国人民大学出版社2000年版。
8. 陈瑞华:《刑事审判原理论》(第二版),北京大学出版社2003年版。
9. 陈瑞华主编:《未决羁押制度的实证研究》,北京大学出版社2004年版。
10. 陈瑞华:《论法学研究方法》,北京大学出版社2009年版。
11. 陈瑞华:《程序性制裁理论》(第二版),中国法制出版社2010年版。

12. 陈瑞华:《刑事诉讼的中国模式》(第二版),法律出版社 2010 年版。
13. 陈瑞华:《刑事诉讼中的问题与主义》,中国人民大学出版社 2011 年版。
14. 陈卫东主编:《刑事诉讼法实施问题调研报告》,中国方正出版社 2001 年版。
15. 陈卫东主编:《刑事审前程序与人权保障》,中国法制出版社 2008 年版。
16. 陈永生:《刑事冤案研究》,北京大学出版社 2018 年版。
17. 段启俊:《疑罪研究》,中国人民公安大学出版社 2008 年版。
18. 侯欣一:《从司法为民到人民司法——陕甘宁边区大众化司法制度研究》,中国政法大学出版社 2007 年版。
19. 董坤:《侦查行为视角下的刑事冤案研究》,中国人民公安大学出版社 2012 年版。
20. 董玉庭:《疑罪论》,法律出版社 2010 年版。
21. 代志鹏:《司法判决是如何生产出来的——基层法官角色的理想图景与现实选择》,人民出版社 2011 年版。
22. 房保国:《被害人的刑事程序保护》,法律出版社 2007 年版。
23. 郭松:《中国刑事诉讼运行机制实证研究(四)——审查逮捕制度实证研究》,法律出版社 2011 年版。
24. 樊崇义主编:《刑事诉讼法实施问题与对策研究》,中国人民公安大学出版社 2001 年版。
25. 胡常龙:《论刑事疑案的二难选择》,中国政法大学出版社 2014 年版。
26. 贺恒扬主编:《检察机关适用认罪认罚从宽制度研究》,中国检察出版社 2020 年版。
27. 黄士元:《刑事再审制度的价值与构造》,中国政法大学出版社 2009 年版。
28. 黄维智:《刑事司法中的潜规则与显规则》,中国检察出版社 2007 年版。
29. 何永军:《断裂与延续:人民法院建设(1978—2005)》,中国社会科学出版社 2008 年版。

30. 强世功:《法制与治理——国家转型中的法律》,中国政法大学出版社2003年版。

31. 姜涛:《刑事程序分流研究》,人民法院出版社2007年版。

32. 金钟:《证明力判定论——以刑事证据为视角》,中国人民公安大学出版社2010年版。

33. 李昌林:《从制度上保证审判独立:以刑事裁判权的归属为视角》,法律出版社2006年版。

34. 李昌盛:《论对抗式刑事审判》,中国人民公安大学出版社2009年版。

35. 李寿伟主编:《中华人民共和国刑事诉讼法解读》,中国法制出版社2018年版。

36. 李玉华:《刑事证明标准研究》,中国人民公安大学出版社2008年版。

37. 伦朝平、甄贞主编:《附条件逮捕制度研究》,法律出版社2008年版。

38. 刘方权:《侦查程序实证研究》,中国检察出版社2010年版。

39. 刘晴辉:《中国陪审制度研究》,四川大学出版社2009年版。

40. 兰荣杰:《刑事判决是如何形成的?——基于三个基层法院的实证研究》,北京大学出版社2013年版。

41. 吕卫华:《诉讼认识、证明与真实——以刑事诉讼为主要研究对象》,中国人民公安大学出版社2009年版。

42. 林喜芬:《转型语境的刑事司法错误论——基于实证与比较的考察》,上海人民出版社2011年版。

43. 林钰雄:《严格证明与刑事证据》,法律出版社2008年版。

44. 龙宗智:《刑事庭审制度研究》,中国政法大学出版社2001年版。

45. 龙宗智:《检察制度教程》,中国检察出版社2006年版。

46. 龙宗智:《证据法的理念、制度与方法》,法律出版社2008年版。

47. 孟军:《犯罪嫌疑人权利救济研究——以刑事侦查为中心》,中国人民公安大学出版社2008年版。

48. 马明亮:《作为正当程序的非法证据排除规则》,中国政法大学出版社2017年版。

49. 全亮:《法官惩戒制度比较研究》,法律出版社2011年版。

50. 彭小龙:《非职业法官研究:理念、制度与实践》,北京大学出版社2012年版。

51. 秦宗文:《自由心证研究——以刑事诉讼为中心》,法律出版社2007年版。

52. 孙长永:《侦查程序与人权——比较法考察》,中国方正出版社2000年版。

53. 孙长永:《探索正当程序——比较刑事诉讼法专论》,中国法制出版社2005年版。

54. 孙长永主编:《侦查程序与人权保障——中国侦查程序的改革和完善》,中国法制出版社2009年版。

55. 孙长永、黄维智、赖早兴:《刑事证明责任制度研究》,中国法制出版社2009年版。

56. 孙长永等:《犯罪嫌疑人的权力保障研究》,法律出版社2011年版。

57. 孙长永主编:《中国刑事诉讼法制四十年:回顾、反思与展望》,中国政法大学出版社2021年版。

58. 孙谦主编:《检察理论研究综述(1999—2009)》,中国检察出版社2009年版。

59. 孙远:《刑事证据能力导论》,人民法院出版社2007年版。

60. 沈德咏主编:《中国特色社会主义司法制度论纲》,人民法院出版社2009年版。

61. 苏力:《送法下乡——中国基层司法制度研究》,中国政法大学出版社2000年版。

62. 苏力:《道路通向城市:转型中国的法治》,法律出版社2004年版。

63. 宋英辉主编:《刑事诉讼法学研究述评(1978—2008)》,北京师范大学出版社2009年版。

64. 宋英辉主编:《刑事和解实证研究》,北京大学出版社2010年版。

65. 王彪:《犯罪主观要件证明问题研究》,法律出版社2016年版。

66. 王超:《排除非法证据的乌托邦》,法律出版社2014年版。

67. 王达人、曾粤兴:《正义的诉求:美国辛普森案和中国杜培武案的比较》,法律出版社2003年版。

68. 王雷:《基于司法公正的司法者管理激励》,法律出版社2010

年版。

69. 王昕:《公诉运行机制实证研究——以 C 市 30 年公诉工作为例》,中国检察出版社 2010 年版。

70. 汪海燕:《我国刑事诉讼模式的选择》,北京大学出版社 2008 年版。

71. 汪庆华:《政治中的司法:中国行政诉讼的法律社会学考察》,清华大学出版社 2011 年版。

72. 吴宏耀:《诉讼认识论纲——以司法裁判中的事实认定为中心》,北京大学出版社 2008 年版。

73. 吴英姿:《法官角色与司法行为》,中国大百科全书出版社 2008 年版。

74. 魏晓娜:《背叛程序正义:协商性刑事司法研究》,法律出版社 2014 年版。

75. 翁子明:《司法判决的生产方式:当代中国法官的制度激励与行为逻辑》,北京大学出版社 2009 年版。

76. 肖仕卫:《刑事判决是如何形成的——以 S 省 C 区法院实践为中心的考察》,中国检察出版社 2009 年版。

77. 谢小剑:《公诉权制约制度研究》,法律出版社 2009 年版。

78. 杨雄:《刑事强制措施的正当性基础》,中国人民公安大学出版社 2009 年版。

79. 易延友:《刑事诉讼法:规则 原理 应用》,法律出版社 2019 年版。

80. 朱立恒:《刑事审级制度研究》,法律出版社 2008 年版。

81. 张军、姜伟、田文昌:《新控辩审三人谈》,北京大学出版社 2014 年版。

82. 左宁:《中国刑事非法证据排除规则研究》,中国政法大学出版社 2013 年版。

83. 左卫民等:《中国刑事诉讼运行机制实证研究》,法律出版社 2007 年版。

84. 左卫民等:《中国刑事诉讼运行机制实证研究(二)——以审前程序为中心》,法律出版社 2009 年版。

85. 左卫民:《现实与理想:关于中国刑事诉讼的思考》,北京大学出版社 2013 年版。

86. 张泽涛:《司法权专业化研究》,法律出版社 2009 年版。
87. 〔日〕滨田寿美男:《自白的心理学》,片成男译,中国轻工业出版社 2006 年版。
88. 〔美〕阿希尔·里德·阿马:《宪法与刑事诉讼基本原理》,房保国译,中国政法大学出版社 2006 年版。
89. 〔美〕理查德·A.利奥:《警察审讯与美国刑事司法》,刘方权、朱奎彬译,中国政法大学出版社 2012 年版。
90. 〔美〕米尔吉安·R.达马斯卡:《比较法视野中的证据制度》,吴宏耀、魏晓娜等译,中国人民公安大学出版社 2006 年版。
91. 〔以〕巴拉克:《民主国家的法官》,毕洪海译,法律出版社 2011 年版。

(二)论文

1. 艾佳慧:《司法知识与法官流动——一种基于实证的分析》,载《法制与社会发展》2006 年第 4 期。
2. 艾佳慧:《中国法院绩效考评制度研究——"同构性"和"双轨制"的逻辑及其问题》,载《法制与社会发展》2008 年第 5 期。
3. 卞建林:《我国刑事强制措施的功能回归与制度完善》,载《中国法学》2011 年第 6 期。
4. 陈光中、龙宗智:《关于深化司法改革若干问题的思考》,载《中国法学》2013 年第 4 期。
5. 陈如超:《论中国刑事法官对被告的客观照料义务》,载《现代法学》2012 年第 1 期。
6. 陈瑞华:《审前羁押的法律控制——比较法角度的分析》,载《政法论坛》2001 年第 4 期。
7. 陈瑞华:《案卷笔录中心主义——对中国刑事审判方式的重新考察》,载《法学研究》2006 年第 4 期。
8. 陈瑞华:《刑事程序失灵问题的初步研究》,载《中国法学》2007 年第 6 期。
9. 陈瑞华:《司法裁判的行政决策模式——对中国法院"司法行政化"现象的重新考察》,载《吉林大学社会科学学报》2008 年第 4 期。
10. 陈卫东:《羁押必要性审查制度试点研究报告》,载《法学研究》

2018 年第 2 期。

11. 褚福民:《取保候审的实体化》,载《政法论坛》2008 年第 2 期。

12. 曹坚、樊彦敏:《公诉案件诉判差异问题研究——以某检察院五年来公诉判决案件情况为例》,载《中国刑事法杂志》2012 年第 5 期。

13. 重庆市南岸区人民检察院课题组:《公安机关办理刑事案件指标执法之检察监督》,载《国家检察官学院学报》2016 年第 3 期。

14. 董坤:《违反录音录像规定讯问笔录证据能力研究》,载《法学家》2014 年第 2 期。

15. 董玉庭:《论疑罪的语境》,载《中国法学》2009 年第 2 期。

16. 葛玲:《疑罪从无原则在我国司法实践中的异化及其分析》,载《法律适用》2008 年第 8 期。

17. 顾培东:《人民法院内部审判运行机制的构建》,载《法学研究》2011 年第 4 期。

18. 顾培东:《再论人民法院审判权运行机制的构建》,载《中国法学》2014 年第 5 期。

19. 顾培东:《法官个体本位抑或法院整体本位——我国法院建构与运行的基本模式选择》,载《法学研究》2019 年第 1 期。

20. 顾永忠:《我国司法体制下非法证据排除规则的本土化研究》,载《政治与法律》2013 年第 2 期。

21. 郭松:《实践中的公诉裁量——以实证调查材料为基础的经验研究》,载《四川大学学报(哲学社会科学版)》2007 年第 4 期。

22. 郭松:《检察官客观义务:制度本源与实践限度》,载《法制与社会发展》2009 年第 3 期。

23. 郭烁:《酌定不起诉制度的再考查》,载《中国法学》2018 年第 3 期。

24. 郭云忠:《法律实证研究中的伦理问题——以刑事法为视角》,载《法学研究》2010 年第 6 期。

25. 高通:《刑事速裁程序证明标准研究》,载《法学论坛》2017 年第 2 期。

26. 樊崇义:《认罪认罚从宽与自由证明》,载《人民法治》2017 年第 6 期。

27. 黄海波、黄学昌:《刑事司法的惯性》,载《当代法学》2012 年第 4 期。

28. 胡铭:《司法公信力的理性解释与建构》,载《中国社会科学》2015年第4期。

29. 侯猛:《政法传统中的民主集中制》,载《法商研究》2011年第1期。

30. 韩旭:《新〈刑事诉讼法〉实施以来律师辩护难问题实证研究——以S省为例的分析》,载《法学论坛》2015年第3期。

31. 李斌:《从积极公诉到降格指控》,载《中国刑事法杂志》2012年第6期。

32. 李昌林:《审查逮捕程序改革的进路——以提高逮捕案件质量为核心》,载《现代法学》2011年第1期。

33. 李昌盛:《刑事庭审的中国模式:教化型庭审》,载《法律科学(西北政法大学学报)》2011年第1期。

34. 李昌盛:《德国刑事协商制度研究》,载《现代法学》2011年第6期。

35. 李昌盛:《违法侦查行为的程序性制裁效果研究——以非法口供排除规则为中心》,载《现代法学》2012年第3期。

36. 李奋飞:《以审查起诉为重心:认罪认罚从宽案件的程序格局》,载《环球法律评论》2020年第4期。

37. 李建明:《错案追究中的形而上学错误》,载《法学研究》2003年第3期。

38. 李训虎:《证明力规则检讨》,载《法学研究》2010年第2期。

39. 李训虎:《口供治理与中国刑事司法裁判》,载《中国社会科学》2015年第1期。

40. 林喜芬:《分段审查抑或归口审查:羁押必要性审查的改革逻辑》,载《法学研究》2015年第5期。

41. 李训虎:《逮捕制度再改革的法释义学解读》,载《法学研究》2018年第3期。

42. 刘春茂:《对法院院长、庭长审批案件制度的探讨》,载《法学杂志》1980年第2期。

43. 刘方权:《取保候审保证方式实证研究》,载《法制与社会发展》2008年第2期。

44. 刘计划:《逮捕审查制度的中国模式及其改革》,载《法学研究》2012年第2期。

45. 兰荣杰:《把法官当"人"看——兼论程序失灵现象及其补救》,载

《法制与社会发展》2011年第5期。

46. 聂友伦:《论罪行遗漏的处理模式》,载《中国刑事法杂志》2018年第5期。

47. 梁玉霞:《逮捕中心化的危机与解困出路——对我国刑事强制措施制度的整体检讨》,载《法学评论》2011年第4期。

48. 栗峥:《非法证据排除规则之正本清源》,载《政治与法律》2013年第9期。

49. 龙宗智:《论检察权的性质与检察机关的改革》,载《法学》1999年第10期。

50. 龙宗智:《印证与自由心证——我国刑事诉讼证明模式》,载《法学研究》2004年第2期。

51. 龙宗智:《中国法语境中的检察官客观义务》,载《法学研究》2009年第4期。

52. 龙宗智:《论建立以一审庭审为中心的事实认定机制》,载《中国法学》2010年第2期。

53. 龙宗智:《审判管理:功效、局限及界限把握》,载《法学研究》2011年第4期。

54. 龙宗智、袁坚:《深化改革背景下对司法行政化的遏制》,载《法学研究》2014年第1期。

55. 闵春雷:《认罪认罚案件中的有效辩护》,载《当代法学》2017年第4期。

56. 马静华:《逮捕率变化的影响因素研究——以新〈刑事诉讼法〉的实施为背景》,载《现代法学》2015年第3期。

57. 秦策:《审判中心主义下的"程序倒逼"机制探析》,载《北方法学》2015年第6期。

58. 彭小龙:《人民陪审员制度的复苏与实践:1998—2010》,载《法学研究》2011年第1期。

59. 孙长永:《抑制公诉权的东方经验——日本"公诉权滥用论"及其对判例的影响》,载《现代法学》1998年第6期。

60. 孙长永:《审判中心主义及其对刑事程序的影响》,载《现代法学》1999年第4期。

61. 孙长永:《提起公诉的证据标准及其司法审查比较研究》,载《中国法学》2001 年第 4 期。

62. 孙长永:《比较法视野中的刑事强制措施》,载《法学研究》2005 年第 1 期。

63. 孙长永、王彪:《刑事诉讼中的"审辩交易"现象研究》,载《现代法学》2013 年第 1 期。

64. 孙长永、王彪:《审判阶段非法证据排除问题实证考察》,载《现代法学》2014 年第 1 期。

65. 孙长永、王彪:《论刑事庭审实质化的理念、制度和技术》,载《现代法学》2017 年第 2 期。

66. 孙长永:《认罪认罚案件的证明标准》,载《法学研究》2018 年第 1 期。

67. 孙长永:《比较法视野下认罪认罚案件被告人的上诉权》,载《比较法研究》2019 年第 3 期。

68. 宋英辉:《酌定不起诉适用中面临的问题与对策——基于未成年人案件的实证研究》,载《现代法学》2007 年第 1 期。

69. 谭世贵:《实体法与程序法双重视角下的认罪认罚从宽制度研究》,载《法学杂志》2016 年第 8 期。

70. 王彪:《刑事诉讼真实观导论》,载陈兴良主编:《刑事法评论》(第 28 卷),北京大学出版社 2011 年版。

71. 王彪:《审前重复供述的排除问题研究》,载《证据科学》2013 年第 5 期。

72. 王彪:《法官为什么不排除非法证据》,载陈兴良主编:《刑事法评论》(第 36 卷),北京大学出版社 2015 年版。

73. 王超:《虚置的程序——对刑事二审功能的实践分析》,载《中外法学》2007 年第 2 期。

74. 王敏远:《认罪认罚从宽制度疑难问题研究》,载《中国法学》2017 年第 1 期。

75. 吴常青:《对"预交罚金"做法的反思》,载《法学》2010 年第 3 期。

76. 吴洪淇:《证据排除抑或证据把关:审查起诉阶段非法证据排除的实证研究》,载《法制与社会发展》2016 年第 5 期。

77. 汪海燕:《我国酌定不起诉制度的困境与出路——论赋予犯罪嫌疑人选择审判权的必要性》,载《政治与法律》2004 年第 4 期。

78. 汪海燕:《论刑事程序倒流》,载《法学研究》2008年第5期。

79. 汪海燕:《被追诉人认罪认罚的撤回》,载《法学研究》2020年第5期。

80. 汪建成:《以效率为价值导向的刑事速裁程序论纲》,载《政法论坛》2016年第1期。

81. 吴纪奎:《口供供需失衡与刑讯逼供》,载《政法论坛》2010年第4期。

82. 吴小军:《我国值班律师制度的功能及其展开——以认罪认罚从宽制度为视角》,载《法律适用》2017年第11期。

83. 万毅:《公诉策略之运用及其底限》,载《中国刑事法杂志》2010年第11期。

84. 谢登科:《论刑事简易程序中的证明标准》,载《当代法学》2015年第3期。

85. 谢小剑:《公诉权滥用形态的发展》,载《中国刑事法杂志》2009年第11期。

86. 徐美君:《口供补强法则的基础与构成》,载《中国法学》2003年第6期。

87. 肖仕卫:《基层法院审判委员会"放权"改革的过程研究——以对某法院法官的访谈为素材》,载《法制与社会发展》2007年第2期。

88. 向燕:《论口供补强规则的展开及适用》,载《比较法研究》2016年第6期。

89. 余国利、金涛:《部门博弈与司法公正——以检察机关绩效考核为中心》,载《西南政法大学学报》2010年第3期。

90. 叶青:《庭前会议中非法证据的处理》,载《国家检察官学院学报》2014年第4期。

91. 易延友:《证人出庭与刑事被告人对质权的保障》,载《中国社会科学》2010年第2期。

92. 闫召华:《"名禁实允"与"虽令不行":非法证据排除难研究》,载《法制与社会发展》2014年第2期。

93. 闫召华:《检察主导:认罪认罚从宽程序模式的构建》,载《现代法学》2020年第4期。

94. 纵博:《"孤证不能定案"规则之反思与重塑》,载《环球法律评论》

2019年第1期。

95. 周长军:《公诉权滥用论》,载《法学家》2011年第3期。

96. 赵恒:《认罪认罚从宽制度适用与律师辩护制度发展——以刑事速裁程序为例的思考》,载《云南社会科学》2016年第6期。

97. 赵鹏:《酌定不起诉之现状考察及完善思考》,载《法学》2011年第9期。

98. 张建伟:《自白任意性规则的法律价值》,载《法学研究》2012年第6期。

99. 朱桐辉:《案外因素与案内裁量:疑罪难从无之谜》,载《当代法学》2011年第5期。

100. 左卫民、马静华:《刑事证人出庭率:一种基于实证研究的理论阐述》,载《中国法学》2005年第6期。

101. 左卫民:《中国基层法院财政制度的实证研究》,载《中国法学》2015年第1期。

102. 左卫民:《认罪认罚何以从宽:误区与正解——反思效率优先的改革主张》,载《法学研究》2017年第3期。

103. 郑曦:《刑事诉讼中程序惯性的反思与规制》,载《中国法学》2021年第3期。

104. 朱孝清:《关于逮捕的几个问题》,载《法学研究》1998年第2期。

105. 朱孝清:《检察官客观公正义务及其在中国的发展完善》,载《中国法学》2009年第2期。

(三) 其他

1. 李昌盛:《走出"逮捕中心主义"》,载《检察日报》2010年9月23日。

2. 李国民:《骑车带母亲被撞 母亲身亡女儿获刑 刑罚,不该成为撒在伤口上的盐》,载《检察日报》2006年7月20日。

3. 沈德咏:《我们应当如何防范冤假错案》,载《人民法院报》2013年5月6日。

4. 吴贻伙:《安徽淮北高尚挪用资金案再审宣判:罪名成立维持原判》,载《检察日报》2014年12月31日。

5. 郑艳红:《把握"无逮捕必要"关键看社会危险性》,载《检察日报》

2005 年 7 月 27 日。

## 二、外文参考文献

### （一）著作

1. Mike McConville, *Criminal Justice in China: An Empirical Inquiry*, Edward Elgar, 2011.
2. Mirjan R. Damaska, *Evidence law adrift*, Yale University Press, 1997.

### （二）论文

1. Albert W. Alschuler, The Prosecutor's Role in Plea Bargaining, *U. Chi. L. Rev.*, Vol. 36, 1968.
2. Regina E. Rauxloh, Formalization of Plea Bargaining in Germany: Will the New Legislation Be Able to Square the Circle?, 34 *Fordham Int'l L. J.* 296 (2011).
3. Andreas Mosbacher, The Decision of the Federal Constitutional Court of 19 March 2013 on Plea Agreements, 15 *German L. J.* 5, (2014).
4. Thomas Weigend & Jenia Iontcheva Turner, Constitutionality of Negotiated Criminal Judgments in Germany, 15 *German L. J.* 81, (2014).

# 索 引

（按拼音顺序）

## A

案卷笔录中心主义　78,85,86,
　106,176,183,185,200
案件分流机制　144,146,153

## B

被害人反应　18,25,49,102,280,292
捕后轻刑率　31
辩审冲突　3,121,156-185,198

## C

程序用尽原则　301
重复供述　160,173,174,221,223,
　224,226,229,318
从宽幅度　154,237,273-277

## D

逮捕中心主义　2,3,5-6,7-8,
　13,17-20,22-24,28-30,32,
　222,223,320
逮捕证据标准　11,12,13,23
逮捕社会危险性条件　31

## E

二元式法庭　205,207

## F

法官独立审判　84,213
法官心证　3,177,188-191,194,
　196,200-202,204-207,209-210,
　212-213
法官提前介入制度　155
法院内部控制刑事裁判权　67,92-
　94,99,104,111-112,114,116

非法证据排除 52,157-158,160,172,174,185,187-189,196-198,202-204,208,213,215-217,219-221,223-226,228-229,231-232,234

## G

过度起诉 3,6,34-36,40,43-44,46-48,50-61

公众舆论 18,25

## I

利益规避原则 135

## J

检察官客观义务 3,52,59,315

绩效考评机制 18-19,25-26,29,120,147,211,287,292,299,303-304

羁押必要性 20,22,29-31

羁押替代措施 20,23,24,27

角色分离原则 135

经费保障机制 149,153

卷宗移送 188,199,200,209,289

## K

口供的真实性 259,260

口供的自愿性 259

口供补强 35,37,58,254,259-260

## N

内部控权机制 19

## P

判决书说理 25,87,116,188,201,209,210,304,306

## Q

轻刑快审 241

## R

认罪认罚从宽 3,6,32,58,60-61,120,154-155,236-241,249,251,253,258-259,261,263-278

认罪认罚后反悔 247,249

认罪认罚案件证明标准 254,277

## S

诉讼观念 6,180

诉讼真实理念 144

社会控制系统 17

司法权运行机制 22,89,210

审判独立 27,84,104-105,144-145,152,181,184,292,303

司法腐败 44,66,68,75-76,79-82,89,102,104,108,114,119-121,152,175,251,275

司法责任制 89-90,116,153,171,185,253,308

司法行政化 145,171-172,179,181,204,314

审委会讨论案件 68-69,72,80,101,289

审辩交易 3,119-120,122-124,126-

128,130-135,137-154,202,282,318,329
审判权力行政化运作机制　144
庭审阴影理论　236
审判中立原则　135
"审理者裁判、裁判者负责"　212
书面审理　241-243,247

## T

同步录音录像　160,217-218,221,225,229-230,233
痛苦规则　228,232
庭前会议制度　205

## X

刑事裁判权的过程控制　67,100
刑事裁判权的结果控制　67,100,102,103,106,113
刑事速裁程序　236,242,251-253,257,264
刑讯逼供　94,160-161,169,215,218,221,222,224-228,230-232,270
先行调查原则　208

## Y

院庭长讨论案件　66,68,70-73,75-91,101-102,282,287-288,290,328
院庭长审批案件　64,70,71,80,181,185
一岗双责　65,76,85,108,204,297
一元化法庭　188,199,200
一体化司法体制　188,202,204
疑罪从无　16,60,124,150,152,176,202,236,279,290-292,295,300-308
疑罪分类　294,304
印证证明模式　78,85,86,107,193,230
压力后置型司法　152
压力前置型司法　152
以审判为中心　58,60-61,90,154,171,184-185,213,240,250,308
有效法律帮助　246,261
预审法官制度　205

## Z

酌定不起诉　44-46,146-147,153,294-295,315,318,320
政策导向　149
争端解决机制　178
证据能力优先于证明力原则　198,209
自白任意性规则　232,320

# 后　记

　　研究生毕业后,因各种偶然和必然因素的影响,我于2008年7月28日进入重庆市渝中区人民法院工作。至今难忘的是,到法院报到后,政治部黄承宽副主任安排我去民一庭工作,我以自己是学刑事诉讼法的为由予以"婉拒"并要求进刑庭工作。进入刑庭后,慢慢接触案件,在此过程中,深感法学理论与司法实践之间的巨大差异。令我印象深刻的是,作为法官助理进入刑庭后,一开始连帮助法官撰写适用简易程序的案件的判决书都觉得吃力。但开心的是,可以接触各种类型的案件,可以与法官近距离接触,"访谈"各种理论问题。

　　2010年9月,由于要在职读博,为了兼顾上课与工作,我被调入研究室工作,由于法院绩效考核对调研工作非常重视,我们这些在研究室工作的人又被"委以重任":多出调研成果,提升法院调研工作成绩。在此期间,总认为积累不够的我,不得不撰写大量的文章,其中部分成果在《人民司法》《人民法院报》等期刊、报纸上发表。这些文章的发表,在给予我物质收获(法院的绩效奖励)的同时,也增加了我学术研究的信心。

　　由于我一直想"尝尝"亲自办案的滋味,博士第一学年后,我又回到了刑庭,开始"承办"案件。2011年7月至2012年12月期间,我承办了300多件刑事案件,既有人数众多、较为复杂的经济犯罪案件,也有比较简单的适用简易程序的案件。在此期间,我又结合办案的切身体会,撰写了数篇文章,本书的部分内容就是那时候写的。在刑庭办案期间,是我感觉最好的时候,白天办案,晚上看书写论文,真正地徘徊于理论与实务之间。

2012年年底,机缘巧合,我被任命为重庆市渝中区人民法院研究室副主任。在研究室工作,做调研、写点文章当然好,但研究室的工作还包括撰写大量的官方文章,如两会期间的法院工作报告,而我对此并不熟悉。幸运的是,春节后,时任重庆市高级人民法院刑一庭庭长胡红军问我是否愿意去重庆市高级人民法院工作。从学术研究的角度来说,能够在重庆市高级人民法院从事调研、审判工作当然是件好事。于是,在当了两个月的研究室副主任后,我又调往重庆市高级人民法院刑一庭工作。先是借调,后来办理了正式调入手续。在正式办理调入手续后,经领导提名,我又被任命为刑一庭审判长,负责综合组的工作,综合组除负责本庭相关行政事务、办理少量案件外,主要负责相关的调研工作。这一时期的工作使我有了巨大的收获,特别是接触到大量的数据、案例,对于论文写作帮助很大。

因为负责重庆市高级人民法院2013年重点调研课题"刑事非法证据排除实务研究"成果的撰写工作,受到时任最高人民法院刑三庭法官刘静坤师兄的关注,在2014年6月博士毕业后,我于2014年7月被借调至最高人民法院刑三庭工作,参与中央司法改革项目《关于办理刑事案件严格排除非法证据若干问题的规定》的调研和制定工作。在最高人民法院的工作经历,进一步开拓了我的视野,也使我意识到自己的不足与局限,意识到应该重新考虑将来的发展方向。

我热爱刑事审判工作,我也热爱学术研究,原本,在法院工作二者是可以兼顾的。但考虑到生活方面的因素,我还是觉得高校生活更适合我。2015年4月20日,我离开了工作近7年的法院系统,回到母校西南政法大学工作。

本书的内容基本上是在法院工作期间撰写的,出版这本书,既是对之前的总结,也是对未来的展望。希望在未来的日子,从容地在生活与工作之间转身,更不要因为生活而忘记了当初的理想!

特别感谢为本书写作提供各种帮助的老师、同事和朋友!感谢时任重庆市渝中区人民法院法官的文跃、朱闯、袁向丽等同事经常与我讲刑事案件办理过程中的那些"门道",这些经验是本书写作灵感的来源!感谢四川大学龙宗智教授,在本书第三章"基层法院院庭长讨论案件机制研究"的写作过程中,龙老师给我打了半个小时的电话,指导我如何规范地写作论文,那种醍醐灌顶的感觉至今难忘!感谢我的硕博导师孙长永教授,本书很多章节在写作过程中,都得到了孙老师的指导和修改,其中第五章"刑事诉讼中的'审辩交易'现象研究"还是我们一起写作并发表的,感谢孙老师同意我将该文收入本书!感谢师兄李昌盛教授,本书很多章节在写作过程中,都与昌盛师兄讨论过并得到师兄的指点!感谢我的博士后合作导师汪海燕教授,您的殷殷期望,是我出版此书的最大动力!

感谢在法院工作期间给予我帮助的领导、同事和朋友!感谢回学校工作后给予我帮助的老师和同学!感谢北京大学出版社蒋浩副总编、陈康编辑为编辑本书所付出的辛苦劳动!感谢我指导的硕士研究生高新怡、张敏、程慧、黄小晋、董琴、危淑琴为本书校对工作所付出的努力!

文章浅薄,不敢劳大家作序!上述文字是对本书来龙去脉的交代,作为后记!

王 彪<br>2021 年 10 月 28 日于天高鸿苑小区